| 法律法规新解读 | 第五版

# 民法典合同编解读与应用

舒 丹 编著

中国法制出版社
CHINA LEGAL PUBLISHING HOUSE

# 出版说明

“法律法规新解读”丛书作为一套实用型法律图书，历经四版，以其专业、实用、易懂的优点，赢得了广大读者的认可。自第四版后，相关法律规定已发生较大变化，司法实践中也出现了不少新的法律问题，第五版立足“实用”，以关注民生、服务大众为宗旨，切实提升内容实用性；致力“易懂”，使本丛书真正成为“遇事找法者”运用法律维护权利和利益的利器。本丛书选取与日常生活密切相关的法律领域，将各领域的核心法律作为“主体法”，并且将与主体法密切相关的法律规定汇编收录。

“法律法规新解读”丛书独家打造七重法律价值：

1. 出版专业

中国法制出版社是中华人民共和国司法部主管主办的中央级法律类专业出版社，是国家法律法规标准文本的权威出版机构。

2. 条文解读精炼到位

重难点法条以【条文解读】形式进行阐释，解读内容在吸取全国人大常委会法制工作委员会、最高人民法院等部门对条文的权威解读的基础上，结合实际编写，简单明了、通俗易懂。

3. 实务应用精准答疑

根据日常生活中经常遇到的纠纷与难题，以【实务应用】形式提炼归纳出问题点，对标热点难点，精准答疑解惑。

4. 案例指引权威实用

专设【案例指引】板块，选取最高人民法院公报案例、典型案例、各地区法院公布的经典案例以及中国裁判文书网的终审案例等，以案说法，生动地展示解决法律问题的实例。同时，原文收录一部分最高人民法院、最高人民检察院公布的指导性案例，指导实践更准确、更有力。

5. 关联参见检索便捷

除精选与主体法相关联的法律规定外，在主体法中以【关联参见】的方式链接相关重要条文，帮助读者全方位理解相关规定内容。

6. 附录内容实用丰富

书末收录经提炼的法律流程图、诉讼文书、纠纷处理常用数据、重要法律术语速查表等内容，帮助读者大大提高处理法律事务的效率。

7. 超值赠送增值服务

扫描图书后勒口二维码，免费使用中国法制出版社【法融】数据库。读者可查阅“国家法律法规”栏目和“案例解析”栏目中的“最高法指导案例”和“最高检指导案例”的内容。

中国法制出版社

2024 年 8 月

# 中华人民共和国民法典合同编
## 法律适用提示

《中华人民共和国民法典》（以下简称《民法典》[①]）第三编的名称为“合同”，我们通常称为《民法典》合同编，是《民法典》的重要组成部分。《民法典》一共1260条，合同编共有526条，几乎占据《民法典》的半壁江山，可以说合同制度是市场经济的基本法律制度，与人民群众的生活和公司、企业的生产经营密切相关。

1979年以来，我国曾先后制定过《经济合同法》《涉外经济合同法》《技术合同法》三部合同法。随着改革开放的不断深入，经济、社会的不断发展，在原有的三部合同法的基础上，于1999年3月15日第九届全国人民代表大会第二次会议审议通过了《合同法》，并于当年10月1日正式实施。2020年5月28日第十三届全国人民代表大会第三次会议通过《民法典》，随着2021年1月1日《民法典》的施行，《合同法》同时废止。为了配合《民法典》合同编的实施，最高人民法院于2023年12月发布《关于适用〈中华人民共和国民法典〉合同编通则若干问题的解释》。另外，最高人民法院针对各类合同也相继出台过司法解释，如《最高人民法院关于审理买卖合同纠纷案件适用法律问题的解释》《最高人民法院关于审理技术合同纠纷案件适用法律若干问题的解释》《最高人民法院关于审理建设工程施工合同纠纷案件适用法律问题的解释（一）》等。《民法典》合同编及相关司法解释的实施，对保护合同当事人的合法权益，维护社会经济秩序，促进国内经济、技术和对外经济贸易

---

① 为便于阅读，本书中相关法律文件名称中的“中华人民共和国”字样都予以省略。

的发展，保障中国特色社会主义建设事业的顺利进行，发挥着重要作用。

合同是意思表示一致的民事法律行为，当事人通过合同设立、变更或终止民事权利义务关系。婚姻、收养、监护等有关身份关系的协议不受《民法典》合同编的调整。合同制度体系庞大，所涉问题繁杂，可以先从以下几个方面简要理解：

## 一、关于合同的订立

合同的订立必须具备三个要件：当事人、经过要约和承诺、主要条款达成合意。《民法典》合同编对要约的成立条件、要约的撤回和撤销、承诺的期限及承诺的方式等进行了规定。对实践合同而言，还需以实际交付标的物为其成立要件；而对要式合同来说，则需以完成一定的形式要件为其成立要件。合同成立不同于合同生效，即使合同已经成立，如果不符合法律规定的生效要件，依然不能产生当事人预期的法律效力。《民法典》合同编还就合同订立阶段规定了缔约过失责任制度，明确了一方当事人违反以诚实信用为基础的先合同义务而给对方造成损失应承担赔偿责任。

## 二、关于合同的效力

合同的效力是合同对当事人的法律强制力。合同一经法律承认，当事人就必须履行。《民法典》实施前，《民法通则》和《合同法》分别规定有民事法律行为的效力规则和合同的效力规则，因为合同行为其实也是一种民事法律行为，因而两个规则的内容曾经存在相对重复甚至冲突。《民法典》实施后，合同的效力规则得到了协调整合，即《民法典》第508条的规定，本编对合同的效力没有规定的，适用本法第一编第六章的有关规定。因此，在确定合同的效力时，首先要适用《民法典》合同编规定的规则，这是特别法；其次《民法典》合同编没有规定的，适用《民法典》总则编关于民事法律行为效力的规则。二者综合起来，就是确定合同效力的完整规则。

## 三、关于合同履行中的抗辩权

抗辩权是一种法律上排除他人行使权利的对抗权，在合同制度中通常是指双方当事人互相承担义务和享有权利的合同中的同时履行抗辩权、先履行抗辩权和不安抗辩权。同时履行抗辩权是指当事人互负债务且没有先后履行顺序的，一方当事人在另一方当事人未为对待给付以前，可拒绝履行自己的债务之权。该权利的行使要求债务已届清偿期且有给付的可能。先履行抗辩权指后履行债务一方在先履行一方当事人没有履行债务的情况下，有权拒绝对方要求自己履行债务的请求。不安抗辩权是指负有先履行债务的一方当事人确有对方当事人不履行或可能不履行其债务的证据时，可暂时中止自己的债务履行，并通知对方当事人，在对方当事人提供担保或履行债务后，不安抗辩权即消灭。值得注意的是，如上述抗辩权行使不当，给对方当事人造成损失的，应承担法律责任。

四、关于合同的解除

合同解除主要分为约定解除和法定解除。《民法典》合同编明确规定了法定解除的条件，即不可抗力、预期违约、迟延履行且经催告后在合理期限内仍未履行、违约行为致使合同目的不能实现等。合同解除后，尚未履行的，终止履行；已经履行的，根据履行情况和合同性质，当事人可以要求恢复原状或者采取其他补救措施，并有权要求赔偿损失。

五、关于违约责任

违约责任是指合同当事人因违反合同义务所承担的责任。违约行为的形态主要有两种：一种是不履行合同义务，主要形态是拒绝履行，是指债务人对债权人表示不履行合同的违约行为。另一种是履行合同义务不符合约定，通常表现为迟延履行或瑕疵履行。迟延履行是指债务人能够履行，但在履行期限届满时却未履行债务的违约行为，也包括债权人的受领迟延行为。瑕疵履行是指债务人虽然履行了债务，但其履行不符合债务本质的违约行为。当事人承担违约责任的方式主要有继续履行、采取补救措施或者赔偿损失等。

六、关于典型合同

《民法典》合同编第二分编规定了典型合同，其主要意义在于将人们生产生活中最常用的具有代表性的合同确定统一的名称和规则，为合同当事人提供引导，并在当事人欠缺约定时可以直接补充当事人的意思表示，从而提高交易效率。《民法典》合同编中的典型合同包括买卖合同、供用电/水/气/热力合同、赠与合同、借款合同、保证合同、租赁合同、融资租赁合同、保理合同、承揽合同、建设工程合同、运输合同(如客运合同、货运合同、多式联运合同)、技术合同（如技术开发合同、技术转让合同和技术许可合同、技术咨询合同和技术服务合同)、保管合同、仓储合同、委托合同、物业服务合同、行纪合同、中介合同、合伙合同。需要注意的是，《最高人民法院关于适用〈中华人民共和国民法典〉合同编通则若干问题的解释》第15条规定，人民法院认定当事人之间的权利义务关系，不应当拘泥于合同使用的名称，而应当根据合同约定的内容。当事人主张的权利义务关系与根据合同内容认定的权利义务关系不一致的，人民法院应当结合缔约背景、交易目的、交易结构、履行行为以及当事人是否存在虚构交易标的等事实认定当事人之间的实际民事法律关系。

# 目　录

## 中华人民共和国民法典合同编


第三编　合　同 / 3

第一分编　通　则 / 3

第一章　一般规定 / 3

第二章　合同的订立 / 19

第三章　合同的效力 / 69

第四章　合同的履行 / 91

第五章　合同的保全 / 117

第六章　合同的变更和转让 / 134

第七章　合同的权利义务终止 / 149

第八章　违约责任 / 178

第二分编　典型合同 / 224

第九章　买卖合同 / 224

第十章　供用电、水、气、热力合同 / 261

第十一章　赠与合同 / 265

第十二章　借款合同 / 275

第十三章　保证合同 / 291

第一节　一般规定 / 291

第二节　保证责任 / 296

第十四章　租赁合同 / 298

第十五章　融资租赁合同 / 313

第十六章　保理合同 / 324

第十七章　承揽合同 / 334

第十八章　建设工程合同 / 339
第十九章　运输合同 / 348
第一节　一般规定 / 348
第二节　客运合同 / 348
第三节　货运合同 / 354
第四节　多式联运合同 / 362
第二十章　技术合同 / 364
第一节　一般规定 / 364
第二节　技术开发合同 / 371
第三节　技术转让合同和技术许可合同 / 375
第四节　技术咨询合同和技术服务合同 / 379
第二十一章　保管合同 / 383
第二十二章　仓储合同 / 387
第二十三章　委托合同 / 391
第二十四章　物业服务合同 / 396
第二十五章　行纪合同 / 412
第二十六章　中介合同 / 415
第二十七章　合伙合同 / 422
第三分编　准合同 / 429
第二十八章　无因管理 / 429
第二十九章　不当得利 / 435

## 关联法规

最高人民法院关于适用《中华人民共和国民法典》合同编通则若干问题的解释 / 439
（2023 年 12 月 4 日）
最高人民法院关于审理买卖合同纠纷案件适用法律问题的解释 / 462
（2020 年 12 月 29 日）

最高人民法院关于审理商品房买卖合同纠纷案件适用法律若干问题的解释 / 469
（2020年12月29日）
最高人民法院关于审理建设工程施工合同纠纷案件适用法律问题的解释（一） / 474
（2020年12月29日）
最高人民法院关于审理技术合同纠纷案件适用法律若干问题的解释 / 482
（2020年12月29日）
最高人民法院关于审理城镇房屋租赁合同纠纷案件具体应用法律若干问题的解释 / 494
（2020年12月29日）
最高人民法院关于审理融资租赁合同纠纷案件适用法律问题的解释 / 497
（2020年12月29日）
最高人民法院关于审理民间借贷案件适用法律若干问题的规定 / 501
（2020年12月29日）

## 实用附录

医疗美容消费服务合同（示范文本） / 511
物业服务合同 / 520
房屋租赁合同 / 536
重要法律术语速查表 / 549

# 实务应用速查表


001. 政府机关参与的合同，是否都属于《民法典》合同编的规范范围？/ 4

002. “有关身份关系的协议”主要是指哪些协议？/ 5

003. 法律规定的合同相对性原则的例外情形主要有哪些？/ 7

004. 既没有语言表示又没有行为表示的消极行为能否成为合同订立的意思表示形式？/ 21

005. 签订合同是否必须具备《民法典》第470条规定的合同内容？/ 28

006. 订立合同是否都是一次要约和承诺完成的？/ 29

007. 房地产开发商打出的商品房销售广告和分发的宣传资料属于要约还是要约邀请？/ 32

008. 要约和要约邀请如何区分？/ 32

009. 要约到达受要约人的时间如何界定？/ 34

010. 要约的撤回是否可以任意进行？/ 35

011. 要约的撤回与要约的撤销如何区别？/ 35

012. 如何理解“通常情形”下的承诺期限？/ 40

013. 合同没有加盖单位的公章但有法定代表人的签名，该合同是否有效？/ 42

014. 商品房买卖交易中的认购协议是否等同于商品房买卖合同？/ 46

015. 缔约过失责任与违约责任怎么区分？/ 67

016. 如何认定未履行批准或者登记手续的一方构成缔约过失？/ 68

017. 报批义务在司法实践中是如何认定的？/ 69

018. 现行法律中对于合同免责条款无效的规定主要有哪些？/ 76

019. 有关解决争议方法的条款有哪些形式？/ 79

020. 房产开发商未取得预售许可证销售商品房的，《商品房预售合同》是否有效？/ 80
021. 开具发票能不能作为一项诉讼请求在民事诉讼中提出？/ 92
022. 对债务人抽逃资金的行为应适用不安抗辩的规定还是预期违约的规定？/ 110
023. 情势变更制度和不可抗力制度如何区别？/ 112
024. 只要是债务人享有的到期债权，债权人都可以代位行使吗？/ 119
025. 债权人对次债务人提起代位权诉讼后，债务人另行对次债务人提起诉讼的，人民法院是否受理？/ 120
026. 债权人为多数时，某一债权人提起代位权诉讼后，其他债权人可否另行提起代位权诉讼？/ 120
027. 债权人能否起诉撤销债务人拒绝受领某种利益的行为？/ 127
028. 债权人在撤销权诉讼中胜诉的，其能否对撤销的财产或利益优先受偿？/ 127
029. 撤销权诉讼中的举证责任如何分配？/ 128
030. 如何判断债务人的行为属于“以明显不合理的低价转让财产、以明显不合理的高价受让他人财产”？/ 128
031. 债务加入和保证如何区分认定？/ 144
032. 合同的解除与撤销有什么区别？/ 156
033. 哪些可作为影响合同履行的不可抗力事件？/ 161
034. 不可抗力事件的发生是否必然导致合同解除？/ 161
035. 以直接起诉方式解除合同时，合同解除时间如何认定？/ 167
036. 对于时效已经届满的合同债权能否抵销？/ 176
037. 不能请求继续履行的具体情形有哪些？/ 188
038. 商品房买卖合同中没有约定违约金数额或者损失赔偿额的，如何确定具体数额？/ 197

039. 定金和预付款、押金是否有区别？／205
040. 当事人之间没有书面合同，在哪些情况下可以认定买卖合同关系成立？／224
041. 一物多卖如何处理？／228
042. 由于出卖人的原因，买受人在何期限内未能取得不动产权属证书的，出卖人应当承担违约责任？／229
043. 提取标的物单证以外的有关单证和资料主要包括哪些？／230
044. 出卖人过错导致的特约减免例外主要包括哪些情形？／241
045. 如何认定买卖中的检验“合理期限”？／243
046. 有关回收义务的法律规定主要有哪些？／244
047. 买卖合同对付款期限作出的变更，是否影响当事人关于逾期付款违约金的约定？／247
048. 数物同时出卖时，买受方如何行使合同解除权？／249
049. 实践中，买卖合同约定了哪些内容，法院会判定不属于试用买卖？／252
050. 什么是网络司法拍卖？如何参与网络司法拍卖？／259
051. 供用电合同与买卖合同有何区别？／261
052. 如何理解供用电合同中供电人的强制缔约义务？／261
053. 夫妻一方有权将共同财产赠与他人吗？／265
054. 在哪些情形下，赠与人对赠与物的瑕疵承担责任？／270
055. 在救灾、扶贫等社会公益活动中，某些企业在公开场合明确表示或以认捐书的形式认捐后，又以企业经营状况不好为由，拒绝兑现认捐的款物。对此，有关企业是否可以不再履行赠与义务？／274
056. 是否所有的借款合同都属于民间借贷？／275
057. 借条未签名能否认定有效？／275
058. 哪些民间借贷诉讼会被法院判定为虚假民事诉讼？／276
059. 名为借贷实为因其他法律关系产生的债务如何处理？／284

060. 同一债务有两个以上保证人，债权人的权利行使有哪些限制？/ 291
061. 一般保证中，债权人依据生效法律文书对债务人的财产依法申请强制执行，保证债务诉讼时效的起算时间如何确定？/ 293
062. 最高额保证合同的保证期间如何计算？/ 295
063. 租赁期限可以任意确定吗？/ 299
064. 出租人就未经批准或者未按照批准内容建设的临时建筑，与承租人订立的租赁合同是否有效？/ 299
065. 出租人就同一房屋订立数份租赁合同，在合同均有效的情况下，承租人均主张履行合同的，如何确定履行合同的顺序？/ 300
066. 承租人未按照约定的方法或者租赁物的性质使用租赁物，致使租赁物受到损失的，出租人是否可以解除合同？/ 301
067. 承租人经出租人同意装饰装修，遇租赁合同无效、租赁期间届满等情形时，装饰装修物如何处理？/ 304
068. 房屋承租人在什么条件下可以享有优先购买权？/ 309
069. 房屋共有人的优先购买权与房屋承租人优先购买权发生冲突怎么办？/ 310
070. 何谓“名为融资租赁实为借贷”？/ 316
071. 司法实践中，还有哪些情形，人民法院会支持出租人解除融资租赁合同的诉请？/ 322
072. 承租人与出租人对租赁物的价值有争议的，法院一般会如何确定租赁物价值？/ 324
073. 如何理解“将有的应收账款”？/ 326
074. 保理中应收账款债权重复转让的，如何确定债权实现顺序？/ 333
075. 承揽人将其承揽的主要工作交由第三人完成的，如何确定法律效力？/ 334
076. 招标人和中标人签订的合同与中标合同不一致的，如何处理？/ 339
077. 发包人未取得建设工程规划许可证等规划审批手续的，当事人是否可以请求确认建设工程施工合同无效？/ 341

078. 当事人对建设工程实际竣工日期有争议的，法院一般会如何认定？/ 343

079. 在哪些情形下，承包人请求发包人返还工程质量保证金的，人民法院会予以支持？/ 345

080. 对于旅客无票乘坐、超程乘坐、越级乘坐或者持不符合减价条件的优惠客票乘坐的行为，应当如何处理？/ 349

081. 技术合同纠纷案件一般由哪个法院管辖？/ 365

082. 第三人向受理技术合同纠纷案件的人民法院就合同标的技术提出权属或者侵权请求的，人民法院如何确定管辖？/ 365

083. 当事人以技术成果向企业出资但未明确约定权属的，人民法院一般如何处理？/ 366

084. 技术合同的价款、报酬和使用费，当事人没有约定或者约定不明确的，人民法院一般如何处理？/ 367

085. 个人完成的技术成果，属于执行原所在法人或者非法人组织的工作任务，又主要利用了现所在法人或者非法人组织的物质技术条件的，该如何确定权益归属？/ 369

086. 侵害他人技术秘密的技术合同被确认无效后，取得该技术秘密的一方当事人是否可以继续使用该技术秘密？/ 370

087. 以购物、就餐和住宿等活动为业的经营者如何履行保管义务？/ 384

088. 仓储合同与保管合同如何区别？/ 387

089. 代购进口食品属于买卖合同还是委托合同？/ 391

090. 住宅共用部位、共用设施设备的维修和更新、改造费用如何分摊？/ 400

091. 住宅专项维修资金划转业主大会管理前，需要使用住宅专项维修资金的，如何处理？/ 401

092. 当物业所有人与物业使用人不是同一人时，应当由物业所有人还是由物业使用人缴纳物业费？/ 406

093. 房屋所有权基于买卖、赠与、继承等方式发生转移，如果原业主拖欠了物业费，新业主是否需要承担原业主拖欠的物业费？/ 406

094. 物业服务合同终止后，物业服务人还负有哪些义务？/ 410
095. 行纪合同与委托合同有什么异同？/ 413
096. 合伙人的债权人是否可以代位行使合伙人对合伙的权利？/ 427
097. 无因管理制度与代理制度有什么区别？/ 432
098. 无因管理与见义勇为制度有什么区别？/ 432

# 案例指引速查表


001. 监护人是否可以单方解除委托抚养协议？/ 5

002. 受开发商委托办理交房手续的前期物业公司是否能以业主拒交物业费等为理由拒绝交房？/ 9

003. 电子商务经营者对消费者作出的有利承诺，是否应按普通消费者的通常认知进行解释？/ 12

004. 对合同条款的理解发生争议的，法院会如何进行认定？/ 13

005. 合同的真实合意如何认定？/ 15

006. 口头约定合同不清，如何认定合同内容的真实性？/ 22

007. 无书面文本的房屋买卖合同关系如何通过当事人双方的陈述予以确认？/ 23

008. 预约合同的法律效力如何认定？/ 47

009. 对于认购协议一方拒绝签订正式商品房买卖合同的，是否能强制履行缔约？/ 48

010. 判断当事人之间订立的合同是本约还是预约的标准是什么？/ 50

011. 经营者在格式合同中未明确规定对某项商品或服务的限制条件，该限制条件是否对消费者产生效力？/ 54

012. 网络消费格式条款中与消费者有重大利害关系的内容存在例外情形但未以显著方式进行提示的，是否对消费者产生效力？/ 57

013. 未向投保人作出明确说明的免赔保险条款，是否对投保人产生效力？/ 58

014. 开发商是否可以以《商品房预售合同》明确约定了售楼广告、样板房等宣传资料仅为宣传目的而设立或提供为理由，不列为正式合同的组成部分？/ 59

015. 外卖骑手送餐时受伤，平台公司和保险公司对保险条款中的“赔偿义务人”有不同理解的，如何处理？/ 61

016. 行为人未按约定完成悬赏广告所示内容，是否有权要求支付报酬？/ 63

017. 行为人以人工刷量的行为完成悬赏广告，是否可以要求支付报酬？/ 64

018. 未成年人实施与其年龄、智力不相符的支付行为是否有效？/ 70

019. 如何认定备案的性质以及履行期限跨越新法实施日的外商投资企业合同的效力？/ 71

020. 老年公寓是否可以免责条款排除老人摔伤责任？/ 76

021. 清障车拖运被救援车“包装不善”致相撞，保险公司是否有权依据免责条款拒赔？/ 78

022. 违反行政规章签订租赁合同，在何种情况下应认定合同无效？/ 81

023. 未成年人擅自利用父母资金打赏网络主播，该打赏合同是否有效？/ 86

024. 在中介公司带领下去看房，与卖家签订房屋买卖合同并支付定金后发现房屋楼盘名称与中介所说不符，是否属于重大误解？/ 88

025. 行为人恶意串通签订的损害商标权利人合法权益的合同是否有效？/ 90

026. 房屋公摊面积内的卫生间被改造，业主有没有权利请求赔偿？/ 93

027. 绿色原则在因质量问题解除买卖合同情形中如何适用？/ 94

028. 买卖合同中未约定付款期限时诉讼时效从何时起算？/ 98

029. 消费者通过网络购物，发现商品不符合网页承诺内容，是否可以获得 3 倍赔偿？/ 100

030. 物流公司是否可以替运输受托人履行其欠雇用司机的运费？/ 106

031. 合同一方当事人以构成情势变更为由不履行合同规定的义务，如何应对？/ 114

032. 银行卡持有人在开卡后短时间内频繁发生交易，银行是否可以暂停履行储蓄合同？/ 116

033. 代位权诉讼中，仲裁条款的效力如何认定？/ 121

034. 代位权诉讼执行中，因相对人无可供执行的财产而被终结本次执行程序，债权人就未实际获得清偿的债权另行向债务人主张权利的，法院是否会支持其诉求？/ 123

035. 撤销权诉讼中，债权人可否主张相对人向债务人返还财产？/ 129

036. 债权人申请强制执行后，被执行人与他人在另外的民事诉讼中达成调解协议，放弃其取回财产的权利，是否符合行使撤销权的条件？/ 130

037. 网络店铺客服变更合同的行为是否由店铺负责？/ 135

038. 同一债权多重转让时，受让人权利冲突如何处理？/ 139

039. 如何区分债务转移和债务加入？/ 144

040. 债权人是否可以请求第三人在其自愿承担的债务范围内和债务人承担连带责任？/ 145

041. 旅游者是否能以突发疾病为理由转让邮轮票？/ 148

042. 已支付款项不足以清偿全部债务，如何确定债的清偿抵充顺序？/ 153

043. 据以行使抵销权的债权不足以抵销全部债务的，抵销的顺序是什么？/ 154

044. 保险公司能否以未履行如实告知义务为由单方解除保险合同？/ 157

045. 购车后 4S 店未能履行上牌义务，购车人是否可以解除合同？/ 158

046. 以加盟形式经营的教育培训机构停业，消费者是否可以要求解除协议退还课程费？/ 162

047. 综艺直播带货两次延期，委托方是否可以以合理期限内未履行义务为理由解除合同？/ 163

048. 当事人一方加盟特许经营的目的无法实现，是否可以解除特许经营合同？/ 164

049. 不享有解除权的一方向另一方发出解除通知，另一方未在合理期限内提出异议，是否发生合同解除的效力？/ 167

050. 养生会所闭店，顾客解除合同后如何退费？/ 170

051. 合同解除权人是否可以一并主张违约责任？/ 171
052. 网络主播以直播内容低俗为由要求解除经纪合同，传媒公司是否可以要求网络主播承担违约责任？/ 172
053. 发卡行是否应承担持卡人被盗刷账户资金减少的损失赔偿责任？/ 179
054. 经营者无法履行义务，消费者办理的预付卡中的未使用金额如何返还？/ 182
055. 销售者在二手商品网站从事经营活动构成欺诈的，是否应当承担惩罚性赔偿责任？/ 183
056. 开发商以沙盘模型直观展示预售楼房的外观，购房者是否可以未尽到充分的告知与说明义务为理由要求开发商承担违约责任？/ 184
057. 老年人银行资金被骗，银行对相关风险是否应履行告知义务？/ 191
058. 购房人在购房后的装修过程中发现卫生间下水管道返水问题，是否可以要求卖方承担瑕疵履行责任？/ 192
059. 非违约方可否主张合同履行后可以获得的利益？/ 195
060. 网络主播主张合同约定的违约金明显过高请求予以减少的，在实际损失难以确定的情形下，人民法院如何酌定具体数额？/ 198
061. 违约方提出违约金过高，请求减少违约金的，法院一般会如何认定？/ 201
062. 违约金过分高于损失的举证证明责任由谁承担？/ 202
063. “订金”还是“定金”？如何区分？/ 206
064. 定金合同自何时成立？/ 207
065. 房屋买卖交易中，卖方一再违约，买方要求解除合同的，出卖人是否应承担双倍返还定金的责任？/ 208
066. 银行在知晓案涉房屋无法办理抵押登记后，没有采取措施防止损失扩大，是否可以减轻最高额抵押合同中抵押人的赔偿责任？/ 214
067. 承租人要求解除房屋租赁合同，出租人拒绝接收房屋，造成涉案房屋长期空置的，出租人是否可向承租人主张空置期内的租金？/ 221

068. 买家微信购物认为产品被调包，如何认定卖家责任？ / 226

069. 网络购物未收到货物误点确认收货，商家拒绝发货的，消费者是否可以主张解除合同？ / 229

070. 买卖合同中因标的物不符合质量要求，买受人是否可以拒绝接受标的物或者解除合同？ / 234

071. 购房后无法正常用电，买受人是否有权要求开发商赔偿损失？ / 237

072. 内部品质与价值存在不确定性的翡翠原石买亏，买家是否可以要求退一赔三？ / 238

073. 招投标程序中，中标通知书送达后，一方当事人不履行订立书面合同的义务，法院会如何处理？ / 256

074. 赠与合同中赠与人的撤销权如何行使？ / 266

075. 房产赠与合同是否可以附加居住权？ / 269

076. 老人将房产赠与孙子，孙子拒不履行赡养义务的，老人是否可以撤销赠与？ / 273

077. 微信转账记录是否可以证明借款的真实性？ / 277

078. 微信聊天记录是否可以作为借款的有效证据？ / 279

079. 司法实践中，如何认定转账是赠与还是借款？ / 280

080. 借款遭遇“砍头息”咋维权？ / 281

081. 以向其他营利法人借贷等方式取得的资金进行转贷的民间借贷合同是否有效？ / 284

082. 单凭借条是否可以直接证明借款关系的存在？ / 285

083. 借条写错名字，还有效吗？ / 286

084. 如何认定网贷合同中格式条款的效力？ / 288

085. 如何认定职业放贷及其效力？ / 289

086. 租赁厂房消防栓失修漏水致财产损失谁担责？ / 302

087. 实践中，如何认定租赁合同属于融资租赁？ / 314

088. 融资租赁公司以收取服务费、代收保险费为名扣收的款项是否属于变相高息？／315

089. 基础交易合同最终未履行、将有的应收账款未实际产生的情况下，如何认定保理合同性质及责任承担？／327

090. 当事人是否可以在同一份保理合同中约定一项或多项保理服务？／329

091. 消费者与影楼签订摄影合同后是否可以行使任意解除权？／338

092. 如何认定旅客运输合同中承运人负有救助义务？／351

093. 为节省保价费，托运方虚报货值，将高价货物低保价。运输途中货物毁损，货损责任该如何认定？／354

094. 变更海上货物运输合同难以实现或者将严重影响承运人正常营运的，承运人是否可以拒绝托运人改港或者退运的请求？／357

095. 委托代拍车牌因故撤单，代拍公司中标后是否可以要求支付服务费用？／394

096. 业主将车辆停放在小区，物业公司是否可以要求缴纳停车费？／402

097. 物业有权拒绝业主在自家车位安装充电桩吗？／403

098. 业主认为其没有与物业公司签订物业服务合同，可以拒交物业费吗？／407

099. 物业服务合同纠纷中，业主认为欠缴违约金过高，是否可以调整？／407

100. “小产权房”买卖合同无效，中介公司是否应承担相应法律责任？／417

101. 购房合同解除，“团购服务费”能退吗？／419

102. 如何认定“跳单”行为及法律后果？／421

103. 行为人在没有法定和约定义务时，为了防止他人利益受损关闭水阀导致自己受伤，是否构成无因管理？／433

法律法规新解读丛书

# 中华人民共和国民法典合同编

民法典合同编
解读与应用

# 中华人民共和国民法典合同编

· 2020 年 5 月 28 日第十三届全国人民代表大会第三次会议通过

· 2020 年 5 月 28 日中华人民共和国主席令第 45 号公布

· 自 2021 年 1 月 1 日起施行

## 第三编　合　同

### 第一分编　通　则

#### 第一章　一般规定

**第四百六十三条　【合同编的调整范围】**[①] 本编调整因合同产生的民事关系。

**条文解读**

在市场经济条件下，一切交易活动都是通过缔结和履行合同来进行的，市场主体根据自己的需要与他人订立合同，让渡自己的商品或者服务，彼此满足各自的需要。从对社会经济发展的角度讲，合同作为一个桥梁使得社会资源实现了优化配置，促进了社会主义现代化建设。正因为交易活动是市场活动的基本内容，无数的交易构成了完整的市场，因此可以说，合同关系是市场经济最基本的法律关系。

《民法典》合同编包括三个分编，即第一分编通则、第二分编典型合同、第三分编准合同。需要注意的是，《民法典》合同编规定的内容最主要的是因合同产生的民事法律关系，但是也有合同法律关系之外的内容，即无因管理和不当得利的法律关系。

① 本书条文主旨为编者所加，为方便读者检索使用，仅供参考，下同。

实务应用

## 001. 政府机关参与的合同，是否都属于《民法典》合同编的规范范围？[①]

（1）政府机关作为平等的主体与对方签订合同的，如购买办公用品，属于一般的合同关系，适用《民法典》合同编。（2）属于行政管理关系的协议，如有关综合治理、环境保护等协议，不是民事关系，不适用《民法典》合同编。（3）政府的采购活动。对政府的采购行为应加以规范，目的主要在于提高政府采购资金的使用效益，维护国家利益和社会公共利益，促进廉政建设等。但这种规范，主要是对政府的采购行为加以约束，并不是约束对方。对于政府采购行为本身，由《政府采购法》来规范，而政府与对方之间订立的政府采购合同要适用《民法典》合同编。《政府采购法》第43条第1款明确规定："政府采购合同适用合同法。采购人和供应商之间的权利和义务，应当按照平等、自愿的原则以合同方式约定。"《政府采购法》第五章专门对政府采购合同作了规定，就政府采购合同的订立、履行、变更等作了有针对性的规定。政府采购合同既要适用《民法典》合同编，也要适用这些规定。（4）关于国家订货任务或指令性任务问题。我国实行社会主义市场经济体制，指令性计划不是《民法典》合同编普遍适用的基本原则。根据抢险救灾、保证国防重点建设等需要，在个别情况下，国家需要下达国家订货任务或指令性任务，为此，在《民法典》合同编关于合同的订立一章中，即《民法典》第494条第1款规定，国家根据抢险救灾、疫情防控或者其他需要下达国家订货任务、指令性任务的，有关民事主体之间应当依照有关法律、行政法规规定的权利和义务订立合同。

---

① 参见黄薇主编：《中华人民共和国民法典合同编解读》，中国法制出版社2020年版，第11—12页。

**第四百六十四条　【合同的定义及身份关系协议的法律适用】** 合同是民事主体之间设立、变更、终止民事法律关系的协议。

婚姻、收养、监护等有关身份关系的协议，适用有关该身份关系的法律规定；没有规定的，可以根据其性质参照适用本编规定。

## 实务应用

### 002. “有关身份关系的协议”主要是指哪些协议?

本条规定，婚姻、收养、监护等有关身份关系的协议，首先适用有关该身份关系的法律规定。这些协议主要包括结婚协议、离婚协议、收养协议、监护协议、遗赠扶养协议等。在我国，《民法典》合同编是作为规范市场经济的法律而存在的，不具有直接经济内容的身份协议不宜由该法加以调整，应当分别适用《民法典》婚姻家庭编、继承编等规定。但是如果就某一具体问题没有规定的，还是可以根据问题性质参照适用《民法典》合同编的相关规定。

## 案例指引

### 001. 监护人是否可以单方解除委托抚养协议?①

2021 年 2 月 25 日，陈某与厦门市社会福利中心（以下简称福利中心）下属厦门市儿童福利院（以下简称福利院）签订《抚养协议》，约定由陈某夫妇抚养儿童于某至成年，于某因身份问题无法办理收养手续，监护权仍归儿童福利院。7 月 9 日，福利院经评估，认为陈某家庭在人均居住面积等方面不符合寄养条件，不适宜养育于某。7 月 14 日，福利院工作人员前往陈某家中接回于某，陈某在《抚养协议》尾部注明“于 2021 年 7 月 14 日（不）终止抚养协议”，陈某夫妇在协议中签

---

① 参见《权威发布！福建法院未成年人权益保护典型案例》（2022 年 5 月 30 日发布），陈某与厦门市社会福利中心收养关系纠纷案，载福建法院网 https：//fjfy. fjcourt. gov. cn/article/detail/2022/05/id/6713356. shtml，最后访问日期：2023 年 2 月 22 日。

名捺印。陈某起诉主张协议未解除，福利中心应继续履行，福利中心辩称协议已解除。法官经审理查明，陈某系残疾人，其妻子张某系主要照料人，于某在陈某家中寄养时曾走失。案件审理期间，陈某、张某离婚，张某声明放弃就本案享有的权利，于某通过录制视频表示不愿意回到陈某家中寄养。

厦门中院经审理认为，《抚养协议》尾部“于 2021 年 7 月 14 日（不）终止抚养协议”为陈某亲笔书写，其中“不”字事后添加的痕迹明显，陈某如无意解除协议，就无须书写该内容，故可认定双方自愿解除协议。退一步，即使双方未合意解除协议，福利中心亦有权单方解除。《抚养协议》实为寄养协议，根据《家庭寄养管理办法》第 2 条的规定，家庭寄养指的是经过规定的程序，将民政部门监护的儿童委托在符合条件的家庭中养育的照料模式，也即寄养是委托抚养行为，根据《民法典》第 464 条第 2 款有关身份关系协议可参照适用合同编规定的规定，参照《民法典》第 933 条有关委托人任意解除权的规定，福利中心有权随时单方解除协议。此外，结合福利中心的考察评估及陈某的自认，陈某的经济来源主要为亲属资助，住房条件也不符合要求，陈某系残疾人，并不适宜照料于某，而作为主要照料人的张某也已与陈某离婚且放弃对本案权利的主张，故陈某继续履行协议的主要条件已经丧失。现福利中心不同意由陈某继续抚养于某，陈某要求福利中心继续履行协议无事实和法律依据，不予支持。

监护权是监护人对被监护人的人身权利、财产权利和其他合法权利实施监督、保护的身份权。监护人将被监护人交给他人抚养是委托抚养的行为，并不解除监护人与被监护人之间的监护关系，也不影响监护人在必要时单方解除委托抚养协议自行抚养，尤其是在被监护人的身心健康可能遭受不利影响的情况下，委托抚养协议更应及时解除。监护人在选择寄养家庭时应充分考察、评估被寄养家庭的条件，并在寄养过程中及时跟踪、了解被寄养人的生活、学习状况，必要时立即采取措施最大程度地维护被监护人的合法权益。

## 关联参见

《保险法》第 10 条

**第四百六十五条　【依法成立的合同受法律保护及合同相对性原则】** 依法成立的合同，受法律保护。

依法成立的合同，仅对当事人具有法律约束力，但是法律另有规定的除外。

## 条文解读

**合同相对性原则** ➜ 本条第 2 款规定明确确立了合同相对性原则。合同相对性原则是指合同项下的权利与义务只由合同当事人享有或者承担，合同仅对当事人具有法律约束力，对合同当事人之外的第三人不具有法律约束力。具体而言，除法律另有规定外，对于依法成立的合同，只能由合同当事人享有合同上的权利，当事人之外的任何第三人不能向合同债务人主张合同上的权利；合同义务由合同当事人承担，合同债权人不得要求当事人之外的第三人承担合同义务，当事人之外的第三人也不得代为履行合同义务；合同债务人不履行合同义务或者履行合同义务不符合约定的，应当向债权人承担违约责任，而非向当事人之外的第三人承担违约责任。

## 实务应用

### 003. 法律规定的合同相对性原则的例外情形主要有哪些？[①]

依据《民法典》第 465 条第 2 款的规定，合同相对性原则只有一个例外，即“法律另有规定”。法律对合同相对性原则的例外规定主要有

---

① 参见黄薇主编：《中华人民共和国民法典合同编解读》，中国法制出版社 2020 年版，第 19—20 页。

以下几种。

一是合同的保全（见《民法典》合同编第五章的规定）。在现实经济生活中，一些债务人怠于行使自己的债权或者无偿、低价处分自己的财产权益等，影响债权人的债权实现，损害了债权人的利益。如果严守合同相对性原则，债权人无权干涉债务人不当减少自身责任财产的行为，对债权人是很不公平的。为了保护债权人的利益，《民法典》合同编专门规定了合同保全制度，赋予债权人代位权和撤销权，债权人可以在符合法定条件时介入当事人之间的合同，代位行使债务人对相对人的债权或者与该债权有关的从权利，撤销债务人积极减少责任财产的有关行为。

二是真正的利益第三人合同制度。为了在特定情形下促进合同目的的实现，保护第三人利益，《民法典》合同编增加了真正的利益第三人合同制度。依照《民法典》第 522 条第 2 款的规定，法律规定或者当事人约定第三人可以直接请求债务人向其履行债务，第三人未在合理期限内明确拒绝的，第三人不仅对债务人取得债务履行请求权，还可以在债务人不履行债务或者履行债务不符合约定时，请求债务人承担违约责任。

三是规定了当事人之外的第三人对履行债务具有合法利益情形时的代为履行制度。《民法典》第 524 条第 1 款规定，债务人不履行债务，第三人对履行该债务具有合法利益的，第三人有权向债权人代为履行；但是，根据债务性质、按照当事人约定或者依照法律规定只能由债务人履行的除外。

四是“买卖不破租赁”制度。《民法典》第 725 条规定，租赁物在承租人按照租赁合同占有期限内发生所有权变动的，不影响租赁合同的效力。也就是说，租赁合同对新的所有权人仍然具有法律约束力。

## 案例指引

### 002. 受开发商委托办理交房手续的前期物业公司是否能以业主拒交物业费等为理由拒绝交房?[①]

2016年8月，原告张某、田某与被告天津某置业公司签订《商品房买卖合同》，约定购买天津某置业公司开发的坐落于天津市南开区的某房屋。2019年4月27日，天津某置业公司通知张某、田某办理案涉房屋交房手续。2019年5月1日，张某、田某到交房现场办理收房手续时，负责具体办理交房手续的前期物业公司要求其先交纳12个月物业服务费及第一个采暖期的采暖费后，方予以办理验收交接手续。张某、田某拒绝交付上述费用，物业公司便拒绝办理验收交房手续。张某、田某因未能收房诉至法院，要求天津某置业公司无条件配合二原告对案涉房屋进行验收，在验收后向二原告交付房屋，并向二原告支付以购房款为基数，自2019年5月1日至实际交付房屋之日的已付购房款利息。

法院经审理认为，物业公司要求二原告交纳的物业管理费及采暖费等费用，并非《商品房买卖合同》约定的办理房屋验收交接手续时需先交纳的费用，故在二原告不同意交纳的情形下，物业公司仍应与二原告办理验收交接手续，物业公司以二原告不交纳相关费用为由拒绝交房违反合同约定。交付房屋系被告天津某置业公司应履行的合同义务，虽然办理交房手续是由物业公司具体实施，但逾期交房的违约责任应由被告承担，其应按合同约定向二原告支付逾期交房的利息及违约金。故判决天津某置业有限公司与张某、田某办理案涉房屋的验收交接手续，并支付张某、田某自2019年5月1日至实际收房之日的逾期交房违约金。

---

① 参见《张某、田某与天津某置业公司房屋买卖合同纠纷案》，载天津法院网 https://tjfy.tjcourt.gov.cn/article/detail/2021/03/id/5871650.shtml，最后访问日期：2023年2月23日。

本案系依法认定开发商将预交物业费、采暖费与交房相捆绑系违约行为的典型案例。开发商与前期物业公司一般具有关联关系或利益合作关系，前期物业公司受开发商委托办理交房手续时，为确保物业收费而以交房为“要挟”捆绑收取物业费的现象时有发生，但此时房屋是否达到交房标准尚不确定，且交房时物业服务并不完善的情况较为常见，业主的权利易受损害。从法律角度看，开发商交房和物业公司收取物业费是两个完全不同的法律关系，前期物业公司以业主拒交物业费等理由拒绝交房，违反了合同相对性原则，侵犯了业主依约接收房屋的权利，如果因此而延迟交房，则开发商作为交房的义务主体，要承担违约责任。本案的审理，表明了法院坚决否定商品房交房过程中捆绑收费行为的鲜明立场，有力维护了商品房购买者依法依约接收房屋的正当权益，对开发商和物业公司滥用优势地位阻碍业主行使权利的行为起到警示作用。

**第四百六十六条　【合同的解释规则】**当事人对合同条款的理解有争议的，应当依据本法第一百四十二条第一款的规定，确定争议条款的含义。

合同文本采用两种以上文字订立并约定具有同等效力的，对各文本使用的词句推定具有相同含义。各文本使用的词句不一致的，应当根据合同的相关条款、性质、目的以及诚信原则等予以解释。

## 条文解读

**合同条款的解释**➲《民法典》第 142 条第 1 款规定，有相对人的意思表示的解释，应当按照所使用的词句，结合相关条款、行为的性质和目的、习惯以及诚信原则，确定意思表示的含义。

有相对人的意思表示，是要让相对人接收、理解，并且可能基于该意思表示作出相对应的意思表示，所以应该以表示主义为其方法，根据表达在外的意思的公开表示，确定意思表示的内容。具体的解释方法主要包括：(1) 语义解释，是指通过对意思表示所使用的文字词句含义的解释，探求当事人的真实意思。就是按照“所用的词句”对意思表示进行的解释。(2) 体系解释，是指把意思表示的全部条款和构成部分看作一个统一的整体，从各个条款以及构成部分的相互关联、所处地位的总体联系上，阐释当事人有争议的用语的含义。就是按照“结合相关条款”对意思表示所作出的解释。(3) 目的解释，是指如果意思表示所使用的文字或某个条款有可能作出两种解释时，应采取最适合意思表示目的的解释。就是按照“行为的性质和目的”对意思表示所作出的解释。(4) 习惯解释，是指如果意思表示所使用的文字词句有疑义时，应参照当事人的习惯解释，包括语言习惯、行为习惯、交易习惯等。这就是按照“习惯”对意思表示所作出的解释。(5) 诚信解释，是指当对意思表示进行解释时，应遵循诚信原则。就是诚实信用地对意思表示作出解释。①

《最高人民法院关于适用〈中华人民共和国民法典〉合同编通则若干问题的解释》(以下简称《合同编通则解释》) 第 1 条中进一步明确规定，人民法院依据本条规定解释合同条款时，应当以词句的通常含义为基础，结合相关条款、合同的性质和目的、习惯以及诚信原则，参考缔约背景、磋商过程、履行行为等因素确定争议条款的含义。有证据证明当事人之间对合同条款有不同于词句的通常含义的其他共同理解，一方主张按照词句的通常含义理解合同条款的，人民法院不予支持。对合同条款有两种以上解释，可能影响该条款效力的，人民法院应当选择有利于该条款有效的解释；属于无偿合同的，应当选择对债务人负担较轻的解释。

---

① 参见杨立新编著：《中华人民共和国民法典条文要义》，中国法制出版社 2022 年版，第 121 页。

## 案例指引

### 003. 电子商务经营者对消费者作出的有利承诺，是否应按普通消费者的通常认知进行解释？①

罗某某在某网络购物平台开设有网络店铺，从事某品牌电动摩托车锂电池的销售经营活动。罗某某在其网络店铺销售商品时对外宣称，商品“签收15天内支持免费退换货，半年内质量问题换新，两年保修”。齐某某在罗某某网络店铺购买了前述品牌的电动摩托车锂电池，使用3个月后发现存在充电不满等质量问题，便要求罗某某按销售承诺为其更换新电池。罗某某经检查确认交付的锂电池确实存在质量问题后，同意为齐某某更换新的电池。更换电池后，齐某某仍发现存在同样的质量问题，通过平台与罗某某协商，罗某某明确此前并未给齐某某换新电池，仅更换了电芯，并以销售承诺中的“换新”仅指换“新电芯”为由，拒绝为齐某某更换全新的电池。齐某某因此诉至法院，请求判令解除与罗某某的信息网络购物合同，并由罗某某退还已支付的商品价款。

法院认为，罗某某在销售案涉商品时，通过商品网络详情页对齐某某作出承诺，所售商品“半年内质量问题换新”，按社会普通消费者的通常理解，此处的“换新”应指电池整机换新，而非构成电池组成部分的零部件换新。罗某某确认交付给齐某某的锂电池存在质量问题，但却未按销售承诺给齐某某换新电池，而是将部分零部件进行了更换。齐某某要求罗某某按照承诺，对整个电池换新，但罗某某一直予以拒绝。齐某某只能另行购买新的电池使用。罗某某在销售商品存在质量问题的情况下，拒不按销售承诺履行更换义务，已构成违约。现其违约行为已致合同目的无法实现，齐某某要求解除合同，退还货款，依法应予支持。

电子商务经营者在销售商品时对消费者作出有利承诺的，应当遵守

---

① 参见《最高法发布消费者权益保护典型案例》（2022年3月15日发布），齐某某诉罗某某网络信息购物合同纠纷案，载中国法院网 https：//www.chinacourt.org/article/detail/2022/03/id/6575927.shtml，最后访问日期：2023年4月10日。

其承诺。现实中存在不少电子商务经营者为吸引流量、促进销售，在销售商品或提供服务时以宣传或告示等形式向消费者作出高于国家、行业标准的有利承诺，当消费者接受承诺与经营者形成交易关系后，经营者却以各种理由拒不兑现其承诺，有损消费者的合理预期，也侵害了消费者的合法权益。电子商务经营者兑现对消费者作出的有利承诺，既是对交易双方协议约定重要义务的履行，更是经营者诚信经营的重要体现。电子商务经营者的承诺是向消费者作出的，一般应以社会普通消费者能够理解的方式进行表达，当消费者对其中某些用语的理解，与经营者的理解不同时，应以交易时社会普通消费者的通常理解为标准进行解释，以强化对消费者权益的保障。

## 004. 对合同条款的理解发生争议的，法院会如何进行认定？①

2014 年 7 月 27 日，被告刘某向原告付某借款 5 万元并约定年利率 16%，期限 1 年；借款到期后被告未归还，原告凑齐 10 万元，重新借给被告，双方约定利息按年息一分六厘计算。2015 年 10 月 20 日，被告又向原告借款 20 万元，双方约定利息按一分六厘计算。该借款及利息，经原告多次催要，被告未还款，原告诉至法院。

本案双方的主要争议在于民间借贷中约定利息一分六厘的理解，而这主要涉及对合同条款理解有争议情形下如何正确理解合同约定的问题。

在本案民间借贷中，原、被告对 2015 年 10 月 20 日 20 万元借款利息约定按一分六厘计算，但双方对于该利息约定的理解则产生较大争议。原告认为该约定明确，被告则认为该约定不明确，双方争议点则在于该“一分六厘”是否指年息一分六厘。而《民法典》第 510 条规定，合同生效后，当事人就质量、价款或者报酬、履行地点等内容没有约定或者约定不明确的，可以协议补充；不能达成补充协议的，按照合同相

---

① 参见刘海红：《关于合同条款理解有争议情形下的正确认定——付某诉刘某、孙某民间借贷纠纷案》，载山东法院网 http：//www. sdcourt. gov. cn/nwglpt/resource/cms/article/3980673/7952190/2021112216150252838. pdf，最后访问日期：2023 年 2 月 23 日。

关条款或者交易习惯确定。刘某与付某在2015年7月27日的借条中明确约定利息按照年息一分六厘计算，该约定未超出法律规定。刘某与付某在2015年10月20日的借条中，双方虽只约定利息按照一分六厘计算，其中并未明确是年息还是月息。但民事主体从事民事活动，应当遵循公平原则和诚信原则，秉持诚实，恪守承诺。考虑到两份借条形成的时间间隔较短，根据利息约定的内容结合交易习惯，应当认定2015年10月20日原、被告形成借条时，双方对利息的约定仍为年息一分六厘。根据中国社会科学院语言研究所编写的《现代汉语词典》中对利率“分”的解释：“分，利率，年利一分按十分之一计算，月利一分按百分之一计算”；关于“厘”的含义：“厘，利率，年利率一厘是每年百分之一，月利率一厘是每月千分之一”，结合民间借贷交易习惯和已实际支付利息情况，本案中原、被告约定的年息一分六厘应理解为“年利率16%”。

关于合同解读究竟该以“内心真意”为主，还是应当以“意思表示”为主，这其实是一个理想与现实的问题。在能够通过订立合同过程中的蛛丝马迹（如聊天记录、备忘录等）可以确定真实意思的前提下，自然应当突破合同条款的文义束缚，以其真实意思为准，但在无法准确认定当事人之间的真实意思时，以意思表达作为裁判合同权利义务的标准，尽量化解社会矛盾，也不失为一种权宜之举。

### 第四百六十七条　【非典型合同及特定涉外合同的法律适用】

本法或者其他法律没有明文规定的合同，适用本编通则的规定，并可以参照适用本编或者其他法律最相类似合同的规定。

在中华人民共和国境内履行的中外合资经营企业合同、中外合作经营企业合同、中外合作勘探开发自然资源合同，适用中华人民共和国法律。

#### 条文解读

**非典型合同** ➲ 本条第1款是关于非典型合同的规定。民事活动纷繁复杂，合同交易类型多种多样。《民法典》只能将一些现实生活普遍发生并且规则较为成熟的合同类型在合同编中加以规定。《民法典》合同编在第二分编“典型合同”中规定了19类典型合同。其他一些单行法律也针对某一合同类型作出专门规定，例如《保险法》专章规定了保险合同。但现实经济社会生活中，大量合同类型既没有在合同编中予以规定，其他相关法律也没有明文规定，确定这些非典型合同适用现有法律进行约束和指导的规则，是十分重要的。依照合同自由原则，在不违反法律强制性规定和公序良俗的前提下，当事人可以根据实际生活需要，选择订立法律没有规范的非典型合同。

确定非典型合同的法律适用规则一般是：（1）尊重当事人的约定；（2）适用《民法典》合同编通则对合同规定的一般性规则；（3）针对不同类型的非典型合同采用《民法典》合同编或者其他法律规定的典型合同的法律规则，即能够找到相类似的典型合同的，参照《民法典》合同编规定的典型合同的规则适用法律，对纯粹的非典型合同即法律对其具体事项全无规定，其内容不符合任何典型合同的要件的合同，如果当事人的意思表示不完整，则根据诚信原则，并斟酌交易惯例，确定权利义务关系，解决纠纷。①

## 案例指引

### 005. 合同的真实合意如何认定？②

**裁判要点**

案涉交易符合以票据贴现为手段的多链条融资交易的基本特征。案涉《回购协议》是双方虚假意思表示，目的是借用银行承兑汇票买入

① 参见杨立新编著：《中华人民共和国民法典条文要义》，中国法制出版社2022年版，第401页。

② 参见《最高人民法院发布〈关于适用《中华人民共和国民法典》合同编通则若干问题的解释〉相关典型案例》（2023年12月5日发布），案例三“某甲银行和某乙银行合同纠纷案”，载中国法院网 https：//www. chinacourt. org/article/detail/2023/12/id/7681679. shtml，最后访问日期：2023年12月8日。

返售的形式为某甲银行向实际用资人提供资金通道，真实合意是资金通道合同。在资金通道合同项下，各方当事人的权利义务是，过桥行提供资金通道服务，由出资银行提供所需划转的资金并支付相应的服务费，过桥行无交付票据的义务，但应根据其过错对出资银行的损失承担相应的赔偿责任。

**简要案情**

票据中介王某与某甲银行票据部员工姚某等联系以开展票据回购交易的方式进行融资，2015年3月至12月间，双方共完成60笔交易。交易的模式是：姚某与王某达成票据融资的合意后，姚某与王某分别联系为两者之间的交易提供资金划转服务的银行即过桥行，包括某乙银行、某丙银行、某丁银行等。所有的交易资金最终通过过桥行流入由王某控制的企业账户中；在票据的交付上，王某从持票企业收购票据后，通过其控制的村镇银行完成票据贴现，并直接向某甲银行交付。资金通道或过桥的特点是过桥行不需要见票、验票、垫资，没有资金风险，仅收取利差。票据回购到期后，由于王某与姚某等人串通以虚假票据入库，致使某甲银行的资金遭受损失，王某与姚某等人亦因票据诈骗、挪用资金等行为被判处承担刑事责任。之后，某甲银行以其与某乙银行签订的《银行承兑汇票回购合同》（以下简称《回购合同》）为据，以其与某乙银行开展票据回购交易而某乙银行未能如期交付票据为由提起诉讼，要求某乙银行承担回购合同约定的违约责任。

**判决理由**

生效判决认为：《回购合同》系双方虚假合意，该虚假合意隐藏的真实合意是由某乙银行为某甲银行提供资金通道服务，故双方之间的法律关系为资金通道合同法律关系。具体理由为：第一，某甲银行明知以票据回购形式提供融资发生在其与王某之间，亦明知是在无票据作为担保的情况下向王某融出资金，而某乙银行等过桥行仅凭某甲银行提供的票据清单开展交易，为其提供通道服务。因此，本案是以票据贴现为手段，以票据清单交易为形式的多链条融资模式，某甲银行是实际出资行，王某是实际用资人，某乙银行是过桥行。第二，某甲银行与某乙银行之间不交票、不背书，仅凭清单交易的事实可以证明，《回购合同》并非双方当事人的真实合意。第三，案涉交易存在不符合正常票据回购交易顺序的倒打款，进一步说明《回购合同》并非双方的真实意思表示。《回购合同》表面约定的票据回购系双方的虚假意思而无效；隐藏的资金通道合同违反了金融机构审慎经营原则，且扰乱了票据市场交易秩序、引发金融风险，因此双方当事人基于真实意思表示形成的资金通道合同属于违背公序良俗、损害社会公共利益的合同，应为无效。在《回购合同》无效的情形下，某甲银行请求某乙银行履行合同约定的义务并承担违约责任，缺乏法律依据，但某乙银行应根据其过错对某甲银行的损失承担相应的赔偿责任。

**司法解释相关条文**

《合同编通则解释》第 15 条　人民法院认定当事人之间的权利义务关系，不应当拘泥于合同使用的名称，而应当根据合同约定的内容。当事人主张的权利义务关系与根据合同内容认定的权利义务关系不一致的，人民法院应当结合缔约背景、交易目的、交易结构、履行行为以及当事人是否存在虚构交易标的等事实认定当事人之间的实际民事法律关系。

**第四百六十八条　【非合同之债的法律适用】**非因合同产生的债权债务关系，适用有关该债权债务关系的法律规定；没有规定的，适用本编通则的有关规定，但是根据其性质不能适用的除外。

## 条文解读

**债权**《民法典》总则编第五章“民事权利”从债权发生原因的角度，对“债权”的概念作了界定。《民法典》第 118 条第 2 款规定，债权是因合同、侵权行为、无因管理、不当得利以及法律的其他规定，权利人请求特定义务人为或者不为一定行为的权利。从该规定可以看出，债权债务关系的发生原因有以下几类。

一是合同。合同依法成立后，即在当事人之间产生债权债务关系。基于合同所产生的债为合同之债。债权人有权按照合同约定，请求合同债务人履行合同义务。合同之债是民事主体为自己利益依自己意思设定的，合同之债属于意定之债。

二是侵权行为。侵权行为，是指侵害他人民事权益的行为。因行为人侵害他人人身权利、财产权利以及其他合法权益，产生侵权之债，侵权人与被侵权人之间形成债权债务关系。侵权之债并不是基于当事人的意愿设定的，是法律直接对侵权行为所作出的否定性评价，给被侵权人以救济，保护被侵权人的民事权益。侵权之债属于法定之债。

三是无因管理。无因管理，是指没有法定的或者约定的义务，为避免他人利益受损失而进行管理的行为。无因管理行为虽为干预他人事务，但却是以避免他人利益受损失为目的，有利于社会的互助行为。法律为鼓励这一行为赋予管理人请求受益人偿还因管理行为支出的必要费用的权利。因无因管理产生的债称为无因管理之债。无因管理之债并不是基于当事人的意愿设定的，而是根据法律的规定，为法定之债。

四是不当得利。不当得利，是指没有法律根据，取得不当利益，造成他人损失的情形。在社会生活中，任何民事主体不得没有法律根据取得利益而致他人损害，因此，法律规定受损失的人有权请求取得不当得利的人返还不当利益。不当得利为债的发生原因，基于不当得利而产生的债称为不当得利之债。不当得利之债既不同于合同之债，也不同于无因管理之债。不当得利之债不是当事人双方之间的合意，也不以当事人的意志为转移，而是法律为纠正不当得利，直接赋予当事人的权利义务，也是法定之债。

五是法律的其他规定。合同、侵权行为、无因管理、不当得利是债的发生的主要原因，除此以外，法律的其他规定也会引起债的发生，使民事主体依法享有债权。如《民法典》第 26 条规定，父母对未成年子女负有抚养、教育和保护的义务。成年子女对父母负有赡养、扶助和保护的义务。《民法典》第 1067 条规定，父母不履行抚养义务的，未成年子女或者不能独立生活的成年子女，有要求父母给付抚养费的权利。成年子女不履行赡养义务的，缺乏劳动能力或者生活困难的父母，有要求成年子女给付赡养费的权利。这些情况下，未成年子女或不能独立生活的成年子女和缺乏劳动能力或者生活困难的父母依据法律的规定享有债权。

从以上规定可以看出，非因合同产生的债权债务关系，包括侵权之债、无因管理之债、不当得利之债以及因法律的其他规定产生的债权债务关系。

## 第二章　合同的订立

**第四百六十九条　【合同形式】**当事人订立合同，可以采用书面形式、口头形式或者其他形式。

书面形式是合同书、信件、电报、电传、传真等可以有形地表现所载内容的形式。

以电子数据交换、电子邮件等方式能够有形地表现所载内容，并可以随时调取查用的数据电文，视为书面形式。

### 条文解读

**书面形式** ➔ 书面形式是指以文字表现当事人的意思表示而订立合同的合同形式。其优点是有据可查，发生纠纷时容易举证，便于分清责任。对于履行期限较长、权利义务关系复杂、重要的合同，一般应当采用书面形式。另外，法律规定或者当事人约定须对合同进行公证、鉴证、审批等程序时，合同必须采用书面形式。书面形式的缺点是以文字记载合同的内容较为烦琐，有时会因文字表达不清而导致当事人之间发生纠纷。

**口头形式** ➔ 是指当事人只用语言为意思表示而订立合同，而不用文字表达协议内容的合同形式。口头形式的优点是简便易行，在日常生活中被普遍采用；缺点是发生合同纠纷时不易取证，难以分清责任。所以，一般来讲，合同标的数额不大的和即时清结的合同可采用口头形式。为了保证交易安全，除此之外的合同一般不建议采用口头形式。

合同采用口头形式，无须当事人特别约定。凡当事人未约定、法律未规定特定形式的合同，都可以采用口头形式。但发生争议时，当事人必须举证证明合同的存在和合同的内容。合同采用口头形式并不意味着不能产生任何文字的凭证，在实践中，去商店购物时商店一般都会给顾客开具发票或者其他购物凭证，但是，这类文字材料只能视为合同成立的证明，不能视为合同成立的要件。

**数据电文** ➜ 包括电报、电传、传真、电子数据交换和电子邮件等可以有形地表现所载内容的形式。《电子签名法》对数据电文的形式、保存、真实性的审查等作出了比较具体的规定。一是能够有形地表现所载内容，并可以随时调取查用的数据电文，视为符合法律、法规要求的书面形式。二是符合下列条件的数据电文，视为满足法律、法规规定的原件形式要求：（1）能够有效地表现所载内容并可供随时调取查用；（2）能够可靠地保证自最终形成时起，内容保持完整、未被更改。但是，在数据电文上增加背书以及数据交换、储存和显示过程中发生的形式变化不影响数据电文的完整性。三是符合下列条件的数据电文，视为满足法律、法规规定的文件保存要求：（1）能够有效地表现所载内容并可供随时调取查用；（2）数据电文的格式与其生成、发送或者接收时的格式相同，或者格式不相同但是能够准确地表现原来生成、发送或者接收的内容；（3）能够识别数据电文的发件人、收件人以及发送、接收的时间。四是数据电文不得仅因为其是以电子、光学、磁或者类似手段生成、发送、接收或者储存而被拒绝作为证据使用。审查数据电文作为证据的真实性，应当考虑以下因素：（1）生成、储存或者传递数据电文方法的可靠性；（2）保持内容完整性方法的可靠性；（3）用以鉴别发件人方法的可靠性；（4）其他相关因素。五是数据电文的发送接收。数据电文有下列情形之一的，视为发件人发送：（1）经发件人授权发送的；（2）发件人的信息系统自动发送的；（3）收件人按照发件人认可的方法对数据电文进行验证后结果相符的。当事人对前述规定的事项另有约定的，从其约定。数据电文进入发件人控制之外的某个信息系统的时间，视为该数据电文的发送时间。收件人指定特定系统接收数据电文的，数据电文进入该特定系统的时间，视为该数据电文的接收时间；未指定特定系统的，数据电文进入收件人的任何系统的首次时间，视为该数据电文的接收时间。当事人对数据电文的发送时间、接收时间另有约定的，从其约定。发件人的主营业地为数据电文的发送地点，收件人的主营业地为数据电文的接收地点。没有主营业地的，其经常居住地为发送或者接收地点。当事人对数据电文的发送地点、接收地点另有约定的，从其约定。

对于以数据电文形式订立的合同，或者合同的某些部分是以数据电文表现的，当事人可以在事后签订合同确认书，以确认数据电文的内容是合同的内容。当事人可以约定签订确认书是以数据电文形式订立合同的成立条件，以此排除数据电文在传输过程中可能出现的传输失误，并可以把分散的协议文件统一起来，使之更加具体和明确，便于双方保管和履行。合同确认书也是合同的书面形式。

## 实务应用

### 004. 既没有语言表示又没有行为表示的消极行为能否成为合同订立的意思表示形式？

通常情况下，消极行为不是意思表示，不能成立民事法律行为，也不会产生任何法律效果。但是在法律有特别规定时，消极行为也可能被赋予一定的表示意义，从而形成民事行为的效果。根据《民法典》第140条的规定："行为人可以明示或者默示作出意思表示。沉默只有在有法律规定、当事人约定或者符合当事人之间的交易习惯时，才可以视为意思表示。"默示方式，是指行为人以使人推知的方式，间接表示其内在意思的表意形式。行为人以某种表明法律意图的行为间接表示其内在意思的默示，也称为行为默示或者推定行为。例如，在收费停车场停放车辆、乘坐公共汽车等行为，就是意思实现，是行为默示或者推定行为。沉默方式，是指行为人以不作为或者有特定意义的沉默，间接表示其内在意思的表达形式。只有在法律规定或者当事人有约定或者当事人之间有交易习惯的情况下，才能将特定沉默视为默示。例如，双方长期供货、受领、支付价款，没有书面合同和口头约定，只是交易习惯，就是沉默方式的应用。

### 案例指引

#### 006. 口头约定合同不清，如何认定合同内容的真实性？[①]

原告王某经营门窗定制安装业务。2018 年 4 月 28 日，被告秦某在原告王某处购买门窗，双方达成了口头协议，后原告王某到被告处丈量了门窗的尺寸，并协商了门窗的价格、数量、费用等事项。

待原告王某到被告秦某处安装门窗完毕，被告秦某共计支付原告王某款项 10056 元，其余 2286 元未付。被告秦某辩称，双包卫生间门价格与当时约定不一致，且未在订货单上签字确认，原告自行确定的价格超出市场价格，对原告王某诉求按每扇 900 元计算双包卫生间门价格不予认可。

2020 年 7 月 17 日，原告王某诉至法院要求被告秦某支付剩余货款 2286 元。后经法院审理认为原告王某提交的销货清单多处涂改且系复印件，无法确认其真实性，结合门窗定制安装的市场价格，法院酌定双包卫生间门价格每扇按 800 元计算，故判决被告秦某在判决生效后 5 日内向原告王某支付货款共计 1986 元，以 1986 元为本金从 2020 年 8 月 11 日起按全国银行间同业拆借中心公布的贷款市场报价利率计算资金占用利息至付清时止。

法官对此提醒，当事人订立合同，可以采用书面形式、口头形式或

---

① 参见李丹：《口头约定合同，应采取有效措施补强效力》，载重庆市高级人民法院网 http：//cqgy. cqfygzfw. gov. cn/article/detail/2021/01/id/5691881. shtml，最后访问日期：2023 年 2 月 23 日。

其他形式。在订立口头形式合同时，对合同标的、价格、数量、质量等内容需明确，可以在双方约定合同条款时进行录音或双方在提货单上签字确定，以免出现合同内容不一致的情形。

## 007. 无书面文本的房屋买卖合同关系如何通过当事人双方的陈述予以确认？①

原告秦某某于 1994 年 9 月 4 日与被告闫某某签订房屋租赁协议，约定将位于广饶县某村的住宅租赁给闫某某使用，房屋后院标准间 5 间，前院旧房 3 间，两院共计长度 38 米。租赁期间自 1994 年 9 月 4 日起至 1999 年 9 月 4 日止，房屋维修和院墙、大门、房门、门窗玻璃等全部一切费用由闫某某承担，抵作闫某某给秦某某的房屋租赁费。秦某某在 1999 年 9 月 30 日后有权收回租赁房屋，闫某某应无条件搬出。后，秦某某的二叔因秦某某未将该房屋租给自己而与秦某某发生争议，秦某某的母亲决定将涉案房屋出卖给闫某某，价格为 6500 元。闫某某分两次付清房款：第一次是 1995 年春节后，闫某某与其外甥曹某某一起去秦某某的母亲新家所在地送了 3000 元；第二次是 1996 年春节后，秦某某的母亲以秦某某的三弟买房子需要用钱为由催要剩余房款，闫某某让儿媳的弟弟西某某开三轮车拉着自己去，给了秦某某的母亲 3500 元，当时秦某某在场。秦某某的母亲说土地使用证原件由其大女儿保管，其大女儿当时因事已故，所以土地使用证原件丢失，向闫某某交付了土地使用证的复印件。闫某某相信土地使用证原件已经丢失，就没再要求签订书面协议。

闫某某在涉案房屋中居住。闫某某居住的房屋长 19 米，是双方租赁合同约定的 38 米房产的后院，前院已于 1996 年由秦某某卖与李某忠。

闫某某购买涉案房屋后，曾在 2009 年 5 月拟翻盖房屋。秦某某得

---

① 参见王芳：《无书面文本的房屋买卖合同关系之确认——秦某某诉闫某某排除妨害案》，载山东省高级人民法院网 http：//www. sdcourt. gov. cn/nwglpt/resource/cms/article/3980673/7172102/2021061515005421412. pdf，最后访问日期：2023 年 2 月 23 日。

知后进行阻拦，称仅卖了房子没有卖地，若闫某某嫌房子破可以走，但不准重建。闫某某曾向村委求助，后来，村委给闫某某出具证明说可以重建，现闫某某因个人经济能力不足尚未重建。

秦某某称双方系房屋租赁合同关系，但对双方租赁合同到期后多年来未收回房屋亦未收取过租金的原因没有作出合理解释，而闫某某对双方后期发生争议的原因、经过及处理情况均进行了详细陈述。秦某某关于其是否知道其母亲收取了闫某某的款项、何时知道其母亲向闫某某出售了涉案房屋等问题的陈述前后矛盾，不符合常理。

山东省广饶县人民法院于2020年11月26日作出判决：驳回秦某某的相关诉讼请求。宣判后，秦某某提起上诉，二审维持原判。

在没有书面文本作为证据的情况下，确认当事人之间合同关系的存无主要依据当事人的陈述，而在双方当事人陈述不一致的情况下，则需要对当事人的陈述进行对比甄别、去伪存真，结合物的占有使用状态以及相应的社会事件等其他客观事实，判断哪一方当事人的陈述是客观真实的、哪一方当事人的行为是诚实守信的，从而确认双方当事人实体权利的存无。

当事人的陈述是民事诉讼的重要证据之一，也是人民法院认定案件事实的重要依据，特别是在书面证据不足的情况下，当事人的陈述是否合理、是否有其他事实予以印证是其陈述能否被采信的关键性特质。本案中，在没有书面合同的情况下，人民法院对当事人双方房屋买卖合同关系的认定基本上采信了闫某某的陈述，详细理由如下：

一是秦某某作为原告，对本案关键事实的陈述过于粗略且不符合常理。比如，秦某某称其与闫某某之间仅为房屋租赁合同关系，但其持有的书面租赁合同早已于1999年9月到期，此后二十多年来秦某某既没有向闫某某收取房租亦没有收回房屋，该现象不符合常理。再如，秦某某称其曾在2012年找过闫某某要求与其一起到村委商议房屋的事宜，若秦某某与闫某某之间仅为房屋租赁关系，则2012年时房屋租赁合同已经到期，秦某某仅需通知闫某某腾退而无须与闫某某商议；秦某某称闫某某当时没有理会，但此后未再找过闫某某，若秦某某与闫某某仅为房屋租赁关系，则在闫某某未予配合商议的情况下，秦某某此后多年并未进一步主张权利亦不符合常理。秦某某对出现上述现象的原因解释为其长期在外地生活不方便主张权利，但秦某某实际工作生活的地点亦属于本地，与本案争议房屋的位置并非山海之遥交通不便，该理由不足以构成对其上述行为的合理解释。秦某某的陈述缺乏合理性，则需要从其相对方即闫某某的陈述中探查原因。

二是闫某某详细陈述了双方达成买卖合意的原因、其履行付款义务的经过、双方后来发生争议的原因及处理情况，其陈述内容完整、细节充分且有相应的历史事件及证人证言予以印证，符合农村日常生活交易的常情及一般做法。比如，对房屋由租赁变为买卖的经过，闫某某陈述，秦某某的二叔因秦某某未将房屋租给自己而与秦某某闹掰，故秦某某的母亲就说把房子卖给闫某某，价格是6500元，闫某某还详细陈述了其两次去秦某某家里送钱的经过及陪同人员。再如，闫某某持有涉案房屋土地使用证的复印件，闫某某称该复印件是其第二次向秦某某家送钱时秦某某的母亲给的，关于秦某某母子未向闫某某交付土地使用证原件的原因，闫某某陈述，秦某某的母亲说土地使用证的原件丢失了，丢失的原因系因该证在其大女儿手中，其大女儿当时因事在婆家已故，秦某某的母亲与其大女儿婆家关系不好，所以无法取得土地使用证的原件，故认为丢失。又如，关于秦某某2012年找闫某某商量的事实，闫某某陈述，秦某某来找的原因系县里拟实施拆迁，拆迁政策是房屋与土地分别补偿，秦某某因持有涉案房屋的土地证想取得土地补偿款；闫某某未予理会的原因系其明确告知秦某某自己已经购买了该房产，秦某某无权再要补偿款；秦某某后来不再找的原因系当时的拆迁计划未实际实施。闫某某陈述的内容涉及合同履行过程中的具体的社会事件，相应的事件或与秦某某的家庭关系相关联或有相应的历史事实予以印证，上述事件若非亲身经历较难准确陈述，且秦某某并未对闫某某陈述的事件予以反驳，仅称不属实、不知情，未能推翻闫某某陈述的内容。

对双方当事人的陈述进行综合对比，闫某某的陈述较为客观，能够反映双方法律关系的全貌，故对闫某某的陈述予以采信，认定双方就涉案房屋存在买卖合同关系且已经实际履行完毕。秦某某的诉讼请求没有事实及法律依据，予以驳回。

### 关联参见

《民法典》第 135 条；《电子签名法》第 4 条；《仲裁法》第 16 条

**第四百七十条　【合同主要条款及示范文本】** 合同的内容由当事人约定，一般包括下列条款：

（一）当事人的姓名或者名称和住所；

（二）标的；

（三）数量；

（四）质量；

（五）价款或者报酬；

（六）履行期限、地点和方式；

（七）违约责任；

（八）解决争议的方法。

当事人可以参照各类合同的示范文本订立合同。

### 条文解读

**标的** ➔ 标的是合同当事人的权利义务指向的对象。标的是合同成立的必要条件，是一切合同的必备条款。没有标的，合同不能成立，合同关系无法建立。合同的种类很多，合同的标的也多种多样。

1. 有形财产。有形财产指具有价值和使用价值并且法律允许流通的有形物。有形财产依不同的分类有生产资料与生活资料、种类物与特定物、可分物与不可分物、货币与有价证券等。

2. 无形财产。无形财产指具有价值和使用价值并且法律允许流通的不以实物形态存在的智力成果，如商标、专利、著作权、技术秘密等。

3. 劳务。劳务指不以有形财产体现其成果的劳动与服务。如运输合同中承运人的运输行为，保管与仓储合同中的保管行为，接受委托进行代理、行纪行为等。

4. 工作成果。工作成果指在合同履行过程中产生的、体现履约行为的有形物或者无形物。如承揽合同中承揽方完成的工作成果，建设工程合同中承包人完成的建设项目，技术开发合同中的委托开发合同的研究开发人完成的研究开发成果等。

合同对标的的规定应当清楚明白、准确无误，对于名称、型号、规格、品种、等级、花色等都要约定得细致、准确、清楚，防止出现差错。特别是对于不易确定的无形财产、劳务、工作成果等更要尽可能地描述准确、明白。订立合同时还应当注意各种语言、方言以及习惯称谓的差异，避免不必要的麻烦和纠纷。

**违约责任** ➲ 违约责任是指当事人一方或者双方不履行合同义务或者履行合同义务不符合约定应当承担的法律责任。违约责任是促使当事人履行合同义务，使对方免受或少受损失的法律措施，也是保证合同履行的主要条款。违约责任在合同中非常重要，因此法律对违约责任专门作了规定。但法律的规定是原则性的，即使规定再细致也不可能面面俱到，照顾到各种合同的特殊情况。因此，当事人为了特殊的需要，为了保证合同义务严格按照约定履行，为了更加及时地解决合同纠纷，可以在合同中约定违约责任，如约定定金、违约金、损害赔偿金的计算方法等。

**解决争议的方法** ➲ 解决争议的方法指合同争议的解决途径，对合同条款发生争议时的解释以及法律适用等。解决争议的途径主要有四种：（1）自行协商和解；（2）由第三人进行调解；（3）申请仲裁；（4）提起诉讼。当事人可以约定解决争议的方法，如果意图通过诉讼解决争议是不用进行约定的，通过其他途径解决都要事先或者事后约定。

涉外合同的当事人约定采用仲裁方式解决争议的，可以选择中国的仲裁机构进行仲裁，也可以选择在外国进行仲裁。涉外合同的当事人还可以选择解决他们的争议所适用的法律，但法律对有些涉外合同法律的适用有限制性规定的，依照其规定。

### 实务应用

#### 005. 签订合同是否必须具备《民法典》第470条规定的合同内容？

合同内容是由合同的条款组成的，合同条款规定了当事人各方的权利义务。合同当事人可以参照《民法典》第470条列举的条款来签订合同，其中当事人条款和标的条款是合同必须具备的条款。除此之外，只要不违反法律、行政法规的强制性规定，合同当事人可以按照其需要，自由约定其他条款。当然，如果合同缺少所列举条款的一部分，也可以按照法律的补充性规定来确定双方的权利义务关系。

### 关联参见

《保险法》第18条；《著作权法》第26条、第27条

**第四百七十一条　【订立合同的方式】** 当事人订立合同，可以采取要约、承诺方式或者其他方式。

### 条文解读

**合同订立方式** ➲ 要约、承诺方式是最为典型的合同订立方式。当事人合意的过程，是对合同内容协商一致的过程，很多是经过要约、承诺完成的。向对方提出合同条件，作出签订合同的意思表示称为“要约”，而另一方如果表示接受就称为“承诺”。一般而言，一方发出要约，另一方作出承诺，合同就成立了。但是，有时要约和承诺难以区分。许多合同是经过了一次又一次的讨价还价、反复协商才得以达成的。

## 实务应用

### 006. 订立合同是否都是一次要约和承诺完成的？

当事人订立合同，并非一次要约和承诺就可完成，一般要经过多次协商。订立合同的过程实际上是要约、新要约、更新的要约……直至承诺的这一过程。要约与承诺是合同成立的基本规则，也是合同成立必须经过的两个阶段。如果合同没有承诺，而只是停留在要约阶段，合同是不能成立的。

**第四百七十二条 【要约的定义及其构成】** 要约是希望与他人订立合同的意思表示，该意思表示应当符合下列条件：

（一）内容具体确定；

（二）表明经受要约人承诺，要约人即受该意思表示约束。

## 条文解读

**要约** ➔ 要约又称为报价、发价、发盘、出盘等。发出要约的当事人称为要约人，而要约所指向的人称为受要约人。要约是订立合同的一个必经阶段，任何一个合同，无论采用什么形式，都要首先有人提出要约，订立合同的活动才能继续下去。一项要约要发生法律拘束力，必须具备特定的条件，这些条件主要包括：（1）必须具有订立合同的意图。是否以缔结合同为目的，是要约与要约邀请的主要区别。（2）内容必须具体确定。所谓“具体”，是指要约内容必须包括足以使合同成立的必要条款；所谓“确定”，是指要约的内容必须明确，而不能含混不清，使受要约人不能正确理解要约人的真实含义。（3）要约通常都是向特定人发出的，仅在例外情况下才可以向不特定的当事人发出，如发布悬赏广告、设置自动售货机等。（4）必须表明一经承诺，要约人即受其要约内容的约束。

**第四百七十三条 【要约邀请】**要约邀请是希望他人向自己发出要约的表示。拍卖公告、招标公告、招股说明书、债券募集办法、基金招募说明书、商业广告和宣传、寄送的价目表等为要约邀请。

商业广告和宣传的内容符合要约条件的，构成要约。

## 条文解读

**拍卖公告**➡ 拍卖是一种特殊的买卖方式。一般认为，在拍卖活动中，竞买人的出价为要约，拍卖人击槌（或者以其他方式）拍定为承诺。拍卖人在拍卖前刊登或者以其他形式发出拍卖公告，对拍卖物及其价格进行宣传介绍等，属于要约邀请。

**招标公告**➡ 招标投标是一种特殊的签订合同的方式，广泛应用于货物买卖、建设工程、土地使用权出让与转让、技术转让等领域。这种方式的好处是，能够在最接近公平、合理的价格上达成交易、签订合同。所谓招标是指招标人采取招标通知或者招标公告的方式发出以吸引投标人投标的意思表示。所谓投标是指投标人按照招标人的要求，在规定的期限内向招标人发出的包括合同全部条款的意思表示。对于招标公告或者招标通知，一般都认为属于要约邀请，不是要约。而投标是要约，招标人选定中标人，为承诺。

**招股说明书**➡ 招股说明书是股份有限公司发起人向社会公开募集股份时或者公司经批准向社会公开发行新股时，向社会公众公开的说明文书。按照《公司法》的规定，发起人向社会公开募集股份，必须公告招股说明书，并制作认股书。招股说明书应当附有公司章程，并载明下列事项：发行的股份总数；面额股的票面金额和发行价格或者无面额股的发行价格；募集资金的用途；认股人的权利和义务；股份种类及其权利和义务；本次募股的起止日期及逾期未募足时认股人可以撤回所认股份的说明。公司向社会公开募集股份，应当经国务院证券监督管理机构注册，公告招股说明书。法律规定要制订招股说明书并向社会公告，其目的是让社会公众了解发起人或者公司的情况和认股人所享有的权利及承担的义务。招股说明书是向社会发出的要约邀请，邀请公众向公司发出要约，购买公司的股份。认股人认购股份，为要约，公司卖出股份，为承诺。但是，如果发起人逾期未募足股份，则依法失去承诺的权利，认股人撤回所认购的股份。招股说明书是要约邀请，但并非一般的要约邀请，是具有法律意义的文件。这一点与一般的要约邀请不同。

**债券募集办法** ➲ 公司发行公司债券，应当按照规定公告公司债券募集办法，对投资者作出投资决策有重大影响的信息予以记载并披露。依照《公司法》第 195 条第 2 款规定，公司债券募集办法中应当载明下列主要事项：公司名称；债券募集资金的用途；债券总额和债券的票面金额；债券利率的确定方式；还本付息的期限和方式；债券担保情况；债券的发行价格、发行的起止日期；公司净资产额；已发行的尚未到期的公司债券总额；公司债券的承销机构。投资者根据债券募集办法记载的情况决定是否购买债券。

**基金招募说明书** ➲ 基金招募说明书是基金发起人公开发售基金时，为基金投资者提供的对基金情况进行说明的文件，一般应载明基金募集申请的准予注册文件名称和注册日期；基金管理人、基金托管人的基本情况；基金合同和基金托管协议的内容摘要；基金份额的发售日期、价格、费用和期限；基金份额的发售方式、发售机构及登记机构名称；出具法律意见书的律师事务所和审计基金财产的会计师事务所的名称和住所；基金管理人、基金托管人报酬及其他有关费用的提取、支付方式与比例；风险警示内容等。投资者根据基金招募说明书载明的情况判断是否申购基金。

**商业广告和宣传** ➲ 商业广告是指商品经营者或者服务提供者通过一定媒介和形式直接或者间接地介绍自己所推销的商品或者服务的广告。实践中，商品经营者或者服务提供者除通过商业广告外，还通过其他一些形式对商品或者服务进行宣传。商业广告和宣传的目的在于宣传商品或者服务的优点，并以此引诱顾客购买商品或者接受服务，为要约邀请。但法律并不排除商业广告和宣传如果符合要约的条件也可以成为要约的可能性。

**寄送的价目表** ➔ 根据对要约条件的分析，价目表仅指明什么商品、什么价格，并没有指明数量，对方不能以“是”“对”或者“同意”等肯定词语答复成立合同，自然不符合要约的条件，只能视作要约邀请。寄送的价目表，是商品生产者或者销售者推销商品的一种方式。这种方式当然表达行为人希望订立合同的意思，但并不表明他人表示承诺就立即达成一个合同。实际上，寄送的价目表与货物标价陈列在性质上没有什么差别，只是方式有所不同，商品标价陈列亦作为要约邀请。在商店买卖东西，虽然商品的价格是标明的，但要买多少数量，总是由顾客提出要求。

## 实务应用

### 007. 房地产开发商打出的商品房销售广告和分发的宣传资料属于要约还是要约邀请？

根据《最高人民法院关于审理商品房买卖合同纠纷案件适用法律若干问题的解释》（以下简称《商品房买卖合同解释》）第 3 条的规定，商品房的销售广告和宣传资料为要约邀请，但是出卖人就商品房开发规划范围内的房屋及相关设施所作的说明和允诺具体确定，并对商品房买卖合同的订立以及房屋价格的确定有重大影响的，构成要约。该说明和允诺即使未载入商品房买卖合同，亦应当为合同内容，当事人违反的，应当承担违约责任。

### 008. 要约和要约邀请如何区分？

在实践中，要约和要约邀请较为相似，有时难以区别，其实这两个概念有着本质的不同。要约邀请只是订立合同的预备行为，发出要约邀请时，当事人仍然处于订立合同的准备阶段，既不能因相对人的承诺而成立合同，也不能因自己作出某种承诺而约束要约人。要约邀请是一种事实行为，在发出要约邀请后，要约邀请人撤回其要约邀请，只要没有给善意相对人造成信赖利益的损失，要约邀请人一般不承担法律责任。

要约邀请与要约的主要区别是：（1）要约是一种法律行为，具有法律意义；要约邀请是一种事实行为，不具有法律意义。（2）要约是当事人自己主动提出愿意与他人订立合同的意思表示；要约邀请是希望他人向自己发出要约的意思表示。（3）要约中表明经受要约人承诺，要约人即受该意思表示约束的意思，要约一旦被承诺，合同即告成立，要约人受其要约的约束；要约邀请则不包括发出要约邀请的当事人表示愿意接受要约邀请内容约束的意思，受要约邀请的人依要约邀请发出要约，要约邀请人仍然享有是否作出承诺的选择权。（4）要约的内容应当包括合同的主要条款，这样才能因受要约人的承诺而成立合同；而要约邀请只是希望对方向自己发出要约，无须具备合同的主要条款。

### 关联参见

《招标投标法》第 10 条、第 16 条、第 17 条；《拍卖法》第 45—48 条

**第四百七十四条　【要约的生效时间】**要约生效的时间适用本法第一百三十七条的规定。

### 条文解读

根据《民法典》第 137 条的规定，以对话方式作出的意思表示，相对人知道其内容时生效。以非对话方式作出的意思表示，到达相对人时生效。以非对话方式作出的采用数据电文形式的意思表示，相对人指定特定系统接收数据电文的，该数据电文进入该特定系统时生效；未指定特定系统的，相对人知道或者应当知道该数据电文进入其系统时生效。当事人对采用数据电文形式的意思表示的生效时间另有约定的，按照其约定。

## 实务应用

### 009. 要约到达受要约人的时间如何界定?

因要约的形式不同，要约到达受要约人的时间界定也是不同的。

（1）对于口头形式的要约，从受要约人了解要约时生效。受要约人了解要约，应当以正常情况下一般人所能理解要约的标准为解释原则，受要约人能够理解要约，但故意佯装不知，并不影响要约的生效。(2）以书面形式发出的要约，到达受要约人时生效。这里的到达并不一定得实际交付到受要约人或者其代理人手中，只要要约送达到受要约人能够控制并应当了解的地方，如受要约人的信箱等即为到达。(3）采用数据电文形式订立合同的，收件人指定特定系统接收数据电文的，该数据电文进入该特定系统的时间，视为到达时间；未指定特定系统的，该数据电文进入收件人的任何系统的首次时间，视为到达时间。如果要约人未特别限定时间，则以要约能够到达的合理时间为准。

例如，甲公司于 2023 年 11 月 1 日向乙公司发出一份商业要约信函，要求对方在信函到达后 3 日内以每件 300 元的价格发出某产品 500 件，该信函于 11 月 6 日到达乙公司处，但由于乙公司传达室的原因，乙公司负责人在 11 月 13 日才看到该封信函，该负责人立即组织人员向甲公司发出该产品，但甲公司拒绝接收。在本案中，甲公司对乙公司发出的要约在 11 月 6 日到达，即在该日生效，而不是以乙公司负责人见到信函内容之时生效。故乙公司在 11 月 13 日发出的货物已经过了要约的有效期间，要约失效，甲公司有权不接收乙公司的产品。

**第四百七十五条　【要约的撤回】** 要约可以撤回。要约的撤回适用本法第一百四十一条的规定。

## 条文解读

根据《民法典》第 141 条的规定，行为人可以撤回意思表示。撤回意思表示的通知应当在意思表示到达相对人前或者与意思表示同时到达相对人。

## 实务应用

### 010. 要约的撤回是否可以任意进行？

要约的撤回不可以任意进行，要约人撤回要约时必须向受要约人或者其代理人发出撤回要约的通知。通知可以是口头的，也可以是书面的，或者是数据电文形式的。

根据《拍卖法》的规定，委托人在拍卖开始前可以撤回拍卖标的。委托人撤回拍卖标的的，应当向拍卖人支付约定的费用；未作约定的，应当向拍卖人支付为拍卖支出的合理费用。竞买人一经应价，不得撤回，当其他竞买人有更高应价时，其应价即丧失约束力。

根据《招标投标法》的规定，投标人在招标文件要求提交投标文件的截止时间前，可以补充、修改或者撤回已提交的投标文件，并书面通知招标人。补充、修改的内容为投标文件的组成部分。

例如，李某于5月6日向钱某发出购买某产品的要约信函，5月8日该产品的价格大幅下降，于是李某在5月8日当天向钱某以特快专递方式发出撤回原要约的信函，该信函于5月9日到达钱某处，原要约信函于5月10日到达钱某处。在本案中，李某已经在要约送达钱某之前，即要约生效前将原要约撤回，故原要约不再有效。

### 011. 要约的撤回与要约的撤销如何区别？①

根据《民法典》第141条和第475条的规定，要约的撤回是在要约未生效前使其不发生效力；而要约的撤销是指在要约作出并生效之后，要约人又作出取消其意思表示的表示。要约的撤回是使一个未发生法律效力的要约不发生法律效力，要约的撤销是使一个已经发生法律效力的

① 参见黄薇主编：《中华人民共和国民法典合同编解读》，中国法制出版社2020年版，第62—63页。

要约失去法律效力。要约撤回中仅考虑保护要约人对其意思表示的自由处分权利，因此，要约撤回的通知只要在要约到达之前或与要约同时到达就发生效力。而对于要约的撤销，由于要约在到达后已经生效，受要约人已知悉要约的内容，甚至可能已经对该要约产生了合理的信赖，因此要约人能否在要约生效后撤销其意思表示，需要考虑保障受要约人合理信赖的问题，要平衡要约人和受要约人的利益，不宜泛泛规定要约人可以撤销要约。要约撤销是否发生效力取决于该要约撤销的意思表示是否在受要约人作出承诺之前到达受要约人或者为受要约人所知道，并且在法律规定的特定情形下，要约是不得撤销的。

**第四百七十六条　【要约不得撤销情形】**要约可以撤销，但是有下列情形之一的除外：

（一）要约人以确定承诺期限或者其他形式明示要约不可撤销；

（二）受要约人有理由认为要约是不可撤销的，并已经为履行合同做了合理准备工作。

**第四百七十七条　【要约撤销条件】**撤销要约的意思表示以对话方式作出的，该意思表示的内容应当在受要约人作出承诺之前为受要约人所知道；撤销要约的意思表示以非对话方式作出的，应当在受要约人作出承诺之前到达受要约人。

**第四百七十八条　【要约失效】**有下列情形之一的，要约失效：

（一）要约被拒绝；

（二）要约被依法撤销；

（三）承诺期限届满，受要约人未作出承诺；

（四）受要约人对要约的内容作出实质性变更。

## 条文解读

**要约失效的法律后果**　要约失效对要约人而言，是解除要约人必须接受承诺的义务；对受要约人而言，是终止其享有承诺的权利。要约的失效以要约已经生效为前提。要约失效的原因主要有：(1) 拒绝要约的通知到达要约人。受要约人向要约人发出拒绝通知的，这是一种以明示的方式拒绝要约的行为。当拒绝要约的通知到达要约人时，要约失效。拒绝要约的通知可以是口头的，也可以是书面的。(2) 要约人依法撤销要约。在要约已经生效而受要约人尚未对要约作出承诺之前，要约人是可以撤销要约的。要约一经撤销，即产生消灭要约法律效力的效果，要约因此而失效。(3) 承诺期限届满，受要约人未作出承诺。要约中确定了承诺期限的，承诺期限届满而受要约人未作出承诺的，要约失效。如果要约中没有规定承诺期限的，如要约是以对话方式作出时，受要约人非立即承诺，要约即失去效力；如要约以非对话方式作出时，在依通常情形能够收到承诺的一段合理期限内未收到承诺时，要约则于该合理期间届满后失去效力。所谓合理期限，就是要考虑给承诺必要的时间。(4) 受要约人对要约的内容作出实质性变更。受要约人在接到要约后，可以对要约的内容完全同意，也可以对要约的非实质性内容进行变更、限制或者扩张，或者是对要约的内容作出实质性的变更、限制或者扩张，然后将这些意思表示向要约人作出。前两种情况都构成对要约的承诺，合同因此而成立。但在后一种情况下，由于受要约人对要约的内容作出了实质性变更，该行为已经构成了新要约，或称反要约，而非承诺，这其实也是对要约的拒绝，此时合同并不能成立。对要约的实质性变更是指对有关合同标的、数量、质量、价款，或者报酬、履行期限、履行地点和方式、违约责任和解决争议方法的变更。

例如，甲公司向乙公司发出购买 A 产品的要约，称“本公司欲以每件 200 元的价格购买贵公司 A 产品 500 份，请于 3 月 5 日前发货，且贵公司承担运费”，乙公司收到该要约后，向甲公司发出承诺，称“本公司基本同意贵公司的要约，但由于本公司 A 产品现在没有货，无法在 3 月 5 日前发货，本公司将加大生产，并于 3 月 15 日向贵公司发送该产品”。在本案中，乙公司虽然同意了甲公司的大部分要约要求，但是对发货时间这一关键条款进行了变更，甲公司的要约失效，乙公司的回复不能构成承诺，而属于新的要约，若甲公司不同意乙公司的变更，双方之间不成立合同，甲公司有权拒绝接收货物。

**关联参见**

《拍卖法》第36条

**第四百七十九条 【承诺的定义】** 承诺是受要约人同意要约的意思表示。

**第四百八十条 【承诺的方式】** 承诺应当以通知的方式作出；但是，根据交易习惯或者要约表明可以通过行为作出承诺的除外。

**条文解读**

**承诺的方式** ➲ 承诺属于一种意思表示。意思表示是一个将意思由内向外表示的过程，一个人内心可能有很多的主观意思，但为了让他人知晓，使内心意思产生外在的法律效果，就应当通过适当的方式表示出来。本条中“通知的方式”是典型的明示方式。“通过行为作出承诺”属于默示的方式，这里的“行为”通常是指履行行为，比如预付价款、装运货物或在工地上开始施工等。

**交易习惯** ➲ 下列情形，不违反法律、行政法规的强制性规定且不违背公序良俗的，人民法院可以认定为《民法典》所称的“交易习惯”：（1）当事人之间在交易活动中的惯常做法；（2）在交易行为当地或者某一领域、某一行业通常采用并为交易对方订立合同时所知道或者应当知道的做法。对于交易习惯，由提出主张的当事人一方承担举证责任。

**关联参见**

《合同编通则解释》第2条

**第四百八十一条　【承诺的期限】** 承诺应当在要约确定的期限内到达要约人。

要约没有确定承诺期限的，承诺应当依照下列规定到达：

（一）要约以对话方式作出的，应当即时作出承诺；

（二）要约以非对话方式作出的，承诺应当在合理期限内到达。

## 条文解读

**合理期限** ➲ 所谓合理期限，应当根据交易性质、交易习惯和要约采用的传递方式进行综合考虑并予以确定，一般为依通常情形可期待承诺到达时期，大致可由三段构成：（1）要约到达受要约人的期间；（2）作出承诺所必要的期间；（3）承诺的通知到达要约人所必要的期间。其中，第（1）段与第（3）段的期间，根据通信方式的不同而有所差别，如以信件或电报的方式进行要约或承诺通常所必要的期间。第（2）段的期间，是自要约到达受要约人起至受要约人发送承诺通知的期间，是受要约人考虑是否承诺所必须的时间。这个时间可以通常人为标准确定，但依要约的内容不同有所差异，若内容复杂，考虑的时间就长。

**第四百八十二条　【承诺期限的起算】** 要约以信件或者电报作出的，承诺期限自信件载明的日期或者电报交发之日开始计算。信件未载明日期的，自投寄该信件的邮戳日期开始计算。要约以电话、传真、电子邮件等快速通讯方式作出的，承诺期限自要约到达受要约人时开始计算。

**第四百八十三条　【合同成立时间】** 承诺生效时合同成立，但是法律另有规定或者当事人另有约定的除外。

**第四百八十四条　【承诺生效时间】** 以通知方式作出的承诺，生效的时间适用本法第一百三十七条的规定。

承诺不需要通知的，根据交易习惯或者要约的要求作出承诺的行为时生效。

**第四百八十五条　【承诺的撤回】**承诺可以撤回。承诺的撤回适用本法第一百四十一条的规定。

**第四百八十六条　【逾期承诺及效果】**受要约人超过承诺期限发出承诺，或者在承诺期限内发出承诺，按照通常情形不能及时到达要约人的，为新要约；但是，要约人及时通知受要约人该承诺有效的除外。

**第四百八十七条　【迟到的承诺】**受要约人在承诺期限内发出承诺，按照通常情形能够及时到达要约人，但是因其他原因致使承诺到达要约人时超过承诺期限的，除要约人及时通知受要约人因承诺超过期限不接受该承诺外，该承诺有效。

## 实务应用

### 012. 如何理解“通常情形”下的承诺期限？

例如，马某于4月5日就张某发出的要约进行承诺，按照以往的通信速度，预计能够在要约规定的4月10日前到达张某处，但由于该城市正在举办国际大型赛事，加强了市内安全检查，延误了正常的通信速度，张某在4月13日才收到该承诺。张某认为马某的承诺已经超过了要约规定的承诺期限，合同不能成立。后马某与张某就合同是否成立发生争议。在本案中，通常情形下该承诺能够按时到达要约人，但由于其他原因导致承诺到达要约人时超过了承诺的期限，由于要约人张某没有及时通知受要约人因承诺超过期限而不接受该承诺，故马某的承诺有效，双方合同成立。

**第四百八十八条　【承诺对要约内容的实质性变更】** 承诺的内容应当与要约的内容一致。受要约人对要约的内容作出实质性变更的，为新要约。有关合同标的、数量、质量、价款或者报酬、履行期限、履行地点和方式、违约责任和解决争议方法等的变更，是对要约内容的实质性变更。

**第四百八十九条　【承诺对要约内容的非实质性变更】** 承诺对要约的内容作出非实质性变更的，除要约人及时表示反对或者要约表明承诺不得对要约的内容作出任何变更外，该承诺有效，合同的内容以承诺的内容为准。

## 条文解读

**非实质性变更** ➲ 非实质性变更通常包括下列情形：(1) 受要约人在承诺中增加了某些法律规定的义务，例如要求出售货物的要约人提供产品质量保证书。法定义务是当事人本来就应当承担的义务，承诺中增加该内容对当事人之间的利益平衡并无实质性影响。(2) 受要约人在承诺中增加了某些说明性条款。此种说明性的条款只是对原有要约内容中不明确的部分进行澄清解释，不得超出原有内容进行补充或者修改。(3) 受要约人在承诺中增加了某些建议性条款。是否接受这些建议性条款取决于要约人的意志，并且不影响当事人之间就要约内容达成的合意。(4) 受要约人在承诺中修改了要约中的某些非实质性条款。《民法典》第 488 条规定的内容实质性变更之外的要约内容的变更，即除对要约的合同标的、数量、质量、价款或者报酬、履行期限、履行地点和方式、违约责任和解决争议方法的变更外，都属于非实质性变更。

**第四百九十条　【采用书面形式订立合同的成立时间】** 当事人采用合同书形式订立合同的，自当事人均签名、盖章或者按指印时合同成立。在签名、盖章或者按指印之前，当事人一方已经履行主要义务，对方接受时，该合同成立。

法律、行政法规规定或者当事人约定合同应当采用书面形式订立，当事人未采用书面形式但是一方已经履行主要义务，对方接受时，该合同成立。

## 实务应用

### 013. 合同没有加盖单位的公章但有法定代表人的签名，该合同是否有效？

法定代表人代表法人行使职权，以法人名义对外作出的行为应由法人承担责任，盖具公章并非合同有效的必备条件。在签订合同过程中，经过要约、承诺，双方当事人意思表示一致，合同即可成立。法定代表人作为当事人的法定代表，当然有权在合同上签名以示对合同内容的确认。在这里，强调的是双方合意，而不是形式上的盖章。对于合同生效所要满足的要件，根据《民法典》第143条的规定："具备下列条件的民事法律行为有效：（一）行为人具有相应的民事行为能力；（二）意思表示真实；（三）不违反法律、行政法规的强制性规定，不违背公序良俗。"法定代表人作为代表在合同上签字而不盖章并没有违反上述规定。《民法典》规定的民事法律行为无效的情形包括：无民事行为能力人实施的民事法律行为无效；行为人与相对人以虚假的意思表示实施的民事法律行为无效；违反法律、行政法规的强制性规定的民事法律行为无效；违背公序良俗的民事法律行为无效；行为人与相对人恶意串通，损害他人合法权益的民事法律行为无效等。法定代表人作为代表在合同上签字而不盖章不是其中规定的任何一种情况，故合同有效。

需要注意的是，《民法典》第504条规定："法人的法定代表人或者非法人组织的负责人超越权限订立的合同，除相对人知道或者应当知道其超越权限外，该代表行为有效，订立的合同对法人或者非法人组织发生效力。"在合同一方当事人明知对方的法定代表人超越权限而仍与其签订合同的情况下，只有法定代表人签名而没有盖章的合同对该法定代表人代表的单位没有约束力。

## 关联参见

《电子签名法》第13条、第14条；《电子商务法》第49条；《保险法》第13条；《信托法》第8条；《最高人民法院关于审理买卖合同纠纷案件适用法律问题的解释》（以下简称《买卖合同解释》）第1条

**第四百九十一条　【签订确认书的合同及电子合同成立时间】** 当事人采用信件、数据电文等形式订立合同要求签订确认书的，签订确认书时合同成立。

当事人一方通过互联网等信息网络发布的商品或者服务信息符合要约条件的，对方选择该商品或者服务并提交订单成功时合同成立，但是当事人另有约定的除外。

## 条文解读

**电子合同的成立** ➜ 电子合同的成立需要具备两个基本条件：

一是当事人一方通过互联网等信息网络发布的商品或者服务信息符合要约条件。对于传统交易，当事人往往会通过商店橱窗展示货物及其价格，也可能会通过商业广告和宣传、寄送价目表等形式发布商品或者服务信息，当事人的这些行为一般视为要约邀请，目的在于希望他人向自己发出要约，展示或者发布信息的人不受约束。欲与发布信息的该当事人订立合同，要先向发布信息的该当事人发出要约。而对于“线上交易”，当事人发布商品或者服务信息的信息网络系统，往往具有互动性，相对方不仅可以浏览商品或者服务的价格、规格等具体信息，还可以网上直接选择交易标的、提交订单，这种情况下，当事人通过信息网络发布商品或者服务信息的行为就不能简单地认为是要约邀请，该行为符合要约条件的，应当作为要约对待。注意要约条件中的“内容具体确定”是指当事人通过信息网络发布的商品或者服务信息要达到内容具体确定的程度，比如对商品的名称、数量、质量、规

格、价格、运费等都作了明确表述。而“表明经受要约人承诺，要约人即受该意思表示约束”这一要约条件需要根据实践中的具体情况进行判断，一般来说，可以从相对方是否能够直接选择商品或者服务并提交订单等情况进行综合判断。

二是相对方选择该商品或者服务并提交订单成功。当事人通过信息网络发布的商品或者服务信息符合要约条件的，相对方可以直接作出承诺达成交易。相对方选择该商品或者服务并成功提交订单，即属于作出承诺。订单一旦提交成功，合同即成立，订单提交成功的时间即为合同成立的时间。合同成立后，对双方当事人均产生法律约束力，发布商品或者服务信息的当事人应当按时交付商品或者提供服务。

以上是电子合同成立的一般规则。根据合同自愿原则，允许当事人对此作出另外约定。实践中，通过信息网络发布商品或者服务信息的当事人往往是通过设置格式条款的方式作出特别的意思表示，相对方必须勾选同意该格式条款方能提交订单。该格式条款不得违反法律关于格式条款规制的规定，这些规定在《民法典》合同编、《消费者权益保护法》《电子商务法》等法律之中。①

## 关联参见

《电子商务法》第49条；《拍卖法》第52条

**第四百九十二条　【合同成立的地点】** 承诺生效的地点为合同成立的地点。

采用数据电文形式订立合同的，收件人的主营业地为合同成立的地点；没有主营业地的，其住所地为合同成立的地点。当事人另有约定的，按照其约定。

---

① 参见黄薇主编：《中华人民共和国民法典合同编解读》，中国法制出版社2020年版，第104—105页。

**第四百九十三条　【采用合同书订立合同的成立地点】** 当事人采用合同书形式订立合同的，最后签名、盖章或者按指印的地点为合同成立的地点，但是当事人另有约定的除外。

## 关联参见

《电子签名法》第12条；《民事诉讼法》第35条

**第四百九十四条　【强制缔约义务】** 国家根据抢险救灾、疫情防控或者其他需要下达国家订货任务、指令性任务的，有关民事主体之间应当依照有关法律、行政法规规定的权利和义务订立合同。

依照法律、行政法规的规定负有发出要约义务的当事人，应当及时发出合理的要约。

依照法律、行政法规的规定负有作出承诺义务的当事人，不得拒绝对方合理的订立合同要求。

## 条文解读

**强制缔约** ➜ 本条是关于强制缔约义务的规定。根据民法上的自愿原则，民事主体可以自己决定要不要订立合同、与谁订立合同，可以自主决定合同的内容。但民法上的自愿原则并不是无限制的，为了维护国家利益、社会公共利益或者照顾弱势一方利益等政策考量，有必要在特定情形下对民法自愿原则予以适当限制。民事主体的强制缔约义务即属于对民法自愿原则的限制，在特定情形下，民事主体具有与相对人订立相关合同的义务，不得以自愿原则为由拒绝订立合同。

**第四百九十五条　【预约合同】** 当事人约定在将来一定期限内订立合同的认购书、订购书、预订书等，构成预约合同。

当事人一方不履行预约合同约定的订立合同义务的，对方可以请求其承担预约合同的违约责任。

## 条文解读

**预约合同** ➔ 预约合同最本质的内涵是约定在将来一定期限内订立合同。当事人就将来一定期限内订立合同达成合意，即可构成预约合同。将来应当订立的合同可以称为本约或者本约合同，约定订立本约的合同称为预约或者预约合同。预约合同在实践中经常表现为认购书、订购书、预订书等，当然不仅仅表现为这三种形式。

预约合同与本约合同有所区别。是否要另行订立合同，是预约合同与本约合同最显著的区别。预约合同的目的在于订立本约合同，预约合同当事人的义务就是在一定期限内订立本约合同，订立本约合同是预约合同得到履行的结果。本约合同当事人可直接履行各自的义务（如一方交付货物、另一方支付货款），实现合同目的，无须再另行订立合同。

对于预约合同的司法认定，《合同编通则解释》第6条中明确规定，当事人以认购书、订购书、预订书等形式约定在将来一定期限内订立合同，或者为担保在将来一定期限内订立合同交付了定金，能够确定将来所要订立合同的主体、标的等内容的，人民法院应当认定预约合同成立。当事人通过签订意向书或者备忘录等方式，仅表达交易的意向，未约定在将来一定期限内订立合同，或者虽然有约定但是难以确定将来所要订立合同的主体、标的等内容，一方主张预约合同成立的，人民法院不予支持。

## 实务应用

### 014. 商品房买卖交易中的认购协议是否等同于商品房买卖合同？

商品房买卖的交易过程中一般存在商品房买卖合同以及商品房预售合同两种文书，认购协议本来并不是这个过程中必然存在的。然而，开发商以及购房者出于双方各自的目的，为了更快地将交易确定下来，会在未取得商品房预售许可的情况下，先签订一个名为“认购”“订购”“预定”的协议（以下统称“认购协议”）。这样一种认购协议不属于现售或预售合同，而是当事人双方对将来订立正式商品房买卖合同达成的合意，其内容相对比较简单，一般是对双方将要交易房屋的基本情况及何时订立正式的房屋买卖合同等有关事项作出约定，包括：（1）双方当事人的基本情况；（2）房屋的基本情况，包括坐落位置、房号、面积等；（3）房屋单价、总价等；（4）签约及交付房款的时间；（5）定金及罚则。认购协议的内容不具备商品房买卖合同的主要内容。

商品房买卖合同应当明确以下主要内容：（1）当事人的名称或者姓名和住所；（2）商品房的基本状况；（3）商品房的销售方式；（4）商品房价款的确定方式及总价款、付款方式、付款时间；（5）交付使用条件及日期；（6）装饰、设备标准承诺；（7）供水、供电、供热、燃气、通讯、道路、绿化等配套基础设施和公共设施的交付承诺及有关权益、责任；（8）公共配套建筑的产权归属；（9）面积差异的处理方式；（10）办理产权登记的有关事宜；（11）解决争议的方法；（12）违约责任；（13）双方约定的其他事项。认购协议仅约定了房屋总价款，关于交付使用、装饰装修、公共配套建筑的产权归属等重要内容均没有约定，合同存在很多不确定因素，有待进一步磋商，需通过订立正式的商品房买卖合同予以确定。

## 案例指引

### 008. 预约合同的法律效力如何认定？[①]

2021年1月初，刘某良有意将位于深圳市福田区上梅林凯丰路的涉案房屋对外出租，并委托案外人阿红作为租赁中间人对外招租。2021年1月3日，王某霞发送微信给阿红称其有意向承租涉案房屋并同意月租金5600元且3年不递增，随即通过阿红转付定金5600元给刘某良。2021年1月3日至2021年1月14日期间，王某霞与刘某良通过微信就签订涉案房屋租赁合同事宜进行沟通协商，最后因租期等问题未能达成

① 参见《广东法院贯彻实施民法典典型案例（第一批）》（2021年11月25日发布），王某霞与刘某良房屋租赁合同纠纷案，载广东法院网 https：//www.gdcourts.gov.cn/gsxx/quanweifabu/anlihuicui/content/post_ 1047260.html，最后访问日期：2023年4月12日。

一致意见而没有实际签订租赁合同。刘某良认为王某霞构成违约而主张没收定金，王某霞诉至法院，要求刘某良退还定金。

深圳市福田区人民法院生效判决认为，王某霞与刘某良之间存在就涉案房屋进行租赁的意向，王某霞在明确了租期、租金价格的基础上向刘某良支付定金，据以确定租赁机会，但双方并未确定起租期、支付租金方式和期限、物业费用承担、违约责任等房屋租赁过程中其他基本履行内容，不足以确定房屋租赁合同关系中双方的基本权利义务。且从双方之后的协商过程看，双方又对租期及对应租金价格进行了新的协商，最终由于未能就房屋租赁合同的主要条款内容达成合意而导致未能签订具备可履行内容的房产租赁合同。根据《民法典》第495条的规定，双方以存在房产租赁意向而收付定金的行为形成了预约合同关系。双方均未能举证证明最终未签订本约合同系对方过错原因导致，且未再就房产租赁进行协商确定，已超过一般交易主体对于交易的合理期待期限，故双方预约合同的目的已无法实现。2021年3月22日，判决刘某良向王某霞返还定金。

《民法典》吸收了2003年《商品房买卖合同解释》有关预约合同的规定，从立法层面上认可预约合同是一种独立合同，并扩大其适用范围，不再限于买卖合同。本案在综合考察双方具体沟通情况的基础上，根据《民法典》有关预约合同的规定，认定本案合同仍处于预约阶段，并据此确定责任承担，妥善化解房屋租赁矛盾纠纷，有效促进租赁市场健康发展。

## 009. 对于认购协议一方拒绝签订正式商品房买卖合同的，是否能强制履行缔约？①

2015年4月30日，三亚某投资发展有限公司与陈某签订《商品房认购协议书》，约定陈某在知晓三亚某投资发展有限公司未取得预售许

① 参见《海南省高级人民法院关于审理商品房预约合同纠纷案件的裁判指引（试行）及典型案例》（2021年12月24日发布），上诉人陈某与被上诉人三亚某投资发展有限公司商品房预约合同纠纷一案，载天涯法律网 https：//www.hicourt.gov.cn/news/leiancaipanzhiyin/show-4839.html，最后访问日期：2023年4月12日。

可证的情况下与三亚某投资发展有限公司签订本认购书：陈某自愿购买三亚某投资发展有限公司开发的某项目1栋2单元3A层03号房屋，该房屋建筑面积约52.39$m^2$；成交单价为12600元/$m^2$，总价为660114元；陈某于签订认购书时应交纳300000元，作为认购金，并于签订《商品房买卖合同》时无息充抵房款；三亚某投资发展有限公司在取得商品房预售许可证后以通知函等方式通知陈某签订商品房买卖合同；本认购书一经双方签字、盖章后生效。在双方签订正式商品房买卖合同后，本协议自动失效，并由三亚某投资发展有限公司收回等。陈某于2015年5月向三亚某投资发展有限公司支付30万元。三亚某投资发展有限公司向陈某出具收到“认购金”的收据。2016年1月26日，双方确认陈某认购的房屋房号由1-2-3A03更换为1-2-3A02。三亚某投资发展有限公司后来将陈某认购的房屋重新编号为1-2-402，并确定该房屋的销售总价为1580659元。2018年1月15日，三亚某投资发展有限公司取得了某锦项目的《商品房预售许可证》，于2018年1月29日开盘，三亚某投资发展有限公司未通知陈某签订商品房买卖合同。陈某知道后要求与三亚某投资发展有限公司签订正式的《商品房买卖合同》，三亚某投资发展有限公司认为陈某认购的价格低于备案的价格，不同意与陈某签订《商品房买卖合同》，陈某遂提起诉讼。

陈某诉求：三亚某投资发展有限公司继续履行《商品房认购协议书》，在某锦项目竣工验收合格后将1栋2单元402号房交付给陈某，陈某按照《商品房认购协议书》约定支付剩余房款360114元。

一审判决：一、确认陈某与三亚某投资发展有限公司签订的《商品房认购协议书》有效；二、解除陈某与三亚某投资发展有限公司签订的《商品房认购协议书》；三、驳回陈某的其他诉讼请求。二审判决：驳回上诉，维持原判。二审判决后，当事人未申请再审。

本案的争议焦点为：陈某与三亚某投资发展有限公司签订涉案《商品房认购协议书》是否应继续履行的问题。本案中，陈某与三亚某投资发展有限公司签订的《商品房认购协议书》，是对将来正式签署《商品房买卖合同》进行预先安排，不具备《商品房销售管理办法》第16条规定的商品房买卖合同的主要内容，根据《商品房买卖合同解释》第5条的规定，该《商品房认购协议书》不能认定为商品房买卖合同，而属于商品房买卖合同订立之前的预约合同。本案诉讼过程中，三亚某投资发展有限公司提出反诉，不同意继续签订正式的《商品房买卖合同》并解除双方签订的《商品房认购协议书》。根据《民法典》第5条的规定，民事主体从事民事活动，应当遵循自愿原则，按照自己的意思设立、变更、终止民事法律关系。合同的订立需遵循当事人意思自治的原则，人民法院不能强制双方当事人缔约《商品房买卖合同》。因此，陈某上诉主张《商品房认购协议书》继续履行，没有事实和法律依据，不予支持。

## 010. 判断当事人之间订立的合同是本约还是预约的标准是什么？[①]

**裁判要点**

判断当事人之间订立的合同是本约还是预约的根本标准应当是当事人是否有意在将来另行订立一个新的合同，以最终明确双方之间的权利义务关系。即使当事人对标的、数量以及价款等内容进行了约定，但如果约定将来一定期间仍须另行订立合同，就应认定该约定是预约而非本约。当事人在签订预约合同后，已经实施交付标的物或者支付价款等履行行为，应当认定当事人以行为的方式订立了本约合同。

**简要案情**

2006年9月20日，某实业公司与某通讯公司签订《购房协议书》，对买卖诉争房屋的位置、面积及总价款等事宜作出约定，该协议书第3条约定在本协议原则下磋商确定购房合同及付款方式，第5条约定本协议在双方就诉争房屋签订房屋买卖合同时自动失效。通讯公司向实业公

① 参见《最高人民法院发布〈关于适用《中华人民共和国民法典》合同编通则若干问题的解释〉相关典型案例》（2023年12月5日发布），案例二“某通讯公司与某实业公司房屋买卖合同纠纷案”，载中国法院网 https：//www. chinacourt. org/article/detail/2023/12/id/7681679. shtml，最后访问日期：2023年12月8日。

司的股东某纤维公司共转款1000万元，纤维公司为此出具定金收据两张，金额均为500万元。次年1月4日，实业公司向通讯公司交付了诉争房屋，此后该房屋一直由通讯公司使用。2009年9月28日，通讯公司发出《商函》给实业公司，该函的内容为因受金融危机影响，且房地产销售价格整体下调，请求实业公司将诉争房屋的价格下调至6000万元左右。当天，实业公司发函给通讯公司，要求其在30日内派员协商正式的房屋买卖合同。通讯公司于次日回函表示同意商谈购房事宜，商谈时间为同年10月9日。2009年10月10日，实业公司发函致通讯公司，要求通讯公司对其拟定的《房屋买卖合同》作出回复。当月12日，通讯公司回函对其已收到上述合同文本作出确认。2009年11月12日，实业公司发函给通讯公司，函件内容为双方因对买卖合同的诸多重大问题存在严重分歧，未能签订《房屋买卖合同》，故双方并未成立买卖关系，通讯公司应支付场地使用费。通讯公司于当月17日回函，称双方已实际履行了房屋买卖义务，其系合法占有诉争房屋，故无需支付场地占用费。2010年3月3日，实业公司发函给通讯公司，解除其与通讯公司签订于2006年9月20日的《购房协议书》，且要求通讯公司腾出诉争房屋并支付场地使用费、退还定金。通讯公司以其与实业公司就诉争房屋的买卖问题签订了《购房协议书》，且其已支付1000万元定金，实业公司亦已将诉争房屋交付给其使用，双方之间的《购房协议书》合法有效，且以已实际履行为由，认为其与实业公司于2006年9月20日签订的《购房协议书》已成立并合法有效，请求判令实业公司向其履行办理房屋产权过户登记的义务。

**判决理由**

法院生效裁判认为，判断当事人之间订立的合同系本约还是预约的根本标准应当是当事人的意思表示，即当事人是否有意在将来订立一个新的合同，以最终明确在双方之间形成某种法律关系的具体内容。如果当事人存在明确的将来订立本约的意思，那么，即使预约的内容与本约已经十分接近，且通过合同解释，从预约中可以推导出本约的全部内容，也应当尊重当事人的意思表示，排除这种客观解释的可能性。不过，仅就案涉《购房协议书》而言，虽然其性质应为预约，但结合双方当事人在订立《购房协议书》之后的履行事实，实业公司与通讯公司之间已经成立了房屋买卖法律关系。对于当事人之间存在预约还是本约关系，不能仅凭一份孤立的协议就简单地加以认定，而是应当综合审查相关协议的内容以及当事人嗣后为达成交易进行的磋商甚至具体的履行行为等事实，从中探寻当事人的真实意思，并据此对当事人之间法律关系的性质作出准确的界定。本案中，双方当事人在签订《购房协议书》时，作为买受人的通讯公司已经实际交付了定金并约定在一定条件下自动转为购房款，作为出卖人的实业公司也接受了通讯公司的交付。在签订《购房协议书》的3个多月后，实业公司将合同项下的房屋交付给了通讯公司，通讯公司接受了该交付。而根据《购房协议书》的预约性质，实业公司交付房屋的行为不应视为对该合同的履行，在当事人之间不存在租赁等其他有偿使用房屋的法律关系的情形下，实业公司的该行为应认定为系基于与通讯公司之间的房屋买卖关系而为的交付。据此，可以认定当事人之间达成了买卖房屋的合意，成立了房屋买卖法律关系。

**司法解释相关条文**

《合同编通则解释》第6条　当事人以认购书、订购书、预订书等形式约定在将来一定期限内订立合同，或者为担保在将来一定期限内订立合同交付了定金，能够确定将来所要订立合同的主体、标的等内容的，人民法院应当认定预约合同成立。

当事人通过签订意向书或者备忘录等方式，仅表达交易的意向，未约定在将来一定期限内订立合同，或者虽然有约定但是难以确定将来所要订立合同的主体、标的等内容，一方主张预约合同成立的，人民法院不予支持。

当事人订立的认购书、订购书、预订书等已就合同标的、数量、价款或者报酬等主要内容达成合意，符合本解释第三条第一款规定的合同成立条件，未明确约定在将来一定期限内另行订立合同，或者虽然有约定但是当事人一方已实施履行行为且对方接受的，人民法院应当认定本约合同成立。

## 关联参见

《合同编通则解释》第6—8条

**第四百九十六条　【格式条款】**格式条款是当事人为了重复使用而预先拟定，并在订立合同时未与对方协商的条款。

采用格式条款订立合同的，提供格式条款的一方应当遵循公平原则确定当事人之间的权利和义务，并采取合理的方式提示对方注意免除或者减轻其责任等与对方有重大利害关系的条款，按照对方的要求，对该条款予以说明。提供格式条款的一方未履行提示或者说明义务，致使对方没有注意或者理解与其有重大利害关系的条款的，对方可以主张该条款不成为合同的内容。

## 条文解读

**格式条款**➲格式条款最实质的特征在于“未与对方协商”。按照自愿原则，当事人有权自主选择与谁订立合同、自主决定合同的内容。但格式条款的提供方为了追求交易便捷、高效等，利用自己的优势地位，事先拟定合同，相对方往往只能选择接受或者拒绝，不能实质上影响合同内容。相对方虽然在合同上签字予以确认，但不一定是真正的内心意愿表达。“未与对方协商”是指格式条款提供方没有就条款内容与相对方进行实质上的磋商，相对方对条款内容并没有进行实际修改的余地。本条对格式条款的定义还用了“为了重复使用”，从格式条款的通常外在形貌予以描述。格式条款的提供方通常是基于重复使用进而提高交易效率的目的拟定格式条款。正是因为要重复使用，相对方往往对格式条款的内容没有进行实质磋商并修改的余地。

对于提示或者说明义务的履行，《合同编通则解释》第10条作了进一步规定，提供格式条款的一方在合同订立时采用通常足以引起对方注意的文字、符号、字体等明显标识，提示对方注意免除或者减轻其责任、排除或者限制对方权利等与对方有重大利害关系的异常条款的，人民法院可以认定其已经履行本条第2款规定的提示义务。提供格式条款的一方按照对方的要求，就与对方有重大利害关系的异常条款的概念、内容及其法律后果以书面或者口头形式向对方作出通常能够理解的解释说明的，人民法院可以认定其已经履行本条第2款规定的说明义务。提供格式条款的一方对其已经尽到提示义务或者说明义务承担举证责任。对于通过互联网等信息网络订立的电子合同，提供格式条款的一方仅以采取了设置勾选、弹窗等方式为由主张其已经履行提示义务或者说明义务的，人民法院不予支持，但是其举证符合前述规定的除外。

## 案例指引

### 011. 经营者在格式合同中未明确规定对某项商品或服务的限制条件，该限制条件是否对消费者产生效力？[①]

**刘超捷诉中国移动通信集团江苏有限公司**

**徐州分公司电信服务合同纠纷案**

（最高人民法院审判委员会讨论通过　2016年6月30日发布）

**关键词**　民事/电信服务合同/告知义务/有效期限/违约

**裁判要点**

1. 经营者在格式合同中未明确规定对某项商品或服务的限制条件，且未能证明在订立合同时已将该限制条件明确告知消费者并获得消费者同意的，该限制条件对消费者不产生效力。

2. 电信服务企业在订立合同时未向消费者告知某项服务设定了有效期限限制，在合同履行中又以该项服务超过有效期限为由限制或停止对消费者服务的，构成违约，应当承担违约责任。

---

① 最高人民法院指导案例64号。

**相关法条**

《中华人民共和国合同法》第39条①

**基本案情**

2009年11月24日，原告刘超捷在被告中国移动通信集团江苏有限公司徐州分公司（以下简称移动徐州分公司）营业厅申请办理“神州行标准卡”，手机号码为1590520××××，付费方式为预付费。原告当场预付话费50元，并参与移动徐州分公司充50元送50元的活动。在业务受理单所附《中国移动通信客户入网服务协议》中，双方对各自的权利和义务进行了约定，其中第四项特殊情况的承担中的第1条为：在下列情况下，乙方有权暂停或限制甲方的移动通信服务，由此给甲方造成的损失，乙方不承担责任：(1) 甲方银行账户被查封、冻结或余额不足等非乙方原因造成的结算时扣划不成功的；(2) 甲方预付费使用完毕而未及时补交款项（包括预付费账户余额不足以扣划下一笔预付费用）的。

2010年7月5日，原告在中国移动官方网站网上营业厅通过银联卡网上充值50元。2010年11月7日，原告在使用该手机号码时发现该手机号码已被停机，原告到被告的营业厅查询，得知被告于2010年10月23日因话费有效期到期而暂停移动通信服务，此时账户余额为11.70元。原告认为被告单方终止服务构成合同违约，遂诉至法院。

**裁判结果**

徐州市泉山区人民法院于2011年6月16日作出（2011）泉商初字第240号民事判决：被告中国移动通信集团江苏有限公司徐州分公司于本判决生效之日起十日内取消对原告刘超捷的手机号码为1590520××××的话费有效期的限制，恢复该号码的移动通信服务。一审宣判后，被告提出上诉，二审期间申请撤回上诉，一审判决已发生法律效力。

**裁判理由**

法院生效裁判认为：电信用户的知情权是电信用户在接受电信服务

---

① 现为《民法典》第496条，下同。——编者注，下同。

时的一项基本权利，用户在办理电信业务时，电信业务的经营者必须向其明确说明该电信业务的内容，包括业务功能、费用收取办法及交费时间、障碍申告等。如果用户在不知悉该电信业务的真实情况下进行消费，就会剥夺用户对电信业务的选择权，达不到真正追求的电信消费目的。

依据《中华人民共和国合同法》第三十九条的规定，采用格式条款订立合同的，提供格式条款的一方应当遵循公平原则确定当事人之间的权利和义务，并采取合理的方式提请对方注意免除或者限制其责任的条款，按照对方的要求，对该条款予以说明。电信业务的经营者作为提供电信服务合同格式条款的一方，应当遵循公平原则确定与电信用户的权利义务内容，权利义务的内容必须符合维护电信用户和电信业务经营者的合法权益、促进电信业的健康发展的立法目的，并有效告知对方注意免除或者限制其责任的条款并向其释明。业务受理单、入网服务协议是电信服务合同的主要内容，确定了原、被告双方的权利义务内容，入网服务协议第四项约定有权暂停或限制移动通信服务的情形，第五项约定有权解除协议、收回号码、终止提供服务的情形，均没有因有效期到期而中止、解除、终止合同的约定。而话费有效期限制直接影响到原告手机号码的正常使用，一旦有效期到期，将导致停机、号码被收回的后果，因此被告对此负有明确如实告知的义务，且在订立电信服务合同之前就应如实告知原告。如果在订立合同之前未告知，即使在缴费阶段告知，亦剥夺了当事人的选择权，有违公平和诚实信用原则。被告主张“通过单联发票、宣传册和短信的方式向原告告知了有效期”，但未能提供有效的证据予以证明。综上，本案被告既未在电信服务合同中约定有效期内容，亦未提供有效证据证实已将有效期限制明确告知原告，被告暂停服务、收回号码的行为构成违约，应当承担继续履行等违约责任，故对原告主张“取消被告对原告的话费有效期的限制，继续履行合同”的诉讼请求依法予以支持。

## 012. 网络消费格式条款中与消费者有重大利害关系的内容存在例外情形但未以显著方式进行提示的，是否对消费者产生效力？[①]

邬某通过A公司经营的旅游App（应用程序）预订境外客房，支付方式为"到店支付"，订单下单后即被从银行卡中扣除房款，后原告未入住。原告认为应当到店后付款，A公司先行违约，要求取消订单。A公司认为其已经在服务条款中就"到店支付"补充说明"部分酒店住宿可能会对您的银行卡预先收取全额预订费用"，不构成违约，拒绝退款。邬某将A公司起诉至法院，请求判令退还预扣的房款。

法院经审理认为，对"到店支付"的通常理解应为用户到酒店办理住宿时才会支付款项，未入住之前不需要支付。即使该条款后补充说明部分酒店会"预先收取全额预订费用"，但对这种例外情形应当进行特别提示和说明，如果只在内容复杂繁多的条款中规定，不足以起到提示的作用，A公司作为预订服务的提供者应当承担责任。最终，法院支持邬某退还房款的诉讼请求。

在数字经济、互联网产业飞速发展的大背景下，线上交易中企业一般采用格式条款的方式与消费者建立契约关系。但是，在格式条款发挥其便捷、高效、积极作用的同时，因其本身具有的单方提供、内容固定的特质所带来的问题和风险也不容忽视。法律明确赋予了格式条款提供者进行提示说明的义务，《民法典》第496条第2款规定："提供格式条款的一方未履行提示或者说明义务，致使对方没有注意或者理解与其有重大利害关系的条款的，对方可以主张该条款不成为合同的内容。"提供格式条款的企业应当基于公平、诚信原则，依法、合理制定格式条款的内容，并对于履行方式等与消费者有重大利害关系的条款，向消费者进行特别的提醒和说明，从而维护交易秩序，平衡双方利益，促进行业发展。本案的裁判进一步厘清了网络服务提供者作为提

① 参见《最高法发布消费者权益保护典型案例》（2022年3月15日发布），邬某诉某旅游App经营公司网络服务合同纠纷案，载最高人民法院网https：//www.court.gov.cn/zixun-xiangqing-350961.html，最后访问日期：2023年4月12日。

供格式条款一方的责任，引导互联网交易模式更加符合契约自由和契约正义的精神。

## 013. 未向投保人作出明确说明的免赔保险条款，是否对投保人产生效力？[①]

2019年10月17日，原告邵某作为投保人与被告某保险公司订立机动车商业保险合同，约定了保险期间、保险金额和保险责任，并有不计免赔特别约定。订立上述保险合同所使用的保险条款是被告提供的格式条款，该保险条款约定在车辆损失险项下的某保险公司的“保险责任”为：保险期间内，被保险人或其允许的合法驾驶人在使用保险车辆过程中，因暴雨等原因造成的保险车辆的损失，保险人依照保险合同的约定负责赔偿。其中，保险条款责任免除部分表述为：“下列损失和费用，保险人不负责赔偿：发动机进水后导致的发动机损坏。”2020年8月1日，原告驾驶被保险车辆行驶时，遭遇暴雨，车辆被淹。案件审理过程中，经双方同意，法院委托某鉴定机构对被保险车辆的损失进行鉴定，确定被保险车辆车损金额为288490元。事后，原告对被保险车辆进行维修，支出维修费288490元，保险公司对受损车辆进行复勘，确认已实际维修。

本案原、被告对保险合同关系及事故的真实性无异议，且双方签订的保险合同并不违反法律的强制性规定，合法有效，法院予以确认。保险车辆在保险期间内因暴雨发生保险事故，造成保险车辆的财产损失，属于机动车损失险的保险责任范围，被告应当按照保险合同约定进行赔偿。本案中，虽然双方签订的保险合同的条款以黑体字载明“发动机进水后导致的发动机损坏”属于免赔的情形，但该约定内容依法需要向投保人即原告进行明确说明，在确保原告明确知晓其意思和法律后果且同意的情况下签订保险合同，该条款才对原告具有约束力。但被告并未提交任何证据证明就此条款已向投保人作出明确说明，所以该条款依法不发生效

---

① 参见《邵某与某保险公司财产保险合同纠纷案》，载天津法院网 https：//tjfy. tjcourt. gov. cn/article/detail/2021/03/id/5871655. shtml，最后访问日期：2023年2月23日。

力，被告仍应当赔偿相关的发动机损失。故判决被告应当按照法院委托鉴定机构作出的损失金额赔偿原告包括发动机损失在内的全部车辆损失。

本案系依法保护金融消费者合法权益的典型案例。随着社会发展，机动车已逐步成为每个家庭的生活必需品，随之而来的机动车辆的保险合同纠纷呈逐年上升趋势。而保险合同对消费者而言是相对较复杂的金融产品，为此我国法律对明显占有强势地位的保险公司规定了更为严格的义务，即在对普通金融消费者权利进行限制或者免除自身义务时，必须予以明确的提示说明并征得消费者的同意，否则该项约定将不发生法律效力。金融机构必须在依法依规履行自身法定义务的前提下，方能获得随之而来的权利，也只有这样才能更好地保护金融消费者的合法权益，才能让金融市场更加规范有序，形成双赢的良性循环。在此，提醒广大金融消费者，要积极主动拿起法律武器，维护自身权益，为我国建设规范有序的金融市场贡献力量。

### *014.* 开发商是否可以以《商品房预售合同》明确约定了售楼广告、样板房等宣传资料仅为宣传目的而设立或提供为理由，不列为正式合同的组成部分?①

周某等人向开发商天福公司购买涉案小区商品房，楼盘售卖时的房屋宣传资料都显示了小区规划的是人车分流，并设有室外泳池。但后来业主们得知：在天福公司向有关部门备案的建设规划中，该小区并非人车分流，天福公司是在通过竣工验收后，以草皮覆盖地面车位的方式营造人车分流的“假象”，而有关部门发现这一情况后，立刻责令天福公司进行整改、恢复地面车位；至于“室外泳池”，则系违法建筑，不能使用。当业主们找天福公司交涉时，却被天福公司告知，在《商品房预售合同》中约定其保留对小区平面布局的修改权以及宣传资料所载内容

① 参见王长鹏：《售房宣传资料内容不列为合同组成部分？提供格式条款的一方应当履行提示或者说明义务》，载上海市高级人民法院网 https：//www. hshfy. sh. cn/shfy/web/xx-nr. jsp？pa=aaWQ9MjAyMDIzMjImeGg9MSZsbWRtPWxtNTE5z&zd=xwzx，最后访问日期：2023年2月23日。

不列为合同的组成部分。周某等人认为自己受到了欺诈，故向法院起诉，要求开发商天福公司赔偿损失，按照每平方米3000元计算（其中，周某房屋面积92.43平方米，故主张损失27万余元）。

一审法院认为，《商品房预售合同》中的上述条款系格式条款，天福公司未采取合理方式提请购房者注意，故上述条款应属无效而不予适用；宣传资料中关于人车分流与室外泳池的内容明确具体，且对购房者的购房决策会产生直接影响，应视为要约，天福公司未能履约应承担违约责任，酌定支持周某等人要求赔偿的部分金额。（其中，周某的获赔金额为12000元）

一审判决后双方不服，均上诉至上海一中院。

天福公司上诉称，《商品房预售合同》是双方的真实意思表示，具有约束力，天福公司有权对小区配套建筑、附属设施进行变更。目前的小区现状未对业主造成任何损失，也未对小区品质造成任何影响。

周某等业主则上诉认为开发商的违约行为给自己造成了重大损失，一审法院认定的违约金仅相当于总房价的0.4%，明显过低。

经审理，上海一中院认为，《商品房预售合同》中约定开发商保留对小区平面布局的修改权以及宣传资料所载内容不列为合同组成部分等格式条款限制了购房者的权利，且与购房者明显具有重大利害关系，而天福公司未就上述条款向周某等人履行提示或说明义务，鉴于周某等人不认可上述条款具有拘束力，故依据《民法典》第496条等规定，认定该格式条款不成为《商品房预售合同》的内容；一审结合在案证据，认定涉案宣传资料内容明确，且对公众的购房决策确会产生实质影响，构成要约并判令天福公司承担相应的赔偿责任并无不当。

关于周某等业主在本案中提出的赔偿数额，现有证据并不能证明系争房屋预售时因“人车分流”和“室外泳池”的因素而产生价格虚高之情形，一审委托的专业机构亦认为上述因素对房地产价格的影响无法考评，故周某等人所主张的差价损失，依据显非充分。一审基于本案实际情况，经综合考量后，酌情确定的赔偿数额，并无不妥，且在现有证据条件下具有相对合理性。综上，上海一中院驳回上诉，维持原判。

**关联参见**

《合同编通则解释》第10条

**第四百九十七条 【格式条款无效的情形】** 有下列情形之一的，该格式条款无效：

（一）具有本法第一编第六章第三节和本法第五百零六条规定的无效情形；

（二）提供格式条款一方不合理地免除或者减轻其责任、加重对方责任、限制对方主要权利；

（三）提供格式条款一方排除对方主要权利。

**关联参见**

《民用航空法》第130条；《保险法》第19条；《消费者权益保护法》第26条；《海商法》第126条

**第四百九十八条 【格式条款的解释方法】** 对格式条款的理解发生争议的，应当按照通常理解予以解释。对格式条款有两种以上解释的，应当作出不利于提供格式条款一方的解释。格式条款和非格式条款不一致的，应当采用非格式条款。

**案例指引**

### 015. 外卖骑手送餐时受伤，平台公司和保险公司对保险条款中的“赔偿义务人”有不同理解的，如何处理？①

上海某公司以李某为被保险人在某保险公司投保“×××加盟商骑手

① 参见《天津高院发布金融审判典型案例》（2022年10月27日发布），李某与某保险公司人身保险合同纠纷案，载天津法院网 https://tjfy.tjcourt.gov.cn/article/detail/2022/10/id/6979582.shtml，最后访问日期：2023年4月12日。

意外险”，保险责任为被保险人因过失导致第三者人身伤亡或财产损害的直接损失，由被保险人承担的赔偿责任，保险人按照合同约定负责赔偿。某日李某驾驶摩托车与案外人相撞，造成二人受伤的交通事故，经认定李某负主要责任。法院生效判决认定，事故发生时李某正在派发外卖，其所属配送团队属于某管理公司，某管理公司应对案外人承担赔偿责任，遂判令某管理公司赔偿案外人经济损失。某管理公司赔偿后从李某工资中扣除了赔偿款。李某向某保险公司申请理赔，某保险公司认为生效判决未让李某承担赔偿责任，不同意赔偿。

天津铁路运输法院认为，案涉保险的设立初衷是保障骑手在配送过程中自身和他人的安全。保险公司对诉争免责条款作出机械解释限制了被保险人的权利，减轻了保险人的责任，与合同初衷不符。虽然生效判决认定某管理公司为赔偿责任人，但其在向受害人赔偿后又向实际侵权人李某进行了追偿，故李某为实际赔偿人。李某有权向保险公司主张损失，判令某保险公司承担保险责任。

随着外卖业务量的提升，外卖配送途中事故多发，给骑手及第三人的安全带来很多隐患。目前多数小微企业作为用工平台，购买商业保险为骑手提供保障，分散企业风险。如果不顾实际赔偿款最终由骑手承担的事实，对保险条款中“赔偿义务人”作出机械解释，免除保险公司赔付责任，有悖各方缔约初衷。人民法院立足保险合同目的，依法审查保险条款约定，切实保障外卖骑手、用工单位合法权益，使外卖骑手、零工服务平台这一新业态，在促进国内经济大循环、释放灵活用工商业动能、高效配置劳动力资源方面发挥出积极作用。

## 关联参见

《保险法》第30条；《旅行社条例》第29条；《最高人民法院关于适用〈中华人民共和国保险法〉若干问题的解释（三）》第14条、第17条

**第四百九十九条　【悬赏广告】**悬赏人以公开方式声明对完成特定行为的人支付报酬的，完成该行为的人可以请求其支付。

### 条文解读

**悬赏广告** ➲ 本条是关于悬赏广告的规定。悬赏广告的构成要满足以下几个条件：一是要以公开的方式作出声明。公开的具体方式，可以是通过广播电视、报纸期刊或者互联网等媒介发布，也可以是在公众场所发传单、在公开的宣传栏张贴广告等。二是悬赏人在声明中提出明确的要求，即要完成特定行为。该要求，要有具体、明确的表达，不能含混不清。三是悬赏人具有支付报酬的意思表示，即对完成特定行为的人给付一定报酬。悬赏人应当对报酬的形式、给付方式等作出明确的表达。如果报酬是给付金钱，应当明确金钱的币种、数额等。对于满足以上条件的悬赏广告，完成该特定行为的人可以请求悬赏人支付报酬，悬赏人不得拒绝。

### 案例指引

#### 016. 行为人未按约定完成悬赏广告所示内容，是否有权要求支付报酬?[①]

2019 年 7 月，某置业公司为拓宽房源销售渠道，在其销售平台发布推荐他人购房有奖的合作方案，并通过微信朋友圈等进行转发周知。

2021 年 4 月，肖某通过微信获悉该合作方案后，注册成为兼职销售人员。2021 年 12 月，肖某成功推荐陈某在该置业公司处购房并将此事告知该置业公司销售人员王某。随后，陈某通过销售人员王某与该置业公司签订《商品房认购协议》。协议签订后，肖某通过微信公众号向该置业公司报备时，被后台以陈某为公司老客户为由拒绝。2022 年 4 月，

① 参见代灏翔：《未按约定完成悬赏广告　法院判决：驳回支付报酬请求》，载重庆市大足区人民法院网 http：//cqdzfy. cqfygzfw. gov. cn/article/detail/2022/12/id/7055307. shtml，最后访问日期：2023 年 2 月 23 日。

肖某因一直未收到推荐购房奖金，遂向重庆大足区法院提起诉讼，要求被告置业公司支付佣金 22952 元。

审理查明，被告置业公司发布的合作方案有如下要求：……兼职销售人员需在被推荐人到访前 1 个小时通过公众号报备，且被推荐人此前未在公司登记；同时，被推荐人需在到访后 90 天内签约，否则视为无效推荐。

肖某在未履行事前报备手续的情况下，将客户陈某介绍给该公司员工王某完成交易，并且事后备案被拒，不符合被告公司所发布的合作规则，提供的证据也无法证明双方合同成立，故法院驳回了原告的诉讼请求。

佣金奖励广告是以广告方式向社会不特定人发出，系实践性特殊法律行为，只有行为人按约完成悬赏行为后，在悬赏广告发布人和悬赏行为完成人之间才会产生债权债务关系，获得请求报酬的权利。在参与这类活动时，参与悬赏行为人首先应当认真阅读活动规则，按照发布人规则完成相应任务，且应当保存好发布人宣传、促销所使用的广告单、活动说明等，以便法院对是否构成“要约”进行认定。在完成悬赏推介行为后，行为人还应主动保留或收集“交易成功”的相关证据，如支付收据、交易现场照片、购房合同复印件等。

## 017. 行为人以人工刷量的行为完成悬赏广告，是否可以要求支付报酬？[①]

2018 年 4 月，某科技公司在某 App 推出邀请好友注册奖励现金红包活动。钱某累计邀请了 9404 个新账号注册，上述新注册用户部分是使用“猫池”手机号的虚假用户，部分是专业赚取红包等利益的群体，并非真正意义上的用户。2018 年 12 月，钱某在进行奖金提现操作时，该软件显示其提现申请未能通过。经咨询，某科技公司的客服人员回复

---

① 参见《广东法院弘扬社会主义核心价值观典型案例》（2022 年 3 月 4 日发布），钱某与某科技公司网络悬赏广告纠纷案，载广东法院网 https：//www. gdcourts. gov. cn/index. php？ v=show&cid=170&id=56460，最后访问日期：2023 年 4 月 12 日。

称，因钱某进行了违规操作，故收益无效，且被冻结提现操作。钱某遂诉至法院，请求某科技公司支付奖金3.1万元。

广州互联网法院生效判决认为，某科技公司针对其用户开展的邀请好友注册奖励现金红包的告示，属于悬赏广告。钱某表面上为涉案App邀请了大量新用户，但这类成员注册成为新用户的目的仅是获取相应的奖励，而非真正使用涉案App，不能形成真正意义上的用户，故此类操作与使用设备虚构用户类似，均应视为“刷量”操作。钱某的“刷量”行为实际上是采用欺骗方法制造完成特定行为的假象，进而利用悬赏活动牟利，违反了诚信原则，扰乱了电子商务活动的正常秩序、损害了互联网企业的合法权益，不应得到支持和鼓励。故判决驳回钱某的全部诉讼请求。

网络水军与流量造假不仅破坏公平竞争的市场秩序，还侵蚀网络空间的社会信任。本案判决对人工刷量行为表明鲜明态度，依法认定采用欺骗方法制造虚假关注量，进而利用悬赏活动牟利的行为违反诚信原则，扰乱电子商务活动的正常秩序，不予支持造假者获得奖励，有力打击人工刷量及其背后的黑灰产业链条，保障广大网络消费者合法权益，为平台经济健康持续发展营造公平、诚信、清朗的营商环境。

**第五百条　【缔约过失责任】**当事人在订立合同过程中有下列情形之一，造成对方损失的，应当承担赔偿责任：

（一）假借订立合同，恶意进行磋商；

（二）故意隐瞒与订立合同有关的重要事实或者提供虚假情况；

（三）有其他违背诚信原则的行为。

## 条文解读

**缔约过失责任**➲ 缔约过失责任指当事人在订立合同过程中，因违背诚信原则而给对方造成损失的赔偿责任。缔约过失责任是以诚信原则为基础的民事责任。诚信原则贯穿合同交易的各个环节，当事人在订立合同过程中进行协商、谈判也要遵循诚信原则，当事人负有相互协助、照顾、保护以及重要情况的告知义务等。在这个阶段，合同尚未成立，但一方对另一方在协商、谈判中实施的行为已经产生了合理信赖。如果当事人在这个阶段实施了违背诚信原则的行为，比如隐瞒了重要事实和情况等，使对方的信赖利益受损，缔约过失责任即成立。例如，李某和刘某在同一条街上开礼品店，生意都非常兴隆。后李某计划移居他地，就打算将其礼品店转让给出价 20 万元的杨某。刘某听到李某转让店铺的消息后，担心杨某实力雄厚，以后竞争不过，就假装要购买李某的礼品店，并出价 30 万元。李某见刘某出价高，就停止了和杨某的谈判，开始与刘某谈判。经过 1 个月的谈判后，刘某听说杨某已经另作投资，遂告知李某，其无意购买其礼品店。在本案中，刘某假借与李某订立合同，恶意进行磋商，应当对李某的损失承担缔约过失责任。

当事人承担缔约过失责任须满足以下要件：(1) 一方违反了先合同义务。《民法典》合同编规定的违反先合同义务的表现形式主要有：①当事人一方有假借订立合同，恶意进行磋商的行为的。当事人一方本来不想与对方订立合同，却以损害对方利益为目的，同对方进行谈判，这种恶意磋商的行为被称为恶意谈判。②故意隐瞒与订立合同有关的重要事实或者提供虚假情况。当事人一方存在信用状况明显恶化、产品有瑕疵、公司即将被宣告破产等情况而故意不告知对方当事人，或者是故意提供虚假情况使对方与其签订合同而使对方陷于不利的，都会产生缔约过失责任。③有其他违背诚信原则的行为的。当事人在订立合同的过程中，要根据诚信原则的要求，履行先合同义务，如果有上述第一、第二种情形之外的违背诚信原则的行为的，也要承担缔约过失责任。(2) 有给另一方当事人造成损失的事实存在。缔约过失责任的目的是弥补缔约过程中由于一方违反先合同义务而给对方造成的信赖利益的损失，因此，有给另一方当事人造成损失的事实是承担缔约过失责任的前提。这里所指的损失既包括实际利益的损失，也包括可得利益的损失。(3) 违反先合同义务与损失之间有因果关系。(4) 违反先合同义务的一方有过错。这里的过错指的是故意和过失。

## 实务应用

### 015. 缔约过失责任与违约责任怎么区分?

缔约过失责任与违约责任都是基于订立合同目的为一定的民事法律行为，都是合同上的民事责任；二者都适用过失责任，采取过失相抵。但两者有明显的差异，表现在：

（1）责任性质不同。违约责任是一种合同约定之债，当事人既可以在合同中约定损害赔偿的计算方法，违约责任及违约金数额，还可以约定免责条件和具体情由；而缔约过失责任是一种法定债的关系，它不能课以违约金。

（2）责任形成的时间点不同。违约责任的形成是在合同成立后，义务人不履行合同义务形成的；而缔约过失责任是在合同订立过程中合同当事人一方违反诚信义务而产生的。

（3）责任承担方式不同。违约责任的承担方式除了赔偿责任外，还可选用违约金责任、解除合同或者强制实际履行等方式，责任方式的选择权在债权人；而缔约过失责任只有一种赔偿责任，即弥补性方式。

（4）赔偿范围不同。在合同违约的情况下，当事人可依法主张履行利益的请求权，如要求对方继续实际履行或据此求偿；而缔约过失责任当事人所遭受的是因信其合同有效成立受到的信赖利益损失，故权利人只能就其信赖利益损失即实际受到的损失主张权利。

（5）免责条件不同。合同成立后，可因不可抗力等法定情由而免除违约责任；而缔约过失责任不存在免责问题，因为要约、承诺阶段不存在实际履行问题。故在此阶段，当事人之间要么不存在实际损失，要么相对人在要约有效期间发生不可抗力情势前已有信赖利益损失，此种损失与不可抗力并无联系，合同不成立也不存在免责问题。有过错的一方对此前的信赖利益损失应负赔偿责任。

### 016. 如何认定未履行批准或者登记手续的一方构成缔约过失？

认定未履行批准或者登记手续的一方构成缔约过失，应当符合以下几个要件：(1) 只适用于依照法律或者行政法规规定须经批准或者登记才生效的合同。这里的批准或者登记是合同的生效要件，而不能把它与物权变动的登记生效规则混为一谈。(2) 合同已经成立且无其他无效情形。如果合同尚未成立，则不能产生办理批准或者登记手续的义务；如果合同虽然成立，但存在未经批准或者登记之外的其他合同无效的情形的，该合同属于当然无效，自然也不产生批准或者登记手续的义务。(3) 按照法律规定或者合同约定负有办理批准或者登记手续的义务。法律对办理合同批准或者登记手续的义务承担有明确规定的，原则上应由法律规定的人来承担此项义务，而不能通过约定来变更。(4) 未办理批准或者登记手续无正当理由，即存在过错。如果未办理批准或者登记手续是由于不可抗力等客观原因，则不能认定构成缔约过失。

**第五百零一条 【合同缔结人的保密义务】** 当事人在订立合同过程中知悉的商业秘密或者其他应当保密的信息，无论合同是否成立，不得泄露或者不正当地使用；泄露、不正当地使用该商业秘密或者信息，造成对方损失的，应当承担赔偿责任。

#### 条文解读

**商业秘密** ➔《反不正当竞争法》第9条第4款规定，商业秘密是指不为公众所知悉、具有商业价值并经权利人采取相应保密措施的技术信息、经营信息等商业信息。商业秘密中的技术信息涉及有关技术数据、技术知识，表现为产品配方、工艺流程、设计图纸等，可以给权利人带来很大的经济利益。商业秘密中的经营信息涵盖广泛，包括管理方法、销售策略、发展规划、客户名单等，对其经营活动意义重大，往往是其立足市场、保持竞争力的重要基础。当事人为达成协议，可能会将自身掌握的商业秘密告知对方，但一般也会提请对方不得泄露、使用。在这种情况下，对方当事人负有不予泄露的义务，也不能不正当使用。在有些情况下，虽然一方当事人没有明确告知对方当事人有关信息是商业秘密，但基于此种信息的特殊性质，按照一般的常识，对方当事人也不得泄露或者不正当地使用，否则有悖诚信原则。

**关联参见**

《反不正当竞争法》第 9 条、第 21 条

## 第三章　合同的效力

**第五百零二条　【合同生效时间及未办理批准手续的处理规则】** 依法成立的合同，自成立时生效，但是法律另有规定或者当事人另有约定的除外。

依照法律、行政法规的规定，合同应当办理批准等手续的，依照其规定。未办理批准等手续影响合同生效的，不影响合同中履行报批等义务条款以及相关条款的效力。应当办理申请批准等手续的当事人未履行义务的，对方可以请求其承担违反该义务的责任。

依照法律、行政法规的规定，合同的变更、转让、解除等情形应当办理批准等手续的，适用前款规定。

**实务应用**

### 017. 报批义务在司法实践中是如何认定的？

根据《合同编通则解释》第 12 条的规定，合同依法成立后，负有报批义务的当事人不履行报批义务或者履行报批义务不符合合同的约定或者法律、行政法规的规定，对方请求其继续履行报批义务的，人民法院应予支持；对方主张解除合同并请求其承担违反报批义务的赔偿责任的，人民法院应予支持。

人民法院判决当事人一方履行报批义务后，其仍不履行，对方主张解除合同并参照违反合同的违约责任请求其承担赔偿责任的，人民法院

应予支持。

合同获得批准前，当事人一方起诉请求对方履行合同约定的主要义务，经释明后拒绝变更诉讼请求的，人民法院应当判决驳回其诉讼请求，但是不影响其另行提起诉讼。

负有报批义务的当事人已经办理申请批准等手续或者已经履行生效判决确定的报批义务，批准机关决定不予批准，对方请求其承担赔偿责任的，人民法院不予支持。但是，因迟延履行报批义务等可归责于当事人的原因导致合同未获批准，对方请求赔偿因此受到的损失的，人民法院应当依据《民法典》第157条的规定处理。

## 案例指引

### 018. 未成年人实施与其年龄、智力不相符的支付行为是否有效？①

14周岁的原告李某某在父母不知情的情况下，通过某平台先后7次从被告经营的网店“×游戏”购买374个游戏账号，共计支付36652元，上述游戏账号内的装备都是皮肤、面具、小花裙子等。原告父母次日发现后，及时与被告经营网店的客服人员联系，表示对原告购买游戏账号及付款行为不予追认并要求被告退款，被告不同意全额退款。

法院经审理认为，原告李某某案发时未成年，属于限制民事行为能力人，购买游戏账号支付36652元的行为，显然与其年龄、智力不相适应，李某某的法定代理人亦明确表示对该行为不予追认，故原告李某某实施的购买行为无效，判决被告向原告全额返还购买游戏账号款36652元。

本案主要涉及未成年人实施与其年龄、智力不相适应的支付行为的效力问题。根据《民法典》的规定，8周岁以上未成年人实施与其年龄、智力不相适应的购买支付行为，在未得到其家长或者其他法定代理人追认的情况下，其购买支付行为无效，经营者应当依法返还价款。本

① 参见《未成年人权益司法保护典型案例》（2022年3月2日发布），李某某诉某电子商务有限公司网络服务合同纠纷案，载最高人民法院网 https：//www.court.gov.cn/zixun-xiangqing-347931.html，最后访问日期：2023年4月12日。

案提醒广大家长，作为未成年人的监护人，应当加强对孩子的引导、监督，并应保管好自己的手机、银行卡密码，防止孩子用来绑定并进行大额支付。网络公司应当进一步强化法律意识和社会责任，依法处理因未成年人实施与其年龄、智力不相符的支付行为所引发的纠纷。

## 019. 如何认定备案的性质以及履行期限跨越新法实施日的外商投资企业合同的效力？[①]

2012 年 7 月，某美公司与某城集团及华某集团，经批准设立了外商投资企业某城房地产公司。2016 年 3 月，某美公司与某城集团签署《股权转让合同》，约定：某美公司将其持有的某城房地产公司 40% 的股权，以 1 亿元价格转让给某城集团，某城集团于 2016 年 3 月 31 日前支付某美公司。合同自各方签字或盖章之日起成立，自审批机关批准之日生效。2016 年 4 月 11 日，平顶山商务局作出同意股权转让的批复，同日又发出通知书，根据某城房地产公司撤回申请，不再继续受理股权转让报批事项，故未作出批准证书。某美公司据此提起诉讼，请求某城集团支付 1 亿元股权转让款。

最高人民法院审理认为，2016 年 10 月 1 日起，我国对外商投资准入特别管理措施以外的外商投资企业的设立、变更，已由行政审批制转为备案管理制。对不属于外资准入负面清单的外商投资企业的股权转让合同，不再将审批作为认定合同生效的要件。当事人关于“自审批机关批准之日起生效”的约定，亦不再具有限定合同生效条件的意义，应当认定合同有效。某城集团最迟付款履行期间已经届满，故判决某城集团向某美公司支付股权转让款 1 亿元。

我国外商投资管理体制自 2016 年 10 月 1 日起实施重大改革，将运行多年的全面审批制改为普遍备案制与负面清单下的审批制。如何认定备案

---

① 参见《最高法发布第三批涉“一带一路”建设典型案例》（2022 年 2 月 28 日发布），某美公司与某城公司、张某义、张某股权转让纠纷案，载最高人民法院网 https：//www.court.gov.cn/zixun/xiangqing/347711.html，最后访问日期：2023 年 4 月 12 日。

的性质以及履行期限跨越新法实施日的外商投资企业合同的效力，是司法实践中亟待解决的问题。本案的裁判规则指出，备案不再构成外商投资负面清单以外的外商投资企业合同的生效要件。相应地，未报批的该类外商投资企业股权转让合同亦为生效合同。该判决所确立的裁判规则对于指导外商投资企业纠纷的处理、保护外商投资者的合法权益具有重要意义。

## 关联参见

《城市房地产管理法》第 44 条；《民用航空法》第 14 条；《海商法》第 13 条；《最高人民法院关于审理建设工程施工合同纠纷案件适用法律问题的解释（一）》[以下简称《建设工程施工合同解释（一）》] 第 3 条；《最高人民法院关于审理矿业权纠纷案件适用法律若干问题的解释》第 6 条；《商品房买卖合同解释》第 6 条；《最高人民法院关于审理涉及国有土地使用权合同纠纷案件适用法律问题的解释》第 2 条、第 8 条、第 13 条

**第五百零三条　【被代理人以默示方式追认无权代理】** 无权代理人以被代理人的名义订立合同，被代理人已经开始履行合同义务或者接受相对人履行的，视为对合同的追认。

## 条文解读

**无权代理** ➡《民法典》总则编第 171 条对无权代理的 3 种典型表现形式作了明确规定。《民法典》总则编第 171 条第 1 款规定，行为人没有代理权、超越代理权或者代理权终止后，仍然实施代理行为，未经被代理人追认的，对被代理人不发生效力。《民法典》第 503 条所规定的“无权代理人以被代理人的名义订立合同”即是指行为人没有代理权、超越代理权或者代理权终止后，仍然以被代理人的名义与他人订立合同的情形。所谓没有代理权是指行为人根本没有得到被代理人的授权，就以被代理人的名义与他人订立合同。比如，行为人伪造被代理人的公章、合同书或者授权委托书等，假冒被代理人的名义与他人签订合同。

所谓超越代理权是指行为人与被代理人之间有代理关系存在，行为人有一定的代理权，但其实施的代理行为超出了代理范围的代理。所谓代理权终止后仍然实施代理是指行为人与被代理人之间原本有代理关系，由于代理期限届满、代理事务完成或者被代理人取消委托等法定情形的出现使得代理权终止，但是行为人仍然实施代理行为。

**第五百零四条　【超越权限订立合同的效力】法人的法定代表人或者非法人组织的负责人超越权限订立的合同，除相对人知道或者应当知道其超越权限外，该代表行为有效，订立的合同对法人或者非法人组织发生效力。**

## 条文解读

**法定代表人** ➲《民法典》总则编第61条规定，法人的法定代表人是指依照法律或者法人章程的规定，代表法人从事民事活动的负责人。但法人的法定代表人、非法人组织的负责人的权限不是无限制的。法人的法定代表人应当在法律规定或者法人的章程规定的权限范围内对外从事民事活动，法人的权力机构也可能会对法定代表人的权限作一些限制。非法人组织也可能会对其负责人的权限作一定限制。但是在现实经济社会生活中，却存在一些法定代表人、负责人超越权限订立合同的情形，如何对待此类合同的效力？法人的法定代表人或者其他组织的负责人是代表法人或者其他组织行使职权的，一般来说，法人的法定代表人或者其他组织的负责人本身就是法人或者其他组织的组成部分，法定代表人的行为或者其他组织负责人的行为就是法人或者其他组织的行为，因此，他们执行职务的行为所产生的法律后果都应当由法人或者其他组织承受。对此，《民法典》总则编第61条第2款作了明确规定，法定代表人以法人名义从事的民事活动，其法律后果由法人承受。法人的法定代表人或者非法人组织的负责人以法人或者其他组织的名义与相对人订立合同的，相对人一般认为法定代表人或者其他组织的负责人就是代表法人或者其他组织，相对人往往并不知道也难以知道，一般也没有义务知道法定代表人或者其他组织负责人的权限到底有多大，法人或者其他组织的内部管理规定也不应对合同的相对人形成约束力。如果法人的法定代表人或者其他组织的负责人超越权限而订立合同的，代表行为无效，所订立的合同对法人或者非法人组织不发生效力，将会严重损害合同相对人的利益，不利于保护交易的安全，也会助长一些法人或者其他组织借此逃避责任，谋取不当利益。①

### 关联参见

《最高人民法院关于适用〈中华人民共和国民法典〉有关担保制度的解释》（以下简称《民法典担保制度解释》）第7条

**第五百零五条　【超越经营范围订立的合同效力】**当事人超越经营范围订立的合同的效力，应当依照本法第一编第六章第三节和本编的有关规定确定，不得仅以超越经营范围确认合同无效。

### 条文解读

**经营范围**➔根据《市场主体登记管理条例实施细则》第12条的规定，市场主体登记申请人应当按照国家市场监督管理总局发布的经营范围规范目录，根据市场主体主要行业或者经营特征自主选择一般经营项目和许可经营项目，申请办理经营范围登记。

### 关联参见

《建设工程施工合同解释（一）》第4条

① 参见黄薇主编：《中华人民共和国民法典合同编解读》，中国法制出版社2020年版，第148—149页。

**第五百零六条　【免责条款无效情形】**合同中的下列免责条款无效：

（一）造成对方人身损害的；

（二）因故意或者重大过失造成对方财产损失的。

## 条文解读

**免责条款**➜合同中的免责条款是指合同中的双方当事人在合同中约定的免除或者限制一方或者双方当事人责任的条款。在现代合同发展中免责条款大量出现，免责条款一般具有以下特征：

一是免责条款具有约定性。免责条款是当事人双方协商同意的合同的组成部分。这与法律规定的因不可抗力致使合同不能履行情形下免除责任是不同的。当事人可以依据意思自治的原则在合同中约定免责的内容或者范围，比如当事人可以约定“限制赔偿数额”“免除某种事故发生的责任”等。

二是免责条款的提出应当是以明示的方式作出，以默示的方式作出的免责通常是无效的。

三是合同中的免责条款具有免责性。免责条款的目的是排除或者限制当事人的民事责任。当然这种免责可以是部分免责（限制），也可以是全部免责（排除）。

对于一方拟定的免责条款，应给予对方以充分注意的机会，比如免责条款印刷的方式和位置，要使对方充分注意到，或者给对方以充分的提示等。特别是在现代社会格式合同流行的情况下，对于格式合同中不合理、不公平的免责条款，出于保护弱者的考虑，法律一般规定该条款无效。

对于免责条款的效力，一般来说，当事人经过充分协商确定的免责条款，只要是完全建立在当事人自愿的基础上，免责条款又不违反社会公共利益，法律是承认免责条款的效力的。但是对于严重违反诚信原则和社会公共利益的免责条款，法律是禁止的，否则不但将造成免责条款的滥用，而且会严重损害一方当事人的利益，也不利于保护正常的合同交易。

## 实务应用

### 018. 现行法律中对于合同免责条款无效的规定主要有哪些?

(1) 保险合同中规定有保险责任免除条款的，保险人应当向投保人明确说明，未明确说明的，该条款不发生法律效力。其中，“明确说明”是指保险人在与投保人签订保险合同之前或者签订保险合同之时，对于保险合同中所约定的免责条款，除了在保险单上提示投保人注意外，还应当对有关免责条款的概念、内容及其法律后果等，以书面或者口头形式向投保人或其代理人作出解释，以使投保人明了该条款的真实含义和法律后果。

(2) 生产经营单位不得以任何形式与从业人员订立协议，免除或者减轻其对从业人员因生产安全事故伤亡依法应承担的责任。

(3) 任何旨在免除《民用航空法》规定的承运人责任或者降低该法规定的赔偿责任限额的条款，均属无效；但是，此种条款的无效，不影响整个航空运输合同的效力。

(4) 海上旅客运输合同中的以下条款无效：①免除承运人对旅客应当承担的法定责任；②降低《海商法》关于海上旅客运输合同中规定的承运人责任限额；③对《海商法》关于海上旅客运输合同中规定的举证责任作出相反的约定；④限制旅客提出赔偿请求的权利。合同某些条款的无效，不影响合同其他条款的效力。

## 案例指引

### 020. 老年公寓是否可以免责条款排除老人摔伤责任?①

2018 年，原告孙某甲的儿子孙某乙与被告某老年公寓公司签订

① 参见《最高法发布老年人权益保护第二批典型案例》(2022 年 4 月 8 日发布)，孙某甲诉某老年公寓公司服务合同纠纷案，载最高人民法院网 https://www.court.gov.cn/zixun-xiangqing-354121.html，最后访问日期：2023 年 4 月 12 日。

《入住公寓协议书》，孙某乙将原告孙某甲送养至被告某老年公寓公司，每月支付服务费1800元。孙某甲在上述协议上手写注明：本人有精神疾病，如有摔伤与公寓无关，自己负责。协议签订后，孙某甲入住公寓。某日14点左右，孙某甲于公寓卧室内摔倒在床边地上受伤。当晚22点29分，孙某甲被送往医院住院治疗。现孙某甲提起诉讼，请求被告某老年公寓公司赔偿医疗费、住院生活补助费、残疾赔偿金、护理费等费用。

重庆市江津区人民法院认为，某老年公寓公司作为专业的养老机构，应该有应对突发事件的预案措施。某老年公寓公司虽主张按协议免责，但从孙某甲在公寓房间摔伤至被送医院治疗，超过合理时间。某老年公寓公司工作人员发现后未及时将孙某甲送往医院，也未及时通知家属，导致孙某甲未得到及时治疗，系未履行合同附随的通知义务、未采取有效的应急措施，应承担相应责任，并不属于协议约定的免责事项。判决某老年公寓公司赔偿原告孙某甲医疗费、住院生活补助费、残疾赔偿金、护理费等费用。

本案裁判明确，养老服务机构未履行合同的附随义务，不得以免责条款排除责任。虽然本案双方当事人约定了免责条款，但是注意、通知、协助等合同附随义务并不属于免责条款的内容。某老年公寓公司作为专业的养老服务机构，应当充分履行合同义务，不仅要按照养老服务合同约定对老年人进行悉心照顾，还应根据合同的性质就相关事宜履行注意、通知、协助等附随义务。我国养老服务行业起步较晚，目前仍存在设施配备不够完善，以及责任意识、法治意识有待提高等问题。本案对于厘清养老服务合同当事人的权利义务关系，强化养老服务行业主体责任意识，提高养老机构经营管理水平，助力机构养老发展，加强老年人权益保障，意义十分深远。

## 021. 清障车拖运被救援车“包装不善”致相撞，保险公司是否有权依据免责条款拒赔？①

2020年的一个雨夜，地面坑坑洼洼，戴女士驾驶的保时捷车辆发生抛锚。清障车将保时捷拖走后，途经一路口遇红绿灯因紧急刹车，导致保时捷车头与清障车发生碰撞，保时捷车辆受损。原来，清障车驾驶员李某仅在保时捷车头前端与清障车之间用安全绑带做了固定，却未对保时捷车辆的四轮采取固定措施。为此，清障车所属的汽车牵引服务公司向戴女士支付了车辆维修费1.4万余元。因汽车牵引服务公司投保了公路货物运输险，便向保险公司报案索赔。

保险公司认为，保险合同约定运输工具发生碰撞造成的损失由保险公司赔付，应理解为清障车与路面其他车辆发生碰撞，而不包括与车上拖载的被救援车相撞。合同还约定由于保险货物包装不善造成货物的损失，保险人不负赔偿责任。汽车牵引服务公司没有将被救援车的四轮固定牢靠，属于“包装不善”，保险公司因此拒赔。汽车牵引服务公司将保险公司诉至法院，请求判令支付损失1.4万余元。

诉请被一审驳回后，汽车牵引服务公司上诉至上海金融法院。上海金融法院经审理认为，本案争议焦点在于案涉事故是否属于保险责任范围以及保险公司的免赔事由是否成立。

第一，关于案涉事故是否属于保险责任范围，保险条款约定，由于运输工具发生碰撞所造成的损失属于保险责任范围。本案被救援车因清障车在行驶过程中紧急制动，与清障车发生碰撞受损，属于运输工具发生“碰撞”所造成的损失。

第二，关于案涉事故是否符合免责条款约定的“包装不善”。我国交通运输行业标准《道路车辆清障救援操作规范》规定，拖运操作包

---

① 参见朱瑞、郑倩：《清障车拖运被救援车“包装不善”致相撞 法院：符合合同约定免责条款 保险公司有权拒赔》，载上海市高级人民法院网 https：//www.hshfy.sh.cn/shfy/web/xxnr.jsp？pa=aaWQ9MTAyMDI3Njc0OCZ4aD0xJmxtZG09bG01MTkPdcssz，最后访问日期：2023年2月23日。

括平板背载拖运和拖举拖运两类，应根据事故车辆类型和损坏状态选择相应设备与操作……对于无法利用平板式清障车绞盘牵引的事故车辆，应利用辅助装置或起吊设备，将事故车辆放至平板式清障车上，并将事故车辆的四轮固定牢靠，防止其在平板上产生位移。本案中，被救援车辆仅在车头前端与清障车之间用安全绑带做了固定，四轮未采取固定措施，不符合上述行业标准。据此，保险公司援引保险合同关于“包装不善”的免责条款拒赔，具有合同及法律依据。

二审据此判决驳回上诉，维持原判。

### 关联参见

《民用航空法》第130条；《保险法》第19条；《消费者权益保护法》第26条；《海商法》第126条

**第五百零七条　【争议解决条款的独立性】** 合同不生效、无效、被撤销或者终止的，不影响合同中有关解决争议方法的条款的效力。

### 实务应用

### 019. 有关解决争议方法的条款有哪些形式？

（1）仲裁条款

仲裁条款是仲裁协议的一种表现形式，是当事人在合同中约定的用仲裁方式解决双方争议的条款。我国对合同争议采取或仲裁或诉讼的制度，仲裁条款有排除诉讼管辖的效力。如果当事人在合同中订有仲裁条款，则当事人在发生争议时，不能向人民法院提出诉讼。《仲裁法》第19条第1款规定，仲裁协议独立存在，合同的变更、解除、终止或者无效，不影响仲裁协议的效力。

（2）选择受诉法院的条款

《民事诉讼法》第35条规定，合同或者其他财产权益纠纷的当事人可以书面协议选择被告住所地、合同履行地、合同签订地、原告住所地、标的物所在地等与争议有实际联系的地点的人民法院管辖，但不得违反本法对级别管辖和专属管辖的规定。当事人选择受诉人民法院的条款，不受合同效力的影响。

（3）选择检验、鉴定机构的条款

当事人可以在合同中约定，若对标的物质量或技术的品种发生争议，在提交仲裁或者诉讼前，应当将标的物送交双方认可的机构或科研单位检验或鉴定，这种解决争议方法的约定出于双方自愿，不涉及合同的实体权利和义务，应当承认其效力。

（4）法律适用条款

依照《涉外民事关系法律适用法》第41条规定，当事人可以协议选择合同适用的法律。当然，外国法律的适用将损害我国社会公共利益的，应当适用我国法律。当事人就法律适用条款所达成的协议的效力具有独立性，不受合同效力的影响。

**第五百零八条　【合同效力适用指引】**本编对合同的效力没有规定的，适用本法第一编第六章的有关规定。

## 实务应用

### 020. 房产开发商未取得预售许可证销售商品房的，《商品房预售合同》是否有效？

《城市房地产管理法》第45条第1款规定，商品房预售，应当符合下列条件：（1）已交付全部土地使用权出让金，取得土地使用权证书；（2）持有建设工程规划许可证；（3）按提供预售的商品房计算，投入开发建设的资金达到工程建设总投资的25%以上，并已经确定施工进度和竣工交付日期；（4）向县级以上人民政府房产管理部门办理预售登记，取得商品房预售许可证明。《城市房地产开发经营管理条例》第22条规定：“房地产开发企业预售商品房，应当符合下列条件：……（四）已办理预售登记，取得商品房预售许可证明。”由此可见，城市商品房预售实行许可证制度，房产开发商进行商品房预售应当向县级以上人民政府房地产部门办理相关登记，取得商品房预售许可证明。《城市房地产开发经营管理条例》第 36 条规定：“违反本条例规定，擅自预售商品房的，由县级以上人民政府房地产开发主管部门责令停止违法行为，没收违法所得，可以并处已收取的预付款 1%以下的罚款。”如果购房者与未取得商品房预售许可证的开发商签订了《商品房预售合同》，根据《商品房买卖合同解释》第 2 条的规定：“出卖人未取得商品房预售许可证明，与买受人订立的商品房预售合同，应当认定无效，但是在起诉前取得商品房预售许可证明的，可以认定有效。”因此，购房人在签订商品房预售合同之前，注意要求房产开发商出示相关证明，证实其已取得商品房预售许可证，避免签订的《商品房预售合同》被认定无效。

## 案例指引

### 022. 违反行政规章签订租赁合同，在何种情况下应认定合同无效？①

**饶国礼诉某物资供应站等房屋租赁合同纠纷案**

（最高人民法院审判委员会讨论通过　2021 年 11 月 9 日发布）

**关键词**　民事/房屋租赁合同/合同效力/行政规章/公序良俗/危房

**裁判要点**

违反行政规章一般不影响合同效力，但违反行政规章签订租赁合同，约定将经鉴定机构鉴定存在严重结构隐患，或将造成重大安全事故的应当尽快拆除的危房出租用于经营酒店，危及不特定公众人身及财产安全，属于损害社会公共利益、违背公序良俗的行为，应当依法认定租赁合同无效，按照合同双方的过错大小确定各自应当承担的法律责任。

**相关法条**

《中华人民共和国民法总则》第 153 条、《中华人民共和国合同法》

① 最高人民法院指导案例 170 号。

第52条、第58条（注：现行有效的法律为《中华人民共和国民法典》第153条、第157条）

**基本案情**

南昌市青山湖区晶品假日酒店（以下简称晶品酒店）组织形式为个人经营，经营者系饶国礼，经营范围及方式为宾馆服务。2011年7月27日，晶品酒店通过公开招标的方式中标获得租赁某物资供应站所有的南昌市青山南路1号办公大楼的权利，并向物资供应站出具《承诺书》，承诺中标以后严格按照加固设计单位和江西省建设工程安全质量监督管理局等权威部门出具的加固改造方案，对青山南路1号办公大楼进行科学、安全的加固，并在取得具有法律效力的书面文件后，再使用该大楼。同年8月29日，晶品酒店与物资供应站签订《租赁合同》，约定：物资供应站将南昌市青山南路1号（包含房产证记载的南昌市东湖区青山南路1号和东湖区青山南路3号）办公楼4120平方米建筑出租给晶品酒店，用于经营商务宾馆。租赁期限为十五年，自2011年9月1日起至2026年8月31日止。除约定租金和其他费用标准、支付方式、违约赔偿责任外，还在第五条特别约定：1. 租赁物经有关部门鉴定为危楼，需加固后方能使用。晶品酒店对租赁物的前述问题及瑕疵已充分了解。晶品酒店承诺对租赁物进行加固，确保租赁物达到商业房产使用标准，晶品酒店承担全部费用。2. 加固工程方案的报批、建设、验收（验收部门为江西省建设工程安全质量监督管理局或同等资质的部门）均由晶品酒店负责，物资供应站根据需要提供协助。3. 晶品酒店如未经加固合格即擅自使用租赁物，应承担全部责任。合同签订后，物资供应站依照约定交付了租赁房屋。晶品酒店向物资供应站给付20万元履约保证金，1000万元投标保证金。中标后物资供应站退还了800万元投标保证金。

2011年10月26日，晶品酒店与上海永祥加固技术工程有限公司签订加固改造工程《协议书》，晶品酒店将租赁的房屋以包工包料一次包干（图纸内的全部土建部分）的方式发包给上海永祥加固技术工程有限公司加固改造，改造范围为主要承重柱、墙、梁板结构加固新增墙体全部内粉刷，图纸内的全部内容，图纸、电梯、热泵。开工时间 2011 年 10 月 26 日，竣工时间 2012 年 1 月 26 日。2012 年 1 月 3 日，在加固施工过程中，案涉建筑物大部分垮塌。

江西省建设业安全生产监督管理站于 2007 年 6 月 18 日出具《房屋安全鉴定意见》，鉴定结果和建议是：1. 该大楼主要结构受力构件设计与施工均不能满足现行国家设计和施工规范的要求，其强度不能满足上部结构承载力的要求，存在较严重的结构隐患。2. 该大楼未进行抗震设计，没有抗震构造措施，不符合《建筑抗震设计规范》（GB50011-2001）的要求。遇有地震或其他意外情况发生，将造成重大安全事故。3. 根据《危险房屋鉴定标准》（GB50292-1999），该大楼按房屋危险性等级划分，属 D 级危房，应予以拆除。4. 建议：（1）应立即对大楼进行减载，减少结构上的荷载。（2）对有问题的结构构件进行加固处理。（3）目前，应对大楼加强观察，并采取措施，确保大楼安全过渡至拆除。如发现有异常现象，应立即撤出大楼的全部人员，并向有关部门报告。（4）建议尽快拆除全部结构。

饶国礼向一审法院提出诉请：一、解除其与物资供应站于 2011 年 8 月 29 日签订的《租赁合同》；二、物资供应站返还其保证金 220 万元；三、物资供应站赔偿其各项经济损失共计 281 万元；四、本案诉讼费用由物资供应站承担。

物资供应站向一审法院提出反诉诉请：一、判令饶国礼承担侵权责任，赔偿其 2463.5 万元；二、判令饶国礼承担全部诉讼费用。

再审中，饶国礼将其上述第一项诉讼请求变更为：确认案涉《租赁合同》无效。物资供应站亦将其诉讼请求变更为：饶国礼赔偿物资供应站损失 418.7 万元。

**裁判结果**

江西省南昌市中级人民法院于 2017 年 9 月 1 日作出（2013）洪民一初字第 2 号民事判决：一、解除饶国礼经营的晶品酒店与物资供应站

2011 年 8 月 29 日签订的《租赁合同》；二、物资供应站应返还饶国礼投标保证金 200 万元；三、饶国礼赔偿物资供应站 804.3 万元，抵扣本判决第二项物资供应站返还饶国礼的 200 万元保证金后，饶国礼还应于本判决生效后十五日内给付物资供应站 604.3 万元；四、驳回饶国礼其他诉讼请求；五、驳回物资供应站其他诉讼请求。一审判决后，饶国礼提出上诉。江西省高级人民法院于 2018 年 4 月 24 日作出（2018）赣民终 173 号民事判决：一、维持江西省南昌市中级人民法院（2013）洪民一初字第 2 号民事判决第一项、第二项；二、撤销江西省南昌市中级人民法院（2013）洪民一初字第 2 号民事判决第三项、第四项、第五项；三、物资供应站返还饶国礼履约保证金 20 万元；四、饶国礼赔偿物资供应站经济损失 182.4 万元；五、本判决第一项、第三项、第四项确定的金额相互抵扣后，物资供应站应返还饶国礼 375.7 万元，该款项限物资供应站于本判决生效后 10 日内支付；六、驳回饶国礼的其他诉讼请求；七、驳回物资供应站的其他诉讼请求。饶国礼、物资供应站均不服二审判决，向最高人民法院申请再审。最高人民法院于 2018 年 9 月 27 日作出（2018）最高法民申 4268 号民事裁定，裁定提审本案。2019 年 12 月 19 日，最高人民法院作出（2019）最高法民再 97 号民事判决：一、撤销江西省高级人民法院（2018）赣民终 173 号民事判决、江西省南昌市中级人民法院（2013）洪民一初字第 2 号民事判决；二、确认饶国礼经营的晶品酒店与物资供应站签订的《租赁合同》无效；三、物资供应站自本判决发生法律效力之日起 10 日内向饶国礼返还保证金 220 万元；四、驳回饶国礼的其他诉讼请求；五、驳回物资供应站的诉讼请求。

**裁判理由**

最高人民法院认为：根据江西省建设业安全生产监督管理站于 2007 年 6 月 18 日出具的《房屋安全鉴定意见》，案涉《租赁合同》签订前，该合同项下的房屋存在以下安全隐患：一是主要结构受力构件设计与施工均不能满足现行国家设计和施工规范的要求，其强度不能满足上部结构承载力的要求，存在较严重的结构隐患；二是该房屋未进行抗震设计，没有抗震构造措施，不符合《建筑抗震设计规范》国家标准，遇有地震或其他意外情况发生，将造成重大安全事故。《房屋安全鉴定意见》同时就此前当地发生的地震对案涉房屋的结构造成了一定破坏、应引起业主及其上级部门足够重视等提出了警示。在上述认定基础上，江西省建设业安全生产监督管理站对案涉房屋的鉴定结果和建议是，案涉租赁房屋属于应尽快拆除全部结构的D级危房。据此，经有权鉴定机构鉴定，案涉房屋已被确定属于存在严重结构隐患、或将造成重大安全事故，应当尽快拆除的D级危房。根据中华人民共和国住房和城乡建设部《危险房屋鉴定标准》（2016年12月1日实施）第6.1条规定，房屋危险性鉴定属D级危房的，系指承重结构已不能满足安全使用要求，房屋整体处于危险状态，构成整幢危房。尽管《危险房屋鉴定标准》第7.0.5条规定，对评定为局部危房或整幢危房的房屋可按下列方式进行处理：1. 观察使用；2. 处理使用；3. 停止使用；4. 整体拆除；5. 按相关规定处理，但本案中，有权鉴定机构已经明确案涉房屋应予拆除，并建议尽快拆除该危房的全部结构。因此，案涉危房并不具有可在加固后继续使用的情形。《商品房屋租赁管理办法》第六条规定，不符合安全、防灾等工程建设强制性标准的房屋不得出租。《商品房屋租赁管理办法》虽在效力等级上属部门规章，但是，该办法第六条规定体现的是对社会公共安全的保护以及对公序良俗的维护。结合本案事实，在案涉房屋已被确定属于存在严重结构隐患、或将造成重大安全事故、应当尽快拆除的D级危房的情形下，双方当事人仍签订《租赁合同》，约定将该房屋出租用于经营可能危及不特定公众人身及财产安全的商务酒店，明显损害了社会公共利益、违背了公序良俗。从维护公共安全及确立正确的社会价值导向的角度出发，对本案情形下合同效力的认定应从严把握，司法不应支持、鼓励这种为追求经济利益而忽视公共安全的有违社会公共利益和公序良俗的行为。故依照《中华人民共和国民法总则》第一百五十三条第二款关于违背公序良俗的民事法律行为无效的规定，以及《中华人民共和国合同法》第五十二条第四项关于损害社会公共利益的合同无效的规定，确认《租赁合同》无效。关于案涉房屋倒塌后物资供应站支付给他人的补偿费用问题，因物资供应站应对《租赁合同》的无效承担主要责任，根据《中华人民共和国合同法》第五十八条“合同无效后，双方都有过错的，应当各自承担相应的责任”的规定，上述费用应由物资供应站自行承担。因饶国礼对于《租赁合同》无效亦有过错，故对饶国礼的损失依照《中华人民共和国合同法》第五十八条的规定，亦应由其自行承担。饶国礼向物资供应站支付的220万元保证金，因《租赁合同》系无效合同，物资供应站基于该合同取得的该款项依法应当退还给饶国礼。

## 023. 未成年人擅自利用父母资金打赏网络主播，该打赏合同是否有效？①

刘某，2002年出生，初中辍学，独自居住在蔬菜批发市场。刘某父母从事蔬菜批发经营业务。2018年10月，刘某父亲授权刘某在某银行开设银行账户，用于收取蔬菜货款。因忙于生计，父母很少过问孩子的情况。刘某晚上无聊，被网络直播所吸引，便使用其手机号码（该手机号码登记在其母亲名下）注册直播平台账号，并很快被某女主播吸引，进而通过持续打赏获得主播的致谢、单独表演等服务。据刘某银行卡交易明细记载，2018年10月至2019年1月期间，该银行账户通过微信支付、支付宝、网银在线等方式向该直播平台账户内陆续充值，累计金额近160万元。由于蔬菜零售商交来的菜款都被刘某支出，造成刘某父母没有钱向供应商付款后，刘某偷偷给网络主播打赏的事情才被其父母发现。后刘某的父母要求该平台所属某直播公司返还全部打赏金额，遭到该公司拒绝，遂成讼。

法院根据刘某所使用的支付宝、微信号实名登记情况，以及其观看直播的时间、打赏消费习惯、所关注的平台主播类型等特征，特别是查

---

① 参见《刘某与某直播公司合同纠纷案》，载天津法院网 https://tjfy.tjcourt.gov.cn/article/detail/2021/06/id/6071731.shtml，最后访问日期：2023年2月23日。

明其在打赏的时间段独自在蔬菜批发市场居住的情形，认定刘某为本案的直播打赏人。一审法院判决由该直播公司返还刘某 40 万元。双方均不服提出上诉。二审审理过程中，法院多次组织调解，对双方当事人进行细致的释法明理，双方达成庭外和解，某直播公司自愿返还全部款项并履行完毕。上诉人刘某向法院申请撤回起诉。二审法院予以准许。

本案是一起未成年人擅自利用父母资金打赏网络主播的典型案例。承办法官在案件受理后，详细核实涉案情况，多次组织双方当事人调解，并认真听取双方当事人的意见，在充分分析案件裁量结果对未成年人健康成长以及对网络直播平台信誉的影响等因素后，以最大的诚意和努力促使双方当事人达成和解。法官向当事人释明相关司法解释中规定的“限制民事行为能力人未经其监护人同意，参与网络付费游戏或者网络直播平台‘打赏’等方式支出与其年龄、智力不相适应的款项，监护人请求网络服务提供者返还该款项的，人民法院应予支持”，并向当事人明示案件可能的裁量结果，同时也告知当事人最高人民法院已经明确认可在网络打赏案件中强调直播平台审查监管的责任以及保护未成年人权益的裁判规则。经过法官详细的释法明理，该直播公司对案件处理结果有了合理预期，愿意主动履行社会责任，守护未成年人健康成长，最终退回刘某所有的打赏款项，达成了庭外和解并履行完毕，上诉人撤回起诉。一起可能同时对双方名誉、信誉造成负面影响的案件消弭于无形。本案中直播公司所体现出的担当精神值得肯定，同时案件处理结果也有利于网络直播平台反思自身社会责任，采取更有效的措施对未成年人在网络平台上的非理性行为进行审查监管，同未成年人的监护人一起为未成年人的健康成长提供强有力的保障。根据《民法典》第 19 条、第 145 条、第 157 条规定，已满 8 周岁的未成年人在互联网上打赏主播后，家长可在提供相关证据后请求网络服务提供者返还该款项。其中，家长需要提供证据证明的事实主要包括两个方面：一是打赏行为由未成年人独立实施；二是未成年人所实施的打赏行为与其年龄、智力、精神健康状况不相适应。同时本案提示家长，在未成年人的成长过程中要教育未成年人理性上网，培养未成年人良好的消费习惯，并积极关注未成年人的成长动向，防患于未然。学校也应加大教育宣传力度，促成未成年人树立正确的金钱观，帮助未成年人健康茁壮成长。

## 024. 在中介公司带领下去看房，与卖家签订房屋买卖合同并支付定金后发现房屋楼盘名称与中介所说不符，是否属于重大误解？①

某小区部分楼盘名称为“A 花园”，竣工于 1990 年；部分楼盘名称为“B 华府”，一期竣工于 2007 年。两个楼盘处在一个小区内，由同一物业管理公司管理，小区入口门牌上同时标注了“B 华府”和“A 花园”，前者字体较大而后者较小。

老张在中介公司带领下看了位于 A 花园的一处房屋，随后便与卖方签订《房地产买卖合同》及附属《协议书》，并支付定金 23 万元。签约前，中介公司通过微信发给老张的房屋信息图片上记载“B 华府（公寓）……年代：1990 年建成……”，老张也查看了房屋产证，知晓房屋竣工时间为 1990 年。

签约后，老张就房屋所属楼盘问题向中介公司及卖方提出异议，并坚称其要购买的是 B 华府的房屋，要求对方提供 B 华府房屋一套或返还定金，双方协商无果。

发生分歧后，老张诉至上海市虹口区人民法院（以下简称上海虹口法院），表示其欲购买 B 华府的房屋（建造年代为 2007 年）。而卖家出售的是 A 花园的房屋，建造年代为 1990 年。卖家及中介刻意将系争房屋以 B 华府的名义进行推荐，并以该房系 B 华府一期为由打消疑问，使其形成重大误解。房屋所在小区直接影响老张的购房意愿，B 华府和 A 花园为不同的楼盘，前者较新，后者建造年代较久，两者开盘时间、房屋质量和品牌价值均有所不同。购买 A 花园的房屋并非其真实意思表

---

① 参见《楼盘名称错误产生“重大误解”？法院：撤销合同理由不成立》，载上海市高级人民法院网 https：//www. hshfy. sh. cn/shfy/web/xxnr. jsp？ pa=aaWQ9MTAyMDI2NjQxNyZ4aD0xJmxtZG09bG01MTkPdcssz，最后访问日期：2023 年 2 月 23 日。

示，其无法实现购房目的，故请求法院撤销房屋买卖合同并要求卖家返还定金、赔偿损失。

被告卖方不同意老张的诉请，其认为在《房地产买卖合同》上已明确记载了房屋地址。签约前自己已经向原告老张出示了系争房屋的房地产权证，其上清晰记载了房屋的竣工时间为 1990 年，老张也到系争房屋实地查看，对交易标的物应当是明确的。故在缔约过程中已经充分将房屋信息披露给老张，并不存在重大误解情形。房屋的交易价格也是市场正常价格。

第三方中介则表示，之前曾带老张去系争房屋实地看房，从小区大门口进入，老张可以直接看到小区门牌为 B 华府，故中介告知老张房屋为 B 华府并无不妥。

上海虹口法院经审理认为，首先，房屋属于特定物，与依靠品牌进行质量识别的种类物消费品不同，其价值主要取决于本身的地理位置和房型、房龄等房屋状况，与楼盘名称不具有直接关联性。老张在签约前已实地验看过房屋，也查看过房产证，对房屋状况、竣工年代均已了解，进而作出缔约的决定，所定价格也并未偏离该楼盘的市场价。其即使对系争房屋所属楼盘的名称认识有误，也够不上“重大误解”的程度。

其次，在二手房交易市场上，楼盘名称系一个概括简化的信息集合，既用于表明房屋本身的新旧、质量情况，也用于表明房屋地理位置。B 华府与 A 花园的楼盘同属一个小区，从地理位置的角度来看，以 B 华府概称整个小区的房屋，并不会产生信息偏差。而小区内不同楼盘的房屋在外观、竣工年限和市场价格上均差异明显，很难让人仅凭楼盘名称就对房屋状况产生误解。故中介公司在宣传中以 B 华府概称了 A 花园的房屋，虽属信息披露不完整，但在其他信息均已披露，且仍以 A 花园而非 B 华府的市场价促成交易的情况下，难以认定其存在刻意隐瞒。对卖方而言，其只是参与了买卖合同的缔约，成交价格也符合当时 A 花园楼盘的市场价，无证据证明其在缔约前对买方承诺过系争房屋属于 B 华府楼盘，难以认定其存在过错。

最后，老张向卖方和中介主张其求购的房屋楼盘应为B华府，均发生在签约之后。在签约之前和当时，老张并未提出对所购房屋楼盘有所限定，也未在合同中进行约定。A花园与B华府虽同属一个小区，但前者竣工年代为1990年，后者即使一期的竣工年代也为2007年，相差近20年，两楼盘的区别显而易见，难以想象对B华府楼盘有明确需求的购房者会对两者发生混淆。老张在缔约前并未提出房屋所属楼盘的要求，说明房屋所属楼盘并非其缔约的主要考量因素，事后再对此进行强调，其重大误解的说法难以令人信服。

故老张主张撤销《房地产买卖合同》的理由不成立，法院判决驳回其全部诉讼请求。

## 025. 行为人恶意串通签订的损害商标权利人合法权益的合同是否有效？①

某珠宝公司系“周百福”商标的权利人。张某斌与蔡某付为同胞兄弟关系。2014年1月，某珠宝公司时任法定代表人张某斌与蔡某付签订《协议》，约定蔡某付可无偿开设80家“周百福”珠宝店，无偿使用某珠宝公司的所有注册商标，且不受某珠宝公司干预和管理；某珠宝公司不得在距离蔡某付任何一家关联店的15公里内自营或授权他人开店，违约金每次100万元，并加盖某珠宝公司的非备案印章。后蔡某付以某珠宝公司在其关联店不足1公里处授权某珠宝店经营“周百福”珠宝店构成违约为由，诉至法院，请求判令某珠宝公司立即撤销对某珠宝店的授权许可，支付违约金100万元。

广东省高级人民法院生效判决认为，张某斌作为某珠宝公司法定代表人、控股股东，无视某珠宝公司独立人格，违背诚信原则，利用掌控公司非备案印章便利，与具有兄弟关系的蔡某付恶意串通，在没有相应

---

① 参见《广东法院弘扬社会主义核心价值观典型案例》（2022年3月4日发布），蔡某付与某珠宝公司等知识产权合同纠纷案，载广东法院网 https://www.gdcourts.gov.cn/gsxx/quanweifabu/anlihuicui/content/post_1047354.html，最后访问日期：2023年4月12日。

对价的情况下，非法侵占某珠宝公司商标权，掏空公司知识产权，架空公司正常运营，不正当地减少了公司的责任财产，不仅违反其对公司负有的忠实义务，也严重损害公司、其他股东及债权人的利益。该《协议》因恶意串通损害他人合法权益且违反法律强制性规定，依法应认定为合同无效。故判决驳回蔡某付的全部诉讼请求。

"契约自由"是在法律规定范围之内的自由，而非不受限制的绝对自由。一切以行使自由和权利之名，致他人合法权益严重受损之实的行为，均得不到法律的支持和保护。本案依法认定当事人恶意串通损害商标权利人合法权益的行为无效，充分发挥司法导向作用，强化商事规则意识，引领社会公众特别是公司高管诚信、规范行使权利和自由，充分诠释诚信、自由、公正、法治的社会主义核心价值观。

## 第四章　合同的履行

**第五百零九条　【合同履行的原则】** 当事人应当按照约定全面履行自己的义务。

当事人应当遵循诚信原则，根据合同的性质、目的和交易习惯履行通知、协助、保密等义务。

当事人在履行合同过程中，应当避免浪费资源、污染环境和破坏生态。

### 条文解读

**全面履行原则** ➔ 本条第 1 款是关于合同全面履行原则的要求，当事人应当按照约定全面履行自己的义务。例如，买卖合同的出卖人应当按照约定的履行期限、履行地点和方式，将符合约定的数量、质量要求的标的物的所有权转移于买受人，买受人应当按照约定的价款金额、结算方式支付价款。租赁合同的出租人应当在约定的租赁期限内持续提供租赁物供承租人使用、收益，承租人应当按照约定的用途使用租赁物并按照约定的数额和支付方式支付租金。当事人应当履行的义务不限于合同的主要义务，对于当事人约定的其他义务，当事人也应当按照约定履行。例如，房产买卖合同中，出卖人不但要履行转移房产所有权于买受人这一合同的主要义务，还要按照约定与买受人办理物业交割手续等。二手车买卖合同中，出卖人不但要履行转移车辆所有权于买受人这一主要义务，还要按照约定向买受人提供车辆行驶证等必要资料文件。《民法典》合同编对违反合同义务的法律后果作了规定。不管是当事人不履行合同主要义务还是不履行合同其他义务，当事人都要承担违约责任。依照《民法典》第577条规定，当事人一方不履行合同义务或者履行合同义务不符合约定的，应当承担继续履行、采取补救措施或者赔偿损失等违约责任。依照《民法典》合同编关于合同解除的有关规定，当事人违反合同义务，符合法定或者约定的合同解除条件的，才可以解除合同。

### 实务应用

#### 021. 开具发票能不能作为一项诉讼请求在民事诉讼中提出？

发票是在购销商品、提供或者接受服务以及从事其他经营活动中，开具、收取的收付款凭证。未按照规定开具发票的，属违反发票管理法规的行为。因此，开具发票属于行政法律关系而不是民事法律关系，当事人在诉讼中提出开具发票的诉讼请求，人民法院应予驳回。因收款方不开具发票而导致付款人不能扣税等的损失，付款人要求收款方赔偿的，人民法院应予支持。在诉讼中，当事人以收款人未开具发票作为迟延付款抗辩理由的，如合同有约定，则可支持其抗辩理由，可以认为开具发票作为一方收取货款的附随义务，因收款方没有履行而使付款条件未成就，或是对付款方迟延履行应承担的违约责任因收款方没有对以前收取的价款开具发票而予以免除；如合同没有约定，则可告知其向税务部门反映并要求解决。

## 案例指引

### 026. 房屋公摊面积内的卫生间被改造，业主有没有权利请求赔偿？[1]

刘女士诉称，2016 年 10 月，她与某房地产公司签订了房屋买卖合同，购买了一处商业用房，房屋总价款为 53.64 万元。该房屋的楼层产权分户平面设计图显示，其房屋所在楼层应有两个独立卫生间。但验房后，刘女士却惊讶地发现，房地产公司竟然将其中一个公共卫生间和部分走廊的面积“赠送”给了另一个户型的业主。

刘女士认为，房地产公司出售给自己的房屋与规划设计图并不一致，这不仅与当初的广告宣传相违背，同时所在楼层缺少一个卫生间也使日常通风受到了影响，还造成了公共卫生间不能使用的损失。据此，要求房地产公司退还房款 2 万元，赔偿因公用面积被侵占而造成通风不畅、使用不便的损失 1000 元以及因房地产公司侵占公共卫生间给自己造成的物业费损失 2000 元。

房地产公司则辩称，房价是以套内面积为计费依据的，刘女士以公用面积问题主张退还房款，缺乏事实和法律依据。同时，刘女士所在房屋本身带有窗户，即便公共卫生间被其他户型的业主占用，也没有给刘女士造成通风不畅或使用不便的情况，且房屋所在楼层中部尚有一处卫生间可以使用，公用面积被占用并未给刘女士造成实际损失，因此不同意刘女士的诉讼请求。

法院注意到，刘女士向北京市规划和国土资源管理委员会申请信息公开而获得的涉案楼栋 4-18 层平面图显示，刘女士房屋与相邻房屋之间确实存在一部分公共区域，平面图上标明该公共区域为女卫生间，女卫生间门口有一小段走廊。庭审中，双方均认可女卫生间及公共走廊已

---

[1] 参见王竹萌：《公摊面积内卫生间“消失” 业主起诉房地产公司获赔偿》，载北京法院网 https://bjgy.bjcourt.gov.cn/article/detail/2022/12/id/7070340.shtml，最后访问日期：2023 年 2 月 23 日。

“划入”邻居家中，房地产公司也确认交房前就已完成了户型改造。

法院认为，双方在购房合同中明确约定了涉案房屋的建筑面积、套内面积和公摊面积。证据显示，涉案房屋和相邻房屋之间本应有一处公共卫生间和通往卫生间的一处走道，但房地产公司实际上将该公共卫生间及相邻的部分走道进行了封闭，并将该部分封闭空间作为相邻房屋的一部分，交付给相邻房屋的业主占有使用。据此，房地产公司的该构造行为改变了原有的设计规划，与其宣传不一致，应当承担一定的违约责任。

考虑到房地产公司占用公共卫生间及相邻的部分走道，确实会对刘女士的房屋使用造成一定影响，法院支持了刘女士要求房地产公司赔偿因侵占公用面积造成通风不畅、使用不便的损失的诉讼请求。但根据双方签订的房屋买卖合同的履行情况，无法认定刘女士就该部分面积实际支付了相应房款；另外，法院了解到，相关行政部门已要求房地产公司按照规划设计图恢复原状。该房地产公司正在逐步解决中。因此，针对刘女士要求房地产公司退还房款并赔偿物业费损失的请求，法院不予支持。

最终，法院判决房地产公司赔偿刘女士损失 1000 元。本案中，房地产公司违反购房合同中关于公摊面积的约定，私自改造户型，导致房屋实际情况与设计平面图不一致，实际上已构成违约。

## 027. 绿色原则在因质量问题解除买卖合同情形中如何适用？[①]

济南高新技术产业开发区人民法院经审理查明，山东某公司（乙方）与深圳某公司（甲方）签订《灯具采购合同》。2018 年 8 月 26 日至 27 日，深圳某公司共向山东某公司支付 149.4 万元货款。2020 年 7 月 27 日，由济南高新技术产业开发区人民法院委托的浙江省机电产品质量检测所有限公司出具鉴定意见书：1. 涉案灯具的 IPX3 实验不符合 GB7000.203-2013《灯具第 2-3 部分特殊要求道路与街路照明灯具》的

① 参见杨晓辉、郝思远：《绿色原则在因质量问题解除买卖合同情形中的适用——山东某公司诉深圳某公司买卖合同纠纷案》，载山东省高级人民法院网 http：//www.sdcourt.gov.cn/nwglpt/resource/cms/article/3980673/7907209/2021110816152472798.pdf，最后访问日期：2023 年 2 月 23 日。

要求；2. 1#、2#样品无法点亮的原因是 HID 电子镇流器失效；3. 氙气灯的初始光通量和（或）光通维持率不符合《产品规格书》的要求；4. 路灯控制器 IPX7 实验不符合 GB/T4208-2017《外壳防护等级（IP 代码）要求》。

济南市中级人民法院经审理另查明，涉案合同项下每套灯具包括光源、镇流器、灯壳三部分，合同载明这三部分单价共计 2000 元，其中灯壳、镇流器总价 1500 元，光源单价 500 元。深圳某公司主张，合同中未明确灯壳、镇流器的单价，镇流器估价 777 元，灯壳估价 723 元。山东某公司主张，合同中约定光源、镇流器、灯壳单价总计 2000 元，并非实际单价，其中有 500 元是对山东某公司中标涉案项目付出的成本的补偿。济南市中级人民法院认为，山东某公司的主张与合同载明的货物单价不符，且深圳某公司不认可，故不予采纳。因山东某公司未对灯壳、镇流器的价格作出明确表示，亦未提供反驳证据推翻深圳某公司估算的单价，故济南市中级人民法院采纳深圳某公司的主张，认定镇流器单价 777 元、灯壳单价 723 元、光源单价 500 元。

再查明，双方一致确认山东某公司已供货的数量为 630 套。深圳某公司主张，未经山东某公司维修但能使用的有 101 套，但其主张该部分灯具也存在质量问题，应当按照合同价格的 60%计价；经山东某公司维修后能使用的有 160 套；经山东某公司维修后仍不能使用的有 23 套（不能使用系光源和镇流器的问题所致）。对另外的 346 套灯具，深圳某公司主张其自行更换镇流器 346 个，花费 294000 元，但费用支出的单据已经丢失，无法提交；同时主张上述 346 套中仍有 96 个光源无法使用、346 个灯壳不能使用。

本案中，基于二审中查明的灯具使用情况，同时考虑到灯具均已安装并投入使用两年有余，成物不可毁，若解除整个合同、恢复原状，那么即使原来能够使用的灯具在拆除后也基本无法再利用，深圳某公司也需要重新招标、签订合同、安装路灯，对双方当事人来讲，势必会造成人力、物力损失的进一步扩大。因此，济南市中级人民法院认为，仅解除双方之间327529元不能使用的灯具的买卖合同，既符合双方之间的合同目的，也符合《民法典》“绿色条款”倡导的节约资源、避免资源浪费原则。对该部分灯具，合同解除后，由深圳某公司负责拆除，山东某公司自行运回。对剩余已交付灯具，虽经鉴定不合格，但因尚未出现不能使用的情形，深圳某公司未就该部分灯具向对方提出更换、维修的请求，按照合同约定，其不能直接主张违约责任或解除合同，且山东某公司在庭审中明确，同意对在质保期内的灯具履行质保义务，故深圳某公司要求按照60%降价处理的主张，济南市中级人民法院不予支持。对深圳某公司自认目前能够使用的部分灯具，在合同约定的质保期内如出现不能使用的情形，山东某公司应本着诚信原则，继续依约履行维修、更换义务，否则深圳某公司仍可采取诉讼的方式主张权利。相应地，对深圳某公司主张的违约金，济南市中级人民法院仅支持98259元（327529元×30%）。对深圳某公司主张的超出部分，济南市中级人民法院不予支持。

民事主体在行使财产权利时，应当充分发挥物的效能，使有限的资源在一定范围内得到充分利用。在产品质量虽不符合约定要求，但买受人认可部分产品能够正常使用的买卖合同纠纷中，人民法院可以根据产品的实际情况，判令部分解除合同，对于不能使用的产品，双方各自返还产品及货款；对于可以使用的产品，出卖方仍应继续按照合同约定，履行质保义务。

**第五百一十条　【约定不明时合同内容的确定】**合同生效后，当事人就质量、价款或者报酬、履行地点等内容没有约定或者约定不明确的，可以协议补充；不能达成补充协议的，按照合同相关条款或者交易习惯确定。

## 关联参见

《买卖合同解释》第2条

**第五百一十一条　【质量、价款、履行地点等内容的确定】** 当事人就有关合同内容约定不明确，依据前条规定仍不能确定的，适用下列规定：

（一）质量要求不明确的，按照强制性国家标准履行；没有强制性国家标准的，按照推荐性国家标准履行；没有推荐性国家标准的，按照行业标准履行；没有国家标准、行业标准的，按照通常标准或者符合合同目的的特定标准履行。

（二）价款或者报酬不明确的，按照订立合同时履行地的市场价格履行；依法应当执行政府定价或者政府指导价的，依照规定履行。

（三）履行地点不明确，给付货币的，在接受货币一方所在地履行；交付不动产的，在不动产所在地履行；其他标的，在履行义务一方所在地履行。

（四）履行期限不明确的，债务人可以随时履行，债权人也可以随时请求履行，但是应当给对方必要的准备时间。

（五）履行方式不明确的，按照有利于实现合同目的的方式履行。

（六）履行费用的负担不明确的，由履行义务一方负担；因债权人原因增加的履行费用，由债权人负担。

## 条文解读

**标准** 根据《标准化法》第 2 条的规定，标准是指农业、工业、服务业以及社会事业等领域需要统一的技术要求；标准包括国家标准、行业标准等；国家标准分为强制性国家标准和推荐性国家标准，行业标准属于推荐性标准；强制性国家标准必须执行，国家鼓励采用推荐性标准。根据《标准化法》第 10 条至第 12 条规定，对保障人身健康和生命财产安全、国家安全、生态环境安全以及满足经济社会管理基本需要的技术要求，应当制定强制性国家标准；对满足基础通用、与强制性国家标准配套、对各有关行业起引领作用等需要的技术要求，可以制定推荐性国家标准；对没有推荐性国家标准、需要在全国某个行业范围内统一的技术要求，可以制定行业标准。根据《标准化法》第21条的规定，推荐性国家标准、行业标准的技术要求不得低于强制性国家标准的相关技术要求。一般来说，推荐性国家标准、行业标准的技术要求都是高于强制性国家标准的。国家标准、行业标准均由相关部门根据严格的程序制定，具有标准要求明确、认知度高、权威性的特点。根据本条规定，在当事人对作为合同重要内容的质量要求不明确，通过合同相关条款或者交易习惯均不能确定的情况下，优先按照国家标准、行业标准履行。对于国家标准、行业标准，优先按照强制性国家标准履行；没有强制性国家标准的，按照推荐性国家标准履行；没有推荐性国家标准的，按照行业标准履行。没有国家标准、行业标准的，再按照同类产品或者服务的市场通常质量标准或者符合合同目的的特定标准履行。这里讲的通常标准，一般指的是同一价格的中等质量标准。

## 案例指引

### 028. 买卖合同中未约定付款期限时诉讼时效从何时起算？[①]

2011年10月19日至2012年5月22日，原告桑某与被告某置业发展有限公司（以下简称某置业公司）共计签署建筑材料买卖合同4份，因茌平一诺工程项目建设需要，被告某置业公司向原告采购防火防盗门，4份合同内容基本一致，每份合同的数量及合同总价款不同，4份合同的总价款共计555340元。合同约定：安装完毕验收合格后付全部货款的80%，备案验收完成并通过消防等部门验收后付全部货款的95%，剩余5%为质保金，如无质量问题，1年后无息返还。如未按合同约定支付货款

---

① 参见甄伟：《买卖合同中未约定付款期限时诉讼时效起算点的认定——桑某诉某置业发展有限公司买卖合同纠纷》，载山东省高级人民法院网 http://www.sdcourt.gov.cn/nwglpt/resource/cms/article/3980673/7929091/2021111510151759860.pdf，最后访问日期：2023年2月23日。

而给对方造成损失，视为违约，购买方应当承担因此造成的全部损失。

合同签署后，原告桑某按照合同约定向被告某置业公司发送了货物，并开具了相应的增值税发票。被告某置业公司仅支付了部分货款，剩余货款152100元至今未付。2020年6月19日，桑某通过微信向某置业公司的会计王某催要货款，在被告方认可的微信聊天记录中，王某在微信中向桑某回复，合同价为542100元，已经支付货款390000元，未支付货款为152100元。2020年11月9日，某置业公司就桑某发送的催款函向其发送回复函一份，回复函显示："我公司已经收到你的催款函，关于催款函中提到的某防火门工程款付款情况，我公司的意见是按照约定及最终审定值与公司财务对接清楚，复收款明细及双方认可的剩余工程款数额，待上报公司审核盖章后，再函告你方，请耐心等待。"此后，原告方催要剩余货款未果。

聊城市茌平区人民法院判决如下：一、被告某置业公司于判决生效后10日内向原告桑某支付货款152100元及利息（自2020年6月19日起至实际给付之日止，按LPR的1.5倍计算）；二、驳回原告桑某的其他诉讼请求。一审宣判后，原、被告均未提出上诉。

对于未约定履行期限的债务，根据《民法典》第510条、第511条及《最高人民法院关于审理民事案件适用诉讼时效制度若干问题的规定》第4条之规定，可以确定履行期限的，诉讼时效期间从履行期限届满之日起计算；不能确定履行期限的，诉讼时效期间从债权人要求债务人履行义务的宽限期届满之日起计算，但债务人在债权人第一次向其主张权利之时明确表示不履行义务的，诉讼时效期间从债务人明确表示不履行义务之日起计算。本案中，案涉建筑材料买卖合同签订于2012年前后，但是合同中并没有记载明确的交货时间及付款时间，合同的履行并不能通过合同文本直接计算得出，同时，被告方并未提交证据证明其应当支付货款的时间为2013年，因此，其在此基础上主张原告方的诉讼请求已经超过诉讼时效，缺乏事实和法律依据，法院不予支持。

买卖合同纠纷中，在单纯逾期支付合同款的情况下，如没有明确约定的付款时间，且双方当事人事后不能就付款时间重新达成协议，则债权人有权随时向债务人主张欠款，诉讼时效从债权人向债务人进行催要时开始计算。

### 关联参见

《标准化法》第10—12条

**第五百一十二条　【电子合同交付时间的认定】**通过互联网等信息网络订立的电子合同的标的为交付商品并采用快递物流方式交付的，收货人的签收时间为交付时间。电子合同的标的为提供服务的，生成的电子凭证或者实物凭证中载明的时间为提供服务时间；前述凭证没有载明时间或者载明时间与实际提供服务时间不一致的，以实际提供服务的时间为准。

电子合同的标的物为采用在线传输方式交付的，合同标的物进入对方当事人指定的特定系统且能够检索识别的时间为交付时间。

电子合同当事人对交付商品或者提供服务的方式、时间另有约定的，按照其约定。

### 案例指引

#### 029. 消费者通过网络购物，发现商品不符合网页承诺内容，是否可以获得3倍赔偿？①

2021年4月5日，张某在林某经营的网络店铺购买某品牌手机1部，并支付货款2950元。2021年4月9日，张某收到林某交付的手机，发现该手机并非商品介绍页面所承诺的“原装正品”。双方就该手机问题沟通过程中，林某承诺该手机为正品机，并支持到官方旗舰店验货。

① 参见《天津高院发布保护消费者合法权益典型案例》（2022年3月15日发布），张某与林某买卖合同纠纷案，载天津法院网 https：//tjfy. tjcourt. gov. cn/article/detail/2022/03/id/6576826. shtml，最后访问日期：2023年4月12日。

经鉴定，该手机为组装机、扩容机。后林某的网络店铺已下架，双方协商未果，张某遂提起诉讼，要求林某3倍赔偿共8850元。

天津市南开区人民法院认为，依据《消费者权益保护法》第20条第1款规定，经营者向消费者提供有关商品或者服务的质量、性能、用途、有效期限等信息，应当真实、全面，不得作虚假或者引人误解的宣传。依据《消费者权益保护法》第55条第1款的规定，经营者提供商品或者服务有欺诈行为的，应当按照消费者的要求增加赔偿其受到的损失，增加赔偿的金额为消费者购买商品的价款或者接受服务的费用的3倍。本案中，林某在其网络店铺宣传案涉手机为“原装正品”，但经鉴定实际为组装机、扩容机，林某作为经营者，其在出售时作了虚假陈述，构成虚假宣传的欺诈行为。故依法判决林某支付张某价款3倍的赔偿金共8850元。

本案是人民法院依法惩处网络购物欺诈行为的典型案例。近年来，随着消费平台的不断扩展，消费方式也发生了巨大变化，网络购物已经占据市场销售份额较大比例。但由于网络平台存在虚拟性等客观原因，消费者购买商品时通常只能通过询问经营者、浏览商品图片及简介来了解商品信息，这就给个别商家利用网络进行虚假宣传提供了可乘之机。本案中，林某不仅在商品介绍页面承诺手机为“原装正品”，且面对张某的询问，其仍不告知商品真实情况，构成欺诈。本案的审理，依法惩处了不法经营者的欺诈行为，净化了网络购物市场环境，充分保护了网络购物消费者的合法权益。

**关联参见**

《电子商务法》第51—57条

**第五百一十三条　【执行政府定价或指导价的合同价格确定】** 执行政府定价或者政府指导价的，在合同约定的交付期限内政府价格调整时，按照交付时的价格计价。逾期交付标的物的，遇价格上涨时，按照原价格执行；价格下降时，按照新价格执行。逾期提取标的物或者逾期付款的，遇价格上涨时，按照新价格执行；价格下降时，按照原价格执行。

**第五百一十四条　【金钱之债给付货币的确定规则】** 以支付金钱为内容的债，除法律另有规定或者当事人另有约定外，债权人可以请求债务人以实际履行地的法定货币履行。

## 条文解读

**法定货币** ➔ 法定货币依靠国家规定成为一定地域内合法流通的货币。《中国人民银行法》第16条规定，中华人民共和国的法定货币是人民币。在合同交易中，对于以支付金钱为内容的债务，当事人可以约定以哪一币种履行债务。如果法律没有特别规定，当事人也没有约定的，债权人可以请求债务人以实际履行地的法定货币履行。

**第五百一十五条　【选择之债中债务人的选择权】** 标的有多项而债务人只需履行其中一项的，债务人享有选择权；但是，法律另有规定、当事人另有约定或者另有交易习惯的除外。

享有选择权的当事人在约定期限内或者履行期限届满未作选择，经催告后在合理期限内仍未选择的，选择权转移至对方。

**第五百一十六条　【选择权的行使】** 当事人行使选择权应当及时通知对方，通知到达对方时，标的确定。标的确定后不得变更，但是经对方同意的除外。

可选择的标的发生不能履行情形的，享有选择权的当事人不得选择不能履行的标的，但是该不能履行的情形是由对方造成的除外。

**第五百一十七条　【按份债权与按份债务】** 债权人为二人以上，标的可分，按照份额各自享有债权的，为按份债权；债务人为二人以上，标的可分，按照份额各自负担债务的，为按份债务。

按份债权人或者按份债务人的份额难以确定的，视为份额相同。

**第五百一十八条　【连带债权与连带债务】** 债权人为二人以上，部分或者全部债权人均可以请求债务人履行债务的，为连带债权；债务人为二人以上，债权人可以请求部分或者全部债务人履行全部债务的，为连带债务。

连带债权或者连带债务，由法律规定或者当事人约定。

**关联参见**

《合伙企业法》第39条、第40条

**第五百一十九条　【连带债务份额的确定及追偿】** 连带债务人之间的份额难以确定的，视为份额相同。

实际承担债务超过自己份额的连带债务人，有权就超出部分在其他连带债务人未履行的份额范围内向其追偿，并相应地享有债权人的权利，但是不得损害债权人的利益。其他连带债务人对债权人的抗辩，可以向该债务人主张。

被追偿的连带债务人不能履行其应分担份额的，其他连带债务人应当在相应范围内按比例分担。

**第五百二十条　【连带债务人之一所生事项涉他效力】** 部分连带债务人履行、抵销债务或者提存标的物的，其他债务人对债权人的债务在相应范围内消灭；该债务人可以依据前条规定向其他债务人追偿。

部分连带债务人的债务被债权人免除的，在该连带债务人应当承担的份额范围内，其他债务人对债权人的债务消灭。

部分连带债务人的债务与债权人的债权同归于一人的，在扣除该债务人应当承担的份额后，债权人对其他债务人的债权继续存在。

债权人对部分连带债务人的给付受领迟延的，对其他连带债务人发生效力。

**第五百二十一条　【连带债权内外部关系】**连带债权人之间的份额难以确定的，视为份额相同。

实际受领债权的连带债权人，应当按比例向其他连带债权人返还。

连带债权参照适用本章连带债务的有关规定。

**第五百二十二条　【向第三人履行】**当事人约定由债务人向第三人履行债务，债务人未向第三人履行债务或者履行债务不符合约定的，应当向债权人承担违约责任。

法律规定或者当事人约定第三人可以直接请求债务人向其履行债务，第三人未在合理期限内明确拒绝，债务人未向第三人履行债务或者履行债务不符合约定的，第三人可以请求债务人承担违约责任；债务人对债权人的抗辩，可以向第三人主张。

**第五百二十三条　【第三人履行】**当事人约定由第三人向债权人履行债务，第三人不履行债务或者履行债务不符合约定的，债务人应当向债权人承担违约责任。

### 关联参见

《买卖合同解释》第16条

**第五百二十四条　【第三人代为履行】**债务人不履行债务，第三人对履行该债务具有合法利益的，第三人有权向债权人代为履行；但是，根据债务性质、按照当事人约定或者依照法律规定只能由债务人履行的除外。

债权人接受第三人履行后，其对债务人的债权转让给第三人，但是债务人和第三人另有约定的除外。

## 条文解读

**代为履行**➡债具有相对性，债务本应由债务人履行，但实践中基于各种原因，第三人履行债务的情况也比较多见。第三人履行债务，有的出于债权人与债务人的事先约定，有的基于其他原因。为了保护就债务履行有合法利益的第三人，本条规定打破了债的相对性，赋予该第三人代为履行的权利。该第三人代为履行债务，不需要考虑是否违反债务人的意思，债权人也不得拒绝。

《民法典》合同编第719条的规定可以视为本条第三人代为履行制度的一个具体体现。承租人拖欠租金的，次承租人具有稳定租赁关系、继续占有和使用租赁物的需要，属于对支付租金具有合法利益的第三人，享有代承租人向出租人支付租金的权利，可以代承租人支付其欠付的租金和违约金。同时为了合理平衡出租人和次承租人的利益，第719条还作了但书规定，即如果转租合同对出租人不具有法律约束力，那么次承租人就不属于“对债务履行具有合法利益的第三人”，次承租人代为支付租金的，出租人有权拒绝。

“对履行债务具有合法利益的第三人”，根据《合同编通则解释》第30条的规定，下列民事主体，人民法院可以认定为对履行债务具有合法利益的第三人：(1) 保证人或者提供物的担保的第三人；(2) 担保财产的受让人、用益物权人、合法占有人；(3) 担保财产上的后顺位担保权人；(4) 对债务人的财产享有合法权益且该权益将因财产被强制执行而丧失的第三人；(5) 债务人为法人或者非法人组织的，其出资人或者设立人；(6) 债务人为自然人的，其近亲属；(7) 其他对履行债务具有合法利益的第三人。

## 案例指引

### 030. 物流公司是否可以替运输受托人履行其欠雇用司机的运费?[①]

某物流有限公司（甲方）与吴某（乙方）于2020年签订《货物运输合同》，约定该公司的郑州运输业务由吴某承接。合同还约定调运车辆、雇用运输司机的费用由吴某结算，与某物流有限公司无关。某物流有限公司与吴某之间已结清大部分运费，但因吴某未及时向承运司机结清运费，2020年11月某日，承运司机在承运货物时对货物进行扣留。基于运输货物的时效性，某物流有限公司向承运司机垫付了吴某欠付的46万元，并通知吴某，吴某当时对此无异议。后吴某仅向某物流有限公司支付了6万元。某物流有限公司向吴某追偿余款未果，遂提起诉讼。

生效裁判认为，某物流有限公司与吴某存在运输合同关系，在吴某未及时向货物承运司机结清费用，致使货物被扣留时，某物流有限公司对履行该债务具有合法利益，有权代吴某向承运司机履行。某物流有限公司代为履行后，承运司机对吴某的债权即转让给该公司，故依照《民法典》第524条规定，判决支持某物流有限公司请求吴某支付剩余运费的诉讼请求。

《民法典》合同编新增了具有合法利益的第三人代为履行的规定，对于确保各交易环节有序运转，促进债权实现，维护交易安全，优化营商环境具有重要意义。本案是适用《民法典》关于具有合法利益的第三人代为履行规则的典型案例。审理法院适用《民法典》相关规定，依法认定原告某物流有限公司代被告吴某向承运司机支付吴某欠付的运费具有合法利益，且在原告履行后依法取得承运司机对被告吴某的债权。本案判决不仅对维护物流运输行业交易秩序、促进物流运输行业蓬勃发

---

① 参见《人民法院贯彻实施民法典典型案例（第一批）》（2022年2月25日发布），某物流有限公司诉吴某运输合同纠纷案，载最高人民法院网 https://www.court.gov.cn/zixun-xiangqing-347181.html，最后访问日期：2023年4月12日。

展具有保障作用，也对人民法院探索具有合法利益的第三人代为履行规则的适用具有积极意义。

**第五百二十五条　【同时履行抗辩权】**当事人互负债务，没有先后履行顺序的，应当同时履行。一方在对方履行之前有权拒绝其履行请求。一方在对方履行债务不符合约定时，有权拒绝其相应的履行请求。

## 条文解读

**同时履行抗辩权** ➲ 本条是关于同时履行抗辩权的规定。同时履行抗辩权是指在没有先后履行顺序的双务合同中，一方当事人在对方当事人未履行或者履行不符合约定的情况下，享有拒绝对待给付的权利。同时履行抗辩权针对的是当事人互负债务，但是没有先后履行顺序的情况。从公平角度考虑，在这种情况下当事人应当同时履行，当事人可以行使同时履行抗辩权对抗对方当事人的履行请求权。同时履行抗辩权制度并非追求双方当事人债务的同时履行，并不是非要促成当事人按照“一手交钱、一手交货”的简单交易方式履行债务。同时履行抗辩权是一种防御性权利，从制度设计上说，“防御”不是目的，目的在于打破僵局，促使债务履行。同时履行抗辩权属延期的抗辩权，只是暂时阻止对方当事人请求权的行使，而非永久的抗辩权。对方当事人完全履行了合同义务，同时履行抗辩权消灭，当事人应当履行自己的义务。当事人行使同时履行抗辩权致使合同迟延履行的，该当事人不承担违约责任。

## 关联参见

《合同编通则解释》第 31 条

**第五百二十六条　【后履行抗辩权】** 当事人互负债务，有先后履行顺序，应当先履行债务一方未履行的，后履行一方有权拒绝其履行请求。先履行一方履行债务不符合约定的，后履行一方有权拒绝其相应的履行请求。

## 条文解读

**后履行抗辩权** ➲ 本条是关于后履行抗辩权的规定。后履行抗辩权，是指在双务合同中应当先履行的一方当事人未履行或者履行债务不符合约定的，后履行的一方当事人享有拒绝对方履行请求或者拒绝对方相应履行请求的权利。后履行抗辩权属延期的抗辩权，只是暂时阻止对方当事人请求权的行使，而非永久的抗辩权。对方当事人履行了合同义务，后履行抗辩权消灭，当事人应当履行自己的义务。后履行一方当事人行使后履行抗辩权致使合同迟延履行的，该当事人不承担违约责任，迟延履行的责任由对方承担。后履行一方当事人行使后履行抗辩权，不影响追究应当先履行一方当事人的违约责任。

## 关联参见

《买卖合同解释》第 31 条

**第五百二十七条　【不安抗辩权】** 应当先履行债务的当事人，有确切证据证明对方有下列情形之一的，可以中止履行：

（一）经营状况严重恶化；

（二）转移财产、抽逃资金，以逃避债务；

（三）丧失商业信誉；

（四）有丧失或者可能丧失履行债务能力的其他情形。

当事人没有确切证据中止履行的，应当承担违约责任。

## 条文解读

**不安抗辩权** ➲ 本条是关于不安抗辩权的规定。不安抗辩权，是指双务合同成立后，应当先履行的当事人有确切证据证明对方不能履行义务，或者不履行合同义务的可能性较高时，在对方恢复履行能力或者提供担保之前，有权中止履行合同义务。双务合同中，在后履行债务一方丧失或者可能丧失债务履行能力的情况下，仍然要求应先履行债务一方先作出给付，有悖公平，因此法律设立不安抗辩权制度，赋予应先履行债务一方在这些情况下中止履行债务的权利。

需要注意的是，对于后履行的当事人发生了丧失或者可能丧失债务履行能力的情形，应当先履行债务的当事人必须要有确切的证据证明。如果有确切的证据证明，则属于正当行使不安抗辩权，可以中止履行顺序在先的债务；如果没有确切的证据证明而中止履行的，则属于违约行为，应当先履行债务的当事人要承担违约责任。由此可以看出，有无确切的证据证明是非常关键的因素，直接决定中止履行行为是正当行使不安抗辩权，还是属于违约行为。“有无确切的证据证明”，不是由先履行债务的当事人单方决定的。如果事后双方当事人对“有无确切的证据证明”产生争议，应当由先履行债务的一方当事人承担举证责任，由仲裁机构或者法院作出最终裁断。因此，应当先履行债务的当事人要根据自己掌握的对方丧失或者可能丧失债务履行能力的证据情况谨慎为之，慎重行使不安抗辩权，不能凭空推测或凭借主观臆想而断定对方丧失或者可能丧失债务履行能力，没有确切证据证明而单方中止履行合同的，应当承担违约责任。

例如，谢某与谷某签订合同，约定谢某应于 10 月 1 日向谷某交货，谷某应于 10 月 5 日付款。9 月底，谢某发现谷某财产状况恶化，无支付货款的能力，要求谷某为其付款义务提供担保，否则拒绝交付货物。但谢某的请求遭到谷某拒绝，谷某认为谢某违反合同的约定没有按时提供货物，要求谢某承担违约责任。在本案中，谷某财产状况恶化，谢某有权行使不安抗辩权，中止履行合同，若谷某仍不能提供担保，谢某有权解除合同。

## 实务应用

### 022. 对债务人抽逃资金的行为应适用不安抗辩的规定还是预期违约的规定？

不安抗辩是先中止履行，在后履行方未恢复履行能力并且未提供适当担保之后才解除合同。而预期违约是一方当事人明确表示或者以其行为表明将不履行合同义务时，另一方当事人可以解除合同并追究其违约责任。债务人在履行期限届满前抽逃资金以逃避债务，应优先适用不安抗辩的规定。因为，债务人抽逃资金后，财产减少，有可能丧失履行能力，但是，也可以通过重新注资等办法恢复履行能力，合同仍可以继续履行。所以，对债权人来说，可以先中止履行并要求债务人提供担保，债务人未恢复履行能力或不能提供担保的，债权人可以解除合同。对债务人来说，债权人在行使不安抗辩权的同时必须履行的通知义务可以避免自己的利益因对方中止履行合同而受到损害，同时在得到对方通知后可以及时提出反证或者提供担保以对抗不安抗辩权。债务人提供担保后，债权人的不安抗辩权消灭，债权人应恢复履行。而预期违约的救济方式是直接解除合同和追究违约责任，合同的效力将永久消灭，不利于实现合同的目的，维护交易安全，也不利于平衡双方当事人的利益。

**第五百二十八条　【不安抗辩权的行使】** 当事人依据前条规定中止履行的，应当及时通知对方。对方提供适当担保的，应当恢复履行。中止履行后，对方在合理期限内未恢复履行能力且未提供适当担保的，视为以自己的行为表明不履行主要债务，中止履行的一方可以解除合同并可以请求对方承担违约责任。

**第五百二十九条　【因债权人原因致债务履行困难的处理】** 债权人分立、合并或者变更住所没有通知债务人，致使履行债务发生困难的，债务人可以中止履行或者将标的物提存。

**第五百三十条　【债务人提前履行债务】** 债权人可以拒绝债务人提前履行债务，但是提前履行不损害债权人利益的除外。

债务人提前履行债务给债权人增加的费用，由债务人负担。

**第五百三十一条　【债务人部分履行债务】** 债权人可以拒绝债务人部分履行债务，但是部分履行不损害债权人利益的除外。

债务人部分履行债务给债权人增加的费用，由债务人负担。

**第五百三十二条　【当事人变化不影响合同效力】** 合同生效后，当事人不得因姓名、名称的变更或者法定代表人、负责人、承办人的变动而不履行合同义务。

**第五百三十三条　【情势变更】** 合同成立后，合同的基础条件发生了当事人在订立合同时无法预见的、不属于商业风险的重大变化，继续履行合同对于当事人一方明显不公平的，受不利影响的当事人可以与对方重新协商；在合理期限内协商不成的，当事人可以请求人民法院或者仲裁机构变更或者解除合同。

人民法院或者仲裁机构应当结合案件的实际情况，根据公平原则变更或者解除合同。

## 条文解读

**情势变更** ➔ 本条是关于情势变更制度的规定。情势变更制度是指合同依法成立后，客观情况发生了无法预见的重大变化，致使原来订立合同的基础丧失或者动摇，如继续履行合同则对一方当事人明显不公平，因此允许变更或者解除合同以维持当事人之间的公平。

满足以上情势变更制度适用条件的，可以产生以下法律效果：

一是受不利影响的当事人有权请求与对方重新协商。对于因情势变更造成的双方权利义务严重失衡的状态，受不利影响的当事人请求与对方协商的，对方应当积极回应，参与协商。双方当事人应依诚信，本着公平原则，重新调整权利义务关系，变更或者解除合同。

二是双方当事人在协商过程中，就合同的变更或者解除达不成一致意见，协商不成的，当事人可以请求法院或者仲裁机构作最终裁断。人民法院或者仲裁机构应当结合案件的实际情况，判断是否符合情势变更制度的适用条件，对此人民法院或者仲裁机构应当严格掌握，避免当事人以情势变更制度作为逃避履行合同的借口，损害合同的效力和权威，破坏正常的交易秩序。符合情势变更制度适用条件的，人民法院应当根据公平原则，就变更合同还是解除合同，如何变更合同、解除合同后的法律后果等作出裁断。尤其需要注意的是，适用情势变更制度变更或者解除合同，与当事人依照《民法典》合同编第563条和第564条规定主张解除合同，存在实质不同。当事人依照《民法典》合同编第563条和第564条规定分别享有的是法定解除权和约定解除权，是当事人本身所享有的民事实体权利。当事人行使合同解除权，可以直接通知对方解除，通知到达对方时，合同解除；当事人依法提起诉讼主张解除合同的，法院判决解除合同是对当事人本身所享有的合同解除权的确认，系确认之诉。而情势变更制度是对当事人权利义务显著失衡状态所作的必要调整，当事人本身并不享有实体法意义上的合同解除权或者变更权，当事人仅在程序上可以向法院或者仲裁机构提出请求，仅是对变更或者解除合同存有一种可能性，最终是否变更或者解除合同，是否有必要对当事人的权利义务进行调整，如何调整，由人民法院或者仲裁机构审酌判定。

## 实务应用

### 023. 情势变更制度和不可抗力制度如何区别？[①]

《民法典》合同编第590条是关于不可抗力制度的规定。不可抗力制度和情势变更制度具有相同之处：一是两者均非商业风险，也都是当事人事先无法预见的情形；二是两者的发生及其影响均不可归责于当事

① 参见黄薇主编：《中华人民共和国民法典合同编解读》，中国法制出版社2020年版，第244—246页。

人；三是两者均可能对合同的履行和责任承担造成影响，并产生相应的法律后果；四是两者对于合同的影响均出现于合同订立之后履行完毕之前。但二者毕竟是两种不同的制度，具有很多不同之处：

一是制度价值不同。不可抗力制度，主要是一种免责事由，是因发生了双方当事人均不能预见、不能避免、不能克服的客观现象造成的损失，且双方均无过错，所以不承担责任。该制度体现的精神是法律不强人所难，不让无辜者承担意外之责。情势变更制度的法律效果是合同变更或者解除。之所以赋予这样的法律效果，是因为合同订立后、履行完毕前，订立合同的基础条件发生了异常变化，使双方当事人之间的权利义务严重失衡，不符合当事人订立合同时的预期，需要当事人再协商或者由司法、仲裁机构根据当事人的请求和公平原则对权利义务失衡状态再调整，它体现的精神是当事人之间的公平和合同权利义务的对等。

二是适用范围不同。不可抗力制度作为民事责任的一般免责事由，除法律作出的特殊规定外，适用于所有民事责任领域，特别是适用于侵权责任领域和合同领域。情势变更制度则仅为合同领域的一项特殊制度，不适用于其他民事领域。

三是对合同的影响方式和程度不同。不可抗力制度的适用前提是不可抗力造成当事人不能履行合同的后果。情势变更制度是合同基础条件与合同成立时相比出现了当事人无法预见且不可归责于当事人的重大变化，该重大变化对合同的履行也造成了重大影响，但是一般来说合同仍有继续履行的可能，只是继续履行合同对一方当事人明显不公平，例如履行成本显著上升、等价交换关系显著失衡。

四是法律效果不同。适用不可抗力制度体现为免责，对于因不可抗力造成的履行不能，免除全部或者部分责任。但是，其不直接导致变更合同内容，合同部分不能履行的，其他部分继续履行，合同一时不能履行的，影响消除后继续履行。适用情势变更制度则体现为合同的解除或者变更，不直接具有免责效果。在根据该制度调整权利义务前，当事人之间的权利义务关系不变，只有当根据该制度进行调整后，当事人的权利义务关系才按照调整后的内容继续履行。至于如何调整，是解除合同，还是变更合同，如何变更合同，需要法院或仲裁机构在个案中根据具体情况判断。

五是当事人的权利行使方式和程序不同。当不可抗力导致不能履行合同时，受不可抗力影响的一方应当及时向对方发出受不可抗力影响不能履行合同的通知，并在合理期限内提供证明。未发出通知导致对方损失扩大的，对于扩大的损失不能免责，对于迟延履行后发生不可抗力的也不能主张免除责任。对于情势变更制度，因情势变化导致合同履行对一方明显不公平时，受不利影响的当事人首先可以通过与对方协商调整失衡的利益，在合理期限内协商不成的，当事人可以请求法院或仲裁机构变更或解除合同。

## 案例指引

### 031. 合同一方当事人以构成情势变更为由不履行合同规定的义务，如何应对？①

2019 年 2 月 26 日，北京某村民委员会、北京某经济合作社、北京某旅游公司就北京某村域范围内旅游资源开发建设签订经营协议，经营面积 595.88 公顷，经营范围内有河沟、山谷、民宅等旅游资源，经营期限 50 年。北京某旅游公司交纳合作费用 300 万元。2018 年年中，区水务局开始进行城市蓝线规划工作，至 2019 年年底形成正式稿，将涉案经营范围内河沟两侧划定为城市蓝线。2019 年 11 月前后，北京某旅游公司得知河沟两侧被划定为城市蓝线，于 2020 年 5 月 11 日通知要求解除相关协议，后北京某旅游公司撤场。区水务局提供的城市蓝线图显示，城市蓝线沿着河沟两侧划定，大部分村民旧宅在城市蓝线范围外。区水务局陈述，城市蓝线是根据标准不同以及河道防洪等级不同划定

---

① 参见《人民法院贯彻实施民法典典型案例（第二批）》（2023 年 1 月 12 日发布），北京某旅游公司诉北京某村民委员会等合同纠纷案，载最高人民法院网 https：//www.court.gov.cn/zixun-xiangqing-386521.html，最后访问日期：2023 年 4 月 12 日。

的，开发建设必须保证不影响防洪，如果影响，需要对河道进行治理，治理验收合格后则能正常开发建设。庭审中，北京某旅游公司未提交证据证明其对经营范围内区域进行旅游开发时，曾按照政策要求报请相关审批手续，也未提交证据证明因城市蓝线的划定相关政府部门向其出具禁止开展任何活动的通知。

生效裁判认为，本案中城市蓝线的划定不属于情势变更。城市蓝线划定不属于无法预见的重大变化，不会导致一方当事人无法履约。经营协议确定的绝大部分经营区域并不在城市蓝线范围内，对于在城市蓝线范围内的经营区域，北京某旅游公司亦可在履行相应行政审批手续、符合政策文件具体要求的情况下继续进行开发活动，城市蓝线政策不必然导致其履约困难。北京某村民委员会、北京某经济合作社并不存在违约行为，北京某旅游公司明确表示不再对经营范围内进行民宿及旅游资源开发，属于违约一方，不享有合同的法定解除权。本案中，北京某旅游公司已撤场，且明确表示不再对经营范围内进行民宿及旅游资源开发，要求解除或终止合同，而北京某村民委员会不同意解除或终止合同，要求北京某旅游公司继续履行合同。双方签订的经营协议系具有合作性质的长期性合同，北京某旅游公司是否对民宿及旅游资源进行开发建设必将影响北京某村民委员会的后期收益，北京某旅游公司的开发建设既属权利，也系义务，该不履行属“不履行非金钱债务”的情形，且该债务不适合强制履行。同时，长期性合作合同须以双方自愿且相互信赖为前提，在涉案经营协议已丧失继续履行的现实可行性的情形下，如不允许双方权利义务终止，既不利于充分发挥土地等资源的价值，也不利于双方利益的平衡保护。因此，涉案经营协议履行已陷入僵局，对于当事人依据《民法典》第 580 条规定请求终止合同权利义务关系的主张，人民法院予以支持。本案中，旅游开发建设未实际开展，合同权利义务关系终止后，产生恢复原状的法律后果，但合同权利义务关系终止不影响违约责任的承担。综合考虑北京某村民委员会前期费用支出、双方合同权利义务约定、北京某旅游公司的违约情形、合同实际履行期间等因素，酌定北京某村民委员会、北京某经济合作社退还北京某旅游公司部分合作费120万元。

本案是人民法院准确适用《民法典》关于合同权利义务关系终止和违约责任承担等制度，依法妥善化解民事纠纷的典型案例。审理法院根据案件具体情况认定所涉案件事实不构成情势变更，防止市场主体随意以构成情势变更为由逃避合同规定的义务，同时考虑到合同已经丧失继续履行的现实可行性，依法终止合同权利义务关系。本案裁判有利于指引市场主体遵循诚信原则依法行使权利、履行义务，对于维护市场交易秩序、弘扬诚实守信的社会主义核心价值观具有积极意义。

### 关联参见

《合同编通则解释》第32条

**第五百三十四条　【合同监督】**对当事人利用合同实施危害国家利益、社会公共利益行为的，市场监督管理和其他有关行政主管部门依照法律、行政法规的规定负责监督处理。

### 案例指引

#### 032. 银行卡持有人在开卡后短时间内频繁发生交易，银行是否可以暂停履行储蓄合同？①

2018年，姜某在某银行开立储蓄卡一张，双方约定如果姜某未按照要求提供和更新个人相关信息或者存在银行拒绝接纳的业务情形时，银行有权限制姜某交易，中止或终止业务关系等。姜某在开卡后短时间内频繁发生交易，交易对象相对集中，多笔交易时间发生在凌晨和夜间，且疑似为跨境交易。某银行遂对姜某的账户采取了限制交易措施。

① 参见《天津高院发布金融审判典型案例》（2022年10月27日发布），姜某与某银行储蓄存款合同纠纷案，载天津法院网 https：//tjfy. tjcourt. gov. cn/article/detail/2022/10/id/6979582. shtml，最后访问日期：2023年4月12日。

2020年姜某到某银行查询并出具声明称，此卡一直本人使用，使用中去过我国港澳台、韩国等地，但无法提供佐证材料。后经法院调证，姜某不但无出入境记录，也没有证件签发记录。

天津市河西区人民法院认为，姜某与某银行签订协议约定，姜某需按规定使用账户，有义务按要求配合提供个人相关信息并对真实性和有效性负责。姜某的银行卡出现可疑交易特征，银行通过系统监测和识别确定姜某为高风险客户，银行基于合同约定和监管职责要求，有权对姜某账户采取限制收付交易措施并要求其提供相关信息，这是银行为防止持卡人合法权益受到违法行为侵害而采取的合理措施。姜某在被采取限制交易措施2年后，要求解除上述措施，不但未按合同约定配合银行尽职调查，而且向法庭虚假陈述。法院判决驳回了姜某要求银行解冻、返还储蓄卡内款项并赔偿损失的诉请。

银行卡内存储了大量个人信息，一旦被犯罪分子用来从事诈骗、洗钱等非法活动，将给持卡人带来巨大的法律风险。同时，利用银行卡犯罪扰乱了正常金融秩序，威胁国家金融安全。金融监管部门要求各地银行加强监督和管控。公民开立银行卡后，应当做到不利用开立的银行结算账户进行违法犯罪活动，不出租、出借、出售开立的个人银行结算账户，配合发卡银行做好调查取证工作，打击违法犯罪，维护良好的用卡秩序。

## 第五章　合同的保全

**第五百三十五条　【债权人代位权】** 因债务人怠于行使其债权或者与该债权有关的从权利，影响债权人的到期债权实现的，债权人可以向人民法院请求以自己的名义代位行使债务人对相对人的权利，但是该权利专属于债务人自身的除外。

代位权的行使范围以债权人的到期债权为限。债权人行使代位权的必要费用，由债务人负担。

相对人对债务人的抗辩，可以向债权人主张。

## 条文解读

**代位权** ➔ 债权具有相对性，债权人只能向债务人请求履行，原则上不及于第三人。但当债务人与第三人的行为危及债权人的债权实现时，法律允许债权人对债务人与第三人的行为行使一定的权利，以排除对其债权的危害。这一制度称为债的保全制度，是债的对外效力的体现。债的保全方法有二，分别为债权人的代位权和撤销权。

代位权指债务人怠于行使权利，债权人为保全债权，以自己的名义代位行使债务人对相对人的权利。代位权虽有代位诉权、间接诉权之称，但其仍属债权人的实体权利。债权人行使代位权，提起代位诉讼，法院的判决对债务人是否发生效力？如果债务人作为第三人参加诉讼，法院的判决自然对其发生效力。如果债务人未参加诉讼，法院判决的效力亦及于债务人，债务人不得就债权人行使代位权请求的数额另行起诉，否则违反一事不再理原则。但是，债务人对相对人的债权数额超出债权人行使代位权请求数额的，就超出部分，债务人仍然可以向有管辖权的法院另行起诉相对人。

债权人行使代位权，债务人的相对人的地位不应受到影响，债务人的相对人对债务人的抗辩（不限于抗辩权），如同时履行抗辩、后履行抗辩、时效届满的抗辩、虚假表示可撤销的抗辩等，同样可以对抗债权人。

债权人行使代位权，所产生的法律效力是：(1) 对债权人的效力。债权人行使代位权的必要费用，可以向债务人请求返还。注意代位权的诉讼费，如果债权人胜诉，则应由次债务人承担。债务人怠于受领第三人的履行时，债权人得代位受领，但受领的财产是债务人所有债权的总担保，该债权人不得以此财产专供清偿自己的债权，也不得自行抵销自己与债务人的债务。(2) 对债务人的效力。债权人行使代位权的效力直接归属于债务人，债务人对第三人的请求权或有关的权利归于消灭，所获得的财产归债务人。如果债权人在债务人怠于受领时受领了财产，债务人有权请求债权人返还。（3）对第三人的效力。债权人行使债权和债务人行使债权对第三人的法律地位及其利益均无影响。第三人对债务人享有的一切抗辩权都可以对债权人行使。但第三人不能以债权人非合同一方当事人为借口而对抗债权人的请求。(4) 债权人提起代位权诉讼的，对债权人的债权和债务人的债权均发生诉讼时效中断的效力。

例如，贾某欠李某 10 万元，贾某因经济困难不能向李某履行债务。后李某得知张某拖欠贾某 12 万元未还，故李某以自己的名义向张某主张债权。张某认为，他拖欠贾某 12 万元，不需向李某偿还，而且所欠款项并非 12 万元，因为贾某向张某提供的货物存在瑕疵，实际债权只有 8 万元，各方发生纠纷。在本案中，法院经审查认为张某拖欠贾某的欠款属实，但是贾某的货物确实存在瑕疵，故张某实际拖欠贾某的货款为 9 万元。根据《民法典》合同编的规定，李某有权对贾某的到期债权以自己的名义行使代位权。张某应当以 9 万元为限向李某承担责任。张某承担责任后，张某与贾某之间的债权债务关系消灭，但贾某仍然拖欠李某 1 万元债务。

## 实务应用

### 024. 只要是债务人享有的到期债权，债权人都可以代位行使吗？

债务人享有的可由债权人代位行使的债权有：合同债权，基于无因管理或不当得利而产生的返还请求权，合同解除权，选择之债的选择权，损害赔偿请求权，抵销权，债务人的代位权，清偿受领权，因重大误解、显失公平的民事行为而产生的撤销权与变更权等。但是，如果该债权是专属于债务人自身的，则债权人不能代位行使。根据《合同编通则解释》第 34 条的规定，下列权利，人民法院可以认定为“专属于债务人自身的权利”：（1）抚养费、赡养费或者扶养费请求权；（2）人身损害赔偿请求权；（3）劳动报酬请求权，但是超过债务人及其所扶养家属的生活必需费用的部分除外；（4）请求支付基本养老保险金、失业保险金、最低生活保障金等保障当事人基本生活的权利；（5）其他专属于债务人自身的权利。

### 025. 债权人对次债务人提起代位权诉讼后，债务人另行对次债务人提起诉讼的，人民法院是否受理？

在债权人对次债务人提起代位权诉讼后，债务人另行对次债务人提起诉讼的情形中，由于债务人之诉的诉讼标的与债权人代位权之诉的诉讼标的相同，债务人的债权请求权已为债权人代替行使，因此，债务人在代位权诉讼中不是适格的当事人，债务人不得就同一债权再另行向次债务人提起代位权人已经主张的诉讼。法院可以起诉不合法为由不予受理或驳回起诉。当然，如果债务人在债权人提起的代位权诉讼中，对超过债权人代位权请求数额的部分以次债务人为被告提起诉讼的，在符合起诉法定条件下，人民法院应当受理。

### 026. 债权人为多数时，某一债权人提起代位权诉讼后，其他债权人可否另行提起代位权诉讼？

由于代位权主要是基于债权的保全权能而生成的一项法定权利，因此，各个符合法定条件的债权人均可以行使。而且依照《民法典》第537条的规定，人民法院认定代位权成立的，由债务人的相对人向债权人履行义务，债权人接受履行后，债权人与债务人、债务人与相对人之间相应的权利义务终止。故在某一债权人提起代位权诉讼后，如果禁止其他债权人另行提起代位权诉讼，往往难以保障其他债权人的合法权益，因此，在多个债权人先后提起代位权诉讼时，即使数个债权人所主张的债权之和超过债务人对次债务人享有的债权额，法院一般也不会限制后来提起的代位权诉讼，凡符合立案条件的都会立案审理。应当注意的是，如果次债务人已通过提存履行或向先诉债权人清偿了其对债务人负有的全部债务的，则对其他债权人后来提起的代位权诉讼，人民法院将不予受理。

## 033. 代位权诉讼中，仲裁条款的效力如何认定?①

**裁判要点**

在代位权诉讼中，相对人以其与债务人之间的债权债务关系约定了仲裁条款为由，主张案件不属于人民法院受理案件范围的，人民法院不予支持。

**简要案情**

2015年至2016年，某控股株式会社与某利国际公司等先后签订《可转换公司债发行及认购合同》及补充协议，至2019年3月，某利国际公司欠付某控股株式会社款项6400余万元。2015年5月，某利公司与其母公司某利国际公司签订《贷款协议》，由某利国际公司向某利公司出借2.75亿元用于公司经营。同年6月，某利国际公司向某利公司发放了贷款。案涉《可转换公司债发行及认购合同》及补充协议、《贷款协议》均约定了仲裁条款。某控股株式会社认为某利国际公司怠于行使对某利公司的债权，影响了某控股株式会社到期债权的实现，遂提起代位权诉讼。一审法院认为，虽然某控股株式会社与某利公司之间并无直接的仲裁协议，但某控股株式会社向某利公司行使代位权时，应受某利公司与某利国际公司之间仲裁条款的约束。相关协议约定的仲裁条款排除了人民法院的管辖，故裁定驳回某控股株式会社的起诉。某控股株式会社不服提起上诉。二审法院裁定撤销一审裁定，移送被告住所地人民法院审理。

**判决理由**

生效裁判认为，虽然案涉合同中均约定了仲裁条款，但仲裁条款只

① 参见《最高人民法院发布〈关于适用《中华人民共和国民法典》合同编通则若干问题的解释〉相关典型案例》（2023年12月5日发布），案例五“某控股株式会社与某利公司等债权人代位权纠纷案”，载中国法院网 https：//www. chinacourt. org/article/detail/2023/12/id/7681679. shtml，最后访问日期：2023年12月8日。

约束签订合同的各方当事人，对合同之外的当事人不具有约束力。本案并非债权转让引起的诉讼，某控股株式会社既非《贷款协议》的当事人，亦非该协议权利义务的受让人，一审法院认为某控股株式会社行使代位权时应受某利公司与某利国际公司之间仲裁条款的约束缺乏依据。

**司法解释相关条文**

《合同编通则解释》第 36 条　债权人提起代位权诉讼后，债务人或者相对人以双方之间的债权债务关系订有仲裁协议为由对法院主管提出异议的，人民法院不予支持。但是，债务人或者相对人在首次开庭前就债务人与相对人之间的债权债务关系申请仲裁的，人民法院可以依法中止代位权诉讼。

### 关联参见

《建设工程施工合同解释（一）》第 44 条；《合同编通则解释》第 33—41 条

**第五百三十六条　【保存行为】** 债权人的债权到期前，债务人的债权或者与该债权有关的从权利存在诉讼时效期间即将届满或者未及时申报破产债权等情形，影响债权人的债权实现的，债权人可以代位向债务人的相对人请求其向债务人履行、向破产管理人申报或者作出其他必要的行为。

**第五百三十七条　【代位权行使后的法律效果】** 人民法院认定代位权成立的，由债务人的相对人向债权人履行义务，债权人接受履行后，债权人与债务人、债务人与相对人之间相应的权利义务终止。债务人对相对人的债权或者与该债权有关的从权利被采取保全、执行措施，或者债务人破产的，依照相关法律的规定处理。

## 案例指引

### 034. 代位权诉讼执行中，因相对人无可供执行的财产而被终结本次执行程序，债权人就未实际获得清偿的债权另行向债务人主张权利的，法院是否会支持其诉求？[①]

**北京大唐燃料有限公司诉山东百富物流有限公司买卖合同纠纷案**

（最高人民法院审判委员会讨论通过　2021 年 11 月 9 日发布）

**关键词**　民事/买卖合同/代位权诉讼/未获清偿/另行起诉

**裁判要点**

代位权诉讼执行中，因相对人无可供执行的财产而被终结本次执行程序，债权人就未实际获得清偿的债权另行向债务人主张权利的，人民法院应予支持。

**相关法条**

《最高人民法院关于适用〈中华人民共和国合同法〉若干问题的解释（一）》第 20 条（注：现行有效的法律为《中华人民共和国民法典》第 537 条）

**基本案情**

2012 年 1 月 20 日至 2013 年 5 月 29 日，北京大唐燃料有限公司（以下简称大唐公司）与山东百富物流有限公司（以下简称百富公司）之间共签订采购合同 41 份，约定百富公司向大唐公司销售镍铁、镍矿、精煤、冶金焦等货物。双方在履行合同过程中采用滚动结算的方式支付货款，但是每次付款金额与每份合同约定的货款金额并不一一对应。自 2012 年 3 月 15 日至 2014 年 1 月 8 日，大唐公司共支付百富公司货款 1827867179.08 元，百富公司累计向大唐公司开具增值税发票总额为 1869151565.63 元。大唐公司主张百富公司累计供货货值为 1715683565.63 元，百富公司主张其已按照开具增值税发票数额足额供货。

① 最高人民法院指导案例 167 号。

2014年11月25日，大唐公司作为原告，以宁波万象进出口有限公司（以下简称万象公司）为被告，百富公司为第三人，向浙江省宁波市中级人民法院提起债权人代位权诉讼。该院作出（2014）浙甬商初字第74号民事判决书，判决万象公司向大唐公司支付款项36369405.32元。大唐公司于2016年9月28日就（2014）浙甬商初字第74号民事案件向浙江省象山县人民法院申请强制执行。该院于2016年10月8日依法向万象公司发出执行通知书，但万象公司逾期仍未履行义务，万象公司尚应支付执行款36369405.32元及利息，承担诉讼费209684元、执行费103769.41元。经该院执行查明，万象公司名下有机动车二辆，该院已经查封但未实际控制。大唐公司在限期内未能提供万象公司可供执行的财产，也未向该院提出异议。该院于2017年3月25日作出（2016）浙0225执3676号执行裁定书，终结本次执行程序。

大唐公司以百富公司为被告，向山东省高级人民法院提起本案诉讼，请求判令百富公司向其返还本金及利息。

**裁判结果**

山东省高级人民法院于2018年8月13日作出（2018）鲁民初10号民事判决：一、山东百富物流有限公司向北京大唐燃料有限公司返还货款75814208.13元；二、山东百富物流有限公司向北京大唐燃料有限公司赔偿占用货款期间的利息损失（以75814208.13元为基数，自2014年11月25日起至山东百富物流有限公司实际支付之日止，按照中国人民银行同期同类贷款基准利率计算）；三、驳回北京大唐燃料有限公司其他诉讼请求。大唐燃料有限公司不服一审判决，提起上诉。最高人民法院于2019年6月20日作出（2019）最高法民终6号民事判决：一、撤销山东省高级人民法院（2018）鲁民初10号民事判决；二、山东百富物流有限公司向北京大唐燃料有限公司返还货款153468000元；三、山东百富物流有限公司向北京大唐燃料有限公司赔偿占用货款期间的利息损失（以153468000元为基数，自2014年11月25日起至山东百富物流有限公司实际支付之日止，按照中国人民银行同期同类贷款基准利率计算）；四、驳回北京大唐燃料有限公司的其他诉讼请求。

**裁判理由**

最高人民法院认为：关于（2014）浙甬商初字第74号民事判决书涉及的36369405.32元债权问题。大唐公司有权就该笔款项另行向百富公司主张。

第一，《最高人民法院关于适用〈中华人民共和国合同法〉若干问题的解释（一）》（以下简称《合同法解释（一）》）第二十条规定，债权人向次债务人提起的代位权诉讼经人民法院审理后认定代位权成立的，由次债务人向债权人履行清偿义务，债权人与债务人、债务人与次债务人之间相应的债权债务关系即予消灭。根据该规定，认定债权人与债务人之间相应债权债务关系消灭的前提是次债务人已经向债权人实际履行相应清偿义务。本案所涉执行案件中，因并未执行到万象公司的财产，浙江省象山县人民法院就已经作出终结本次执行的裁定，故在万象公司并未实际履行清偿义务的情况下，大唐公司与百富公司之间的债权债务关系并未消灭，大唐公司有权向百富公司另行主张。

第二，代位权诉讼属于债的保全制度，该制度是为防止债务人财产不当减少或者应当增加而未增加，给债权人实现债权造成障碍，而非要求债权人在债务人与次债务人之间择一选择作为履行义务的主体。如果要求债权人择一选择，无异于要求债权人在提起代位权诉讼前，需要对次债务人的偿债能力作充分调查，否则应当由其自行承担债务不得清偿的风险，这不仅加大了债权人提起代位权诉讼的经济成本，还会严重挫伤债权人提起代位权诉讼的积极性，与代位权诉讼制度的设立目的相悖。

第三，本案不违反“一事不再理”原则。根据《最高人民法院关于适用〈中华人民共和国民事诉讼法〉的解释》第二百四十七条规定，判断是否构成重复起诉的主要条件是当事人、诉讼标的、诉讼请求是否相同，或者后诉的诉讼请求是否实质上否定前诉裁判结果等。代位权诉讼与对债务人的诉讼并不相同，从当事人角度看，代位权诉讼以债权人为原告、次债务人为被告，而对债务人的诉讼则以债权人为原告、债务人为被告，两者被告身份不具有同一性。从诉讼标的及诉讼请求上看，代位权诉讼虽然要求次债务人直接向债权人履行清偿义务，但针对的是债务人与次债务人之间的债权债务，而对债务人的诉讼则是要求债务人向债权人履行清偿义务，针对的是债权人与债务人之间的债权债务，两者在标的范围、法律关系等方面亦不相同。从起诉要件上看，与对债务人诉讼不同的是，代位权诉讼不仅要求具备民事诉讼法规定的起诉条件，同时还应当具备《合同法解释（一）》第十一条①规定的诉讼条件。基于上述不同，代位权诉讼与对债务人的诉讼并非同一事由，两者仅具有法律上的关联性，故大唐公司提起本案诉讼并不构成重复起诉。

**第五百三十八条　【撤销债务人无偿行为】** 债务人以放弃其债权、放弃债权担保、无偿转让财产等方式无偿处分财产权益，或者恶意延长其到期债权的履行期限，影响债权人的债权实现的，债权人可以请求人民法院撤销债务人的行为。

## 条文解读

**撤销权** ➔ 撤销权是指债权人在债务人实施减少其财产而危害债权人债权的处分行为时，请求人民法院撤销该行为的权利。如乙欠甲 10 万元，到期未还。乙无其他财产，但丙欠乙 10 万元，亦到期。此后，乙对丙发出通知，免除丙之债务，此时，甲可以行使撤销权，撤销乙放弃债权的行为。

撤销权的构成要件包括两个方面：(1) 客观方面，债务人实施了危害债权人债权的积极行为。该行为具有如下特点：其一，是处分财产的法律行为；其二，已经发生了法律效力；其三，该行为已经或者将要危害债权人的债权。该危害债权的行为主要有三种表现形式：放弃到期债

① 现已失效。

权、无偿转让财产、以明显不合理的低价转让财产。(2) 主观方面，债务人在实施危害债权的行为时主观上具有恶意。债务人放弃到期债权或者无偿转让财产时推定其具有主观上的恶意。债务人以明显不合理的低价转让财产时，不仅要求证明债务人的恶意，还要求证明受让人的恶意。两者是否具有恶意一般通过其是否知晓转让财产的价格属于明显不合理的低价来判断。

## 实务应用

### 027. 债权人能否起诉撤销债务人拒绝受领某种利益的行为？

《民法典》合同编第538条和第539条规定的撤销行为包括债务人放弃债权、放弃债权担保、无偿处分财产、以不合理价格转让或受让财产等。对债务人拒绝受领某种利益，如放弃继承、拒绝赠与等拒绝财产增加的行为，债权人是否有权申请撤销这些行为，法律未作明确规定。审判实践中，法院一般认为债权人无权申请撤销债务人拒绝受领某种利益的行为。原因在于：(1) 债权人行使撤销权的目的是恢复债务人减少了的责任财产，防止债务人逃避债务，实施减少责任财产、危害债权人利益的不正当行为，而不在于增加债务人的责任财产。(2) 债权人在与债务人进行交易时，所承担的商业风险是基于债务人原来的责任财产基础，债务人拒绝受领的"增加财产"，本来也不属于债务人的责任财产范围，债务人拒绝受领增加的财产并未减少其责任财产、危及债权人利益。

### 028. 债权人在撤销权诉讼中胜诉的，其能否对撤销的财产或利益优先受偿？

撤销权属于债的保全制度的范畴，其实质在于恢复债务人的责任财产以保全全体债权人的利益，并不具有优先受偿性。

撤销的财产应当归属于全体债权人，各个债权人对这些财产有权平等受偿；行使撤销权的债权人对因撤销债务人的行为而返还给债务人的财产请求直接受偿的，人民法院将不予支持。但债权人有权通过另案起诉债务人行使给付请求权，并申请法院强制执行胜诉判决以实现其债权。此外，如果已有其他债权人对债务人提起撤销之诉或给付之诉并胜诉、进入执行程序的，应当将撤销的财产在这些债权人之间按照债权比例分配。

### 029. 撤销权诉讼中的举证责任如何分配？

撤销权诉讼中，债权人主张债务人存在放弃到期债权、无偿转让财产等损害债权人债权的行为，债务人以与第三人存在债权债务抵销为由抗辩的，债务人应承担第三人对其享有债权的证据和债权债务抵销的证据。

**第五百三十九条　【撤销债务人有偿行为】**债务人以明显不合理的低价转让财产、以明显不合理的高价受让他人财产或者为他人的债务提供担保，影响债权人的债权实现，债务人的相对人知道或者应当知道该情形的，债权人可以请求人民法院撤销债务人的行为。

## 实务应用

### 030. 如何判断债务人的行为属于“以明显不合理的低价转让财产、以明显不合理的高价受让他人财产”？

人民法院应当按照交易当地一般经营者的判断，并参考交易时交易地的市场交易价或者物价部门指导价予以认定。

转让价格未达到交易时交易地的市场交易价或者指导价70%的，一般可以认定为“明显不合理的低价”；受让价格高于交易时交易地的市场交易价或者指导价30%的，一般可以认定为“明显不合理的高价”。

债务人与相对人存在亲属关系、关联关系的，不受前述70%、30%的限制。

## 案例指引

### 035. 撤销权诉讼中，债权人可否主张相对人向债务人返还财产？[①]

**裁判要点**

在债权人撤销权诉讼中，债权人请求撤销债务人与相对人的行为并主张相对人向债务人返还财产的，人民法院依法予以支持。

**简要案情**

周某因丁某未能履行双方订立的加油卡买卖合同，于2020年8月提起诉讼，请求解除买卖合同并由丁某返还相关款项。生效判决对周某的诉讼请求予以支持，但未能执行到位。执行中，周某发现丁某于2020年6月至7月间向其母亲薛某转账87万余元，遂提起债权人撤销权诉讼，请求撤销丁某无偿转让财产的行为并同时主张薛某向丁某返还相关款项。

**判决理由**

生效裁判认为，丁某在其基于加油卡买卖合同关系形成的债务未能履行的情况下，将名下银行卡中的款项无偿转账给其母亲薛某的行为客观上影响了债权人周某债权的实现。债权人周某在法定期限内提起撤销权诉讼，符合法律规定。丁某的行为被撤销后，薛某即丧失占有案涉款项的合法依据，应当负有返还义务，遂判决撤销丁某的行为、薛某向丁某返还相关款项。

**司法解释相关条文**

《合同编通则解释》第46条第1款　债权人在撤销权诉讼中同时请求债务人的相对人向债务人承担返还财产、折价补偿、履行到期债务等法律后果的，人民法院依法予以支持。

---

① 参见《最高人民法院发布〈关于适用《中华人民共和国民法典》合同编通则若干问题的解释〉相关典型案例》（2023年12月5日发布），案例六“周某与丁某、薛某债权人撤销权纠纷案”，载中国法院网 https：//www.chinacourt.org/article/detail/2023/12/id/7681679.shtml，最后访问日期：2023年12月8日。

## 关联参见

《合同编通则解释》第42—44条

**第五百四十条 【撤销权的行使范围】** 撤销权的行使范围以债权人的债权为限。债权人行使撤销权的必要费用，由债务人负担。

## 案例指引

### 036. 债权人申请强制执行后，被执行人与他人在另外的民事诉讼中达成调解协议，放弃其取回财产的权利，是否符合行使撤销权的条件？[①]

**鞍山市中小企业信用担保中心诉汪薇、鲁金英第三人撤销之诉案**

（最高人民法院审判委员会讨论通过 2021年2月19日发布）

**关键词** 民事/第三人撤销之诉/撤销权/原告主体资格

**裁判要点**

债权人申请强制执行后，被执行人与他人在另外的民事诉讼中达成调解协议，放弃其取回财产的权利，并大量减少债权，严重影响债权人债权实现，符合《合同法》第七十四条[②]规定的债权人行使撤销权条件的，债权人对民事调解书具有提起第三人撤销之诉的原告主体资格。

**相关法条**

《中华人民共和国民事诉讼法》第56条[③]

《中华人民共和国合同法》第74条

**基本案情**

2008年12月，鞍山市中小企业信用担保中心（以下简称担保中

---

① 最高人民法院指导案例152号。

② 现为《民法典》第538条、第539条，下同。

③ 现为《民事诉讼法》第59条。

心）与台安县农村信用合作社黄沙坨信用社（以下简称黄沙坨信用社）签订保证合同，为汪薇经营的鞍山金桥生猪良种繁育养殖厂（以下简称养殖厂）在该信用社的贷款提供连带责任担保。汪薇向担保中心出具一份个人连带责任保证书，为借款人的债务提供反担保。后因养殖厂及汪薇没有偿还贷款，担保中心于2010年4月向黄沙坨信用社支付代偿款2973197.54元。2012年担保中心以养殖厂、汪薇等为被告起诉至铁东区人民法院，要求养殖厂及汪薇等偿还代偿款。辽宁省鞍山市铁东区人民法院于2013年6月作出判决：（一）汪薇于该判决书生效之日起十五日内给付担保中心代偿银行欠款2973197.54元及银行利息；（二）张某某以其已办理的抵押房产对前款判项中的本金及利息承担抵押担保责任；（三）驳回担保中心的其他诉讼请求。该判决已经发生法律效力。

2010年12月汪薇将养殖厂转让给鲁金英，转让费450万元，约定合同签订后立即给付163万余元，余款于2011年12月1日全部给付。如鲁金英不能到期付款，养殖厂的所有资产仍归汪薇，首付款作违约金归汪薇所有。合同签订后，鲁金英支付了约定的首付款。汪薇将养殖厂交付鲁金英，但鲁金英未按约定支付剩余转让款。2014年1月，铁东区人民法院基于担保中心的申请，从鲁金英处执行其欠汪薇转让款30万元，将该款交给了担保中心。

汪薇于2013年11月起诉鲁金英，请求判令养殖厂的全部资产归其所有；鲁金英承担违约责任。辽宁省鞍山市中级人民法院经审理认为，汪薇与鲁金英签订的《资产转让合同书》合法有效，鲁金英未按合同约定期限支付余款构成违约。据此作出（2013）鞍民三初字第66号民事判决：1. 鲁金英将养殖厂的资产归还汪薇所有；2. 鲁金英赔偿汪薇实际损失及违约金1632573元。其中应扣除鲁金英代汪薇偿还的30万元，实际履行中由汪薇给付鲁金英30万元。鲁金英向辽宁省高级人民法院提起上诉。该案二审期间，汪薇和鲁金英自愿达成调解协议。辽宁省高级人民法院于2014年8月作出（2014）辽民二终字第00183号民事调解书予以确认。调解协议主要内容为养殖厂归鲁金英所有，双方同意将原转让款450万元变更为3132573元，鲁金英已给付汪薇1632573元，再给付150万元，不包括鲁金英已给付担保中心的30万元等。

鲁金英依据调解书向担保中心、执行法院申请回转已被执行的30万元，担保中心知悉汪薇和鲁金英买卖合同纠纷诉讼及调解书内容，随即提起本案第三人撤销之诉。

**裁判结果**

辽宁省高级人民法院于2017年5月23日作出（2016）辽民撤8号民事判决：一、撤销辽宁省高级人民法院（2014）辽民二终字第00183号民事调解书和鞍山市中级人民法院（2013）鞍民三初字第66号民事判决书；二、被告鲁金英于判决生效之日起十日内，将金桥生猪良种繁育养殖厂的资产归还被告汪薇所有；三、被告鲁金英已给付被告汪薇的首付款1632573元作为实际损失及违约金赔偿汪薇，但应从中扣除代替汪薇偿还担保中心的30万元，即实际履行中由汪薇给付鲁金英30万元。鲁金英不服，提起上诉。最高人民法院于2018年5月30日作出（2017）最高法民终626号民事判决：一、维持辽宁省高级人民法院（2016）辽民撤8号民事判决第一项；二、撤销辽宁省高级人民法院（2016）辽民撤8号民事判决第二项、第三项；三、驳回鞍山市中小企业信用担保中心的其他诉讼请求。

**裁判理由**

最高人民法院判决认为，本案中，虽然担保中心与汪薇之间基于贷款代偿形成的债权债务关系，与汪薇和鲁金英之间因转让养殖厂形成的买卖合同关系属两个不同法律关系，但是，汪薇系为创办养殖厂与担保中心形成案涉债权债务关系，与黄沙坨信用社签订借款合同的主体亦为养殖厂，故汪薇和鲁金英转让的养殖厂与担保中心对汪薇债权的形成存在关联关系。在汪薇与鲁金英因养殖厂转让发生纠纷提起诉讼时，担保中心对汪薇的债权已经生效民事判决确认并已进入执行程序。在该案诉讼及判决执行过程中，铁东区人民法院已裁定冻结了汪薇对养殖厂（投资人鲁金英）的到期债权。鲁金英亦已向铁东区人民法院确认其欠付汪薇转让款及数额，同意通过法院向担保中心履行，并已实际给付了30万元。铁东区人民法院也对养殖厂的相关财产予以查封冻结，并向养殖厂送达了协助执行通知书。故汪薇与鲁金英因养殖厂资产转让合同权利义务的变化与上述对汪薇财产的执行存在直接牵连关系，并可能影响担保中心的利益。《合同法》第七十四条第一款规定，“债务人以明显不合理的低价转让财产，对债权人造成损害，并且受让人知道该情形的，债权人也可以请求人民法院撤销债务人的行为”。因本案汪薇和鲁金英系在诉讼中达成以3132573元交易价转让养殖厂的协议，该协议经人民法院作出（2014）辽民二终字第00183号民事调解书予以确认并已发生法律效力。在此情形下，担保中心认为汪薇与鲁金英该资产转让行为符合《合同法》第七十四条规定的情形，却无法依据《合同法》第七十四条规定另行提起诉讼行使撤销权。故本案担保中心与汪薇之间虽然属于债权债务关系，但基于担保中心对汪薇债权形成与汪薇转让的养殖厂之间的关联关系，法院对汪薇因养殖厂转让形成的到期债权在诉讼和执行程序中采取的保全和执行措施使得汪薇与鲁金英买卖合同纠纷案件处理结果对担保中心利益产生的影响，以及担保中心主张受损害的民事权益因（2014）辽民二终字第00183号民事调解书而存在根据《合同法》第七十四条提起撤销权诉讼障碍等本案基本事实，可以认定汪薇和鲁金英买卖合同纠纷案件处理结果与担保中心具有法律上的利害关系，担保中心有权提起本案第三人撤销之诉。

## 关联参见

《合同编通则解释》第45条、第46条

**第五百四十一条　【撤销权的行使期间】**撤销权自债权人知道或者应当知道撤销事由之日起一年内行使。自债务人的行为发生之日起五年内没有行使撤销权的，该撤销权消灭。

条文解读

**撤销权行使的期限** 撤销权行使的期限有两种：一是撤销权的有效期限一般是 1 年，适用于自债权人知道或者应当知道撤销事由的情况；如果自知道或者应当知道撤销事由之日起 1 年内没有行使撤销权的，撤销权消灭，债务人与第三人之间的法律关系得以确定，成为有效的法律关系，撤销权人不得再请求撤销。二是对撤销权的最长有效期限，即自债务人的行为发生之日起的 5 年，适用于债权人不知道撤销事由的情况。需要注意的是，本条规定的“五年”为不变期间，不适用诉讼时效中止、中断或者延长的规定。

**第五百四十二条　【债务人行为被撤销的法律效果】**债务人影响债权人的债权实现的行为被撤销的，自始没有法律约束力。

## 第六章　合同的变更和转让

**第五百四十三条　【协议变更合同】**当事人协商一致，可以变更合同。

条文解读

**合同的变更** 合同的变更是指合同成立后，当事人对合同的内容进行修改或者补充。本条规定的合同变更，不包括合同当事人或者合同主体的改变，债权人和债务人的改变，是通过债权转让、债务转移等制度调整的。

合同是当事人经协商一致达成的，合同成立后，就对当事人具有法律约束力，任何一方未经对方同意，都不得改变合同的内容。但是，当事人在订立合同时，有时无法对涉及合同的所有问题都作出明确的约定；合同订立后，也会出现一些新的情况变化，导致合同内容需要调整。因此，当事人可以本着协商的原则，依据合同成立的规定，确定是否就变更事项达成协议，本法第5条也明确规定，民事主体从事民事活动，应当遵循自愿原则，按照自己的意思设立、变更、终止民事法律关系。如果双方当事人就变更事项达成了一致意见，变更后的内容就取代了原合同的内容，当事人就应当按照变更后的内容履行合同。

## 案例指引

### 037. 网络店铺客服变更合同的行为是否由店铺负责？[①]

李某在M书店经营的网络店铺付款22172元购买书籍，因该电商平台关联的银行账户额度所限，经与店铺客服沟通后，李某通过平台付款10172元，向店铺客服赵某微信转账12000元。2019年8月25日，李某告知赵某书单有变化，待确定后再发货，赵某表示同意。后双方对购买商品品种和数量作了变更，交易价格变更为1223元。M书店将通过平台支付的10172元退还给李某，但通过微信支付给赵某的款项扣除交易价款后尚有10777元未退回。多次要求退款无果后，李某将M书店诉至法院，请求退还购书款。

法院认为，案涉交易发生时，赵某系M书店的员工，并作为M书店所经营网络店铺的客服与李某就购书事宜进行了磋商，该行为属于网店客服人员职权范围内的事项。M书店并未就交易磋商的方式和渠道进行特殊提示或告知，故无论该行为是通过电商平台还是微信，只是磋商渠道和方式的不同。李某有理由相信赵某的行为是代表M书店与其进行的交易磋商，赵某的行为对M书店应发生效力。李某与M书店之间就购买书籍建立了网络购物合同关系。后，李某提出变更购买图书的名称及数量，并要求退还剩余款项，赵某表示同意，应视为李某与M书店就合同内容进行了变更，M书店应当退还剩余款项10777元，故判决支持了李某的诉讼请求。

---

① 参见《最高法发布消费者权益保护典型案例》（2022年3月15日发布），李某诉某书店信息网络买卖合同纠纷案，载最高人民法院网 https：//www.court.gov.cn/zixun-xiangqing-350961.html，最后访问日期：2023年4月12日。

便捷、快速地进行交易是互联网消费的优势之一，而交易的安全和稳定同样是消费者保护的题中应有之义，两者不可偏废。现实中，考虑到消费者对购物、沟通软件使用习惯、偏好的不同以及其他具体特殊情况，不宜仅仅因为消费者未完全通过电商平台进行支付而轻易否认消费者与商家相关交易行为的效力。该案判决认定店铺客服能够代表店铺进行交易，是对交易中消费者对店铺信任的保护，也是对交易秩序和安全的维护，压实了商家主体责任，提示、督促商家加强内部管理监督，从而进一步规范线上交易中商家的销售行为，促进互联网数字经济行业有序发展。

**第五百四十四条　【合同变更不明确推定为未变更】**当事人对合同变更的内容约定不明确的，推定为未变更。

**第五百四十五条　【债权转让】**债权人可以将债权的全部或者部分转让给第三人，但是有下列情形之一的除外：

（一）根据债权性质不得转让；

（二）按照当事人约定不得转让；

（三）依照法律规定不得转让。

当事人约定非金钱债权不得转让的，不得对抗善意第三人。当事人约定金钱债权不得转让的，不得对抗第三人。

## 条文解读

**债权转让**➲ 债权转让是指不改变债权的内容，由债权人通过合同将债权转让给第三人。从鼓励交易、促进市场经济发展的目的来看，法律应当允许债权人的转让行为。债权人既可以将债权全部转让，也可以将债权部分转让。债权全部转让的，第三人作为受让人取代原债权人即让与人的地位，成为新的债权人；债权部分转让的，第三人作为受让人，除受让人和让与人另有约定外，受让人与让与人按份享有债权。

**不得转让的债权**➲ 1. 根据合同性质不得转让。根据合同性质不得转让的权利，是指合同权利的性质只能在特定当事人之间发生。这类债权主要是：（1）具有人身性质的扶养请求权、抚恤金请求权、人身损害赔偿请求权等债权不得转让；（2）以特定的债权人为基础发生的合同权利，例如以某个特定演员的演出活动为基础所订立的演出合同而产生的合同权利；（3）从权利不得与主权利分离而单独转让；（4）基于特别信任关系发生的债权。例如，雇佣、租赁关系中的债权。这类债权具有强烈的人身信赖关系，因此不得转让给他人，让与他人是合同解除的原因。

2. 按照当事人约定不得转让。当事人在订立合同时可以对权利的转让作出特别的约定，禁止债权人将权利转让给第三人，只要这种约定不违反法律的禁止性规定和公序良俗即可。

3. 依照法律规定不得转让。法律规定禁止转让的权利，当事人应当严格遵守，不得违反法律的规定。目前，我国法律明确规定不得转让的权利主要有：

（1）居住权不得转让、继承。

（2）最高额抵押担保的债权确定前，部分债权转让的，最高额抵押权不得转让，但是当事人另有约定的除外。

（3）基金份额、股权出质后，不得转让，但是出质人与质权人协商同意的除外。出质人转让基金份额、股权所得的价款，应当向质权人提前清偿债务或者提存。

（4）知识产权中的财产权出质后，出质人不得转让或者许可他人使用，但是出质人与质权人协商同意的除外。出质人转让或者许可他人使用出质的知识产权中的财产权所得的价款，应当向质权人提前清偿债务或者提存。

（5）应收账款出质后，不得转让，但是出质人与质权人协商同意的除外。出质人转让应收账款所得的价款，应当向质权人提前清偿债务或者提存。

（6）不得转让房地产的法定情形是：①以出让方式取得土地使用权的，不符合《城市房地产管理法》第 39 条规定的条件的（即按照出让合同约定已经支付全部土地使用权出让金，并取得土地使用权证书；按照出让合同约定进行投资开发，属于房屋建设工程的，完成开发投资总额的25%以上，属于成片开发土地的，形成工业用地或者其他建设用地条件；转让房地产时房屋已经建成的，还应当持有房屋所有权证书）；②司法机关和行政机关依法裁定、决定查封或者以其他形式限制房地产权利的；③依法收回土地使用权的；④共有房地产，未经其他共有人书面同意的；⑤权属有争议的；⑥未依法登记领取权属证书的；⑦法律、行政法规规定禁止转让的其他情形。

（7）公司公开发行股份前已发行的股份，自公司股票在证券交易所上市交易之日起1年内不得转让。公司董事、监事、高级管理人员应当向公司申报所持有的本公司的股份及其变动情况，在就任时确定的任职期间每年转让的股份不得超过其所持有本公司股份总数的25%；所持本公司股份自公司股票上市交易之日起1年内不得转让。上述人员离职后半年内，不得转让其所持有的本公司股份。公司章程可以对公司董事、监事、高级管理人员转让其所持有的本公司股份作出其他限制性规定。

（8）在上市公司收购中，收购人持有的被收购的上市公司的股票，在收购行为完成后的18个月内不得转让。

（9）出票人在汇票上记载“不得转让”字样的，汇票不得转让。背书人在汇票上记载“不得转让”字样，其后手再背书转让的，原背书人对后手的被背书人不承担保证责任。

（10）依法取得的行政许可，除法律、法规规定依照法定条件和程序可以转让的外，不得转让。

（11）按照以死亡为给付保险金条件的合同所签发的保险单，未经被保险人书面同意，不得转让或者质押。

（12）国有不可移动文物不得转让、抵押。非国有不可移动文物不得转让、抵押给外国人。国家禁止出境的文物，不得转让、出租、质押给外国人。

（13）进境的境外运输工具和出境的境内运输工具，未向海关办理手续并缴纳关税，不得转让或者移作他用。

（14）工程监理单位不得转让工程监理业务。

（15）除按下列规定可以转让外，探矿权、采矿权不得转让：①探矿权人有权在划定的勘查作业区内进行规定的勘查作业，有权优先取得勘查作业区内矿产资源的采矿权。探矿权人在完成规定的最低勘查投入后，经依法批准，可以将探矿权转让他人。②已取得采矿权的矿山企业，因企业合并、分立，与他人合资、合作经营，或者因企业资产出售以及有其他变更企业资产产权的情形而需要变更采矿权主体的，经依法批准可以将采矿权转让他人采矿。

（16）依据《水污染防治法》《大气污染防治法》《固体废物污染环境防治法》规定被淘汰的设备，不得转让给他人使用。

## 案例指引

### 038. 同一债权多重转让时，受让人权利冲突如何处理？①

2017年11月14日，甲公司与乙公司签订股权转让协议，约定乙公司将其持有的目标公司100%的股权转让给甲公司，转让对价1000万元，并约定由甲公司偿还目标公司的借款600万元，共计1600万元。之后甲公司向乙公司支付款项1325万元。另，甲、乙公司之间还有代垫资金关系，经结算，甲公司尚欠乙公司代垫的流动资金100万元。2018年9月27日，乙公司与丙公司签订债权转让协议，将乙公司对甲公司的股权转让款275万元和代垫流动资金100万元，共计375万元转让给丙公司，并于2018年10月12日将债权转让通知寄送甲公司。2018年10月14日，甲公司签收了该邮件。2018年9月30日，乙公司又与丁公司签订了一份债权转让协议，约定将甲公司所欠股权转让款375万元转让给丁公司。同日，丁公司向甲公司送达债权通知，当日，甲公司

① 参见周杰、张伟：《同一债权多重转让时受让人权利冲突的处理》，载河南省高级人民法院网 http://www.hncourt.gov.cn/public/detail.php?id=191023，最后访问日期：2023年2月26日。

签收。其后，丙公司起诉甲公司履行债权转让协议，丁公司提出异议，请求作为第三人参加诉讼，引发本案。

一审法院判决：一、甲公司于判决10日内支付丙公司股权转让款275万元及滞纳金；二、甲公司于判决10日内支付丙公司垫付的流动资金100万元及滞纳金；三、驳回丁公司的诉讼请求。

甲公司、丁公司不服，提起上诉。二审法院经审理认为，丁公司作为乙公司与甲公司债权债务关系之外的第三人，已尽到必要的注意义务，确定了乙公司与甲公司存在债权关系及债权的金额，且作为债务人的甲公司未对债权转让通知的内容及金额提出异议，故丙公司关于债权转让通知内容不真实，应系无效的答辩意见不能成立。“通知”是债权转让合同对债务人发生效力的条件，债权让与人就同一债权向两个或两个以上的受让人作出转让时，受让人按照债权转让通知到达债务人的先后顺序受偿。丁公司为受让人的债权转让通知先送达债务人甲公司，具有优先受偿地位。二审法院判决：一、撤销一审判决；二、甲公司于判决生效之日起10日内支付丁公司债权转让款375万元；三、驳回丙公司的诉讼请求；四、驳回丁公司的其他诉讼请求。

其后，丙公司向河南省高级人民法院申请再审。河南省高级人民法院裁定驳回丙公司的再审申请。

### 关联参见

《保险法》第34条；《合同编通则解释》第47条

**第五百四十六条　【债权转让的通知义务】**债权人转让债权，未通知债务人的，该转让对债务人不发生效力。

债权转让的通知不得撤销，但是经受让人同意的除外。

### 条文解读

**债权转让的通知** ➔ 债权人转让债权不必征得债务人同意，但必须将债权转让的事实及时通知债务人，债务人收到债权转让通知后，债权转让才对其发生法律效力。通知是合同权利转让对债务人生效的必备要件，未经通知，该债权转让对债务人不发生效力。通知的效力体现在：在转让债权的合同成立后但没有通知债务人之前，债务人有权拒绝对受让人履行。同时，在未经通知之前，债务人对转让人所为的清偿以及其他的免责行为，或者是债权人对债务人所为的抵销或免除等行为均有效。债务人在收到通知后，即可对债权的受让人履行合同义务。债权人转让权利的通知不得撤销，但经受让人同意的除外。

**关联参见**

《合同编通则解释》第48—50条

**第五百四十七条　【债权转让从权利一并转让】**债权人转让债权的，受让人取得与债权有关的从权利，但是该从权利专属于债权人自身的除外。

受让人取得从权利不因该从权利未办理转移登记手续或者未转移占有而受到影响。

**条文解读**

**从权利** ➲ 从权利是指附随于主权利的权利。抵押权、质权、保证等担保权利以及附属于主债权的利息等孳息请求权，都属于主权利的从权利。由于从权利是从主权利派生出来的，从权利从属于主权利，这也包括转让上的从属性。需要注意的是，有的从权利的设置是针对债权人自身的，与债权人有不可分离的关系，因此专属于债权人自身的从权利不随主权利的转让而转让。

**第五百四十八条　【债权转让中债务人抗辩】**债务人接到债权转让通知后，债务人对让与人的抗辩，可以向受让人主张。

**第五百四十九条　【债权转让中债务人的抵销权】** 有下列情形之一的，债务人可以向受让人主张抵销：

（一）债务人接到债权转让通知时，债务人对让与人享有债权，且债务人的债权先于转让的债权到期或者同时到期；

（二）债务人的债权与转让的债权是基于同一合同产生。

**关联参见**

《合伙企业法》第41条

**第五百五十条　【债权转让费用的承担】** 因债权转让增加的履行费用，由让与人负担。

**第五百五十一条　【债务转移】** 债务人将债务的全部或者部分转移给第三人的，应当经债权人同意。

债务人或者第三人可以催告债权人在合理期限内予以同意，债权人未作表示的，视为不同意。

**第五百五十二条　【债务加入】** 第三人与债务人约定加入债务并通知债权人，或者第三人向债权人表示愿意加入债务，债权人未在合理期限内明确拒绝的，债权人可以请求第三人在其愿意承担的债务范围内和债务人承担连带债务。

**条文解读**

**债务加入** ➔ 即第三人加入债务中，作为新债务人和原债务人一起向债权人负有连带债务。债务加入与债务转移之间的区别在于，债务转移中，原则上原债务人不再作为债务人，而由第三人作为债务人，因此债务转移又被称为免责的债务转移；但债务加入中，第三人和原债务人一起对债权人负有连带债务，因此债务加入也被称为并存的债务转移。可以看出，较之债务转移，债务加入对债权人更为有利。在究竟是债务转移还是债务加入意思不清晰时，考虑到债权人对债务人资力和履行能力的信赖，基于保护债权人利益的价值，债务人不应轻易地从债务中摆脱，可以推定为债务加入。

在债务加入中，首先要求存在债务，其次要求存在债务加入合同。该债务加入合同可以是第三人和债务人约定，也可以是第三人直接向债权人表示愿意加入。考虑到债务加入一般对债权人不会造成损失，但是，任何人均有权拒绝获利，且在例外情形中也可能对债权人增加不便，因此本条规定，债权人有权在合理期限内对此予以明确拒绝。债务人、第三人也可以和债权人三方共同签订债权转移合同，此时债权人已经表示了同意。当然，在第三人向债权人表示愿意加入债务，或者债权人和第三人之间签订债务加入合同，与债务转移合同中的情形相同，该类债务加入合同至少应当通知债务人，债务人应当能够拒绝债权人和第三人之间签订的债务加入合同对其发生效力，这同样类似于《民法典》第 522 条第 2 款规定的真正的利益第三人合同的构建方案。

构成债务加入后，除另有约定外，第三人和债务人负有同一内容的债务，但债务人并不因此而免负债务，而是与第三人一起对债权人负有连带债务，当然，连带债务的范围应当限制在第三人愿意承担的债务范围内。此时，《民法典》关于连带债务的规定应当在债务加入中被适用。同时，《民法典》第 553 条和第 554 条关于新债务人抗辩、抵销权和承担有关从债务的规定，在债务加入中，也应当被适用。但需要注意的是，由于在债务加入中，债务人并未被取代而摆脱债务，仍然要对债权人负有债务，因此，为债务人提供的担保并不因第三人加入债务而受到影响，但该担保仍然仅对债务人发生担保效力，而对加入的第三人不发生担保效力。例如，《民法典》第 697 条第 2 款规定，第三人加入债务的，保证人的保证责任不受影响。

应当指出的是，当事人也可以通过约定作出不同于连带债务的其他选择，例如当事人可以约定，债权人应当先对新债务人请求，但是如果新债务人不履行或者不完全履行债务的，原债务人的债务没有消灭，债权人仍有权请求原债务人履行，即将原债务人作为次级债务人，原债务人此时更类似于保证人的地位，虽然仍然存在是否受到保证期间限制等一些不同。

## 实务应用

### 031. 债务加入和保证如何区分认定?

判断第三人承担债务的承诺构成保证还是债务加入，应根据具体情况确定。若第三人具有提供担保的意思表示，应认定为保证；若第三人为自己承诺承担的债务设定了明确的履行期限及债务范围，债权人因此对第三人享有独立的请求权，该承诺系独立的合同，应认定为债务加入。

## 案例指引

### 039. 如何区分债务转移和债务加入?[①]

2020 年春节后，蔡某勤与姚某协商订购 200 支额温枪，并支付 77000 元货款，姚某收款后与杨某昊联系订购 150 支额温枪，并付款 42000 元。后姚某、杨某昊均未能交付货物，经蔡某勤催要，姚某退还蔡某勤 15000 元。杨某昊向蔡某勤出具承诺，表示其因被他人诈骗不能交付货物，如 2020 年 6 月 3 日前不能退赃退赔，愿意直接退还蔡某勤 42000 元。后姚某、杨某昊均未退还货款，蔡某勤遂提起诉讼，要求姚某对 62000 元及利息承担还款责任，杨某昊对其中 42000 元及利息承担连带责任。

生效裁判认为，蔡某勤、杨某昊均未明示同意免除姚某的还款责任，双方的诉讼主张也表明双方均未同意免除姚某的还款责任，故本案不属于债务转移，姚某应对 62000 元货款承担还款责任。杨某昊自愿向蔡某勤作出承担 42000 元债务的意思表示，其行为构成债务加入。《民

---

① 参见《人民法院贯彻实施民法典典型案例（第二批）》（2023 年 1 月 12 日发布），蔡某勤诉姚某、杨某昊买卖合同纠纷案，载最高人民法院网 https://www.court.gov.cn/zixun-xiangqing-386521.html，最后访问日期：2023 年 4 月 12 日。

法典》之前的法律对债务加入未作规定，根据《最高人民法院关于适用〈中华人民共和国民法典〉时间效力的若干规定》第 3 条，本案可以适用《民法典》关于债务加入的规定。故判决由姚某对 62000 元及利息承担还款责任，杨某昊对其中 42000 元及利息承担连带责任。

本案是适用《民法典》债务加入规则的典型案例。《民法典》总结民商事审判经验，回应民商事实践发展需要，以立法形式对债务加入作出规定，赋予民事主体更加多元的选择，对于贯彻自愿原则、保障债权安全、优化营商环境具有重要意义。本案中，审理法院结合具体案情，依法认定被告向原告作出的还款意思表示不属于债务转移，而是构成债务加入，是人民法院适用《民法典》新增制度规则的一次生动实践。

## 040. 债权人是否可以请求第三人在其自愿承担的债务范围内和债务人承担连带责任?①

2005 年，乙物业公司与北京某通信公司签订协议，约定北京某通信公司租用乙物业公司的房屋用于建立通信基站。2015 年 3 月 15 日，双方签订续租协议。2019 年 6 月 26 日，乙物业公司、北京某通信公司和甲物业公司签署《终止协议》，约定：乙物业公司、北京某通信公司经协商一致签订此终止协议，原协议于 2016 年 10 月 31 日终止，乙物业公司退还北京某通信公司 2016 年 11 月 1 日至 2020 年 3 月 14 日已支付但未履行的租金 1346787.36 元；本协议约定的退款由甲物业公司向北京某通信公司支付，甲物业公司同意代乙物业公司履行该协议约定的退款义务；甲物业公司需自本协议生效之日起 15 日内向北京某通信公司付清退款，北京某通信公司收到甲物业公司支付的款项，乙物业公司即履行完毕本协议约定的退款义务，北京某通信公司收款后需要向乙物业公司出具收款凭证。该协议签订后，乙物业公司、甲物业公司均未按照协议约定期限履行付款义务。

---

① 参见《北京法院参阅案例第 69 号》，载北京法院网 https：//bjgy. bjcourt. gov. cn/article/detail/2022/08/id/6879361. shtml，最后访问日期：2023 年 4 月 12 日。

北京某通信公司诉至法院，请求甲物业公司、乙物业公司连带退还租金 1346787.36 元及逾期退还租金的利息损失。庭审中，乙物业公司对应退还租金金额无异议，但以无支付能力为由不同意履行退款义务。一审判决后，甲物业公司以其仅构成由第三人履行债务为由，不服一审判决，提出上诉。

一审法院于 2021 年 9 月 23 日作出（2021）京 0101 民初 6034 号民事判决，判决甲物业公司、乙物业公司连带向北京某通信公司退还租金 1346787.36 元，并支付逾期退还租金的利息损失。二审法院于 2021 年 12 月 27 日作出（2021）京 02 民终 16556 号民事判决，判决驳回上诉，维持原判。

法院生效裁判认为：甲物业公司与北京某通信公司、乙物业公司签订的《终止协议》合法有效，各方均应依约履行。《终止协议》没有约定乙物业公司脱离债权债务关系，北京某通信公司亦没有明确表示免除乙物业公司的退款义务，也没有其他证据表明北京某通信公司同意由甲物业公司独立承担债务，且乙物业公司对应退还租金金额无异议，故该约定不属于债务转移，乙物业公司依然负有退款义务。该协议明确约定甲物业公司对乙物业公司应退的租金 1346787.36 元向北京某通信公司承担给付义务，甲物业公司作为该协议当事人，明确向北京某通信公司作出了负担债务的意思表示，符合《民法典》第 552 条规定的债务加入制度，甲物业公司应当依约履行还款义务。关于甲物业公司提出的其系第三人代为履行债务的上诉意见，根据法律规定，由第三人履行债务系当事人约定由第三人向债权人履行债务，该约定系存在于债权人和债务人之间。本案中，三方签订的《终止协议》约定的债务承担方式不符合由第三人履行债务的构成要件，甲物业公司据此不承担给付义务的抗辩理由不能成立。

第三人与债权人、债务人通过签订三方协议的方式，约定第三人代债务人履行债务，且综合案件事实不能证明债权人同意免除债务人债务或作出相应意思表示的，债权人请求第三人在其自愿承担的债务范围内和债务人承担连带责任，人民法院应予支持。

## 关联参见

《民法典担保制度解释》第12条

**第五百五十三条 【债务转移时新债务人抗辩】** 债务人转移债务的，新债务人可以主张原债务人对债权人的抗辩；原债务人对债权人享有债权的，新债务人不得向债权人主张抵销。

**第五百五十四条 【从债务随主债务转移】** 债务人转移债务的，新债务人应当承担与主债务有关的从债务，但是该从债务专属于原债务人自身的除外。

**第五百五十五条 【合同权利义务的一并转让】** 当事人一方经对方同意，可以将自己在合同中的权利和义务一并转让给第三人。

## 条文解读

**概括转让** ➲ 合同权利义务的一并转让，在法律上又被称为概括转让或者合同地位转让，是指合同关系的一方当事人将其合同权利义务一并转移给第三人，由第三人全部承受这些权利义务。合同权利义务的一并转让不同于债权转让、债务转移，它是一方当事人对其当事人地位的转让，其转让的内容实际上包括但不限于债权转让和债务转移，并非债权转让和债务转移的简单组合，而是第三人成为新的当事人，与当事人地位联系在一起的撤销权、解除权等权利，也均转移给第三人。合同权利义务的一并转让主要发生于双务合同，只有双务合同中的当事人一方才可以转让此种权利和义务。在单务合同中，由于一方当事人可能仅享有权利或仅承担义务，因此不能出让全部的权利义务，故单务合同一般不发生合同权利义务的一并转让。比如，赠与合同中的被赠与人只享有权利而不承担义务，这些合同的当事人一般不可能出现将合同权利义务一并转让的情况。

## 案例指引

### 041. 旅游者是否能以突发疾病为理由转让邮轮票？[①]

2017 年 11 月，田某夫妇向旅行社订购了公主号国际邮轮的船票，行程自 2018 年 9 月 1 日开始至 2018 年 9 月 10 日结束。订票后，旅行社向田某夫妇告知："如需要更改出行人，可能产生额外更名费用"，但并未告知"开行前 14 天内只允许更改一名乘客，否则视为取消行程，船票不予退还"。

2018 年 8 月 22 日，田某因左眼孔源性视网膜脱落紧急入院手术治疗。医生建议其术后俯卧位，避免剧烈运动、劳累等。当天，田某向旅行社告知病情，并提出已找到一对符合条件的夫妇愿意受让田某夫妇的船票。但旅行社回复称根据邮轮公司的政策，开行前 14 天内一个房间只能更换一名乘客，不能同时更换两名乘客，否则视为取消行程，船票费用不予退还。田某夫妇最终未能出行，但邮轮公司未将船票款退还给旅行社，旅行社也因此拒绝田某夫妇的退款要求。田某夫妇遂诉至上海市浦东新区人民法院（以下简称上海浦东法院），请求判令旅行社退还全部船票款 24700 元。

被告旅行社认为，原、被告不存在旅游服务关系，被告是受原告委托向邮轮公司订票，双方系票务订购服务关系。同时，被告作为邮轮公司的船票销售代理，系根据邮轮公司的相关政策答复原告，邮轮公司也未实际将船票费退还至被告，故不应由被告退款。

上海浦东法院审理后认为，原告田某夫妇与被告旅行社之间虽未签订书面的合同，但结合被告在行程中实际享有和承担的权利义务、行程单的内容、旅行社与邮轮公司的关系等因素，可以认定原、被告之间成

---

① 参见唐墨华、蒋静芬、王英鸽：《突发疾病欲受让邮轮票遭拒 法院：旅行社负有配合合理转让旅游合同的附随义务》，载上海市高级人民法院网 https：//www. hshfy. sh. cn/shfy/web/xxnr. jsp？ pa = aaWQ9MjAyMDgyNjUmeGg9MSZsbWRtPWxtNTE5z&zd = xwzx，最后访问日期：2023 年 2 月 26 日。

立旅游合同关系。

根据相关法律规定，旅游行程开始前，旅游者可以将旅游合同中自身的权利义务转让给第三人，旅行社没有正当理由的，不得拒绝，因此增加的费用由旅游者和第三人承担。

本案中，首先，被告旅行社未能举证证明其在事发前明确告知过田某夫妇该邮轮开行前14天内只允许更改一名乘客的规定，故该规定不能成为约束原、被告的合同条款。其次，原告田某系因突发疾病而无法成行，原告余某作为妻子需要照顾丈夫无法成行也是人之常情，在这种情况下，被告旅行社未审查原告田某夫妇提出换人的理由是否正当，也未与邮轮公司协商田某夫妇的情况是否可以予以换人处理，就直接拒绝换人请求，明显未尽到作为旅游经营者的法定义务，故被告旅行社拒绝两原告换人请求的行为缺乏合同和法律依据，被告应对两原告因为不能换人而产生的损失承担赔偿责任。

考虑到如将两原告更换成案外人可能产生的成本，法院酌定被告退还两原告旅游费共计17000元。宣判后，旅行社提出上诉，二审法院判决驳回上诉，维持原判。

**第五百五十六条　【一并转让的法律适用】**合同的权利和义务一并转让的，适用债权转让、债务转移的有关规定。

## 第七章　合同的权利义务终止

**第五百五十七条　【债权债务终止的法定情形】**有下列情形之一的，债权债务终止：

（一）债务已经履行；

（二）债务相互抵销；

（三）债务人依法将标的物提存；

（四）债权人免除债务；

（五）债权债务同归于一人；

（六）法律规定或者当事人约定终止的其他情形。

合同解除的，该合同的权利义务关系终止。

## 条文解读

**提存** ➲ 提存是指由于债权人没有正当理由拒绝受领标的物或者查找不到债权人而无法履行时，债务人将该标的物交给提存机关而使合同终止的制度。提存的效力体现在三个方面：(1) 提存在债权人与债务人之间的效力。自提存之日起，债务人的债务归于消灭。标的物的所有权转移于债权人，标的物因不可抗力或者意外事件而发生的毁损、灭失的风险也随之转移于债权人。(2) 提存人与提存机关之间的效力。提存机关有保管提存标的物的权利和义务。提存机关应当采取妥善的方法保管提存物，对不宜保存的，债权人到期不领取或者超过保管期限的提存物，提存机关可以拍卖，保存其价款。(3) 债权人与提存机关之间的效力。债务人所为的给付提存后，债权人得随时领取提存物，同时应当承担提存机关为保管、变卖或出卖提存物所支出的必要费用。债权人对于提存物所生孳息，有权要求返还。因不可归责于提存机关的事由而致提存物毁损、灭失的，提存机关不负责任；但如果是提存机关的故意或者重大过失所致，债权人可请求损害赔偿。

债权人请求领取提存物时，应持提存通知书，并应提交债权存在的证明文件。债权人在法律规定的期限内不行使领取提存物的权利的，其权利即因除斥期间届满而归于消灭，提存物归国家所有。我国法律规定的债权人领取提存物的除斥期间是5年。

如果债务人的提存是为了取得债权人的对待给付，在债权人未为对待给付或者提供相当担保时，提存机关得阻止其领取提存物。但对于此种情形，提存人在提存时，应当在提存书中注明。

## 关联参见

《证券投资基金法》第81条

**第五百五十八条　【后合同义务】** 债权债务终止后，当事人应当遵循诚信等原则，根据交易习惯履行通知、协助、保密、旧物回收等义务。

## 条文解读

**后合同义务** ➜ 本条是关于后合同义务的规定。后合同义务，是指合同的权利义务终止后，当事人依照法律的规定，遵循诚信等原则，根据交易习惯履行的各项义务。后合同义务对于在交易中强化诚信观念、维护交易的正常秩序具有重要意义。因此，债权债务终止后，除了债权人应当将证明债权债务的负债字据返还、向债务人出具债务消灭的收据之外，双方当事人还负有后合同义务。

后合同义务具有以下特点：

1. 后合同义务是合同的权利义务终止后产生的义务，合同成立前，当事人承担的是先合同义务；合同的权利义务未终止，当事人履行的是合同义务。

2. 后合同义务主要是法律规定的义务。如果当事人在合同中约定履行某项义务，该义务为合同义务，不履行该义务，承担违反合同的责任。后合同义务主要是法定义务，违反后合同义务要承担损害赔偿责任。

3. 后合同义务是诚信等原则派生的义务。诚信原则要求民事活动的当事人具有诚实、守信、善意的心理状况，不损人利己，不规避法律，秉持诚实，恪守承诺，在民事活动中维持双方的利益平衡，以及当事人利益与社会利益的平衡。合同的权利义务终止后，当事人应当履行哪些义务，并没有一定之规，依诚信原则应履行的义务，均应为后合同义务的范围。当事人主观方面的要求也可以根据诚信等原则予以确定。

4. 后合同义务的内容根据交易习惯确定。合同的内容不同，后合同义务也不同，法律不可能针对个案确定后合同义务的内容，但按照交易习惯，某类合同终止后，当事人通常的行为准则应作为后合同义务。

所谓交易习惯，一方面指一般的民商事活动应遵循的习惯，另一方面指当事人双方长期交易关系中形成的习惯。

### 关联参见

《最高人民法院关于印发〈全国法院贯彻实施民法典工作会议纪要〉的通知》第 10 条

**第五百五十九条　【从权利消灭】** 债权债务终止时，债权的从权利同时消灭，但是法律另有规定或者当事人另有约定的除外。

### 条文解读

**从权利的消灭** 由于从权利是从主权利派生出来的，从权利从属于主权利，这也包括消灭上的从属性。因此当主债权债务终止时，从权利一般也就没有了存在的价值，随之消灭。据此，《民法典》第 393 条第 1 项就规定，主债权消灭的，担保物权也消灭。《民法典》第 587 条也规定，债务人履行债务的，定金应当抵作价款或者收回。

但是，法律可能作出不同的规定。例如，主债权部分消灭的，作为从权利之一的担保物权并不在相应范围内部分消灭，而是根据担保物权的不可分性，主债权部分消灭，担保物权仍然存在，担保财产仍然担保剩余的债权，直到债务人履行全部债务时为止。《企业破产法》第 124 条也规定："破产人的保证人和其他连带债务人，在破产程序终结后，对债权人依照破产清算程序未受清偿的债权，依法继续承担清偿责任。"同时，本条也允许当事人另有约定，如果当事人约定债权债务终止时，债权的从权利并不消灭而是独立存在，一般应当允许当事人的此种约定发生效力，但法律另有规定的除外。

### 关联参见

《企业破产法》第 124 条

**第五百六十条　【数项债务的清偿抵充顺序】**债务人对同一债权人负担的数项债务种类相同，债务人的给付不足以清偿全部债务的，除当事人另有约定外，由债务人在清偿时指定其履行的债务。

债务人未作指定的，应当优先履行已经到期的债务；数项债务均到期的，优先履行对债权人缺乏担保或者担保最少的债务；均无担保或者担保相等的，优先履行债务人负担较重的债务；负担相同的，按照债务到期的先后顺序履行；到期时间相同的，按照债务比例履行。

## 案例指引

### 042. 已支付款项不足以清偿全部债务，如何确定债的清偿抵充顺序？[①]

原、被告于2012年开始合作，由原告开具远期信用证向外商购买铬矿交由被告在国内销售。双方约定货物进口后，被告每次提货时应付清与提货数量等值的货款、税款、物流费和代理费等；信用证到期后如被告未能按时付清货款，按未付清货款的15%计算逾期付款违约金。后由于铬矿市场波动，导致被告业务长期亏损，其未结清款项便擅自处理了部分货物。为此，原告诉至法院，要求被告支付货款及15%的逾期付款违约金。

因被告就涉案货物曾支付部分款项，被告在付款时，在付款备注栏中说明该款项为货款。对此，原告认为，利息损失的计算应当是以应收取的款项总额减去被告已付款项后尚欠的货款余额为基数，按照协议约定支付15%的逾期付款违约金。被告认为，已付款部分已全部抵充货款，并无未付清的货款余额，未付清款项为物流费、代理费等费用，故不存在逾期付款违约金的计算基础。

关于被告已支付的款项是否先抵充货款，原、被告之间有较大分歧，不同的抵充方法对于被告负担的债务金额也相差甚远。

---

① 参见张建琛、韩赟斐：《已支付款项不足以清偿全部债务〈民法典〉新增规定由债务人指定抵充》，载上海市高级人民法院网 https：//www. hshfy. sh. cn/shfy/web/xxnr. jsp？pa=aaWQ9MjAyMDIwMzEmeGg9MSZsbWRtPWxtNTE5z&zd=xwzx，最后访问日期：2023年2月26日。

上海海事法院经审理后认为，根据《民法典》第560条第1款之规定，债的清偿抵充方法设定为三种类型：约定抵充、指定抵充和法定抵充，顺序为约定抵充优先，指定抵充次之，最后是法定抵充。在已经废止的《最高人民法院关于适用〈中华人民共和国合同法〉若干问题的解释（二）》中曾规定“约定抵充”和“法定抵充”两种方法，但并没有“指定抵充”的法律规定，而《民法典》中新增了“指定抵充”的清偿抵充方法，即债务人清偿给付时，可以向债权人作出意思表示，指示其清偿所要抵充的债务。原、被告之间无约定抵充，而根据被告在付款时指定该款项为货款的备注，故该案中款项的抵充方法应当适用《民法典》新增“指定抵充”的规定，被告已支付款项对货款金额进行了全部抵充。据此，法院作出一审判决，被告应支付400万余元物流费、代理费等及利息损失。

**第五百六十一条　【费用、利息和主债务的清偿抵充顺序】**债务人在履行主债务外还应当支付利息和实现债权的有关费用，其给付不足以清偿全部债务的，除当事人另有约定外，应当按照下列顺序履行：

（一）实现债权的有关费用；

（二）利息；

（三）主债务。

## 案例指引

### 043. 据以行使抵销权的债权不足以抵销全部债务的，抵销的顺序是什么？①

**裁判要点**

据以行使抵销权的债权不足以抵销其全部债务，应当按照实现债权

① 参见《最高人民法院发布〈关于适用《中华人民共和国民法典》合同编通则若干问题的解释〉相关典型案例》（2023年12月5日发布），案例七“某实业发展公司与某棉纺织品公司委托合同纠纷案”，载中国法院网 https://www.chinacourt.org/article/detail/2023/12/id/7681679.shtml，最后访问日期：2023年12月8日。

的有关费用、利息、主债务的顺序进行抵销。

**简要案情**

2012年6月7日，某实业发展公司与某棉纺织品公司签订《委托协议》，约定某实业发展公司委托某棉纺织品公司通过某银行向案外人某商贸公司发放贷款5000万元。该笔委托贷款后展期至2015年6月9日。某商贸公司在贷款期间所支付的利息，均已通过某棉纺织品公司支付给某实业发展公司。2015年6月2日，某商贸公司将5000万元本金归还某棉纺织品公司，但某棉纺织品公司未将该笔款项返还给某实业发展公司，形成本案诉讼。另，截至2015年12月31日，某实业发展公司欠某棉纺织品公司8296517.52元。某棉纺织品公司于2017年7月20日向某实业发展公司送达《债务抵销通知书》，提出以其对某实业发展公司享有的8296517.52元债权抵销案涉5000万元本金债务。某实业发展公司以某棉纺织品公司未及时归还所欠款项为由诉至法院，要求某棉纺织品公司归还本息。在本案一审期间，某棉纺织品公司又以抗辩的形式就该笔债权向一审法院提出抵销，并提起反诉，后主动撤回反诉。

**判决理由**

生效裁判认为，某棉纺织品公司据以行使抵销权的债权不足以抵销其对某实业发展公司负有的全部债务，应当按照实现债权的有关费用、利息、主债务的顺序进行抵销，即某棉纺织品公司对某实业发展公司享有的8296517.52元债权，先用于抵销其对某实业发展公司负有的5000万元债务中的利息，然后再用于抵销本金。某棉纺织品公司有关8296517.52元先用于抵销5000万元本金的再审申请缺乏事实和法律依据，故不予支持。

**司法解释相关条文**

《合同编通则解释》第56条第2款　行使抵销权的一方享有的债权不足以抵销其负担的包括主债务、利息、实现债权的有关费用在内的全部债务，当事人因抵销的顺序发生争议的，人民法院可以参照民法典第五百六十一条的规定处理。

**第五百六十二条　【合同的约定解除】** 当事人协商一致，可以解除合同。

当事人可以约定一方解除合同的事由。解除合同的事由发生时，解除权人可以解除合同。

## 条文解读

**合同协议解除的形式** ➲ 根据解除合同的形式不同，合同的协议解除可分为两种方式：(1) 约定解除。以约定的方式解除合同，是指当事人双方在合同中约定，在合同成立后，没有履行或没有履行完毕之前，由当事人一方在某种情况出现后享有解除权，通过行使解除权，使合同关系终止。约定解除的内容以及方式由当事人自行约定，但是必须符合民事法律行为的成立及生效要件，否则约定解除权的条款无效。当然，该条款的无效一般不影响合同本身的效力。(2) 协商解除。是指合同成立之后，尚未履行或者尚未履行完毕之前，当事人双方通过协商一致解除合同，使合同效力消灭的法律行为。

约定解除和协商解除的关系是：如果当事人事前在合同中约定了解除权，则一方或者双方可以援用解除权条款解除合同；没有约定解除权的，任何一方都不得以其单方意思表示解除合同，只能通过协商解除合同。如果当事人在事前约定了解除权，在解除权尚未行使之前，当事人愿意以协商方式解除合同的，仍可通过协商解除合同。

## 实务应用

### 032. 合同的解除与撤销有什么区别？

合同解除是指在合同有效成立后，当解除合同的条件具备时，因当事人一方或双方意思表示，使合同自始或仅向将来消灭的行为，分为法定解除和协议解除两种形式。可撤销合同是指当事人在订立合同时，因意思表示不真实，法律允许撤销权人通过行使撤销权而使已经生效的合同归于无效。两者的区别主要在于：(1) 从适用范围来看，撤销的适用范围比较广，不仅适用于欠缺有效要件的合同领域，而且适用于有瑕疵的意思表示及民事行为场合；而解除仅适用于有效成立的合同提前消灭的情况。(2) 从发生原因来看，撤销的原因由法律直接规定；而解除的原因既有法律规定的，也有当事人约定的。(3) 从发生的效力来看，撤销都有溯及力，被撤销的民事行为从开始起无效；而解除则往往无溯及力，只有在当事人有特别约定或者法律有特别规定及违约解除非继续合同时，才有溯及力。

## 案例指引

### 044. 保险公司能否以未履行如实告知义务为由单方解除保险合同？①

杨某之子为杨某投保某保险产品计划，该产品系某保险公司专为老年人制定的一款老年人防癌保险。杨某之子在投保前多次与保险业务员通过微信沟通，将杨某有住院病史的情况告知业务员，并将杨某部分住院病案首页发送给业务员。后业务员告知杨某之子这种情况不用如实告知，因为合同是专保癌症的，在健康询问内容处选择“否”即可。第二个保单年度，杨某被确诊为多发性骨髓瘤，前后多次住院和门诊治疗。杨某向某保险公司申请理赔，某保险公司以杨某未履行如实告知义务为由，作出解除保险合同、不承担保险金给付责任的决定。杨某诉请某保险公司赔偿保险金。

一审法院认为，杨某之子在投保前已通过微信将杨某住院史等情况告知保险业务员，应业务员的要求在健康询问内容处选择“否”，不存在未如实告知杨某健康情况的情形，某保险公司不得以未履行如实告知义务为由单方解除保险合同。杨某所患疾病发生在保险期间内，且属于保险合同约定的保险事故，某保险公司应当承担保险责任。一审法院判

---

① 参见《天津高院发布老年人权益保护典型案例》（2022 年 11 月 22 日发布），杨某诉某保险公司人身保险合同纠纷案，载天津法院网 https：//tjfy. tjcourt. gov. cn/article/detail/2022/11/id/7028726. shtml，最后访问日期：2023 年 4 月 12 日。

决某保险公司向杨某支付保险金。一审判决后，双方当事人均未提出上诉。

本案系依法保护老年人商业医疗保险权益的典型案例。保险消费者在投保商业医疗保险时，保险公司通常会要求投保人及被保险人填写健康告知书，若被保险人患有健康告知书中载明的疾病，保险公司则极有可能不予承保。本案中，某保险公司在明知杨某曾患有疾病的情况下，仍予以承保，其以被保险人未履行如实告知义务为由拒绝理赔、解除保险合同及不予续保的行为，没有事实基础和法律依据。杨某在保险合同生效期间，被确诊为多发性骨髓瘤，已经无法再投保其他商业人身保险，某保险公司的上述行为，严重侵害了杨某依法取得商业医疗保险赔偿的权益。随着经济快速发展和人口老龄化程度加剧，针对老年群众的保险产品层出不穷，鉴于老年人的认知能力和投保经验不足，保险机构应对承保条件、理赔条件等向老年人进行特别告知，否则将承担不利后果。本案的处理平衡了老年人契约自由和金融保险市场秩序的关系，保障了老年人充分享受商业医疗保险的合法权益，有助于促进和规范发展第三支柱养老保险。

## 045. 购车后4S店未能履行上牌义务，购车人是否可以解除合同？[①]

2019年6月，孙先生从某4S店购买某品牌新能源汽车一辆。付款提车之后，4S店未能履行新能源车牌上牌义务。2019年11月，孙先生和4S店签订《协议书》一份，协议约定4S店承诺于同年12月完成上牌，如无法完成，可“全额退车退款”。至期，4S店未能完成上牌义务。孙先生认为，4S店未完成协议约定义务，遂诉至上海市松江区人民法院（以下简称上海松江法院），诉请：解除合同；孙先生退车，4S店退款；4S店支付孙先生补偿金及利息损失。

① 参见吴有良、郝白婷：《购车后4S店未能履行上牌义务　法院：违约程度显著轻微　未影响合同目的实现　不予解除合同》，载上海市高级人民法院网 https：//www. hshfy. sh. cn/shfy/web/xxnr. jsp？pa = aaWQ9MjAxOTEzMzAmeGg9MSZsbWRtPWxtNTE5z&zd = xwzx，最后访问日期：2023年2月26日。

另，4S 店在庭审中确认：涉案车辆目前已可以办理车辆的上牌手续。

上海松江法院经审理后认为，从约定的角度而言，孙先生提出解除合同的主张，与 2019 年 11 月《协议书》约定的内容是相符的。但是，结合本案实际：首先，涉案车辆已经于 2019 年 6 月交付孙先生，期间 4S 店向孙先生提供车辆行驶的临时号牌，该车辆可以上路行驶。当然，使用临时号牌的车辆，在本市区域的通行线路、通行时间会受到一定程度的限制，可能会对孙先生使用车辆带来一定的不便，但这并不影响孙先生合同目的的实现。其次，若解除合同，则涉案车辆将会成为一辆二手车，4S 店再行销售该车辆时，车价会存在较大幅度的贬损。在孙先生可以要求 4S 店承担其他的逾期上牌违约责任，并足可以弥补孙先生因此所受损失的情形下，孙先生坚持要求解除合同并据此提出其他有关主张，显有不当，法院也对孙先生进行了相应的释明。后孙先生未在指定期间变更相应诉讼请求，其应自行承担相应的不利法律后果。但这并不影响孙先生后续在协商未果的情形下，以继续履行合同为前提向 4S 店主张追究相应违约责任的诉讼权利。综上，4S 店迟延上牌的违约程度显著轻微，并未影响孙先生合同目的的实现，故合同不宜解除。法院对孙先生要求解除合同并据此提出的其他诉讼请求，均不予支持。

《全国法院民商事审判工作会议纪要》（《九民纪要》）对“合同约定解除”作了如下规定：“合同约定的解除条件成就时，守约方以此为由请求解除合同的，人民法院应当审查违约方的违约程度是否显著轻微，是否影响守约方合同目的实现，根据诚实信用原则，确定合同应否解除。违约方的违约程度显著轻微，不影响守约方合同目的的实现，守约方请求解除合同的，人民法院不予支持；反之，则依法予以支持。”

在认定约定解除条件是否成就时，一般应综合考量以下因素来确定：一是违约方的过错程度。在考察约定的解除条件成就时，要考察违约方的过错程度是轻微过失、严重过失还是故意。如果仅是轻微过失，一般不宜认定解除合同成就。二是考察违约行为的形态。如果约定的违约行为针对的是附随义务，则在认定解除条件是否成就时就更要谨慎，不能轻易认定解除条件成就。三是考察违约行为的后果。如果一方已经履行了合同的主要义务，违约程度显著轻微，不能轻易根据合同约定认定解除合同已经成就。在此也要指出的是，4S店在经营过程中应遵守诚信原则，及时履行合同确定的义务，给消费者提供良好的购车体验，维护自身的商业信誉和形象。

### 关联参见

《合同编通则解释》第52条

**第五百六十三条　【合同的法定解除】** 有下列情形之一的，当事人可以解除合同：

（一）因不可抗力致使不能实现合同目的；

（二）在履行期限届满前，当事人一方明确表示或者以自己的行为表明不履行主要债务；

（三）当事人一方迟延履行主要债务，经催告后在合理期限内仍未履行；

（四）当事人一方迟延履行债务或者有其他违约行为致使不能实现合同目的；

（五）法律规定的其他情形。

以持续履行的债务为内容的不定期合同，当事人可以随时解除合同，但是应当在合理期限之前通知对方。

### 条文解读

**不可抗力** ➲《民法典》第180条第2款规定，不可抗力是不能预见、不能避免且不能克服的客观情况。不能预见，是指行为人主观上对于某一客观情况的发生无法预测。对于某一客观情况的发生可否预见，因人的认知能力不同，科学技术的发展水平各异，预见能力必然有差别。因此，不可预见，应以一般人的预见能力作为判断标准。某些事件的发生，在过去不可预见，但随着科学技术水平的发展，现在就可以预见。例如，现在对天气预报的准确率有很大提高，人们对狂风暴雨的规避能力已大大提高。不能避免并不能克服，表明某一事件的发生和事件所造成的后果具有必然性。不能避免，是指当事人尽了最大的努力和采取一切可以采取的措施，仍然不能避免某种事件的发生并不能克服事件所造成的后果。客观情况，是指独立于当事人行为之外的客观情况。

## 实务应用

### 033. 哪些可作为影响合同履行的不可抗力事件？

一般说来，以下情况被认为属于不可抗力：(1) 自然灾害。自然灾害包括因自然界的力量引发的灾害，例如地震、海啸、火山喷发、台风、冰雹等。自然灾害的发生，常常使合同的履行成为不必要或者不可能，需要解除合同。比如，地震摧毁了供货一方的工厂，使其无法生产订购的货物，其要求解除合同。需要注意的是，一般各国都承认自然灾害为不可抗力，但有的国家认为自然灾害不是不可抗力。因此，在处理涉外合同时，要特别注意各国法律的不同规定。(2) 战争。战争的爆发可能影响到一国乃至更多国家的经济秩序，使合同履行成为不必要。(3) 社会异常事件。主要指一些偶发的阻碍合同履行的事件。比如罢工、骚乱，一些国家认为属于不可抗力。(4) 政府行为。主要指合同订立后，政府颁布新的政策、法律，采取行政措施导致合同不能履行，如禁运、交通封锁、进出境限制等，有些国家认为属于不可抗力。

### 034. 不可抗力事件的发生是否必然导致合同解除？

不是。不可抗力事件的发生，对履行合同的影响可能有大有小，有时只是暂时影响到合同的履行，可以通过延期履行实现合同的目的，对此不能行使法定解除权。只有不可抗力致使合同目的不能实现时，当事人才可以解除合同。

## 案例指引

### 046. 以加盟形式经营的教育培训机构停业，消费者是否可以要求解除协议退还课程费？①

2017 年 12 月至 2020 年 8 月，王某某与某培训机构签订三份《个性化辅导课程合同》，约定某培训机构为王某某提供“一对一”课程服务，课程费共计 128517 元。在合同履行过程中，该培训机构因经营困难停止营业，双方达成退款协议，确认退费金额为 68670. 2 元，分七期退还，但该培训机构未按约定退款。王某某起诉要求该培训机构一次性退还课程费 68670. 2 元。该培训机构辩称，其与某知名教育机构系加盟关系，虽然与王某某签订合同的是该培训机构，但实际经营者是某知名教育机构。

法院生效裁判认为，当事人签订的三份《个性化辅导课程合同》系双方真实意思表示，符合法律规定，应为生效合同，双方均应按照合同约定全面履行义务。某培训机构停止经营，无法提供课程服务，导致合同目的无法实现，构成根本违约，符合法定解除条件，因此，王某某有权解除尚未履行完毕的合同。关于加盟问题，加盟协议是该培训机构与案外人签订的，根据合同的相对性，由此产生的合同权利义务不能对抗王某某。故法院判决某培训机构退还王某某课程费 68670. 2 元。

本案是一起以加盟形式经营的教育培训机构停业，法院依法支持消费者退还课程费的典型案例。近年来，加盟经营的模式在教育培训领域日益普遍，但因消费周期长，涉及金额大，一旦机构关门闭店，消费者合法权益难以得到有效保护。实践中，有些培训机构刻意隐瞒办学资质，进行虚假宣传，而消费者对培训机构的信用评价往往依赖个人经验以及相关宣传材料进行判断，双方信息严重不对称。在加盟模式下，教

---

① 参见《王某某与某培训机构教育培训合同纠纷案》，载天津法院网 https：//tjfy. tjcourt. gov. cn/article/detail/2021/03/id/5868392. shtml，最后访问日期：2023 年 4 月 12 日。

育机构过度注重盈利，经营不规范，忽视后期服务，严重影响培训效果。为防范此类纠纷发生，应加强对以加盟形式经营的教育培训机构的日常监管，引导经营者规范经营，消费者理性消费，畅通消费者依法维权渠道。

## 047. 综艺直播带货两次延期，委托方是否可以以合理期限内未履行义务为理由解除合同？①

2020 年 4 月 10 日，原告与被告签署了《服务协议》，委托被告以“带货综艺植入+带货短视频+两期直播”的形式为原告的巧克力品牌提供推广服务，并约定两期综艺的播出时间分别为同年 4 月 25 日和 5 月 2 日。当天，原告按约支付了 52.8 万元的保证金。

同年 4 月 16 日，被告提出，因不可控因素，两期节目需改期至 4 月 30 日和 5 月 1 日播出，原告表示同意。谁知到了 4 月 29 日，原告又被通知，本该于次日播出的节目还需再延后近 2 周才能播出，原告对此明确拒绝，并于 5 月 6 日向被告递交《解除合同通知》，要求解除《服务协议》、返还保证金。被告对此未予理会，原告遂诉至法院。

原告认为，节目播出时间的选定是考虑到要冲“五一”销量，“五一”之后天气炎热，巧克力需要冷链运输，这将会增加销售成本，故合同履约时间对其至关重要。被告未能按照约定时间提供服务，甚至在一次延期后仍未能播出，致使原告合同目的落空。因此，被告的行为已构成根本违约，原告有权解除合同、要求返还保证金。

被告辩称，在合同履行过程中，自己已经完成大部分义务，首期节目也已于 5 月 13 日上线。至于履行时间的变动，是由不可控因素导致的。并且，巧克力的最佳销售时间之一是“5 · 20”，原告的合同目的并未落空。因此，《服务协议》仍可继续履行，原告可以要求其承担违约

① 参见曹赟娴：《综艺直播带货两次延期 法院：合理期限内未履行义务 可以解除合同》，载上海市高级人民法院网 https：//www.hshfy.sh.cn/shfy/web/xxnr.jsp？pa=aaWQ9MjAyMDg0NDAmeGg9MSZsbWRtPWxtNTE5z&zd=xwzx，最后访问日期：2023 年 2 月 27 日。

责任，但不能径行解约。

上海浦东法院经审理后认为，根据原、被告双方签署的《服务协议》，原告已按约预付保证金，被告应在合同约定期限内，对原告产品进行综艺植入。即便因第三方平台因素导致的延期，按约定亦应控制在一周之内。然而在该合理期限内，被告不仅未履行义务，还表示仍需延期，故原告有权解除合同。原告向被告发送的《解除合同通知》于2020年5月7日送达，《服务协议》即于当日解除。

合同解除后，尚未履行的，终止履行。被告在收到解约通知、明知合同已解除的情况下，应终止履行。至于其之后继续履行合同义务、播出节目等行为，并未通知原告，亦未经原告同意或追认，不构成适约履行。故原告要求被告返还保证金的诉请，合法有据，予以支持。

## 048. 当事人一方加盟特许经营的目的无法实现，是否可以解除特许经营合同？①

某视力矫正公司新推出“2+21天”复合型青少年视力矫正产品，宣称其无创伤、非手术、非药物的矫正视力方法已申请国家专利，近日将获批。

王女士了解相关信息后信以为真，遂与某视力矫正公司签署合作协议并支付加盟费5万元。随后，王女士发现，该视力矫正公司宣传的两天矫正600度以内近视无法实现，其专利技术也不是经过卫健委等相关部门认定为矫正视力的有效技术。因此，王女士向重庆市市场监督部门进行举报，经专家组论证分析一致认为，某视力矫正公司推出的3D虚拟现实眼镜及配套复训服务，用于治疗视力的宣传是伪科学，属虚假宣传的产品，完全不能达到其宣传所称的“两天摘镜”效果；专家同时指出，该产品不仅不具有矫正近视的功能，反而在使用机理上可能进一步

① 参见潘寒冰、张裕：《“2+21天”视力矫正？特许经营合同引纠纷》，载重庆法院网 http://cqgy.cqfygzfw.gov.cn/article/detail/2022/07/id/6800380.shtml，最后访问日期：2023年2月27日。

加深近视，重庆市市场监督部门遂对某视力矫正公司实施了行政处罚。王女士以某视力矫正公司存在欺诈和虚假宣传行为为由提起诉讼，请求解除双方签订的合作协议，并要求某视力矫正公司返还其交纳的加盟费。

某视力矫正公司认为，其在订立协议时已经如实告知了王女士双方合作的内容、模式等，不存在隐瞒事实以及欺诈的行为；涉案协议约定了3天的犹豫期，现期限已过，王女士无权要求退款；双方约定的合作期限已届满终止，原告王女士要求解除合同丧失事实依据和法律依据。综上，请求法院驳回原告王女士的全部诉讼请求。

法院审理认为，经客户回访以及专家论证，重庆市市场监督部门认定某视力矫正公司的产品属于3D虚拟现实眼镜，配套复训服务并非用于治疗近视，不可能达到治疗近视的效果，不能达到其宣传的“两天摘镜”的效果，且对被告处以罚款并责令消除影响的行政处罚。从消费者角度，某视力矫正公司的宣传中提供了虚假信息；从加盟商角度，被告提供的运营手册中亦提供了虚假信息，故被告违反了特许经营规定的信息披露义务。综上，现有证据显示被告不具有成熟的视力矫正技术，无法实现矫正视力的效果，原告加盟的目的无法实现，双方签订的协议应当解除，某视力矫正公司也应当返还王女士交纳的加盟费。

最终，法院判决原告王女士与被告某视力矫正公司签订的合作协议于2021年7月23日解除，被告某视力矫正公司返还原告加盟费5万元。一审判决后，双方均未上诉。

### 关联参见

《城市房地产管理法》第16条、第17条；《农村土地承包法》第42条；《消费者权益保护法》第24条；《买卖合同解释》第19条

**第五百六十四条　【解除权行使期限】**法律规定或者当事人约定解除权行使期限，期限届满当事人不行使的，该权利消灭。

法律没有规定或者当事人没有约定解除权行使期限，自解除权人知道或者应当知道解除事由之日起一年内不行使，或者经对方催告后在合理期限内不行使的，该权利消灭。

## 条文解读

**解除权** ➔ 解除权是解除合同的权利。无论是约定解除权，还是法定解除权，解除权的行使，是法律赋予当事人保护自己合法权益的手段，但该权利的行使不能毫无限制。行使解除权会引起合同关系的重大变化，如果享有解除权的当事人长期不行使解除的权利，就会使合同关系处于不确定状态，影响当事人权利的享有和义务的履行。注意解除权的行使期间不适用有关诉讼时效中止、中断和延长的规定；并且该期间届满后，解除权消灭。

## 关联参见

《商品房买卖合同解释》第 11 条

**第五百六十五条　【合同解除权的行使规则】**当事人一方依法主张解除合同的，应当通知对方。合同自通知到达对方时解除；通知载明债务人在一定期限内不履行债务则合同自动解除，债务人在该期限内未履行债务的，合同自通知载明的期限届满时解除。对方对解除合同有异议的，任何一方当事人均可以请求人民法院或者仲裁机构确认解除行为的效力。

当事人一方未通知对方，直接以提起诉讼或者申请仲裁的方式依法主张解除合同，人民法院或者仲裁机构确认该主张的，合同自起诉状副本或者仲裁申请书副本送达对方时解除。

## 实务应用

### 035. 以直接起诉方式解除合同时，合同解除时间如何认定?

在合同纠纷中，关于一方未通知对方而直接以诉讼或仲裁方式主张解除合同的情况下，合同自何时解除这一问题，《民法典》施行前的法律、司法解释均没有明确规定。《民法典》第 565 条第 2 款对此类情况作出了明确规定。该款明确了以直接起诉或申请仲裁的方式解除合同时，如何确定合同解除时间。我国对合同解除时间的确定系采取通知到达的立法模式，即对方知晓解除权人解除合同的意思表示的时间即为合同解除的时间。以通知方式行使解除权的，合同自通知到达对方时解除；以提起诉讼或申请仲裁的方式行使解除权的，合同自起诉状副本或者仲裁申请书副本送达对方时解除。上述解除时间的确定是以当事人在表达解除合同的意思表示时享有解除权，即约定或法定的解除条件已经成就为前提。倘若当事人通知对方解除合同时，解除条件并未成就，对方当事人表示异议，后一方提起诉讼或申请仲裁，在起诉状副本或者仲裁申请书副本送达对方时合同解除的条件已经成就，则合同自起诉状副本或者仲裁申请书副本送达对方时解除。

## 案例指引

### 049. 不享有解除权的一方向另一方发出解除通知，另一方未在合理期限内提出异议，是否发生合同解除的效力?①

**裁判要点**

合同一方当事人以通知形式行使合同解除权的，须以享有法定或者约定解除权为前提。不享有解除权的一方向另一方发出解除通知，另一

① 参见《最高人民法院发布〈关于适用《中华人民共和国民法典》合同编通则若干问题的解释〉相关典型案例》(2023 年 12 月 5 日发布)，案例七“孙某与某房地产公司合资、合作开发房地产合同纠纷案”，载中国法院网 https：//www. chinacourt. org/article/detail/2023/12/id/7681679. shtml，最后访问日期：2023 年 12 月 8 日。

方即便未在合理期限内提出异议，也不发生合同解除的效力。

**简要案情**

2014 年 5 月，某房地产开发有限公司（以下简称房地产公司）与孙某签订《合作开发协议》。协议约定：房地产公司负有证照手续办理、项目招商、推广销售的义务，孙某承担全部建设资金的投入；房地产公司拟定的《项目销售整体推广方案》，应当与孙某协商并取得孙某书面认可；孙某投入 500 万元（保证金）资金后，如果销售额不足以支付工程款，孙某再投入 500 万元，如不到位按违约处理；孙某享有全权管理施工项目及承包商、施工场地权利，房地产公司支付施工方款项必须由孙某签字认可方能转款。

同年 10 月，房地产公司向孙某发出协调函，双方就第二笔 500 万元投资款是否达到支付条件产生分歧。2015 年 1 月 20 日，房地产公司向孙某发出《关于履行的通知》，告知孙某 5 日内履行合作义务，向该公司支付 500 万元投资款，否则将解除《合作开发协议》。孙某在房地产公司发出协调函后，对其中提及的需要支付的工程款并未提出异议，亦未要求该公司提供依据，并于 2015 年 1 月 23 日向该公司发送回复函，要求该公司近日内尽快推出相关楼栋销售计划并取得其签字认可，尽快择期开盘销售，并尽快按合同约定设立项目资金管理共同账户。房地产公司于 2015 年 3 月 13 日向孙某发出《解除合同告知函》，通知解除《合作开发协议》。孙某收到该函后，未对其形式和内容提出异议。2015 年 7 月 17 日，孙某函告房地产公司，请该公司严格执行双方合作协议约定，同时告知“销售已近半月，望及时通报销售进展实况”。后孙某诉至法院，要求房地产公司支付合作开发房地产收益分红总价值 3000 万元；房地产公司提出反诉，要求孙某给付违约金 300 万元。一审、二审法院认为，孙某收到解除通知后，未对通知的形式和内容提出异议，亦未在法律规定期限内请求人民法院或者仲裁机构确认解除合同的效力，故认定双方的合同已经解除。孙某不服二审判决，向最高人民法院申请再审。

**判决理由**

生效裁判认为，房地产公司于2015年3月13日向孙某发送《解除合同告知函》，通知解除双方签订的《合作开发协议》，但该《解除合同告知函》产生解除合同的法律效果须以该公司享有法定或者约定解除权为前提。从案涉《合作开发协议》的约定看，孙某第二次投入500万元资金附有前置条件，即房地产公司应当对案涉项目进行销售，只有在销售额不足以支付工程款时，才能要求孙某投入第二笔500万元。结合《合作开发协议》的约定，能否认定房地产公司作为守约方，享有法定解除权，应当审查该公司是否依约履行了己方合同义务。包括案涉项目何时开始销售，销售额是否足以支付工程款；房地产公司在房屋销售前后，是否按照合同约定，将《项目销售整体推广方案》报孙某审批；工程款的支付是否经由孙某签字等一系列事实。一审、二审法院未对上述涉及房地产公司是否享有法定解除权的事实进行审理，即以孙某“未在法律规定期限内请求人民法院或者仲裁机构确认解除合同的效力”为由，认定《合作开发协议》已经解除，属于认定事实不清，适用法律错误。

**司法解释相关条文**

《合同编通则解释》第53条　当事人一方以通知方式解除合同，并以对方未在约定的异议期限或者其他合理期限内提出异议为由主张合同已经解除的，人民法院应当对其是否享有法律规定或者合同约定的解除权进行审查。经审查，享有解除权的，合同自通知到达对方时解除；不享有解除权的，不发生合同解除的效力。

**第五百六十六条　【合同解除的法律后果】**合同解除后，尚未履行的，终止履行；已经履行的，根据履行情况和合同性质，当事人可以请求恢复原状或者采取其他补救措施，并有权请求赔偿损失。

合同因违约解除的，解除权人可以请求违约方承担违约责任，但是当事人另有约定的除外。

主合同解除后，担保人对债务人应当承担的民事责任仍应当承担担保责任，但是担保合同另有约定的除外。

## 案例指引

### 050. 养生会所闭店，顾客解除合同后如何退费？[①]

李某、白某系某商贸公司的股东，该公司在天津市河东区开设了某养生会所。2017 年 8 月 18 日至 2019 年 11 月 5 日，宋某（老年人）在该养生会所陆续购买养生保健项目，累计支付 171818 元。该养生会所设有顾客档案表，其中有技师对宋某购买各类消费项目的记载和宋某的消费记录。2019 年 11 月 19 日，宋某最后一次在该养生会所接受服务，后未再前往。2020 年 11 月 27 日，某商贸公司注销，其清算报告中载明，善后事宜由全体股东负责。宋某就退费事宜提出交涉未果，遂诉至天津市河东区人民法院，要求李某、白某返还未消费项目费用。

天津市河东区人民法院认为，宋某在某养生会所购买养生保健项目，双方之间构成服务合同关系。现该养生会所已闭店，其开办主体某商贸公司也已注销，李某、白某作为某商贸公司的股东，应依据清算报告中的声明对该公司未清偿债务承担连带责任。宋某购买的项目未消费完毕，并起诉主张退还相应费用，李某、白某当庭认可，可视为一致同意解除上述合同。合同解除后，宋某尚未消费的项目终止履行。结合票据记载的项目总金额、票据和顾客档案上的项目次数等情况，人民法院判决李某、白某返还宋某未消费项目费用 50939 元。

本案是人民法院判令商家返还未消费项目预付费，维护老年人消费者合法权益的典型案例。近年来，养生保健服务越来越受到老年消费群体的青睐，但相关消费项目往往价格高昂，有的还缺少正式合同和发

---

① 参见《天津高院发布保护消费者合法权益典型案例》（2022 年 3 月 15 日发布），宋某与李某、白某服务合同纠纷案，载天津法院网 https：//tjfy. tjcourt. gov. cn/article/detail/2022/03/id/6576826. shtml，最后访问日期：2023 年 4 月 12 日。

票，并存在一次性购买套餐赠送其他服务、季卡消费过期不退、特价卡不退换等情况，一旦发生纠纷，将给消费者维权带来较大困难。本案中，由于商家账目不清，又存在一些项目折抵更换的情况，导致双方对账未果，人民法院结合双方的消费习惯和各项证据，对未消费金额作出综合认定，并判令商家返还。本案的审理，在充分维护预付费模式下消费者合法权益的同时，也提醒老年人注意理性消费。

## 051. 合同解除权人是否可以一并主张违约责任？[①]

2017 年 9 月，庞某运与某租赁公司签订《车辆租赁合同》，约定由出租人购买某品牌小型轿车出租给承租人，车辆总价 28 万元，租赁期自 2017 年 9 月至 2020 年 10 月止，每月租金 10725 元；如承租人不按期给付租金，出租人可以解除合同收回车辆，但承租人仍应支付车辆收回前的租金和违约金；合同履行期满，车辆所有权归承租人；承租人向出租人支付 2.8 万元作为保证金，如承租人违约，出租人有权没收。因庞某运逾期支付租金，某租赁公司于 2020 年 6 月取回车辆并处理出售车辆获 9.8 万元，并诉至法院，请求判令解除《车辆租赁合同》，庞某运支付租金，没收保证金等。

广州市中级人民法院生效判决认为，庞某运没有依约支付租金，不履行主要合同义务，已构成重大违约，某租赁公司可以行使法定解除权并要求庞某运赔偿解除合同造成的租金损失。根据公平原则及损失填补原则，9.8 万元车辆处理款应当用于抵扣庞某运应付租金。同时，根据《最高人民法院关于适用〈中华人民共和国民法典〉时间效力的若干规定》第 3 条及《民法典》第 566 条第 2 款规定，本案对某租赁公司诉讼请求包含的违约责任款项可以一并处理。2021 年 9 月 16 日，法院判决解除涉案《车辆租赁合同》，庞某运向某租赁公司支付租金 57155 元；

---

① 参见《广东法院贯彻实施民法典典型案例（第二批）》（2022 年 1 月 19 日发布），依法认定合同解除违约责任——庞某运与某租赁公司融资租赁合同纠纷案，载广东法院网 https：//www. gdcourts. gov. cn/index. php? v = show&cid = 170&id = 56401，最后访问日期：2023 年 4 月 12 日。

某租赁公司依约没收保证金 2. 8 万元。

对于合同解除权人是否可以一并主张违约责任，原《合同法》并无规定，《民法典》新增规定明确了合同因违约解除的，解除权人可以请求违约方承担违约责任。本案适用《民法典》新规定对违约责任款项进行一并处理，依法支持合同解除权人同时主张违约金条款，有力维护守约方的合法权益，保障诚信公平的市场交易秩序。

## 052. 网络主播以直播内容低俗为由要求解除经纪合同，传媒公司是否可以要求网络主播承担违约责任？①

2021 年 10 月 8 日，某传媒公司（甲方）与毛某（乙方）签订了《网络主播经纪合作协议》，协议约定甲方有权处理乙方全面演艺经纪事宜，合作期限为半年；甲方不得安排乙方从事危险、暴力、损害乙方人格及名誉、损害乙方人身安全、身心健康的表演活动以及违反法律强制性规定的其他行为；乙方如提前解约，应该向甲方支付解约金、惩罚性违约金及律师费等。根据合同，毛某的主要任务是在某平台进行网络直播，直播内容为才艺表演、与粉丝互动及唱歌、跳舞、做游戏等。在传媒公司安排的游戏中，根据观众打赏金额高低决定主播输赢，客户、赢家和主持有权决定对输掉游戏的主播的惩罚方式，惩罚方式包括水桶打屁股、仰卧起坐、俯卧撑等。传媒公司有时还会线下安排主播陪刷礼物、能力强的平台观众吃饭喝酒，并要求毛某及其他主播加相关平台观众微信。如男性观众在聊天中索取私密照片，平台运营人员也会提供一些女性暴露、性感的照片或视频给主播进行转发。毛某等人不满传媒公司的做法，于 2021 年 11 月初申请离职，但未获准许。后毛某等人向公安机关进行举报，并于 2021 年 12 月 1 日与传媒公司完全停止合作。某传媒公司遂向法院提起诉讼，请求解除合同，并要求毛某向其支付违约

① 参见《四川省高级人民法院弘扬社会主义核心价值观典型案例（六）》（2022 年 12 月 27 日发布），某传媒公司诉毛某合同纠纷案，载四川省高级人民法院网 http：// scfy. scssfw. gov. cn/article/detail/2022/12/id/7080426. shtml，最后访问日期：2023 年 4 月 12 日。

金等款项。

法院认为，双方签订的《网络主播经纪合作协议》第4条约定甲方不得安排乙方从事危险、暴力、损害乙方人格及名誉、损害乙方人身安全、身心健康的表演活动以及违反法律强制性规定的其他行为。传媒公司安排毛某等主播以接受各种惩罚等低俗内容吸引观众，要求主播与打赏观众喝酒聊天，向打赏观众发送不雅图片和视频，上述行为不符合大众审美情趣，有损网络文明，亦有损主播身心健康。某传媒公司的行为违反了合同约定，毛某据此要求解除合约，符合合同约定和法律规定。某传媒公司违约在先，其无权要求毛某承担违约责任，对某传媒公司要求毛某支付解约金、赔偿经济损失、支付惩罚性违约金等诉讼请求不予支持，遂判决驳回某传媒公司的全部诉讼请求。

该案系依法整治网络直播行业乱象的典型案例。随着直播行业的兴起，低俗表演、诱导打赏等问题也随之出现，损害着网络直播行业的良性发展，行业乱象亟待整治。2022年6月8日，国家广播电视总局、文化和旅游部联合发布了《网络主播行为规范》，为网络直播领域划出了底线，为主播行为标定了红线。本案裁判依法认定经纪公司违约在先，其对主播的要求既有损主播身心健康，又有损网络文明，最终驳回了经纪公司的全部诉讼请求，对于规范网络直播行业秩序、营造风清气正的网络空间具有重要意义。

### 关联参见

《城市房地产管理法》第16条；《劳动法》第28条；《保险法》第47条；《旅游法》第65条、第68条

**第五百六十七条　【结算、清理条款效力的独立性】**合同的权利义务关系终止，不影响合同中结算和清理条款的效力。

## 条文解读

**结算和清理** ➔ 结算是经济活动中的货币给付行为，结算的方式主要有：(1) 银行汇票结算。银行汇票是汇款人将款项交存银行，由银行签发给汇款人持往异地办理转账结算或支取现金的票据。(2) 商业汇票结算。商业汇票是收款人或者付款人（或承兑申请人）签发，由承兑人承兑，并于到期日向收款人或被背书人支付款项的票据。(3) 银行本票结算。银行本票是申请人将款项交存银行，由银行签发给其凭以办理转账结算或支取现金的票据。(4) 支票结算。支票是银行的存款人签发给收款人办理结算或委托开户银行将款项支付给收款人的票据。(5) 汇兑。汇兑是汇款人委托银行将款项汇给外地收款人的结算方式。(6) 委托收款。委托收款是收款人委托银行向付款人收取款项的结算方式。如果当事人在合同中约定了结算方式，合同终止后，应当按照约定的方式结算。

清理指对债权债务进行清点、估价和处理。如果合同中约定了进行清理的主体——比如某会计师事务所、某财产评估机构，清理的范围——比如是固定资产、流动资金，还是库存产成品，以及清理的方法——比如按照政府定价还是市场价，应当按照合同约定进行清理。

关于违约责任的违约金和定金的约定也可以被认为是结算和清理条款。

**第五百六十八条　【法定抵销】** 当事人互负债务，该债务的标的物种类、品质相同的，任何一方可以将自己的债务与对方的到期债务抵销；但是，根据债务性质、按照当事人约定或者依照法律规定不得抵销的除外。

当事人主张抵销的，应当通知对方。通知自到达对方时生效。抵销不得附条件或者附期限。

## 条文解读

**法定抵销** 所谓法定抵销，是指二人互负债务，任何一方均可以其债权充当债务之清偿，而使其债务与对方的债务在对等额内相互抵销。法定抵销必须具备一定的条件方能生效，这些条件是：(1) 当事人须互负债务、互享债权。当事人双方存在的两个债权债务必须合法有效。(2) 须债务的标的物的种类、品质相同。抵销通常在金钱债务或者可代替物债务以及其他种类的债务中较多适用。另外，用于抵销的标的物的品质也必须相同，否则一般不能抵销。(3) 须双方债务均届清偿期。(4) 须双方债务均是可抵销之债。并非一切债务都可以为抵销，只要一方的债务是不得抵销的债务，就不可以为抵销。不得抵销的债务主要有：①按照合同性质不得抵销的。依合同的性质，非清偿不能达到合同的目的的，如果互相抵销，即会违反订立合同的本旨，因此，这类债务必须互相清偿，不得抵销。例如，不作为债务、提供具有信赖利益的、劳务的债务以及已经约定不得抵销的债务。另外，与人身不可分离的债务，如抚恤金、抚养费等债务，也不得为抵销。②依照法律规定不得抵销的债务。法律规定不得抵销的债务是：a. 禁止强制执行的债务。例如，法院决定扣留、提取劳动收入时，应当保留被执行人及其家属的生活必需费用；查封、扣押、冻结、拍卖、变卖被执行人的财产，应当保留被执行人本人及其所供养的家属的生活必需品。b. 因故意侵权行为所产生的债务。如果允许此类债务扣押为抵销，则意味着债权人可以任意侵犯债务人的人身和财产权利，这显然有悖于法理和社会公序良俗。c. 约定应当向第三人为给付的债务。第三人请求债务人履行时，债务人不得以自己对于他方当事人享有债权而主张抵销；他方当事人请求债务人向第三人履行时，债务人也不得以第三人对自己负有债务而主张抵销。d. 违约金、赔偿金等债务，不得用自行扣发货物或者扣除货款等作为冲抵。

例如，张某与贾某离婚，两个人的小孩约定由张某抚养，贾某每月支付小孩抚养费 600 元，后张某向贾某借钱 7000 元用于经商，约定 1

年后还。1 年后，张某经商失败，不能偿还贾某的欠款。贾某提议将其下一年应支付给孩子的抚养费与张某的欠款进行抵销，遭到张某的拒绝。在本案中，贾某主张抵销的两种债权债务的性质是不一样的，两者不能进行抵销。

**实务应用**

### 036. 对于时效已经届满的合同债权能否抵销？

如果主动债权的时效期间没有届满，而被动债权的时效期间已经届满，则可以抵销。此种情况下作出抵销，可以认为债务人抛弃了时效利益。如果主动债权的时效期间已经届满，而被动债权的时效期间尚未届满，则不可以抵销。时效届满的债权不可抵销，是因为该债权已经成为自然债权，否则无异于强迫对方履行自然债务。

**关联参见**

《合同编通则解释》第 55—57 条

**第五百六十九条　【约定抵销】** 当事人互负债务，标的物种类、品质不相同的，经协商一致，也可以抵销。

**第五百七十条　【提存的条件】** 有下列情形之一，难以履行债务的，债务人可以将标的物提存：

（一）债权人无正当理由拒绝受领；

（二）债权人下落不明；

（三）债权人死亡未确定继承人、遗产管理人，或者丧失民事行为能力未确定监护人；

（四）法律规定的其他情形。

标的物不适于提存或者提存费用过高的，债务人依法可以拍卖或者变卖标的物，提存所得的价款。

**第五百七十一条 【提存的成立】**债务人将标的物或者将标的物依法拍卖、变卖所得价款交付提存部门时，提存成立。

提存成立的，视为债务人在其提存范围内已经交付标的物。

**第五百七十二条 【提存的通知】**标的物提存后，债务人应当及时通知债权人或者债权人的继承人、遗产管理人、监护人、财产代管人。

**第五百七十三条 【提存期间风险、孳息和提存费用负担】**标的物提存后，毁损、灭失的风险由债权人承担。提存期间，标的物的孳息归债权人所有。提存费用由债权人负担。

**第五百七十四条 【提存物的领取与取回】**债权人可以随时领取提存物。但是，债权人对债务人负有到期债务的，在债权人未履行债务或者提供担保之前，提存部门根据债务人的要求应当拒绝其领取提存物。

债权人领取提存物的权利，自提存之日起五年内不行使而消灭，提存物扣除提存费用后归国家所有。但是，债权人未履行对债务人的到期债务，或者债权人向提存部门书面表示放弃领取提存物权利的，债务人负担提存费用后有权取回提存物。

**第五百七十五条 【债的免除】**债权人免除债务人部分或者全部债务的，债权债务部分或者全部终止，但是债务人在合理期限内拒绝的除外。

**第五百七十六条 【债权债务混同的处理】**债权和债务同归于一人的，债权债务终止，但是损害第三人利益的除外。

## 条文解读

**混同** ➜ 债权债务同归于一人，使合同关系归于消灭的事实称为混同。混同的发生有以下两种原因：概括承受与特定承受。概括承受是发生混同的主要原因，如债权人继承债务人的遗产、债务人继承债权人的遗产、企业合并的概括承受等。特定承受，是指债务人由债权人受让债权，或者债权人承担债务人的债务时，发生混同导致债权债务关系消灭。

## 第八章　违约责任

**第五百七十七条　【违约责任的种类】**当事人一方不履行合同义务或者履行合同义务不符合约定的，应当承担继续履行、采取补救措施或者赔偿损失等违约责任。

### 条文解读

**违约责任** ➜ 本条是关于违约责任基本规则的规定。违约责任，即违反合同的民事责任，也就是合同当事人因违反合同义务所承担的责任。违约责任首先是一种民事责任，因此与民事义务之一的合同义务不同。违约责任是当事人一方不履行合同义务或者履行合同义务不符合约定所应当承担的后果，违约责任以合同义务的存在为前提，违约责任是合同义务的转化和延伸，合同义务是第一性义务，而违约责任是第二性义务，两者具有同一性，无合同义务即无违约责任。但是，违约责任是国家凭借法律之力，强制债务人履行债务或者承担其他责任，与诉权联系在一起，以确保合同权利的实现，包含了责任的国家强制性，是对债务人行为的否定性评价。

违约责任，首先要求合同义务的有效存在。不以合同义务的存在为前提所产生的民事责任不是违约责任，这使得违约责任与侵权责任、缔约过失责任区分开来，后两者都不是以合同义务的存在为必要前提。其次要求债务人不履行合同义务或者履行合同义务不符合约定。这包括了履行不能、履行迟延和不完全履行等，还包括瑕疵担保、违反附随义务和债权人受领迟延等可能与合同不履行发生关联的制度。

## 案例指引

### 053. 发卡行是否应承担持卡人被盗刷账户资金减少的损失赔偿责任？[①]

**徐欣诉招商银行股份有限公司上海延西支行银行卡纠纷案**

（最高人民法院审判委员会讨论通过　2021年11月9日发布）

**关键词**　民事/银行卡纠纷/网络盗刷/责任认定

**裁判要点**

持卡人提供证据证明他人盗用持卡人名义进行网络交易，请求发卡行承担被盗刷账户资金减少的损失赔偿责任，发卡行未提供证据证明持卡人违反信息妥善保管义务，仅以持卡人身份识别信息和交易验证信息相符为由主张不承担赔偿责任的，人民法院不予支持。

**相关法条**

《中华人民共和国合同法》第107条（注：现行有效的法律为《中华人民共和国民法典》第577条）

**基本案情**

徐欣系招商银行股份有限公司上海延西支行（以下简称招行延西支行）储户，持有卡号为××××的借记卡一张。

2016年3月2日，徐欣上述借记卡发生三笔转账，金额分别为50000元、50000元及46200元，共计146200元。转入户名均为石某，卡号：××××，转入行：中国农业银行。

2016年5月30日，徐欣父亲徐某至上海市公安局青浦分局经侦支队报警并取得《受案回执》。当日，上海市公安局青浦分局经侦支队向徐欣发送沪公（青）立告字（2016）3923号《立案告知书》，告知信用卡诈骗案决定立案。

2016年4月29日，福建省福清市公安局出具融公（刑侦）捕字

① 最高人民法院指导案例169号。

(2016) 00066 号《逮捕证》，载明：经福清市人民检察院批准，兹由我局对涉嫌盗窃罪的谢某 1 执行逮捕，送福清市看守所羁押。

2016 年 5 月 18 日，福建省福清市公安局刑侦大队向犯罪嫌疑人谢某 1 制作《讯问笔录》，载明：……我以 9800 元人民币向我师傅购买了笔记本电脑、银行黑卡（使用别人身份办理的银行卡）、身份证、优盘等设备用来实施盗刷他人银行卡存款。我师傅卖给我的优盘里有受害人的身份信息、手机号码、银行卡号、取款密码以及银行卡内的存款情况。……用自己人的头像补一张虚假的临时身份证，办理虚假的临时身份证的目的是到手机服务商营业厅将我们要盗刷的那个受害者的手机挂失并补办新的 SIM 卡，我们补办新 SIM 卡的目的是掌握受害者预留给银行的手机号，以便于接收转账等操作时银行发送的验证码，只有输入验证码手机银行内的钱才能被转账成功。而且将受害者的银行卡盗刷后，他手上持有的 SIM 卡接收不到任何信息，我们转他银行账户内的钱不至于被他发现。……2016 年 3 月 2 日，我师傅告诉我说这次由他负责办理受害人假的临时身份证，并补办受害者关联银行卡的新手机 SIM 卡。他给了我三个银行账号和密码（经辨认银行交易明细，……一张是招行卡号为××××，户名：徐欣）。

2016 年 6 月，福建省福清市公安局出具《呈请案件侦查终结报告书》，载明：……2016 年 3 月 2 日，此次作案由谢某 1 负责转账取款，上家负责提供信息、补卡，此次谢某 1 盗刷了周某、徐欣、汪某等人银行卡内存款共计 400700 元……

2016 年 6 月 22 日，福建省福清市人民检察院向徐欣发送《被害人诉讼权利义务告知书》，载明：犯罪嫌疑人谢某 1、谢某 2 等 3 人盗窃案一案，已由福清市公安局移送审查起诉……

徐欣向人民法院起诉请求招行延西支行赔偿银行卡盗刷损失及利息。

**裁判结果**

上海市长宁区人民法院于 2017 年 4 月 25 日作出（2017）沪 0105 民初 1787 号民事判决：一、招商银行股份有限公司上海延西支行给付徐欣存款损失 146200 元；二、招商银行股份有限公司上海延西支行给付原告徐欣自 2016 年 3 月 3 日起至判决生效之日止，以 146200 元为基数，按照中国人民银行同期存款利率计算的利息损失。招商银行股份有限公司上海延西支行不服一审判决，向上海市第一中级人民法院提起上诉。上海市第一中级人民法院于 2017 年 10 月 31 日作出（2017）沪 01 民终 9300 号民事判决：驳回上诉，维持原判。

**裁判理由**

法院生效裁判认为：被上诉人在上诉人处办理了借记卡并将资金存入上诉人处，上诉人与被上诉人之间建立储蓄存款合同关系。《中华人民共和国商业银行法》第六条规定："商业银行应当保障存款人的合法权益不受任何单位和个人的侵犯。"在储蓄存款合同关系中，上诉人作为商业银行对作为存款人的被上诉人，具有保障账户资金安全的法定义务以及向被上诉人本人或者其授权的人履行的合同义务。为此，上诉人作为借记卡的发卡行及相关技术、设备和操作平台的提供者，应当对交易机具、交易场所加强安全管理，对各项软硬件设施及时更新升级，以最大限度地防范资金交易安全漏洞。尤其是，随着电子银行业务的发展，商业银行作为电子交易系统的开发、设计、维护者，也是从电子交易便利中获得经济利益的一方，应当也更有能力采取更为严格的技术保障措施，以增强防范银行卡违法犯罪行为的能力。本案根据查明的事实，被上诉人涉案账户的资金损失，系因案外人谢某 1 非法获取被上诉人的身份信息、手机号码、取款密码等账户信息后，通过补办手机 SIM 卡截获上诉人发送的动态验证码，进而进行转账所致。在存在网络盗刷的情况下，上诉人仍以身份识别信息和交易验证信息通过为由主张案涉交易是持卡人本人或其授权交易，不能成立。而且，根据本案现有证据无法查明案外人谢某 1 如何获得交易密码等账户信息，上诉人亦未提供相应的证据证明账户信息泄露系因被上诉人没有妥善保管使用银行卡所导致，因此，就被上诉人自身具有过错，应当由上诉人承担举证不能的法律后果。上诉人另主张，手机运营商在涉案事件中存在过错。然，本案被上诉人提起诉讼的请求权基础为储蓄存款合同关系，手机运营商并非合同以及本案的当事人，手机运营商是否存在过错以及上诉人对被上诉人承担赔偿责任后，是否有权向手机运营商追偿，并非本案审理范围。综上，上诉人在储蓄存款合同履行过程中，对上诉人账户资金未尽到安全保障义务，又无证据证明被上诉人存在违约行为可以减轻责任，上诉人对被上诉人的账户资金损失应当承担全部赔偿责任。上诉人的上诉请求，理由不成立，不予支持。

### 054. 经营者无法履行义务，消费者办理的预付卡中的未使用金额如何返还？①

2017 年至 2019 年，张某等众多家长为自己 1 至 3 岁的婴幼儿到某销售公司所经营的游泳馆进行办卡消费并签订入会协议，每人预存了几千元至上万元不等的费用，以微信转账或支付宝转账方式支付给该公司法人及唯一股东孟某某。2020 年年初，该婴幼儿游泳馆即处于闭店状态，后该公司承租场地合同到期终止，不再继续经营。该公司在退还部分家长未使用费用后便不再进行退款。张某等人与该销售公司法人孟某某协商无果后诉至法院，请求判决销售公司及孟某某退还剩余服务费用。

法院认为，销售公司所经营游泳馆 2020 年年初开始未营业，且在承租场地到期后不再继续经营，该销售公司亦不再具备继续履行的条件及能力，故销售公司应当按照各消费者所剩余次数折算后退还相应的预付费用。因孟某某作为该销售公司的唯一股东，其以个人账户接收消费者的预付款项，形成了个人财产与公司财产的混同，该法院依法判决，销售公司向张某等人返还剩余预付款，孟某某对上述预付款的返还承担连带责任。

---

① 参见《最高法发布消费者权益保护典型案例》（2022 年 3 月 15 日发布），张某等人诉某销售公司、孟某某服务合同纠纷案，载最高人民法院网 https：//www. court. gov. cn/zixun-xiangqing-350961. html，最后访问日期：2023 年 4 月 12 日。

预付卡消费在服务领域，特别是在教育培训、美容美发、洗车、洗衣、健身等服务中广泛存在，而预付卡消费实践中存在以下情况：办卡过程中因经营者存在宣传诱导、预付卡合同中存在“消费者办卡后不补、不退、不得转让，逾期作废概不退款”等约定、办卡后扣款不明及服务下降，导致消费者在预付卡消费中与商家存在争议；更有甚者，部分经营者以装修、维护、停业整顿为名，携款跑路，或在重新整修后，改换门面，终止服务，造成预付卡消费者的消费困境。本案通过查明消费者与经营者之间的合同履行情况，在确认经营者无法继续提供约定服务的情况下，明确作为经营者负有将预付款中尚未消费的部分应当予以返还，并结合该销售公司为一人公司的性质及股东收取预付款的情况，依法认定股东应当作为责任主体，对销售公司所负有返还剩余预付款的债务承担连带责任，最大限度地维护消费者的合法权益。

## 055. 销售者在二手商品网站从事经营活动构成欺诈的，是否应当承担惩罚性赔偿责任？①

杨某在某二手商品网络交易平台发布二手“某知名品牌无线耳机”的交易信息，称该无线耳机系其外出旅游时在官方专营店购买其他数码产品时赠送，全新正品，现闲置低价转让。高某获知该信息，向杨某确认该二手商品系全新官方正品后，通过二手商品网络交易平台与杨某达成交易。高某收到耳机后，发现该无线耳机系假冒产品，认为杨某的销售行为构成欺诈，遂向法院提起诉讼，请求判令杨某返还已支付的购物款并承担价款 3 倍的惩罚性赔偿责任。法院经审理查明，杨某销售的“二手商品”确系假冒产品，且杨某短时间内在某二手商品网络交易平台以同样的宣传方式已销售同款无线耳机 40 余笔，交易金额超 5 万余元。

---

① 参见《最高法发布消费者权益保护典型案例》（2022 年 3 月 15 日发布），高某诉杨某网络信息购物合同纠纷案，载最高人民法院网 https：//www. court. gov. cn/zixun-xiangqing-350961. html，最后访问日期：2023 年 4 月 12 日。

法院认为，杨某在二手网络交易平台假借出售个人闲置物品的名义长期从事经营性销售活动，并以虚假宣传的方式销售假冒商品，致高某陷入错误认识，进而订立合同，形成交易，杨某的行为应认定为商业性经营行为，其行为构成销售欺诈。高某主张杨某依据《消费者权益保护法》承担经营者责任，法院应予支持。故判令杨某退还高某已支付的商品价款并承担商品价款3倍的惩罚性赔偿。

近年来，个人闲置物品的网络交易，方兴未艾，交易人数、交易量发展迅速。各大二手商品网络交易平台的出现，更促进了社会个人闲置二手商品交易的繁荣，但不可忽视的是二手商品网络交易平台中销售者发布的商品鱼目混珠，侵害合法权益的事件多有发生。对于二手商品网络交易平台发生的交易，买家权益受到损害，能否适用《消费者权益保护法》要求销售者承担经营者责任，相关法律规定并不明确。从促进全社会个人闲置二手物品线上交易健康、规范、有序发展，以及平等保护市场交易主体合法权益的角度考虑，有必要对网络二手市场的交易主体进行区分，应在综合考虑出售商品的性质、来源、数量、价格、频率，是否有其他销售渠道、收入等情况下，合理将长期从事二手交易营利活动的销售者界定为经营者，适用《消费者权益保护法》的相关规定，以切实维护消费者的合法权益。

### 056. 开发商以沙盘模型直观展示预售楼房的外观，购房者是否可以未尽到充分的告知与说明义务为理由要求开发商承担违约责任？[①]

吴先生对自己要购买的新房非常满意，当场签订了预售合同，并按约支付了全部购房款。之后，吴先生却发现，他所购房屋楼栋的二层及次顶层外部均安装了外部腰线，并在楼栋顶层安装了顶棚。吴先生认为，开发商某宏置业有限公司在未经其同意也未提前告知的情况下安装

---

① 参见高原、崔缤予：《施工图售楼书沙盘模型均可见房屋装饰腰线　购房者要求拆除　法院：开发商未违约交付　难以支持诉请》，载上海市高级人民法院网 https：//www.hshfy.sh.cn/shfy/web/xxnr.jsp？pa=aaWQ9MjAyNTUyNjYmeGg9MSZsbWRtPWxtNTE5z&zd=xwzx，最后访问日期：2023年2月27日。

了腰线及顶棚，严重影响采光及视野。

吴先生诉至上海市青浦区人民法院（以下简称上海青浦法院），要求某宏置业有限公司拆除上述腰线及顶棚，或是补偿未能拆除的损失。

吴先生诉称，开发商在销售房屋时，从未向自己告知楼栋外部会安装腰线及顶层的顶棚，而且双方合同也未披露任何与该腰线及顶棚有关的信息。因存在装饰腰线、顶棚及房屋质量问题等诸多情况，自己直至开庭，仍未能成功收房。开发商严重违反合同约定，应予拆除腰线和顶棚或补偿自己其未能拆除的损失。

开发商某宏置业有限公司辩称，不同意吴先生的诉请。首先，腰线及顶棚作为外立面部分，可以通过模型的方式直观体现给购房人。开发商已经按照施工图制作了沙盘模型，模型直观、清晰地展示了腰线与顶棚，开发商实际交付的建筑物与图纸及模型均一致，开发商已经履行了告知义务。其次，开发商施工是合法合规的。楼房腰线及顶棚作为外立面部分，涉及整幢楼全体业主利益，依据相关法律规定，涉及改建建筑物事项的，应当经专有面积、人数通过 3/4 的业主表决同意，该前提条件在本案中亦不具备。而且，吴先生已签署交房通知书，开发商也会在其义务范围内对房屋内部存在的质量瑕疵问题进行维修。腰线对购房者的日常居住生活影响十分有限，而顶棚同样不会对购房者的使用产生任何影响。

上海青浦法院审理认为，吴先生和某宏置业有限公司所签署的《上海市商品房预售合同》合法有效，双方均应切实履行。吴先生已付清合同约定的购房款，开发商亦应向吴先生交付符合合同约定的房屋。

双方签订的预售合同中未标明房屋楼栋外立面有装饰腰线及顶棚的设置，但在开发商提供的施工图、售楼书及销售现场的沙盘模型上均可见房屋设有装饰腰线及顶棚。不论这些沙盘模型是要约还是要约邀请，都是对吴先生购买房屋作出判断前进行选择和考量的参考因素之一。作为购房人吴先生，应当知晓所购房屋的楼层室号在沙盘模型上的位置和与腰线及顶棚的距离，应当知晓腰线和顶棚与所购房屋因位置距离上的关系可能产生的遮挡影响，此非须具备特殊专业技能或知识才能预见的事项。在此基础上，吴先生自愿选择购房，开发商亦按施工图、售楼书及沙盘模型展示的房屋进行交付，现吴先生以开发商未告知腰线及顶棚遮挡影响之不利因素、未按约交付房屋为由，主张拆除腰线或顶棚，没有法律或合同依据，法院难以支持。

综上，在开发商不存在违约交付的前提下，吴先生主张的拆除腰线或顶棚及替代补偿的诉请均难以支持。

购房者除关注房屋内部质量问题外，也越来越关注楼栋外部构造或小区外部环境对房屋居住使用的影响。本案中，开发商已经在售楼处设置了沙盘模型，直观展示预售楼房的外观，尽到了充分的告知与说明义务，购房者在选购时应慎重考虑。装饰腰线和顶棚的位置及可能产生的遮挡影响均属于可以预见的事项，购房者在签约前应综合考虑以上各种因素可能带来的影响，在可接受范围内谨慎签约，以免引发后续纠纷。

## 关联参见

《旅游法》第70—72条

**第五百七十八条　【预期违约责任】** 当事人一方明确表示或者以自己的行为表明不履行合同义务的，对方可以在履行期限届满前请求其承担违约责任。

## 条文解读

**预期违约** ➔ 也称为先期违约，是指在履行期限到来前，一方无正当理由而明确表示其在履行期到来后将不履行合同，或者以其行为表明其在履行期到来以后将不可能履行合同。预期违约包括明示毁约和默示毁约。明示毁约是指一方当事人无正当理由，明确肯定地向另一方当事人表示他将在履行期限到来后不履行合同。默示毁约是指在履行期到来之前，一方虽然没有明确表示不履行债务但以自己的行为或者现状表明其将不会或不能履行债务。“以自己的行为表明”是指一方当事人通过自己的行为让对方当事人有确切的证据预见到其在履行期限届满时将不履行或不能履行合同主要义务。由于这两种违约行为发生在履行期限届满之前，因此，另一方当事人可以在履行期限届满之前要求违约方承担违约责任。

预期违约的构成要件是：其一，违约的时间必须是在合同有效成立之后至履行期限届满之前；其二，违约必须是对合同根本性义务的违反，即导致合同目的落空，体现为不履行合同义务；其三，违约方不履行合同义务无正当理由。如果债务人有正当理由拒绝履行债务的，例如拒绝履行诉讼时效已届满的债务则不构成预期违约。

**第五百七十九条　【金钱债务的继续履行】**当事人一方未支付价款、报酬、租金、利息，或者不履行其他金钱债务的，对方可以请求其支付。

**第五百八十条　【非金钱债务的继续履行】**当事人一方不履行非金钱债务或者履行非金钱债务不符合约定的，对方可以请求履行，但是有下列情形之一的除外：

（一）法律上或者事实上不能履行；

（二）债务的标的不适于强制履行或者履行费用过高；

（三）债权人在合理期限内未请求履行。

有前款规定的除外情形之一，致使不能实现合同目的的，人民法院或者仲裁机构可以根据当事人的请求终止合同权利义务关系，但是不影响违约责任的承担。

## 条文解读

**继续履行** ➲ 本条在法律制度上是关于非金钱债务继续履行的规定。所谓继续履行，也称为实际履行，就是按照合同的约定继续履行义务。当事人订立合同都是追求一定的目的，这一目的直接体现在对合同标的的履行上，义务人只有按照合同约定的标的履行，才能实现权利人订立合同的目的。所以，继续履行合同是当事人一方违反合同后应当承担的一项重要的民事责任。对合同一方当事人不能自觉履行合同的，另一方当事人有权请求违约方继续履行合同或者请求人民法院、仲裁机构强制违约当事人继续履行合同。例如，没有交付商品的，应当交付合同约定的商品。继续履行是违约责任的一种形式，具有国家强制性，不是单纯的合同义务的履行。继续履行能够使得债权人尽可能实现其利益，避免了赔偿损失计算的困难，强调了合同的法律约束力。

**实务应用**

## 037. 不能请求继续履行的具体情形有哪些？[①]

（1）法律上或者事实上不能履行

所谓法律上不能履行，指的是基于法律规定而不能履行，或者履行将违反法律的强制性规定。比如，甲将其房屋卖给乙，但未交付和办理移转登记，之后甲又将同一个房屋卖给丙，并将房屋交付给丙，并且办理了移转登记，此时由于甲已经丧失了所有权，因此在法律上无处分权，无法履行甲对乙所负有的移转房屋所有权的合同义务，这即属于法律上不能履行，乙此时不能请求甲继续履行，而只能请求甲赔偿损失。再如，如果一定合同的履行行为必须经过有关机关的批准，在未批准前，不得请求继续履行。所谓事实上不能履行，是指依据自然法则已经不能履行。比如，合同标的物是特定物，该特定物已经毁损、灭失。但是，如果仅仅是暂时不能履行，或者债务人作出一定的努力仍可以履行合同义务的，那么合同仍然可以继续履行。人民法院或者仲裁机构应当对是否存在法律上或者事实上不能履行的情形进行审查。

（2）债务的标的不适于强制履行或者履行费用过高

债务的标的不适于强制履行，指依据债务的性质不适合强制履行，

① 参见黄薇主编：《中华人民共和国民法典合同编解读》，中国法制出版社 2020 年版，第 414—416 页。

或者执行费用过高。比如：①基于高度的人身依赖关系而产生的合同，如委托合同、合伙合同等，如果是因高度信任对方的特殊技能、业务水平、忠诚等所产生的，并且强制债务人履行义务会破坏此种高度的人身依赖关系，则不得请求继续履行。②对于许多提供服务、劳务或者不作为的合同来说，如果强制履行会危害到债务人的人身自由和人格尊严，或者完全属于人身性质，比如需要艺术性或者科学性的个人技能，或者涉及保密性和私人性的关系，则不得请求继续履行。

履行费用过高，指履行仍然可能，但确会导致履行方负担过重，产生不合理的过大的负担或者过高的费用。比如，一艘邮轮沉入海中，尽管将该邮轮打捞出来是可能的，但邮轮所有人因此支出的费用大大超过了所运石油的价值，托运人不能请求其继续履行。在判断履行费用是否过高时，需要对比履行的费用和债权人通过履行所可能获得的利益、履行的费用和采取其他补救措施的费用，还需要考量守约方从其他渠道获得履行进行替代交易的合理性和可能性。

如果债务的标的不适于强制履行或者履行费用过高，债权人请求继续履行的，债务人享有拒绝履行的抗辩权。

（3）债权人在合理期限内未请求履行

履行合同义务需要债务人进行特定的准备和努力，如果履行期限已过，并且债权人未在合理期限内请求债务人继续履行，债务人则可能会推定债权人不再坚持继续履行。债权人在很长时间之后才请求继续履行，如果支持债权人的继续履行请求，会使得债务人长期处于不确定状态之中，随时准备履行，且会诱使债权人的投机行为。因此，如果债权人在合理期限内未请求继续履行的，则不能再请求继续履行。

合理期限首先可以由当事人事先约定；如果没有约定或者约定不明确，当事人可以协议补充；也无法协议补充的，按照合同有关条款或者交易习惯确定，这需要在个案中结合合同种类、性质、目的和交易习惯等因素予以具体判断。如果债权人在合理期限内未请求继续履行，之后再请求债务人继续履行的，债务人享有拒绝履行的抗辩权。

## 关联参见

《合同编通则解释》第59条

**第五百八十一条　【替代履行】**当事人一方不履行债务或者履行债务不符合约定，根据债务的性质不得强制履行的，对方可以请求其负担由第三人替代履行的费用。

## 条文解读

**替代履行的费用**本条适用的前提是，当事人一方不履行债务或者履行债务不符合约定，并且该债务根据债务的性质不得强制履行。此时，债权人可以请求债务人负担由第三人替代履行的费用。如果该债务是以作为为标的的债务，则债权人可以请求债务人负担由第三人替代履行的费用。比如，《民法典》第713条第1款规定，承租人在租赁物需要维修时可以请求出租人在合理期限内维修。出租人未履行维修义务的，承租人可以自行维修，维修费用由出租人负担。如果该债务是以不作为为标的的债务，且表现为有形状态的持续，则债权人同样可以请求债务人负担由第三人替代履行的费用，例如债务人负有不搭建建筑物的义务，债务人搭建后则负有拆除的义务，债务人不拆除的，则债权人也可请求债务人负担由第三人拆除该建筑物的费用。

该请求权是实体法上的请求权，且以根据债务的性质不得强制履行为前提，同时不以进入执行程序为前提，因此，与《民事诉讼法》规定的执行措施不同。同时，也并非第三人先替代履行，之后才可以请求债务人负担费用，债权人可以直接请求债务人负担由第三人之后替代履行的费用。从债权人的角度而言，最终实现了自己的债权，类似于继续履行；从债务人的角度而言，类似于赔偿损失。同时，本条的规定不妨碍债权人就其他损失请求债务人赔偿。

**第五百八十二条　【瑕疵履行违约责任】**履行不符合约定的，应当按照当事人的约定承担违约责任。对违约责任没有约定或者约定不明确，依据本法第五百一十条的规定仍不能确定的，受损害方根据标的的性质以及损失的大小，可以合理选择请求对方承担修理、重作、更换、退货、减少价款或者报酬等违约责任。

## 条文解读

标的物质量不符合约定，买受人依照《民法典》第582条的规定要求减少价款的，人民法院应予支持。当事人主张以符合约定的标的物和实际交付的标的物按交付时的市场价值计算差价的，人民法院应予支持。价款已经支付，买受人主张返还减价后多出部分价款的，人民法院应予支持。

## 关联参见

《消费者权益保护法》第40—45条、第48条、第52—54条；《产品质量法》第40—43条；《买卖合同解释》第17条

**第五百八十三条　【违约损害赔偿责任】**当事人一方不履行合同义务或者履行合同义务不符合约定的，在履行义务或者采取补救措施后，对方还有其他损失的，应当赔偿损失。

## 案例指引

### 057. 老年人银行资金被骗，银行对相关风险是否应履行告知义务？[①]

吴某年近七十，其听从骗子要求，在某银行网点工作人员的协助下开设手机银行及电子令牌，并将电子令牌生成的密码告知骗子，导致账户上130万元被转走。吴某认为自己被电信诈骗，是受限于自己的认知

---

① 参见《天津高院发布老年人权益保护典型案例》（2022年11月22日发布），吴某诉某银行储蓄存款合同纠纷案，载天津法院网https://tjfy.tjcourt.gov.cn/article/detail/2022/11/id/7028726.shtml，最后访问日期：2023年4月12日。

水平，固然应当承担责任，但是作为专业金融机构的银行，对防止网络电信诈骗具有一定的注意和审慎义务，工作人员在办理相关业务的过程中，明显存在重大失误，应对该起电信诈骗负一定责任，遂起诉要求某银行赔偿吴某 130 万元的资金损失。

一审法院认为，转账过程中吴某轻信诈骗电话、泄露密码，导致账户里的钱被转走，是资金损失的直接原因。但依据人民银行相关规定，银行在为存款人开通非柜面转账业务时，应当与存款人签订协议，约定非柜面渠道转账的日累计限额、笔数和年累计限额等。某银行未就不同限额和笔数向吴某作出明确说明，未就相关风险履行告知义务，也存在一定过错。经综合考虑，一审法院认为吴某对损失承担主要责任，银行承担部分赔偿责任，酌定某银行赔偿吴某 20%的资金损失。该案件上诉后，二审判决驳回上诉，维持原判。

本案例是维护老年人金融资金安全的典型案例。很多犯罪分子利用老年人对于智能手机操作不熟悉、缺乏基本安全防护意识的弱点，通过远程操控，诱骗老年人通过银行转账的方式把辛苦积攒的养老钱“送”到犯罪分子手中。受害人自身对于电信诈骗缺乏安全防范意识固然是该类诈骗成型的主要原因，但相关金融机构在开展业务时未结合老年人的认知能力和行为特点充分履行告知义务和风险提示义务，间接助长了电信诈骗行为。银行作为专业金融机构，在防范电信网络新型违法犯罪中应当切实履行主体责任，在老年人等重点人群办理较高风险业务时应当给予更多关注和帮助，共同筑牢老年人金融资产安全防线。

## 058. 购房人在购房后的装修过程中发现卫生间下水管道返水问题，是否可以要求卖方承担瑕疵履行责任？[①]

2018 年 6 月 18 日，崔某与某投资公司签订商品房买卖合同，购买

① 参见《天津高院发布保护消费者合法权益典型案例》（2022 年 3 月 15 日发布），崔某与某投资公司房屋买卖合同纠纷案，载天津法院网 https：//tjfy. tjcourt. gov. cn/article/detail/2022/03/id/6576826. shtml，最后访问日期：2023 年 4 月 12 日。

某投资公司开发建设的房屋一套。2019 年 10 月 31 日，某投资公司向崔某交付约定房屋。在崔某装修过程中，该房屋卫生间下水管道向上返污水，崔某联系物业公司疏通后继续进行装修。2020 年 7 月 31 日，在装修基本完成后，上返污水现象再次发生，造成屋内房间被污水浸泡，屋内部分装修受损。崔某多次与物业及开发商沟通赔偿问题未果，遂向天津市宁河区人民法院提起诉讼，要求某投资公司赔偿其经济损失。诉讼过程中，案涉房屋再次发生两次上返污水的现象。后某投资公司安排施工方更换了下水管道，上返污水情况未再发生。经崔某申请，人民法院依法委托评估机构对案涉房屋内受损情况进行评估，损失数额为 52090 元。

天津市宁河区人民法院认为，崔某与某投资公司之间系房屋买卖合同关系。当事人一方不履行合同义务或者履行合同义务不符合约定的，在履行义务或者采取补救措施后，对方还有其他损失的，应当赔偿损失。本案中，某投资公司向崔某交付房屋后，在崔某装修过程中，数次发生卫生间向上返水现象，经疏通后仍不能有效避免，直至更换相应管道后才未再发生。某投资公司向崔某交付房屋的排水系统存在瑕疵，是导致房屋被污水浸泡并造成损失的原因，且房屋排水系统尚在质保期内，某投资公司应承担相应的赔偿责任。故判决某投资公司赔偿崔某包括评估费在内的经济损失 55090 元。一审宣判后，某投资公司不服提起上诉，天津市第三中级人民法院依法判决驳回上诉，维持原判。

本案是人民法院依法判决开发商承担房屋质量问题违约责任，保障人民群众安居乐业的典型案例。随着生活水平的提高，人们对居住条件的改善需求日益增长，这在推动房地产行业发展的同时，也引发一系列相关纠纷。本案中，崔某购买的新房尚在装修期间，即多次遭遇卫生间上返污水的情况，给其装修、入住带来了极大困扰。本案判决开发商赔偿因瑕疵履行给购房人造成的实际损失，充分维护了购房人作为消费者的合法权益。

**第五百八十四条　【法定的违约赔偿损失】** 当事人一方不履行合同义务或者履行合同义务不符合约定，造成对方损失的，损失赔偿额应当相当于因违约所造成的损失，包括合同履行后可以获得的利益；但是，不得超过违约一方订立合同时预见到或者应当预见到的因违约可能造成的损失。

## 条文解读

**违约赔偿损失** ➡ 违约赔偿损失，是指行为人违反合同约定造成对方损失时，行为人向受害人支付一定数额的金钱以弥补其损失，是运用较为广泛的一种责任方式。赔偿的目的，最基本的是补偿损害，使受到损害的权利得到救济，使受害人能恢复到未受到损害前的状态。违约赔偿损失的范围可由法律直接规定，或由双方约定。当事人可以事先约定免除责任和限制责任的条款，在不违反法律规定的前提下，该免责或者限制责任条款是有效的。在法律没有特别规定和当事人没有另行约定的情况下，应按完全赔偿原则，即因违约方的违约使受害人遭受的全部损失都应当由违约方承担赔偿责任。

按照完全赔偿原则，违约损失赔偿额应当相当于因违约所造成的损失，包括实际损失和可得利益的赔偿。实际损失，即所受损害，指因违约而导致现有利益的减少，是现实利益的损失，又被称为积极损失。例如，货物在运输过程中遭受了10000元的损害，该损失即是实际损失。可得利益，即所失利益，受害人在合同履行后本可以获得的，但因违约而无法获得的利益，是未来的、期待的利益的损失，又被称为消极损失。例如，汽车修理厂与出租车司机约定10日修理好损坏的出租车，汽车修理厂迟延3日交付，司机开出租车每日可获纯利润200元，3日可得利益为600元，汽车修理厂违约，应赔偿600元的可得利益。

## 案例指引

### 059. 非违约方可否主张合同履行后可以获得的利益？①

**裁判要点**

非违约方主张按照违约行为发生后合理期间内合同履行地的市场价格与合同价格的差额确定合同履行后可以获得的利益的，人民法院依法予以支持。

**简要案情**

某石材公司与某采石公司签订《大理石方料买卖合同》，约定自某采石公司在某石材公司具备生产能力后前两年每月保证供应石料1200立方米至1500立方米。合同约定的大理石方料收方价格根据体积大小，主要有两类售价：每立方米350元和每立方米300元。自2011年7月至2011年9月，某采石公司向某石材公司供应了部分石料，但此后某采石公司未向某石材公司供货，某石材公司遂起诉主张某采石公司承担未按照合同供货的违约损失。某采石公司提供的评估报告显示荒料单价为每立方米715.64元。

**判决理由**

生效裁判认为，某采石公司提供的评估报告显示的石材荒料单价为每立方米715.64元，是某石材公司在某采石公司违约后如采取替代交易的方法再购得每立方米同等质量的石料所需要支出的费用。以该价格扣除合同约定的供货价每立方米350元，即某石材公司受到的单位损失。

**司法解释相关条文**

《合同编通则解释》第60条第3款　非违约方依法行使合同解除权

---

① 参见《最高人民法院发布〈关于适用《中华人民共和国民法典》合同编通则若干问题的解释〉相关典型案例》（2023年12月5日发布），案例九“某石材公司与某采石公司买卖合同纠纷案”，载中国法院网https：//www.chinacourt.org/article/detail/2023/12/id/7681679.shtml，最后访问日期：2023年12月8日。

但是未实施替代交易，主张按照违约行为发生后合理期间内合同履行地的市场价格与合同价格的差额确定合同履行后可以获得的利益的，人民法院应予支持。

## 关联参见

《合同编通则解释》第 60 条、第 63 条

**第五百八十五条　【违约金的约定】** 当事人可以约定一方违约时应当根据违约情况向对方支付一定数额的违约金，也可以约定因违约产生的损失赔偿额的计算方法。

约定的违约金低于造成的损失的，人民法院或者仲裁机构可以根据当事人的请求予以增加；约定的违约金过分高于造成的损失的，人民法院或者仲裁机构可以根据当事人的请求予以适当减少。

当事人就迟延履行约定违约金的，违约方支付违约金后，还应当履行债务。

## 条文解读

**违约金** ➲ 违约金是当事人违约后承担责任的形式之一，当事人在订立合同时就承担违约责任的方式作出约定时，可以约定一方违约时应当根据违约情况向对方支付一定数额的违约金，也可以约定因违约产生的损失赔偿额的计算方法，但两种方式不能同时在合同中约定，也不能同时适用。

违约金以补偿性为原则，因此，当约定的违约金低于造成的损失时，受害方可以请求人民法院或者仲裁机构予以增加，增加的数额以补足违约造成的损失为限。但在一定情形下，违约金又具有惩罚性，这体现在约定的违约金过分高于造成的损失的，违约方可以请求人民法院或者仲裁机构予以适当减少。

关于违约金过高的主张方式，当事人既可以通过反诉方式，也可以

通过提出抗辩的方式主张。根据《合同编通则解释》第65条的规定，当事人主张约定的违约金过分高于违约造成的损失，请求予以适当减少的，人民法院应当以《民法典》第584条规定的损失为基础，兼顾合同主体、交易类型、合同的履行情况、当事人的过错程度、履约背景等因素，遵循公平原则和诚信原则进行衡量，并作出裁判。约定的违约金超过造成损失的30%的，人民法院一般可以认定为过分高于造成的损失。恶意违约的当事人一方请求减少违约金的，人民法院一般不予支持。

例如，甲公司与乙公司于2023年8月6日签订A产品的买卖合同，约定8月20日前乙公司以每吨300元的价格向甲公司购买货物，共10吨，货到付款，任何一方违约的，应当向非违约方支付违约金500元。后甲公司与丙公司就A产品签订买卖合同，约定每吨为320元，共10吨，8月18日前交货。在签约时，甲公司出具了其与乙公司签订的合同，要求丙公司务必切实履行合同的义务。至8月底，丙公司仍未向甲公司交付货物，导致甲公司向乙公司承担了违约责任。故甲公司要求丙公司承担违约责任。在本案中，丙公司应当向甲公司支付的违约金包括：甲公司向乙公司承担的违约金500元；甲公司因履行其与丙公司合同所支付的履约费用；甲公司履行其与丙公司合同能够获得的受益，即（320−300）×10＝200元。

## 实务应用

### 038. 商品房买卖合同中没有约定违约金数额或者损失赔偿额的，如何确定具体数额？

违约金数额或者损失赔偿额可以参照以下标准确定：逾期付款的，按照未付购房款总额，参照中国人民银行规定的金融机构计收逾期贷款利息的标准计算。逾期交付使用房屋的，按照逾期交付使用房屋期间有关主管部门公布或者有资格的房地产评估机构评定的同地段同类房屋租金标准确定。

## 案例指引

### 060. 网络主播主张合同约定的违约金明显过高请求予以减少的，在实际损失难以确定的情形下，人民法院如何酌定具体数额?[①]

**上海熊猫互娱文化有限公司诉李岑、**
**昆山播爱游信息技术有限公司合同纠纷案**

（最高人民法院审判委员会讨论通过　2022年12月8日发布）

**关键词**　民事/合同纠纷/违约金调整/网络主播

**裁判要点**

网络主播违反约定的排他性合作条款，未经直播平台同意在其他平台从事类似业务的，应当依法承担违约责任。网络主播主张合同约定的违约金明显过高请求予以减少的，在实际损失难以确定的情形下，人民法院可以根据网络直播行业特点，以网络主播从平台中获取的实际收益为参考基础，结合平台前期投入、平台流量、主播个体商业价值等因素合理酌定。

**相关法条**

《中华人民共和国民法典》第585条（本案适用的是自1999年10月1日起实施的《中华人民共和国合同法》第114条）

**基本案情**

被告李岑原为原告上海熊猫互娱文化有限公司（以下简称熊猫公司）创办的熊猫直播平台游戏主播，被告昆山播爱游信息技术有限公司（以下简称播爱游公司）为李岑的经纪公司。2018年2月28日，熊猫公司、播爱游公司及李岑签订《主播独家合作协议》（以下简称《合作协议》），约定李岑在熊猫直播平台独家进行“绝地求生游戏”的第一视角游戏直播和游戏解说。该协议违约条款中约定，协议有效期内，播爱游公司或李岑未经熊猫公司同意，擅自终止本协议或在直播竞品平台

---

① 最高人民法院指导案例189号。

上进行相同或类似合作，或将已在熊猫直播上发布的直播视频授权给任何第三方使用的，构成根本性违约，播爱游公司应向熊猫直播平台支付如下赔偿金：（1）本协议及本协议签订前李岑因与熊猫直播平台开展直播合作熊猫公司累计支付的合作费用；（2）5000万元人民币；（3）熊猫公司为李岑投入的培训费和推广资源费。主播李岑对此向熊猫公司承担连带责任。合同约定的合作期限为一年，从2018年3月1日至2019年2月28日。

2018年6月1日，播爱游公司向熊猫公司发出主播催款单，催讨欠付李岑的两个月合作费用。截至2018年6月4日，熊猫公司为李岑直播累计支付2017年2月至2018年3月的合作费用1111661元。

2018年6月27日，李岑发布微博称其将带领所在直播团队至斗鱼直播平台进行直播，并公布了直播时间及房间号。2018年6月29日，李岑在斗鱼直播平台进行首播。播爱游公司也于官方微信公众号上发布李岑在斗鱼直播平台的直播间链接。根据“腾讯游戏”微博新闻公开报道：“BIU雷哥（李岑）是全国主机游戏直播节目的开创者，也是全国著名网游直播明星主播，此外也是一位优酷游戏频道的原创达人，在优酷视频拥有超过20万的粉丝和5000万的点击量……”

2018年8月24日，熊猫公司向人民法院提起诉讼，请求判令两被告继续履行独家合作协议、立即停止在其他平台的直播活动并支付相应违约金。一审审理中，熊猫公司调整诉讼请求为判令两被告支付原告违约金300万元。播爱游公司不同意熊猫公司请求，并提出反诉请求：1. 判令确认熊猫公司、播爱游公司、李岑三方于2018年2月28日签订的《合作协议》于2018年6月28日解除；2. 判令熊猫公司向播爱游公司支付2018年4月至2018年6月之间的合作费用224923.32元；3. 判令熊猫公司向播爱游公司支付律师费20000元。

**裁判结果**

上海市静安区人民法院于2019年9月16日作出（2018）沪0106民初31513号民事判决：一、播爱游公司于判决生效之日起十日内支付熊猫公司违约金2600000元；二、李岑对播爱游公司上述付款义务承担连带清偿责任；三、熊猫公司于判决生效之日起十日内支付播爱游公司2018年4月至2018年6月的合作费用186640.10元；四、驳回播爱游公司其他反诉请求。李岑不服一审判决，提起上诉。上海市第二中级人民法院于2020年11月12日作出（2020）沪02民终562号民事判决：驳回上诉，维持原判。

**裁判理由**

法院生效裁判认为：

第一，根据本案查明的事实，熊猫公司与播爱游公司、李岑签订《合作协议》，自愿建立合同法律关系，而非李岑主张的劳动合同关系。《合作协议》系三方真实意思表示，不违反法律法规的强制性规定，应认定为有效，各方理应依约恪守。从《合作协议》的违约责任条款来看，该协议对合作三方的权利义务都进行了详细约定，主播未经熊猫公司同意在竞争平台直播构成违约，应当承担赔偿责任。

第二，熊猫公司虽然存在履行瑕疵但并不足以构成根本违约，播爱游公司、李岑并不能以此为由主张解除《合作协议》。且即便从解除的方式来看，合同解除的意思表示也应当按照法定或约定的方式明确无误地向合同相对方发出，李岑在微博平台上向不特定对象发布的所谓“官宣”或直接至其他平台直播的行为，均不能认定为向熊猫公司发出明确的合同解除的意思表示。因此，李岑、播爱游公司在二审中提出因熊猫公司违约而已经行使合同解除权的主张不能成立。

第三，当事人主张约定的违约金过高请求予以适当减少的，应当以实际损失为基础，兼顾合同的履行情况、当事人的过错程度以及预期利益等综合因素，根据公平原则和诚实信用原则予以衡量。对于公平、诚信原则的适用尺度，与因违约所受损失的准确界定，应当充分考虑网络直播这一新兴行业的特点。网络直播平台是以互联网为必要媒介、以主播为核心资源的企业，在平台运营中通常需要在带宽、主播上投入较多的前期成本，而主播违反合同在第三方平台进行直播的行为给直播平台造成损失的具体金额实际难以量化，如对网络直播平台苛求过重的举证责任，则有违公平原则。故本案违约金的调整应当考虑网络直播平台的特点以及签订合同时对熊猫公司成本及收益的预见性。本案中，考虑主播李岑在游戏直播行业中享有很高的人气和知名度的实际情况，结合其收益情况、合同剩余履行期间、双方违约及各自过错大小、熊猫公司能够量化的损失、熊猫公司已对约定违约金作出的减让、熊猫公司平台的现状等情形，根据公平与诚实信用原则以及直播平台与主播个人的利益平衡，酌情将违约金调整为260万元。

## 061. 违约方提出违约金过高，请求减少违约金的，法院一般会如何认定？①

2014年6月13日，陈某与刘某签订《合作协议书》，约定二人共同承办“某汽车拉力赛”，陈某负责先期垫付筹备期间及运营期间的资金，陈某支付刘某150万元前期顾问费。刘某负责在2014年8月16日前办理赛事全部审批手续，否则，刘某须在2日内将150万元全部无条件退还陈某，每逾期一天，刘某应承担千分之五的违约金。协议签订后，陈某支付了150万元顾问费，但刘某未办理完审批手续。陈某诉至法院要求刘某返还150万元，并要求支付自2014年8月18日起至实际返还之日止的违约金，标准为每日千分之五。刘某在一审期间未出庭，也未作答辩。一审判决后，刘某不服提起上诉，主张违约金标准过高，请求按照中国人民银行同期贷款利率计算违约金。

2016年10月21日，北京市朝阳区人民法院作出（2016）京0105民初32945号民事判决：一、刘某于判决生效之日起7日内返还陈某前期顾问费150万元；二、刘某于判决生效之日起7日内支付陈某违约金（以150万元为基数，自2014年8月18日起至实际返还之日止，按日

① 参见北京市高级人民法院研究室：《北京法院参阅案例第42号》，载北京法院网https：//bjgy. bjcourt. gov. cn/article/detail/2020/04/id/4964253. shtml，最后访问日期：2023年4月12日。

千分之五的标准计算）。2016年12月28日，北京市第三中级人民法院作出（2016）京03民终13939号民事判决：一、维持北京市朝阳区人民法院（2016）京0105民初32945号民事判决第一项；二、变更北京市朝阳区人民法院（2016）京0105民初32945号民事判决第二项为：刘某于判决生效之日起7日内支付陈某违约金（以150万元为基数，自2014年8月18日起至实际返还之日止，按年利率24%的标准计算）。三、驳回陈某的其他诉讼请求。

本案的争议焦点是违约金标准的确定问题。原《合同法》第114条[①]第1、2款规定，当事人可以约定一方违约时应当根据违约情况向对方支付一定数额的违约金，也可以约定因违约产生的损失赔偿额的计算方法。约定的违约金低于造成的损失的，当事人可以请求人民法院或者仲裁机构予以增加；约定的违约金过分高于造成的损失的，当事人可以请求人民法院或者仲裁机构予以适当减少。本案中，双方虽在《合作协议书》中约定了违约金标准，但刘某上诉提出双方约定的违约金标准过高，请求法院予以适当减少，法院结合具体案情，综合考虑当事人过错程度、预期利益、公平原则、诚信原则等因素，确定刘某向陈某支付违约金的标准。法院认为以150万元为基数，按年利率24%的标准计算为宜。据此，二审法院予以改判。

## 062. 违约金过分高于损失的举证证明责任由谁承担？[②]

2016年1月31日，经某家公司（丙方）居间，莫某（买受人、乙方）与张某（出卖人、甲方）就位于北京市西城区（原宣武区）×房屋签订买卖合同，合同约定张某以总价5165000元的价格将涉案房屋出卖给莫某。三方签订补充协议约定："……第二条关于房屋交易具体事宜的约定：（1）定金：乙方于2016年1月31日将第一笔定金人民币（大

---

① 现为《民法典》第585条。

② 参见北京市高级人民法院研究室：《北京法院参阅案例第43号》，载北京法院网 https：//bjgy. bjcourt. gov. cn/article/detail/2020/04/id/4964269. shtml，最后访问日期：2023年4月12日。

写）壹拾万元整以自行支付的方式支付甲方。……第四条违约责任……（2）甲方若出现下列情形之一的，甲方构成根本违约，且乙方有权以书面通知的方式解除房屋买卖合同；……（4）拒绝将该房屋出售的。甲方出现上述根本违约情形之一的，甲方应在违约行为发生之日起十五日内，以相当于该房屋总价款的20%向乙方支付违约金；丙方收取乙方的所有费用不予退还，由甲方直接赔付乙方。”合同签订后，莫某按约支付了张某10万元定金。后张某以某家公司经纪人不具备经纪资格因而补充协议未成立为由拒绝签订网签合同，导致双方签订的买卖合同无法继续履行。莫某起诉请求：（1）解除房屋买卖合同及补充协议；（2）张某返还已支付定金10万元；（3）张某赔偿违约金103.3万元；（4）张某承担本案诉讼费用。一审判决后，张某不服提起上诉，请求撤销一审判决第3项，依法改判。

二审庭审中，张某主张合同约定的违约金过高并提出在合同履行期间房屋差价损失远低于合同约定的违约金数额。莫某主张因张某违约，造成的损失为10万元定金利息损失、家具保存的租金损失、房屋差价损失，但就其损失未向法院提供证据证明。

北京市西城区人民法院作出（2016）京0102民初15100号民事判决。判决：一、莫某与张某就北京市西城区（原宣武区）×房屋签订的《北京市存量房买卖合同》及《补充协议》解除；二、自判决生效之日起10日内，张某返还莫某定金10万元；三、自判决生效之日起10日内，张某给付莫某违约金1033000元。

北京市第二中级人民法院作出（2017）京02民终2814号民事判决：一、维持北京市西城区人民法院（2016）京0102民初15100号民事判决第一、二项；二、变更北京市西城区人民法院（2016）京0102民初15100号民事判决第三项为自本判决生效之日起10日内，张某给付莫某违约金50万元；三、驳回莫某的其他诉讼请求。

法院生效裁判认为：本院在衡量是否应当减少违约金时，以莫某的实际损失为基础予以审查判断。经询，莫某主张因张某违约，造成的损失为10万元定金利息损失、家具保存的租金损失、房屋差价损失，但莫某就其损失未向本院提供证据证实。因双方于2016年1月31日签订买卖合同，莫某于同年5月30日起诉要求解除合同，故本院兼顾合同的履行情况、当事人的过错程度、预期利益，根据公平原则和诚信原则，并结合本案实际情况，对张某应支付给莫某的违约金数额酌情调整为50万元。据此，二审法院对一审法院判决依法予以改判。

违约方主张约定的违约金过高请求予以减少的，应当承担违约金过分高于损失的举证证明责任。当违约方履行了相应的证明义务，法院认定其减少违约金的请求具有一定合理性时，若守约方主张违约金合理，应当承担相应的举证证明责任。

## 关联参见

《买卖合同解释》第20条、第21条；《最高人民法院关于印发〈全国法院贯彻实施民法典工作会议纪要〉的通知》第11条

**第五百八十六条　【定金】** 当事人可以约定一方向对方给付定金作为债权的担保。定金合同自实际交付定金时成立。

定金的数额由当事人约定；但是，不得超过主合同标的额的百分之二十，超过部分不产生定金的效力。实际交付的定金数额多于或者少于约定数额的，视为变更约定的定金数额。

## 条文解读

**定金** ➜ 所谓定金，就是指当事人约定的，为保证债权的实现，由一方在履行前预先向对方给付的一定数量的货币或者其他代替物。定金是担保的一种，由于定金是预先交付的，定金惩罚的数额在事先也是明确的，因此通过定金罚则的运用可以督促双方自觉履行，起到担保作用。

本条规定的是违约定金，但是实践中定金的种类是非常多的。最为常见的是违约定金，即在接受定金以后，一方当事人不履行债务或者履

行债务不符合约定，致使不能实现合同目的的，应按照定金罚则予以处理。除了违约定金之外，常见的还有立约定金、成约定金、证约定金、解约定金。立约定金是当事人约定以交付定金作为订立主合同担保的，给付定金的一方拒绝订立主合同的，无权要求返还定金；收受定金的一方拒绝订立合同的，应当双倍返还定金。成约定金，即约定以交付定金作为主合同成立或者生效要件的，给付定金的一方虽然未支付定金，但主合同已经履行或者已经履行主要部分的，不影响主合同的成立或者生效。证约定金是以定金作为订立合同的证据。解约定金是定金交付后，交付定金的一方可以按照合同的约定以丧失定金为代价而解除主合同，收受定金的一方可以双倍返还定金为代价而解除主合同。成约定金可以被认为是附生效条件的合同；立约定金可以被认为是预约的违约定金；证约定金仅仅是证明合同成立的方式之一；解约定金可以被认为是一种约定解除权。

## 实务应用

### 039. 定金和预付款、押金是否有区别？

定金与预付款不同，定金具有担保作用，不履行债务或者履行债务不符合约定，致使不能实现合同目的的，适用定金罚则；但预付款仅仅是在标的物正常交付或者服务正常提供的情况下预付的款项，如有不足，交付预付款的一方再补交剩余的价款即可，在交付标的物或者提供服务的一方违约时，如果交付预付款的一方解除合同，有权请求返还预付款。

定金与押金也不同，一般而言，押金的数额没有定金数额的限制，而且没有定金罚则的适用。押金类型非常多，无法统一确定，甚至有的押金需要清算，多退少补。履约保证金的类型也是多种多样。当事人交付留置金、担保金、保证金、订约金、押金或者订金等，但没有约定定金性质的，不能按照定金处理，但是，如果押金和保证金根据当事人的约定符合定金构成的，可以按照定金处理。

## 案例指引

### 063. “订金”还是“定金”？如何区分？[①]

被告刘某委托某中介公司出售其房屋。原告黄某通过中介公司看房后，有意购买该房屋，遂于2021年9月与中介公司、刘某签订《房屋买卖合同》，并通过手机转款方式向刘某支付2万元，款项用途备注为“购房订金”。嗣后，因黄某亲属对案涉房屋不满意，不同意购买该房屋，黄某便找到刘某，以2万元款项系“订金”为由，要求其返还。双方多次协商未果，黄某将刘某告上法庭。另查明，转款前，中介公司工作人员与黄某微信聊天记录显示“如果你不要房，对方不会退；对方如果不卖，他也要双倍赔偿”等内容。同时，《房屋买卖合同》第7条约定：“乙方（黄某）若违约不购买该房屋，所交定金不予退还。”

忠县法院经审理认为，依法成立的合同受法律保护，对当事人具有法律约束力。一是关于2万元款项性质认定的问题。原告虽在转账时备注用途为“购房订金”，但该备注系其单方面行为，原告未提交证据证明双方就支付“订金”进行过协商或约定，故原告单方面备注不能决定该笔款项的性质。同时，《房屋买卖合同》的定金条款金额与原告支付款项金额一致，且原告未再向被告支付其他款项。结合交易习惯和常情常理，根据查明的案件客观事实，综合认定原告支付的钱款系“定金”。二是关于2万元款项是否返还的问题。原告在签订《房屋买卖合同》后，未按照合同约定履行，致使不能实现合同目的，根据《民法典》第587条的规定，其无权请求返还定金。综上，法院遂依法驳回黄某的诉讼请求。

---

① 参见李冰雪：《以案说法｜“订金”还是“定金”？你分清楚了吗》，载重庆法院网 http：//cqgy.cqfygzfw.gov.cn/article/detail/2022/12/id/7062419.shtml，最后访问日期：2023年2月27日。

## 064. 定金合同自何时成立？①

2021年7月，原告刘某向被告河南某汽车销售公司定购一辆发现运动款汽车，双方签订了一份《定车合同（代购）》，车价款38.28万元，定车当天原告付定金5000元，付款方式选择了按揭支付，贷款手续费3000元，签订合同翌日原告向被告微信转账32000元，备注为买车购置税和保险，并拿到被告出具的收据。《定车合同（代购）》中约定，原告延迟提车超过15天，双方自动解除合同，被告有权处理该车，定金不予退还。原告在被告公司工作人员的配合下申请按揭贷款，但因原告无工作证明及银行流水，导致购车贷未通过，要求原告再交纳15%的购车款才可以提车。原告当即要求被告退款，被告拒绝。后经被告公司经理协商退款15000元，剩余25000元冲抵下次购车定金，原告签署收据。随后，原告心生悔意，由此产生纠纷。

新密法院经审理认为：原告以被告虚构信息，诱导原告购车，主张无效的理由与《民法典》第154条规定相互矛盾，原告也未提供其他证据证明双方签订的《定车合同（代购）》存在无效的情形，故对于原告要求确认合同无效的诉讼请求，不予支持。被告主张已向原告退还车款15000元，剩余25000元双方已经协商作为下次购车定金，原告称收到了被告退还的15000元车款，系被逼无奈出具的收据。本院认为，当事人可以约定一方向对方给付定金作为债权的担保。但定金合同是从合同，主合同不成立、无效或者被撤销时，定金条款也不能生效。本案中，原告刘某与被告河南某汽车销售公司关于主合同标的并未达成明确约定，双方的主合同不成立，故定金合同也并未成立。在《定车合同（代购）》中约定，原告延迟提车超过15天，双方自动解除合同，被告有权处理该车，定金不予退还，原告未

---

① 参见鲍志刚、周建伟：《买卖合同引纠纷 依法审理止纷争》，载河南省高级人民法院网 http://www.hncourt.gov.cn/public/detail.php?id=190815，最后访问日期：2023年2月27日。

在约定的时间内提车，被告有权收取定金 5000 元，但剩余款项 20000 元应当退还原告。

**第五百八十七条　【定金罚则】** 债务人履行债务的，定金应当抵作价款或者收回。给付定金的一方不履行债务或者履行债务不符合约定，致使不能实现合同目的的，无权请求返还定金；收受定金的一方不履行债务或者履行债务不符合约定，致使不能实现合同目的的，应当双倍返还定金。

## 案例指引

### 065. 房屋买卖交易中，卖方一再违约，买方要求解除合同的，出卖人是否应承担双倍返还定金的责任？[①]

2021 年年初，刘先生准备购房，他看中了黄女士的一套房屋，多次看房后，双方于 2021 年 1 月底，通过房产中介签订了《房地产买卖居间协议》和《房地产买卖协议》(以下简称协议)。

协议约定，若黄女士违约不出售该房，则应向刘先生双倍返还定金；若刘先生违约不购买该房，则已支付给黄女士的定金不予返还，并约定双方于同年 3 月 30 日前，前往房屋中介处签订正式的网签合同。刘先生按照约定，于签订协议当日向黄女士支付了购房定金 10 万元。

坐等装修入住的刘先生没想到，协议签订几天后，黄女士突然反悔，以各种理由不愿继续履行房屋买卖协议。

2021 年 2 月 6 日，黄女士表示：“不好意思，家里老人身体不好，没办法，这房子不卖了，实在不好意思。”刘先生回复：“阿姨，我是诚心买您房子的，不能说老人身体不好就可以任意违约。”

---

① 参见梁聪聪、王佑安：《房屋买卖一再违约　法院：合同已解除无继续履行基础出卖人双倍返还定金》，载上海市高级人民法院网 https：//www. hshfy. sh. cn/shfy/web/xx-nr. jsp？ pa = aaWQ9MjAyNDk2MzgmeGg9MSZsbWRtPWxtNTE5z&zd = xwzx，最后访问日期：2023 年 2 月 28 日。

了解到情况的房产中介工作人员也从中劝和，希望黄女士能够继续履行协议，黄女士却依旧拒绝，通过短信方式向刘先生明确表示不继续履行房屋买卖协议。刘先生先后多次与黄女士沟通，言辞恳切，希望能够协商解决。但是黄女士态度坚决，还要求刘先生提供银行账号，表示愿意承担违约责任。

同年 2 月 8 日，黄女士表示，因其儿子不同意卖房，所以希望刘先生给自己一个银行账号，她可以将违约金转过去。刘先生表示同意。

然而，过了十多天，思来想去的黄女士又改变了主意，愿意出售房子，理由是凑不出违约金。此时，刘先生不乐意了，拒绝与其沟通。

同年 3 月底，黄女士单方面向刘先生联系称，为房屋买卖事项顺利进行以及秉承友好合作的原则，其已按双方之前签订的协议约定，按时于 3 月 30 日前往房产中介处签订“网签”，并通知刘先生按约前往上述地点签订“网签”。刘先生表示不愿意。

在没有等到刘先生来房产中介“网签”后的第二天，黄女士向刘先生寄送了书面通知，要求刘先生在收到书面材料 1 日内，主动与黄女士和中介联系去签订“网签”，并表示如果刘先生在规定时间内不前往，黄女士将解除买卖协议，一切违约责任由刘先生承担。

后，刘先生诉至上海虹口法院。上海虹口法院经审理认为，原被告双方均认可合同已经解除，但对解除的时间存在争议。根据现有证据和各方陈述，黄女士作为房屋出卖人，已在 2021 年 2 月 8 日向刘先生明确表示不再继续履行买卖协议，并经双方协商一致后，由黄女士以短信方式向刘先生确定。几经沟通，刘先生当日同意系争房屋买卖合同解除。结合后续双方就赔偿金额的协商过程，可知虽然刘先生、黄女士未就合同解除后的赔偿等事宜达成一致，但并不影响双方同意解除合同的意思表示。审理中，双方对于房屋买卖合同关系的解除本身并未提出异议，故法院确认刘先生、黄女士的房屋买卖合同关系于 2021 年 2 月 8 日解除。

就是否继续履行买卖合同，根据刘先生与黄女士的微信聊天记录和短信记录，在双方于2021年2月8日解除房屋买卖合同关系后，刘先生并非全然放弃追究黄女士的违约责任，否则双方完全没有必要就赔偿问题作进一步沟通。2021年2月24日在双方就赔偿金额沟通无果的情况下，黄女士向刘先生表示愿意继续履行系争房屋买卖合同，此时合同已解除，请求继续履行已无基础。

法院认为，系争房屋买卖合同无法继续履行的根本原因在于黄女士的违约行为，故黄女士应向刘先生双倍返还定金。法院判决确认刘先生、黄女士的房屋买卖合同关系于2021年2月8日解除，由黄女士向刘先生双倍返还定金共计人民币20万元，并驳回黄女士要求刘先生支付违约金10万元的反诉请求。

### 关联参见

《合同编通则解释》第67条、第68条

**第五百八十八条　【违约金与定金竞合选择权】**当事人既约定违约金，又约定定金的，一方违约时，对方可以选择适用违约金或者定金条款。

定金不足以弥补一方违约造成的损失的，对方可以请求赔偿超过定金数额的损失。

### 条文解读

本条第1款规定了定金和违约金之间的适用关系，合同当事人既约定了违约金，又约定了定金，在当事人不存在明确的特别约定的情况下，如果一方违约，对方当事人可以选择适用违约金或者定金条款，即对方当事人享有选择权，可以选择适用违约金条款，也可以选择适用定金条款，但二者不能并用。当然，不能并用的前提是针对同一违约行为，如果违约金和定金是针对不同的违约行为，在这些违约行为都存在的前提下，仍然存在并用的可能性，但无论如何不应超过违约行为所造成的损失总额。

本条第2款规定了定金和法定赔偿损失之间的适用关系。与违约金不同，定金的数额不得超过主合同标的额的20%，但是，违约行为造成的损失可能会超过适用定金罚则之后的数额；并且，对于违约金，《民法典》第585条第2款规定了司法酌增的规则，而对于定金并未明确规定类似规则。因此，本款规定，定金不足以弥补一方违约造成的损失的，对方可以请求赔偿超过定金数额的损失。据此，约定的定金不足以弥补一方违约造成的损失的，守约方既可以请求定金，同时也可以就超过定金数额的部分请求法定的赔偿损失，此时，定金和损失赔偿的数额总和不会高于因违约造成的损失。这既有助于对守约方利益的充分保护，又避免了守约方获得超过其损失的利益。

**第五百八十九条　【债权人受领迟延】**债务人按照约定履行债务，债权人无正当理由拒绝受领的，债务人可以请求债权人赔偿增加的费用。

在债权人受领迟延期间，债务人无须支付利息。

## 条文解读

债权人无正当理由拒绝受领，是指债务人按照约定履行了债务或者提出了履行债务的请求，债权人无理由地不予受领或者协助。债权人无正当理由拒绝受领，构成的要件包括：(1) 债务人按照约定现实履行了债务，或者提出了履行债务的请求，即债务人已经现实提出或者言辞提出。但是，如果债权人预先表示了拒绝受领的意思，或者给付也同时需要债权人的行为的，债务人可以以准备给付的情事通知债权人，代替提出。这里同样也包括第三人依法有权代债务人履行债务，且债权人无权拒绝的情形。(2) 债务内容的实现以债权人的受领给付或者其他协助为必要。如果是不需要受领给付或者其他协助的债务，例如不作为债务，就不会产生拒绝受领的问题。(3) 债权人拒绝受领，这里的拒绝受领是广义的，即不受领，包括了迟延受领或者明确以自己的行为表明拒绝受领等情形。例如，应在债务人一方所在地履行的债务，债务人按照约定把受领给付的时间和地点通知债权人，债权人没有在债务人所在地出现以受领给付；甲乙约定由甲到乙家里为其提供辅导，甲按时到达，但乙却外出旅游不归。(4) 债权人无正当理由。债权人拒绝的正当理由，例如，债务人交付的标的物存在严重质量问题、迟延交付或者有其他违约行为，致使不能实现合同目的。但是，如果债务人履行的瑕疵仅仅是非常轻微的，这不构成债权人拒绝受领的正当理由。据此，本法也明确规定了一些具体情形。例如，《民法典》第610条规定，因标的物不符合质量要求，致使不能实现合同目的的，买受人可以拒绝接受标的物或者解除合同。《民法典》第629条规定，出卖人多交标的物的，买受人可以接收或者拒绝接收多交的部分。《民法典》第740条第1款规定，出卖人违反向承租人交付标的物的义务，有下列情形之一的，承租人可以拒绝受领出卖人向其交付的标的物：(1) 标的物严重不符合约定；(2) 未按照约定交付标的物，经承租人或者出租人催告后在合理期限内仍未交付。

债权人无正当理由拒绝受领，不影响债务人的给付义务，并不会使得债务人的给付义务消灭。但是，债权人受领债务人的履行，是受领人的权利，其无正当理由不受领，会导致债务人的利益受损，因此其也是债权人的义务，但是该义务的违反一般不会导致债权人的违约责任，而一般导致减轻债务人的负担或者责任，或者使得债权人负担增加的费用等相应的不利后果，可被认为是不真正义务，除非法律另有规定或者当事人另有约定。本条第1款即规定，债权人无正当理由拒绝受领的，对于由此给债务人增加的费用，债务人可以请求债权人赔偿。所谓给债务人增加的费用，包括：(1) 债务人提出给付的费用，例如，货物往返运送的费用、履行债务所支付的交通费用、通知费用等；(2) 保管给付物的必要费用；(3) 其他费用，例如对不宜保存的标的物的处理费用。同时，本条第2款规定，在债权人受领迟延期间，债务人无须支付利息。

应当指出的是，债权人无正当理由拒绝受领，除了本条规定的法律后果之外，还可能具有其他法律后果，包括：(1) 债务人应当返还由标的物所产生的孳息或者偿还其价金的，在债权人受领迟延中，债务人仅以已收取的孳息为限负返还责任。(2) 债务人责任减轻。债务人在债权人受领迟延期间，不能简单地抛弃给付物，而负有保管给付物的义务，这类似于无偿保管合同，参照适用本法第897条规定："保管期内，因保管人保管不善造成保管物毁损、灭失的，保管人应当承担赔偿责任。但是，无偿保管人证明自己没有故意或者重大过失的，不承担赔偿责任。"据此，在债权人受领迟延期间，债务人仅就故意或者重大过失而承担责任。(3) 债务人提存。债权人受领迟延，导致债务人难以履行债务的，债务人有权依据《民法典》第570条的规定，将标的物提存。(4) 对债权人的其他不利后果。例如，《民法典》第608条规定，出卖人按照约定或者依据《民法典》第603条第2款第2项的规定将标的物置于交付地点，买受人违反约定没有收取的，标的物毁损、灭失的风险自违反约定时起由买受人承担。

**第五百九十条　【因不可抗力不能履行合同】** 当事人一方因不可抗力不能履行合同的，根据不可抗力的影响，部分或者全部免除责任，但是法律另有规定的除外。因不可抗力不能履行合同的，应当及时通知对方，以减轻可能给对方造成的损失，并应当在合理期限内提供证明。

当事人迟延履行后发生不可抗力的，不免除其违约责任。

**第五百九十一条　【非违约方防止损失扩大义务】** 当事人一方违约后，对方应当采取适当措施防止损失的扩大；没有采取适当措施致使损失扩大的，不得就扩大的损失请求赔偿。

当事人因防止损失扩大而支出的合理费用，由违约方负担。

### 条文解读

债务人违约的，债权人不能无动于衷，任凭损失扩大，而应当积极采取适当的措施，防止损失的扩大，这样有助于激励债权人采取措施减少损失，有助于增进整体效益。没有采取适当措施致使损失扩大的，不得就扩大的损失请求赔偿。适用的前提包括：（1）债务人违反义务导致损失的发生；（2）债权人没有采取适当措施，以限制损失的程度加深或者避免损失的增加；（3）发生的损失扩大；（4）债权人未采取适当措施与损失的扩大具有因果关系。关键就是债权人是否采取了防止损失扩大的适当措施。措施是否适当，主要考虑债权人是否按照诚信原则的要求尽自己的努力采取措施避免损失扩大，如果采取的措施将严重损害债权人自身的利益，或者有悖于商业道德，或者所支付的代价过高，不应认为债权人未采取适当的措施。措施适当还要考虑采取措施的期限是否合理。债权人所采取的适当措施根据具体的情形可能有不同的措施。例如：（1）债权人停止进一步履行。（2）合理的替代交易。债权人能够在合理期限内以合理的方式进行替代交易的，应当采取此种替代交易避免损失扩大。债权人本可无须付出重大努力或花费高额费用即可进行合理的替代交易，而仍然坚持不合理的实际履行的，不得要求债务人赔偿因此而增加的损失。（3）接受债务人变更合同的合理要约，此时要注意斟酌考虑合同的性质、变更的程度以及要约的合理性等因素。

## 案例指引

### 066. 银行在知晓案涉房屋无法办理抵押登记后，没有采取措施防止损失扩大，是否可以减轻最高额抵押合同中抵押人的赔偿责任？①

**中信银行股份有限公司东莞分行诉陈志华等金融借款合同纠纷案**

（最高人民法院审判委员会讨论通过　2021 年 11 月 9 日发布）

**关键词**　民事/金融借款合同/未办理抵押登记/赔偿责任/过错

**裁判要点**

以不动产提供抵押担保，抵押人未依抵押合同约定办理抵押登记

① 最高人民法院指导案例 168 号。

的，不影响抵押合同的效力。债权人依据抵押合同主张抵押人在抵押物的价值范围内承担违约赔偿责任的，人民法院应予支持。抵押权人对未能办理抵押登记有过错的，相应减轻抵押人的赔偿责任。

**相关法条**

1.《中华人民共和国物权法》第 15 条（注：现行有效的法律为《中华人民共和国民法典》第 215 条）；

2.《中华人民共和国合同法》第 107 条、第 113 条第 1 款、第 119 条第 1 款（注：现行有效的法律为《中华人民共和国民法典》第 577 条、第 584 条、第 591 条第 1 款）。

**基本案情**

2013 年 12 月 31 日，中信银行股份有限公司东莞分行（以下简称中信银行东莞分行）与东莞市华丰盛塑料有限公司（以下简称华丰盛公司）、东莞市亿阳信通集团有限公司（以下简称亿阳公司）、东莞市高力信塑料有限公司（以下简称高力信公司）签订《综合授信合同》，约定中信银行东莞分行为亿阳公司、高力信公司、华丰盛公司提供 4 亿元的综合授信额度，额度使用期限自 2013 年 12 月 31 日起至 2014 年 12 月 31 日止。为担保该合同，中信银行东莞分行于同日与陈志波、陈志华、陈志文、亿阳公司、高力信公司、华丰盛公司、东莞市怡联贸易有限公司（以下简称怡联公司）、东莞市力宏贸易有限公司（以下简称力宏公司）、东莞市同汇贸易有限公司（以下简称同汇公司）分别签订了《最高额保证合同》，约定：高力信公司、华丰盛公司、亿阳公司、力宏公司、同汇公司、怡联公司、陈志波、陈志华、陈志文为上述期间的贷款本息、实现债权费用在各自保证限额内向中信银行东莞分行提供连带保证责任。同时，中信银行东莞分行还分别与陈志华、陈志波、陈仁兴、梁彩霞签订了《最高额抵押合同》，陈志华、陈志波、陈仁兴、梁彩霞同意为中信银行东莞分行自 2013 年 12 月 31 日至 2014 年 12 月 31 日期间对亿阳公司等授信产生的债权提供最高额抵押，担保的主债权限额均为 4 亿元，担保范围包括贷款本息及相关费用，抵押物包括：1. 陈志华位于东莞市中堂镇东泊村的房产及位于东莞市中堂镇东泊村中堂汽车站旁的一栋综合楼（未取得不动产登记证书）；2. 陈志波位于东莞市中堂镇东泊村陈屋东兴路东一巷面积为4667.7平方米的土地使用权及地上建筑物、位于东莞市中堂镇吴家涌面积为30801平方米的土地使用权、位于东莞市中堂镇东泊村面积为12641.9平方米的土地使用权（均未取得不动产登记证书）；3. 陈仁兴位于东莞市中堂镇的房屋；4. 梁彩霞位于东莞市中堂镇东泊村陈屋新村的房产。以上不动产均未办理抵押登记。

另，中信银行东莞分行于同日与亿阳公司签订了《最高额权利质押合同》《应收账款质押登记协议》。

基于《综合授信合同》，中信银行东莞分行与华丰盛公司于2014年3月18日、19日分别签订了《人民币流动资金贷款合同》，约定：中信银行东莞分行为华丰盛公司分别提供2500万元、2500万元、2000万元流动资金贷款，贷款期限分别为2014年3月18日至2015年3月18日、2014年3月19日至2015年3月15日、2014年3月19日至2015年3月12日。

东莞市房产管理局于2011年6月29日向东莞市各金融机构发出《关于明确房地产抵押登记有关事项的函》（东房函〔2011〕119号），内容为："东莞市各金融机构：由于历史遗留问题，我市存在一些土地使用权人与房屋产权人不一致的房屋。2008年，住建部出台了《房屋登记办法》（建设部令第168号），其中第八条明确规定'办理房屋登记，应当遵循房屋所有权和房屋占用范围内的土地使用权权利主体一致的原则'。因此，上述房屋在申请所有权转移登记时，必须先使房屋所有权与土地使用权权利主体一致后才能办理。为了避免抵押人在实现该类房屋抵押权时，因无法在房管部门办理房屋所有权转移登记而导致合法利益无法得到保障，根据《物权法》《房屋登记办法》等相关规定，我局进一步明确房地产抵押登记的有关事项，现函告如下：一、土地使用权人与房屋产权人不一致的房屋需办理抵押登记的，必须在房屋所有权与土地使用权权利主体取得一致后才能办理。二、目前我市个别金融机构由于实行先放款再到房地产管理部门申请办理抵押登记，产生了一些不必要的矛盾纠纷。为了减少金融机构信贷风险和信贷矛盾纠纷，我局建议各金融机构在日常办理房地产抵押贷款申请时，应认真审查抵押房地产的房屋所有权和土地使用权权利主体是否一致，再决定是否发放该笔贷款。如对房地产权属存在疑问，可咨询房地产管理部门。三、为了更好地保障当事人利益，我局将从2011年8月1日起，对所有以自建房屋申请办理抵押登记的业务，要求申请人必须同时提交土地使用权证。”

中信银行东莞分行依约向华丰盛公司发放了7000万贷款。然而，华丰盛公司自2014年8月21日起未能按期付息。中信银行东莞分行提起本案诉讼。请求：华丰盛公司归还全部贷款本金7000万元并支付贷款利息等；陈志波、陈志华、陈仁兴、梁彩霞在抵押物价值范围内承担连带赔偿责任。

**裁判结果**

广东省东莞市中级人民法院于2015年11月19日作出（2015）东中法民四初字第15号民事判决：一、东莞市华丰盛塑料有限公司向中信银行股份有限公司东莞分行偿还借款本金7000万元、利息及复利并支付罚息；二、东莞市华丰盛塑料有限公司赔偿中信银行股份有限公司东莞分行支出的律师费13万元；三、东莞市亿阳信通集团有限公司、东莞市高力信塑料有限公司、东莞市力宏贸易有限公司、东莞市同汇贸易有限公司、东莞市怡联贸易有限公司、陈志波、陈志华、陈志文在各自《最高额保证合同》约定的限额范围内就第一、二判项确定的东莞市华丰盛塑料有限公司所负中信银行股份有限公司东莞分行的债务范围内承担连带清偿责任，保证人在承担保证责任后，有权向东莞市华丰盛塑料有限公司追偿；四、陈志华在位于广东省东莞市中堂镇东泊村中堂汽车站旁的一栋综合楼、陈志波在位于广东省东莞市中堂镇东泊村陈屋东兴路东一巷面积为4667.7平方米的土地使用权及地上建筑物（面积为 3000 平方米的三幢住宅）、位于东莞市中堂镇吴家涌面积为 30801 平方米的土地使用权、位于东莞市中堂镇东泊村面积为 12641.9 平方米的土地使用权的价值范围内就第一、二判项确定的东莞市华丰盛塑料有限公司所负中信银行股份有限公司东莞分行债务的未受清偿部分的二分之一范围内承担连带赔偿责任；五、驳回中信银行股份有限公司东莞分行的其他诉讼请求。中信银行股份有限公司东莞分行提出上诉。广东省高级人民法院于 2017 年 11 月 14 日作出（2016）粤民终 1107 号民事判决：驳回上诉，维持原判。中信银行股份有限公司东莞分行不服向最高人民法院申请再审。最高人民法院于 2018 年 9 月 28 日作出（2018）最高法民申 3425 号民事裁定，裁定提审本案。2019 年 12 月 9 日，最高人民法院作出（2019）最高法民再 155 号民事判决：一、撤销广东省高级人民法院（2016）粤民终 1107 号民事判决；二、维持广东省东莞市中级人民法院（2015）东中法民四初字第 15 号民事判决第一、二、三、四项；三、撤销广东省东莞市中级人民法院（2015）东中法民四初字第 15 号民事判决第五项；四、陈志华在位于东莞市中堂镇东泊村的房屋价值范围内、陈仁兴在位于东莞市中堂镇的房屋价值范围内、梁彩霞在位于东莞市中堂镇东泊村陈屋新村的房屋价值范围内，就广东省东莞市中级人民法院（2015）东中法民四初字第 15 号民事判决第一、二判项确定的东莞市华丰盛塑料有限公司所负债务未清偿部分的二分之一范围内向中信银行股份有限公司东莞分行承担连带赔偿责任；五、驳回中信银行股份有限公司东莞分行的其他诉讼请求。

**裁判理由**

最高人民法院认为：《中华人民共和国物权法》第十五条规定："当事人之间订立有关设立、变更、转让和消灭不动产物权的合同，除法律另有规定或者合同另有约定外，自合同成立时生效；未办理物权登记的，不影响合同效力。"本案中，中信银行东莞分行分别与陈志华等三人签订的《最高额抵押合同》，约定陈志华以其位于东莞市中堂镇东泊村的房屋、陈仁兴以其位于东莞市中堂镇的房屋、梁彩霞以其位于东莞市中堂镇东泊村陈屋新村的房屋为案涉债务提供担保。上述合同内容系双方当事人的真实意思表示，内容不违反法律、行政法规的强制性规定，应为合法有效。虽然前述抵押物未办理抵押登记，但根据《中华人民共和国物权法》第十五条之规定，该事实并不影响抵押合同的效力。

依法成立的合同，对当事人具有法律约束力，当事人应当按照合同约定履行各自义务，不履行合同义务或履行合同义务不符合约定的，应依据合同约定或法律规定承担相应责任。《最高额抵押合同》第六条“甲方声明与保证”约定：“6.2 甲方对本合同项下的抵押物拥有完全的、有效的、合法的所有权或处分权，需依法取得权属证明的抵押物已依法获发全部权属证明文件，且抵押物不存在任何争议或任何权属瑕疵……6.4 设立本抵押不会受到任何限制或不会造成任何不合法的情形。”第十二条“违约责任”约定：“12.1 本合同生效后，甲乙双方均应履行本合同约定的义务，任何一方不履行或不完全履行本合同约定的义务的，应当承担相应的违约责任，并赔偿由此给对方造成的损失。12.2 甲方在本合同第六条所作声明与保证不真实、不准确、不完整或故意使人误解，给乙方造成损失的，应予赔偿。”根据上述约定，陈志华等三人应确保案涉房产能够依法办理抵押登记，否则应承担相应的违约责任。本案中，陈志华等三人尚未取得案涉房屋所占土地使用权证，因房地权属不一致，案涉房屋未能办理抵押登记，抵押权未依法设立，陈志华等三人构成违约，应依据前述约定赔偿由此给中信银行东莞分行造成的损失。

《中华人民共和国合同法》第一百一十三条第一款规定：“当事人一方不履行合同义务或者履行合同义务不符合约定，给对方造成损失的，损失赔偿额应当相当于因违约所造成的损失，包括合同履行后可以获得的利益，但不得超过违反合同一方订立合同时预见到或者应当预见到的因违反合同可能造成的损失。”《最高额抵押合同》第 6.6 条约定：“甲方承诺：当主合同债务人不履行到期债务或发生约定的实现担保物权的情形，无论乙方对主合同项下的债权是否拥有其他担保（包括但不限于主合同债务人自己提供物的担保、保证、抵押、质押、保函、备用信用证等担保方式)，乙方有权直接请求甲方在其担保范围内承担担保责任，无需行使其他权利（包括但不限于先行处置主合同债务人提供的物的担保)。”第8.1条约定：“按照本合同第二条第2.2款确定的债务履行期限届满之日债务人未按主合同约定履行全部或部分债务的，乙方有权按本合同的约定处分抵押物。”在《最高额抵押合同》正常履行的情况下，当主债务人不履行到期债务时，中信银行东莞分行可直接请求就抵押物优先受偿。本案抵押权因未办理登记而未设立，中信银行东莞分行无法实现抵押权，损失客观存在，其损失范围相当于在抵押财产价值范围内华丰盛公司未清偿债务数额部分，并可依约直接请求陈志华等三人进行赔偿。同时，根据本案查明的事实，中信银行东莞分行对《最高额抵押合同》无法履行亦存在过错。东莞市房产管理局已于2011年明确函告辖区各金融机构，房地权属不一致的房屋不能再办理抵押登记。据此可以认定，中信银行东莞分行在2013年签订《最高额抵押合同》时对于案涉房屋无法办理抵押登记的情况应当知情或者应当能够预见。中信银行东莞分行作为以信贷业务为主营业务的专业金融机构，应比一般债权人具备更高的审核能力。相对于此前曾就案涉抵押物办理过抵押登记的陈志华等三人来说，中信银行东莞分行具有更高的判断能力，负有更高的审查义务。中信银行东莞分行未尽到合理的审查和注意义务，对抵押权不能设立亦存在过错。同时，根据《中华人民共和国合同法》第一百一十九条“当事人一方违约后，对方应当采取适当措施防止损失的扩大；没有采取适当措施致使损失扩大的，不得就扩大的损失要求赔偿”的规定，中信银行东莞分行在知晓案涉房屋无法办理抵押登记后，没有采取降低授信额度、要求提供补充担保等措施防止损失扩大，可以适当减轻陈志华等三人的赔偿责任。综合考虑双方当事人的过错程度以及本案具体情况，酌情认定陈志华等三人以抵押财产价值为限，在华丰盛公司尚未清偿债务的二分之一范围内，向中信银行东莞分行承担连带赔偿责任。

## 067. 承租人要求解除房屋租赁合同，出租人拒绝接收房屋，造成涉案房屋长期空置的，出租人是否可向承租人主张空置期内的租金？①

**裁判要点**

当事人一方违约后，对方没有采取适当措施致使损失扩大的，不得就扩大的损失请求赔偿。承租人已经通过多种途径向出租人作出了解除合同的意思表示，而出租人一直拒绝接收房屋，造成涉案房屋的长期空置，不得向承租人主张全部空置期内的租金。

**简要案情**

2018年7月21日，柴某与某管理公司签订《资产管理服务合同》，约定：柴某委托某管理公司管理运营涉案房屋，用于居住；管理期限自2018年7月24日起至2021年10月16日止。合同签订后，柴某依约向某管理公司交付了房屋。某管理公司向柴某支付了服务质量保证金，以及至2020年10月16日的租金。后某管理公司与柴某协商合同解除事宜，但未能达成一致，某管理公司向柴某邮寄解约通知函及该公司单方签章的结算协议，通知柴某该公司决定于2020年11月3日解除《资产管理服务合同》。柴某对某管理公司的单方解除行为不予认可。2020年12月29日，某管理公司向柴某签约时留存并认可的手机号码发送解约完成通知及房屋密码锁的密码。2021年10月8日，法院判决终止双方之间的合同权利义务关系。柴某起诉请求某管理公司支付2020年10月17日至2021年10月16日的房屋租金114577.2元及逾期利息、违约金19096.2元、未履行租期年度对应的空置期部分折算金额7956.75元等。

**判决理由**

生效裁判认为，当事人一方违约后，对方应当采取适当措施防止损失的扩大；没有采取适当措施致使损失扩大的，不得就扩大的损失请求

① 参见《最高人民法院发布〈关于适用《中华人民共和国民法典》合同编通则若干问题的解释〉相关典型案例》（2023年12月5日发布），案例十“柴某与某管理公司房屋租赁合同纠纷案”，载中国法院网 https：//www.chinacourt.org/article/detail/2023/12/id/7681679.shtml，最后访问日期：2023年12月8日。

赔偿。合同终止前，某管理公司应当依约向柴某支付租金。但鉴于某管理公司已经通过多种途径向柴某表达解除合同的意思表示，并向其发送房屋密码锁密码，而柴某一直拒绝接收房屋，造成涉案房屋的长期空置。因此，柴某应当对其扩大损失的行为承担相应责任。法院结合双方当事人陈述、合同实际履行情况、在案证据等因素，酌情支持柴某主张的房屋租金至某管理公司向其发送电子密码后 1 个月，即 2021 年 1 月 30 日，应付租金为 33418.35 元。

**司法解释相关条文**

《合同编通则解释》第 61 条第 2 款　非违约方主张按照合同解除后剩余履行期限相应的价款、租金等扣除履约成本确定合同履行后可以获得的利益的，人民法院不予支持。但是，剩余履行期限少于寻找替代交易的合理期限的除外。

第 63 条第 3 款　在确定违约损失赔偿额时，违约方主张扣除非违约方未采取适当措施导致的扩大损失、非违约方也有过错造成的相应损失、非违约方因违约获得的额外利益或者减少的必要支出的，人民法院依法予以支持。

## 关联参见

《买卖合同解释》第 22 条

**第五百九十二条　【双方违约和与有过错规则】** 当事人都违反合同的，应当各自承担相应的责任。

当事人一方违约造成对方损失，对方对损失的发生有过错的，可以减少相应的损失赔偿额。

## 条文解读

本条所规定的内容在合同法律制度上称为双方违约和与有过错。

**双方违约** ➔ 违约可以区分为单方违约和双方违约。仅当事人一方违约的，称为单方违约；双方当事人都违约的，称为双方违约。在双务合同中，有些合同义务是彼此独立的，不具有牵连性和对价性，因此，双方违反这些相互独立的合同义务是可能的，并且不成立双务合同的履行抗辩权。在双方各自违反了相互独立的合同义务时，实际上是两个独立的违约行为，因此各自都要向对方承担相应的违约责任。

**与有过错** ➲ 与有过错，又称为过错相抵、混合过错，指受损害一方对于损害结果的发生存在过错的，在计算损失赔偿额时应当予以相应减少。例如，甲从乙那里购买了一辆汽车，之后甲驾驶汽车运载超重货物，由于钢圈破碎导致翻车。交通事故处理部分认定汽车质量不合格是导致事故的主要原因，但甲超重行驶也是造成事故的原因之一。

与有过错与双方违约不同，与有过错中，仅发生一个损害，只是对该损害的发生，债权人也有过错；而双方违约的情形，则是双方都违反了相互独立的合同义务，故存在两个违约行为，由此发生两个损害。

**第五百九十三条　【因第三人原因造成违约情况下的责任承担】当事人一方因第三人的原因造成违约的，应当依法向对方承担违约责任。当事人一方和第三人之间的纠纷，依照法律规定或者按照约定处理。**

## 条文解读

合同的重要特征之一就是具有相对性。根据合同责任的相对性原理，在因第三人的行为造成债务人不能履行合同债务的情况下，债务人仍然要向债权人承担违约责任，债权人也只能要求债务人承担违约责任。债务人在向债权人承担违约责任后，有权依照法律规定或者合同约定向第三人追偿。比如，因为甲打伤了乙，乙不能完成和丙订立的运输合同，乙仍然要向丙承担违约责任，乙因此遭受的损失可另案向甲索赔。

**第五百九十四条　【国际贸易合同诉讼时效和仲裁时效】**因国际货物买卖合同和技术进出口合同争议提起诉讼或者申请仲裁的时效期间为四年。

## 第二分编　典型合同

### 第九章　买卖合同

**第五百九十五条　【买卖合同的概念】**买卖合同是出卖人转移标的物的所有权于买受人，买受人支付价款的合同。

#### 条文解读

**买卖合同** ➡ 买卖合同是最基本的典型合同，是出卖人转移买卖标的的所有权于买受人，买受人支付货款的合同。买卖关系的主体是出卖人和买受人。

买卖合同具有以下法律特征：（1）买卖合同是卖方转移财产所有权，买方支付价款的合同。转移所有权，这使得买卖合同区别于转移财产使用权的合同，如租赁合同、借用合同、保管合同。（2）买卖合同是买方应支付价款的合同。这使得买卖合同区别于其他转移财产所有权的合同，如互易合同、赠与合同。（3）买卖合同是双务合同。出卖人与买受人双方都享有一定的权利，又都负有相应的义务。（4）买卖合同是有偿合同。（5）买卖合同是诺成合同。除法律有特别规定外，当事人意思表示一致买卖合同即可成立，并不以实物的交付为成立要件。（6）买卖合同是不要式合同。买卖合同采取何种形式，一般由当事人自己决定。

#### 实务应用

**040. 当事人之间没有书面合同，在哪些情况下可以认定买卖合同关系成立？**

当事人之间没有书面合同，一方以送货单、收货单、结算单、发票等主张存在买卖合同关系的，人民法院应当结合当事人之间的交易方式、交易习惯以及其他相关证据，对买卖合同是否成立作出认定。对账确认函、债权确认书等函件、凭证没有记载债权人名称，买卖合同当事人一方以此证明存在买卖合同关系的，人民法院应予支持，但有相反证据足以推翻的除外。

**第五百九十六条　【买卖合同条款】** 买卖合同的内容一般包括标的物的名称、数量、质量、价款、履行期限、履行地点和方式、包装方式、检验标准和方法、结算方式、合同使用的文字及其效力等条款。

## 条文解读

**包装方式** 出卖人和买受人应当在买卖合同中就标的物的包装订立包装条款，规定包装种类、包装标准、包装方式、包装费用、包装标识和包装物的回收等内容。对于包装标准，如果有国家标准的，执行国家标准；如果没有国家标准，有行业标准的，执行行业标准；没有国家标准或者行业标准的，由双方当事人协商确定包装标准。包装方式的确定，一般得根据标的物的性能、特点及采用的运输方式而定。

**检验标准和方法** 检验标准要根据质量条款所确定的技术指标和质量要求来确定。对于检验的标准，有国家标准的，执行国家标准；没有国家标准，而有行业标准的，执行行业标准；没有国家标准或者行业标准的，由双方当事人协商确定检验的标准。如果质量标准是以样品为依据的，双方要共同封存样品，分别保管，按照封存的样品进行检验。出卖人必须按照合同约定的检验标准提供出卖的标的物。在标的物的检验条款中，双方当事人还必须约定检验的方法。如果标的物的检验需要出卖人提供必要的资料或者实样的，也应当在合同中约定。

**结算方式** 当事人应当根据标的物的性质，选择适当的结算方式。对于结算所用的币种也应当在合同中约定，并且双方的约定不得违反国家关于外汇管理的规定。

**合同使用的文字及其效力** 买卖合同采用书面形式的，双方当事人应当在合同中约定该合同所使用的文字的名称。如果出卖人与买受人是不同国家或者民族的，买卖合同可以具备多个不同语种的文本，但应当规定合同的正本所使用的文字。如果合同文本采用两种文字，并且当事人在订立合同时约定这两种文本具有同等效力的，对各文本使用的词句推定具有相同的含义。各文本使用的词句不一致的，应当根据合同的目的予以解释。

**商品房买卖合同** 商品房买卖合同，是指房地产开发企业（以下统称为出卖人）将尚未建成或者已竣工的房屋向社会销售并转移房屋所有权于买受人，买受人支付价款的合同。

商品房买卖合同应当明确以下主要内容：(1) 当事人名称或者姓名和住所；(2) 商品房的基本状况；(3) 商品房的销售方式；(4) 商品房价款的确定方式及总价款、付款方式、付款时间；(5) 交付使用条件及日期；(6) 装饰、设备标准承诺；(7) 供水、供电、供热、燃气、通信、道路、绿化等配套基础设施和公共设施的交付承诺和有关权益、责任；(8) 公共配套建筑的产权归属；(9) 面积差异的处理方式；(10) 办理产权登记有关事宜；(11) 解决争议的方法；(12) 违约责任；(13) 双方约定的其他事项。

商品房的认购、订购、预订等协议具备上述商品房买卖合同的主要内容，并且出卖人已经按照约定收受购房款的，该协议应当认定为商品房买卖合同。

## 案例指引

### 068. 买家微信购物认为产品被调包，如何认定卖家责任？[①]

小刘通过微信认识“A 牌”公司销售员工老陈，通过微信向其购买

① 参见秀山县人民法院：《微信购物被调包，法院：退款!》，载重庆法院网 http://cqgy.cqfygzfw.gov.cn/article/detail/2022/12/id/7046771.shtml，最后访问日期：2023 年 2 月 28 日。

一套“A 牌”产品，价格共计 14800 元。

小刘先向老陈支付 4800 元定金，约定剩下的 10000 元通过快递代收的方式收取。几天后，小刘收到产品设备并支付了剩余货款。1 个月后，小刘发现收到的产品品牌不是事先看好的“A 牌”而是“B 牌”，提出要更换设备或退款。老陈以自己从“A 牌”公司跳槽到“B 牌”公司上班等各种理由拒绝换货或者退货。无奈之下，小刘将老陈诉至秀山县人民法院，要求退还货款 14800 元。

法院经审理认为，小刘、老陈通过微信方式建立买卖合同关系。小刘向老陈购买“A 牌”产品，收到的却为“B 牌”。根据《民法典》第 509 条的规定，被告老陈未按照双方约定履行义务。

老陈抗辩其原是“A 牌”公司销售，后跳槽到“B 牌”公司，微信名称也改为“B 牌”，小刘应当知晓。但小刘提交的微信聊天截图显示，其购物时一直与微信头像“A 牌”、微信名称为“A 牌—老陈”的人聊天交流。因此可以推定小刘购买产品的品牌应是“A 牌”，不是“B 牌”。另外，老陈认为其只是公司员工，所收款项已交予公司。小刘支付的定金是直接转入老陈支付宝个人账户，而不是公司账户，尾款也是通过快递代收，无法确定是否为公司代收。老陈也没有举示证据证明两笔货款已交予公司，无法确认其销售行为是代表所在公司的职务行为，故其抗辩理由不成立。

综上，法院判决老陈在判决生效后 10 日内向小刘退还货款 14800 元。

**第五百九十七条　【无权处分的违约责任】** 因出卖人未取得处分权致使标的物所有权不能转移的，买受人可以解除合同并请求出卖人承担违约责任。

法律、行政法规禁止或者限制转让的标的物，依照其规定。

### 关联参见

《宪法》第 10 条；《土地管理法》第 2 条；《城市房地产管理法》

第38条；《野生动物保护法》第28条、第29条；《文物保护法》第24条、第25条、第51条

**第五百九十八条　【出卖人基本义务】**出卖人应当履行向买受人交付标的物或者交付提取标的物的单证，并转移标的物所有权的义务。

## 实务应用

### 041. 一物多卖如何处理？

（1）出卖人就同一普通动产订立多重买卖合同，在买卖合同均有效的情况下，买受人均要求实际履行合同的，应当按照以下情形分别处理：①先行受领交付的买受人请求确认所有权已经转移的，人民法院应予支持；②均未受领交付，先行支付价款的买受人请求出卖人履行交付标的物等合同义务的，人民法院应予支持；③均未受领交付，也未支付价款，依法成立在先合同的买受人请求出卖人履行交付标的物等合同义务的，人民法院应予支持。

（2）出卖人就同一船舶、航空器、机动车等特殊动产订立多重买卖合同，在买卖合同均有效的情况下，买受人均要求实际履行合同的，应当按照以下情形分别处理：①先行受领交付的买受人请求出卖人履行办理所有权转移登记手续等合同义务的，人民法院应予支持；②均未受领交付，先行办理所有权转移登记手续的买受人请求出卖人履行交付标的物等合同义务的，人民法院应予支持；③均未受领交付，也未办理所有权转移登记手续，依法成立在先合同的买受人请求出卖人履行交付标的物和办理所有权转移登记手续等合同义务的，人民法院应予支持；④出卖人将标的物交付给买受人之一，又为其他买受人办理所有权转移登记，已受领交付的买受人请求将标的物所有权登记在自己名下的，人民法院应予支持。

## 042. 由于出卖人的原因，买受人在何期限内未能取得不动产权属证书的，出卖人应当承担违约责任？

由于出卖人的原因，买受人在下列期限届满未能取得不动产权属证书的，除当事人有特殊约定外，出卖人应当承担违约责任：（1）商品房买卖合同约定的办理不动产登记的期限；（2）商品房买卖合同的标的物为尚未建成房屋的，自房屋交付使用之日起 90 日；（3）商品房买卖合同的标的物为已竣工房屋的，自合同订立之日起 90 日。合同没有约定违约金或者损失数额难以确定的，可以按照已付购房款总额，参照中国人民银行规定的金融机构计收逾期贷款利息的标准计算。

### 案例指引

## 069. 网络购物未收到货物误点确认收货，商家拒绝发货的，消费者是否可以主张解除合同？①

戴某某于 2020 年 5 月 28 日 12：10 通过拼多多在"××家具"网络店铺下单购买组合家具，价格 2400 元。网络购物截屏显示：发货时间为 2020 年 5 月 28 日 23：34：08，物流公司为宅急送快递，快递单号为××××××××××。戴某某提供的徽商银行信息及账单详情截屏载明：戴某某于 2020 年 5 月 28 日 12：10 快捷支付 2400 元。"××家具"店铺开办人系赖某某。宅急送快递官网查询快递单号××××××××××××无记录。戴某某称其误点确认收货，赖某某拒绝退款、发货。戴某某诉至法院，请求解除双方网络购物合同，并判令赖某某返还其购物款 2400 元及利息。

芜湖市弋江区人民法院经审理认为，依法成立的合同对当事人具有法律约束力，当事人应当按照约定履行自己的义务。戴某某通过网络向

---

① 参见高民壹：《安徽高院发布消费者权益保护典型案例》（2021 年 3 月 15 日发布），戴某某与赖某某网络购物合同纠纷案，载安徽法院网 http：//ahfy. ahcourt. gov. cn/article/detail/2021/03/id/5867481. shtml，最后访问日期：2023 年 4 月 11 日。

赖某某购货并支付货款，赖某某应按约向戴某某发送货物。戴某某诉称未收到赖某某货物并提供相关证据证明其主张，赖某某在案件审理期间未举证证明已向戴某某供货，故对戴某某关于解除网络购物合同、赖某某返还购物款及承担利息的诉讼请求依法应予支持。据此，该院判决：解除戴某某与赖某某之间的网络购物合同，赖某某返还戴某某货款 2400 元及逾期付款利息。

### 关联参见

《土地管理法》第 12 条；《城市房地产管理法》第 60 条、第 61 条；《民用航空法》第 14 条；《道路交通安全法》第 8 条、第 12 条

**第五百九十九条　【出卖人义务：交付单证、交付资料】**出卖人应当按照约定或者交易习惯向买受人交付提取标的物单证以外的有关单证和资料。

### 实务应用

#### 043. 提取标的物单证以外的有关单证和资料主要包括哪些？

主要应当包括保险单、保修单、普通发票、增值税专用发票、产品合格证、质量保证书、质量鉴定书、品质检验证书、产品进出口检疫书、原产地证明书、使用说明书、装箱单等。

### 关联参见

《买卖合同解释》第 4 条、第 5 条

**第六百条　【买卖合同知识产权保留条款】**出卖具有知识产权的标的物的，除法律另有规定或者当事人另有约定外，该标的物的知识产权不属于买受人。

### 关联参见

《著作权法》第20条；《计算机软件保护条例》第9—14条

**第六百零一条　【出卖人义务：交付期间】** 出卖人应当按照约定的时间交付标的物。约定交付期限的，出卖人可以在该交付期限内的任何时间交付。

**第六百零二条　【标的物交付期限不明时的处理】** 当事人没有约定标的物的交付期限或者约定不明确的，适用本法第五百一十条、第五百一十一条第四项的规定。

**第六百零三条　【买卖合同标的物的交付地点】** 出卖人应当按照约定的地点交付标的物。

当事人没有约定交付地点或者约定不明确，依据本法第五百一十条的规定仍不能确定的，适用下列规定：

（一）标的物需要运输的，出卖人应当将标的物交付给第一承运人以运交给买受人；

（二）标的物不需要运输，出卖人和买受人订立合同时知道标的物在某一地点的，出卖人应当在该地点交付标的物；不知道标的物在某一地点的，应当在出卖人订立合同时的营业地交付标的物。

### 条文解读

"标的物需要运输的"，是指标的物由出卖人负责办理托运，承运人是独立于买卖合同当事人之外的运输业者的情形。

### 关联参见

《买卖合同解释》第8条

**第六百零四条　【标的物的风险承担】** 标的物毁损、灭失的风险，在标的物交付之前由出卖人承担，交付之后由买受人承担，但是法律另有规定或者当事人另有约定的除外。

## 条文解读

**标的物风险负担规则** ➜ 标的物风险负担的关键是风险转移的时间问题，我国《民法典》采用的是交付转移风险原则：（1）标的物毁损、灭失的风险，交付之前由出卖人承担。（2）标的物毁损、灭失的风险，交付之后由买受人承担。买受人此时承担标的物风险不以其是否取得标的物的所有权为前提，在某些情况下，尽管买受人已经接受了交付的标的物，但由于法律的规定或者当事人的约定，买受人并没有取得标的物的所有权，此时，只要标的物是出卖人交付的，那么，买受人就得对其接受的标的物承担风险责任。

标的物的风险随交付而转移，这里所指的“交付”必须是按照法律规定和合同约定进行的交付。

标的物毁损、灭失的风险，交付前由出卖人承担，交付后由买受人承担，这是标的物风险转移的一般原则。但是，如果法律对此另有规定，或者当事人对风险转移另有约定的，可以不适用这一原则，按照法律的规定或者当事人的约定进行。这里的“法律另有规定或者当事人另有约定”的情况主要有两种：其一，交付前标的物的风险即由买受人负担；其二，交付后的一段时间内标的物的风险仍然由出卖人负担。

## 关联参见

《买卖合同解释》第9条

**第六百零五条　【迟延交付标的物的风险负担】** 因买受人的原因致使标的物未按照约定的期限交付的，买受人应当自违反约定时起承担标的物毁损、灭失的风险。

**第六百零六条　【路货买卖中的标的物风险转移】**出卖人出卖交由承运人运输的在途标的物，除当事人另有约定外，毁损、灭失的风险自合同成立时起由买受人承担。

**关联参见**

《买卖合同解释》第10条

**第六百零七条　【需要运输的标的物风险负担】**出卖人按照约定将标的物运送至买受人指定地点并交付给承运人后，标的物毁损、灭失的风险由买受人承担。

当事人没有约定交付地点或者约定不明确，依据本法第六百零三条第二款第一项的规定标的物需要运输的，出卖人将标的物交付给第一承运人后，标的物毁损、灭失的风险由买受人承担。

**第六百零八条　【买受人不履行接受标的物义务的风险负担】**出卖人按照约定或者依据本法第六百零三条第二款第二项的规定将标的物置于交付地点，买受人违反约定没有收取的，标的物毁损、灭失的风险自违反约定时起由买受人承担。

**第六百零九条　【未交付单证、资料的风险负担】**出卖人按照约定未交付有关标的物的单证和资料的，不影响标的物毁损、灭失风险的转移。

**第六百一十条　【根本违约】**因标的物不符合质量要求，致使不能实现合同目的的，买受人可以拒绝接受标的物或者解除合同。买受人拒绝接受标的物或者解除合同的，标的物毁损、灭失的风险由出卖人承担。

**案例指引**

## 070. 买卖合同中因标的物不符合质量要求，买受人是否可以拒绝接受标的物或者解除合同?①

2019年8月2日，原告王某经朋友介绍与被告张某达成口头协议，从被告处购买其名下的汽车一辆，于当日办理了过户手续。交易前，被告向原告介绍该车辆仅有过剐蹭，不存在事故。原告亦对被告所述的剐蹭处进行了查看。后原告支付首付款60000元。经被告介绍，余款由原告于2019年8月4日从中国工商银行办理了信用卡汽车专项分期付款业务并以该涉案车辆为抵押，签订了合同。该合同显示车辆总价为230000元，原告自行支付首付款72800元，剩余157200元购车款从银行透支，该款直接由银行支付到该汽车销售商/合作机构账户。同时还约定，该款分36期，原告每月的偿还金额为4782元，其中原告应向银行按分期的方式向银行支付手续费14934元。

被告曾于2019年7月6日对涉案车辆进行了喷漆，于2019年8月3日对该车进行了车身改色贴膜、后排电视安装等。2019年8月12日原告从被告处提车，13号因发现空调不制冷与被告联系，被告承诺由其对空调进行维修，14号原告发现车辆跑偏，随后与被告联系退车产生纠纷。后原告曾向法院提起诉讼，经法院委托，上海某检测技术有限公司于2020年11月17日对涉案车辆作出鉴定，鉴定意见是：依据现状，涉案车辆的前部发生过碰撞事故，车辆的左右前纵梁及左前悬架因碰撞产生了变形和位移，车辆未经彻底修复，结合现存的安全气囊故障报警及跑偏现象，表明涉案车辆上路行驶存在安全隐患。

被告张某从事二手车经营，该涉案车辆系被告从案外人处所购，于2019年4月15日过户到被告张某名下。该涉案车辆曾于2016年8月17

① 参见刘海红、张英泽：《买卖合同中买受人行使合同解除权的认定——王某诉张某买卖合同纠纷案》，载山东法院网 http：//www. sdcourt. gov. cn/nwglpt/resource/cms/article/3980673/8014548/2021121310282116629. pdf，最后访问日期：2023年2月28日。

日发生过交通事故，当时的保险定损显示为全损车辆。原告办理的信用卡汽车专项分期付款业务按本金和手续费按期等额收取的方式还款，截止到2021年7月13日已扣款104808元，未扣款金额为52392元。尚有12期未付，实际已支付的手续费为9966元。

淄博市临淄区人民法院一审判决：一、原告王某与被告张某于2020年8月2日达成的口头车辆买卖合同于2021年5月7日解除；二、被告张某于本判决生效后10日内返还给原告王某购车款202266元；三、被告张某赔偿原告王某经济损失8000元、鉴定费38000元，手续费损失：截止到2021年7月13日为9966元，之后手续费按实际产生的计算，以14934元为限，与上述第二项同时付清；四、原告王某在本判决生效后10日内办理完毕车号为鲁C某号汽车的银行解押手续，并将该车辆返还给被告张某；五、驳回原告王某其他诉讼请求。宣判后，被告张某不服，向山东省淄博市中级人民法院提出上诉。山东省淄博市中级人民法院二审判决：驳回上诉，维持原判。

本案中，原告购买涉案车辆，其目的是家庭消费，能正常上路行驶，被告获得对价的基础也在于涉案车辆具备正常上路行驶的功能，能满足一般消费者对车辆性能、质量的基本要求，被告作为二手车经营者应当具备掌握所售车辆状况的专业能力，并且负有告知车辆真实状况的义务，应当保证交付原告的标的物符合法定或约定的品质、价值和效用。原告购买涉案车辆时，被告仅告知原告该车辆左边有过剐蹭，虽然原告也对该车辆进行过试驾，但仅通过一两次试驾难以发现车辆存在的隐蔽问题也属正常。在原告购买车辆后正常驾驶过程中，发现车辆存在跑偏等安全隐患，通过查询保险公司的理赔记录，能够认定涉案车辆曾发生过重大事故，保险定损显示车辆全损。而且，经一审法院委托司法鉴定，鉴定意见也证实涉案车辆因之前发生的碰撞事故导致上路行驶存在安全隐患。被告主张车辆交付时是否存在安全隐患及该安全隐患与车辆买卖之间存在因果关系并不确定，其应对此负举证责任，在其不能完成举证的情况下，应认定涉案车辆的安全隐患系此前事故造成。因此，原告作为车辆购买者，因车辆存在上路行驶的安全隐患，其购买车辆的出行目的不能实现，因此被告构成根本违约，原告在此情况下有权解除合同、要求被告返还购车款并赔偿相应损失。

### 关联参见

《买卖合同解释》第 24 条

**第六百一十一条　【买受人承担风险与出卖人违约责任关系】** 标的物毁损、灭失的风险由买受人承担的，不影响因出卖人履行义务不符合约定，买受人请求其承担违约责任的权利。

**第六百一十二条　【出卖人的权利瑕疵担保义务】** 出卖人就交付的标的物，负有保证第三人对该标的物不享有任何权利的义务，但是法律另有规定的除外。

### 条文解读

**出卖人的权利瑕疵担保** ➜ 出卖人的权利瑕疵担保，是指卖方应保证对其所出售的标的物享有合法的权利，没有侵犯任何第三人的权利，并且任何第三人都不会就该标的物向买受人主张任何权利。买卖合同根本上就是标的物所有权的转让，因此，出卖人的这项义务也就是其一项最基本的义务。具体来说，出卖人的权利瑕疵担保义务包括：(1) 出卖人对出卖的标的物享有合法的权利，即须对标的物具有所有权或者处分权。(2) 出卖人应当保证在其出售的标的物上不存在任何未曾向买方透露的他人可以主张的权利，如抵押权、租赁权等。(3) 出卖人应当保证标的物没有侵犯他人的知识产权。

**第六百一十三条　【权利瑕疵担保责任之免除】** 买受人订立合同时知道或者应当知道第三人对买卖的标的物享有权利的，出卖人不承担前条规定的义务。

**第六百一十四条　【买受人的中止支付价款权】**买受人有确切证据证明第三人对标的物享有权利的，可以中止支付相应的价款，但是出卖人提供适当担保的除外。

**第六百一十五条　【买卖标的物的质量瑕疵担保】**出卖人应当按照约定的质量要求交付标的物。出卖人提供有关标的物质量说明的，交付的标的物应当符合该说明的质量要求。

## 案例指引

### 071. 购房后无法正常用电，买受人是否有权要求开发商赔偿损失？①

张某从开发商处购买房屋一套，入住后发现房屋负一层所有电源插座均无法使用，只要一经合闸，全单元总闸就会跳闸。张某多次联系物业公司和开发商未果。为此，张某将开发商诉至法院，要求开发商承担电路修缮费用。开发商辩称，房屋已经通过竣工验收并交付使用，不认可案涉工程质量有问题，不同意张某的诉讼请求。审理过程中，张某申请对房屋用电无法正常使用的具体原因、修复方案及修复费用进行鉴定，鉴定机构出具鉴定意见，认为用户无法正常用电的具体原因为地下一层插座线路之间存在短路，修复方案分为明敷设和拆除原装插座线路恢复原状修复，其中明敷设修复费用为5000元，恢复原状修复费用为3万元。

法院认为，开发商作为建设单位，对其交付的房屋应当承担质量瑕疵担保责任，对存在质量问题的房屋应当及时予以修复。本案中，出现质量问题的电路系统虽然不属于房屋主体结构，但仍然是房屋整体的组成部分。尽管房屋整体已经通过竣工验收，但不影响开发商对经鉴定确定存在的问题承担修复责任，开发商始终未予修复，应当赔偿张某的修

---

① 参见《最高法发布消费者权益保护典型案例》（2022年3月15日发布），张某与某房地产开发公司房屋买卖合同纠纷案，载最高人民法院网 https：//www. court. gov. cn/zixun-xiangqing-350961. html，最后访问日期：2023年4月12日。

复损失。关于修复费用的标准，虽然鉴定机构在出具鉴定意见时，给出了两种不同的修复方案，但是张某不同意适用明敷设配管配线的修复方案，综合考虑案件质量问题的起因、质量问题的程度、质量问题持续的时间、开发商在解决问题过程中的作为情况，法院最终判决开发商按照恢复原状修复方案赔偿张某修缮费用并承担本案鉴定费用。

### 关联参见

《消费者权益保护法》第18条、第23条；《产品质量法》第26条

**第六百一十六条　【标的物法定质量担保义务】** 当事人对标的物的质量要求没有约定或者约定不明确，依据本法第五百一十条的规定仍不能确定的，适用本法第五百一十一条第一项的规定。

**第六百一十七条　【质量瑕疵担保责任】** 出卖人交付的标的物不符合质量要求的，买受人可以依据本法第五百八十二条至第五百八十四条的规定请求承担违约责任。

### 案例指引

#### 072. 内部品质与价值存在不确定性的翡翠原石买亏，买家是否可以要求退一赔三？[1]

一日凌晨，方女士正在逛购物平台，当刷到一个翡翠直播间时，她立刻被热烈紧张的氛围吸引住，停留观看。

“我的天啊！这块原石料子太好了！”“太漂亮了！”“买回去做戒面，绝了！”主播激情澎湃的介绍让人热血沸腾，“粉丝”纷纷刷屏留言，“这种货太难遇了！”“看得今晚都睡不着了。”“心狂跳。”

① 参见李丹阳：《10万翡翠原石买亏要求退一赔三　法院：符合射幸合同特征　消费欺诈主张不成立》，载上海市高级人民法院网 https：//www.hshfy.sh.cn/shfy/web/xxnr.jsp?pa=aaWQ9MTAyMDI4NzM4MiZ4aD0xJmxtZG09bG01MTkPdcssz&zd=xwzx，最后访问日期：2023年2月28日。

喜欢翡翠的方女士心动不已，几番考虑后她拍下了这块原石，看着直播间里一句句“恭喜”，她心情愉快。三天后方女士又在该直播间购买了一块翡翠原石，两块原石共计付款9.8万元。

按照交易惯例，购买了翡翠原石，若无调包假冒等情形，涨跌风险均由购买者自担。付款后，翡翠店铺客服通过销售平台向方女士发送了《客户消费告知书》，载明：“（1）由于不同手机屏幕存在色差，以实物为准；（2）原石有风险，入手需谨慎，主播人员对原石介绍仅限个人观点作以参考，请谨慎考虑；（3）翡翠原石经授权开窗、扩窗、扒皮、切割等一系列影响二次销售行为后，无论涨垮，一律不支持退换货；（4）为保证您的权益，务必一单一拍。如您同意本告知书内容，请回复‘确认’，没有回复‘确认’一律默认安排发货。”

方女士均回复确认，店铺便将两块原石进行开窗，并交由两家鉴定中心鉴定，之后将鉴定证书随原石一起寄送给方女士。

然而方女士收货后，发现这两块原石品质并不如直播时主播介绍的那样好，再一看鉴定证书，只见鉴定结果显示两块原石均为翡翠，但证书载明结论仅对开口处作出，皮壳不做判断。方女士感觉自己买亏了，赶紧联系购物平台商议退款事宜，但被店铺以“料子已开窗处理，且影响二次销售”为由拒绝。方女士笃定这两块石头肯定不是翡翠，便自行委托一家鉴定技术服务公司对涉案原石进行鉴定，鉴定结论为干青石。

方女士很气愤，她认为干青石不属于翡翠，自己受到欺诈，遂诉至法院，请求法院判决店主小张承担退一赔三的责任，合计39.2万元，购物平台对小张的赔偿责任承担连带责任。

一审法院经审理后认为，“赌石”，是指在玉石交易的过程中，由于砾石表面有风化皮壳的遮挡，看不到内部的情况，人们只有根据皮壳的特征或在局部上开的“门子”，凭自身知识、经验来推断“赌石”内部翡翠的优劣。

根据在案证据，一审法院判定本案双方之间的行为即为“赌石”，属于射幸合同的一种。方女士接受了“赌石”交易的模式，并在交易后对原石进行了切割，现要求退一赔三的诉讼请求于理不合、于法无据，遂驳回方女士的全部诉讼请求。

方女士不服，她认为小张及购物平台称购买原石是“赌石”行为，系企图掩盖价格欺诈的真相。正是因为受到欺诈，她才购买了与实际价值相差巨大的商品，因此商家与平台应退一赔三。方女士遂向上海一中院提起上诉，请求支持一审诉请。

上海一中院经审理后查明，小张提供的原石鉴定证据均载有鉴定人员信息以及计量认证标志，而方女士自行委托的鉴定，鉴定证书上无鉴定人及鉴定人资质号。

上海一中院认为，所谓消费欺诈，即经营者向消费者提供的商品或服务故意“以假乱真”或“以次充好”。本案中，销售标的物为原石，因原石外部附着其他物质，故内部品质与价值存在不确定性，需要购买者根据自身知识、经验进行甄别与判断。一般情形下，如购买者认为原石内部价值不低于销售价格，则会达成交易。故案涉交易符合射幸合同特征。

本案中，小张销售的案涉原石对外称系翡翠原石，故如内部材质确系翡翠，即便价值低廉，也非消费欺诈中的“以假乱真”情形。因方女士提供的鉴定证书上并无鉴定人及鉴定资质号，就民事诉讼中证据的证明力而言，该证书的证明力低于小张随案涉原石提供的证书的证明力。由此，案涉原石已开口处鉴定为翡翠，故小张不存在“以假乱真”的欺诈行为。同时，方女士未能提供证据证明小张存在“以次充好”的主观故意，也未证明小张曾对案涉原石内部品质作出允诺或保证，故小张也不存在“以次充好”的欺诈行为。

另外，小张一方曾就“开窗”风险多次进行提示，方女士均确认，可认定其接受“开窗”后不予退换案涉原石的条款约束。

综上，方女士关于小张存在消费欺诈行为的主张不能成立，其在“开窗”后再行要求小张承担“退一赔三”的赔偿责任以及购物平台承担连带责任，缺乏依据。

上海一中院遂驳回上诉，维持原判。

## 关联参见

《消费者权益保护法》第23条

**第六百一十八条 【标的物瑕疵担保责任减免的特约效力】** 当事人约定减轻或者免除出卖人对标的物瑕疵承担的责任，因出卖人故意或者重大过失不告知买受人标的物瑕疵的，出卖人无权主张减轻或者免除责任。

## 实务应用

### 044. 出卖人过错导致的特约减免例外主要包括哪些情形？

在买卖合同的订立和履行过程中，买卖双方可以约定免除出卖人对标的物的瑕疵担保责任。但在一些特殊情况下，出卖人存在主观过错，导致买受人对标的物的瑕疵状况不了解，最终致使买受人收到的标的物存在瑕疵。在这种情况下，买卖合同双方订立合同的基础有失公平，损害了买受人的权利，依据诚信原则以及《民法典》第506条第2项“因故意或者重大过失造成对方财产损失的”合同中的免责条款无效的规定，对出卖人主张减轻或者免除责任的请求，不应予以支持。

本条中的出卖人的过错包括故意或者重大过失两类。出卖人故意不告知买受人标的物存在瑕疵，意味着出卖人明知标的物存在瑕疵。例如，出卖人销售的是伪劣产品，但却告知买受人产品符合质量标准，显然构成故意隐瞒标的物质量瑕疵。再如，出卖人将标的物一物二卖，又不告知第二个买受人实际情况，显然构成故意隐瞒标的物权利瑕疵。在这种情形下，不免除出卖人的违约责任当无争议。而在特约免除瑕疵担保责任的出卖人重大过失场合，其并无故意致使买受人受损的目的，但客观上造成了买受人利益的损害，该约定是否无效确实存有争议。例如，出卖人委托拍卖公司拍卖一块土地，由于疏忽导致拍卖公告中载明的土地面积大于实际面积，同时约定该土地以现状拍卖，出卖人不担保标的物的实际状况及瑕疵。在买受人拍得土地后发现土地面积不对，因此就出卖人是否可以免除瑕疵担保责任发生争议。在这种情况下，如果允许出卖人免除瑕疵担保责任，将使得拍卖人无须调查了解拍卖物的任何情形，竞买人只能自行了解标的物，其结果不但破坏了市场的诚信，也大大增加了市场的交易成本，结合《民法典》第 506 条第 2 项的规定，对于出卖人存在重大过失的免责约定的效力，应当持否定评价。

另外需要指出的是，在适用本条的过程中，主张出卖人存在故意或者重大过失的情形，应当由买受人承担举证责任。而对于特约免除瑕疵担保责任的形式，由于该约定对双方的权利义务都存在重大影响，因此无论采取什么形式约定，都应当以明示的方式作出，而不能以默示的方式作出。

**第六百一十九条　【标的物的包装方式】**出卖人应当按照约定的包装方式交付标的物。对包装方式没有约定或者约定不明确，依据本法第五百一十条的规定仍不能确定的，应当按照通用的方式包装；没有通用方式的，应当采取足以保护标的物且有利于节约资源、保护生态环境的包装方式。

**第六百二十条　【买受人的检验义务】**买受人收到标的物时应当在约定的检验期限内检验。没有约定检验期限的，应当及时检验。

**第六百二十一条　【买受人检验标的物的异议通知】**当事人约定检验期限的，买受人应当在检验期限内将标的物的数量或者质量不符合约定的情形通知出卖人。买受人怠于通知的，视为标的物的数量或者质量符合约定。

当事人没有约定检验期限的，买受人应当在发现或者应当发现标的物的数量或者质量不符合约定的合理期限内通知出卖人。买受人在合理期限内未通知或者自收到标的物之日起二年内未通知出卖人的，视为标的物的数量或者质量符合约定；但是，对标的物有质量保证期的，适用质量保证期，不适用该二年的规定。

出卖人知道或者应当知道提供的标的物不符合约定的，买受人不受前两款规定的通知时间的限制。

## 实务应用

### 045. 如何认定买卖中的检验“合理期限”？

应当综合当事人之间的交易性质、交易目的、交易方式、交易习惯、标的物的种类、数量、性质、安装和使用情况、瑕疵的性质、买受人应尽的合理注意义务、检验方法和难易程度、买受人或者检验人所处的具体环境、自身技能以及其他合理因素，依据诚信原则进行判断。《民法典》第621条第2款规定的“二年”是最长的合理期限。该期限为不变期间，不适用诉讼时效中止、中断或者延长的规定。

## 关联参见

《海商法》第83条；《买卖合同解释》第12—14条

**第六百二十二条　【检验期限或质量保证期过短的处理】**当事人约定的检验期限过短，根据标的物的性质和交易习惯，买受人在检验期限内难以完成全面检验的，该期限仅视为买受人对标的物的外观瑕疵提出异议的期限。

约定的检验期限或者质量保证期短于法律、行政法规规定期限的，应当以法律、行政法规规定的期限为准。

**第六百二十三条　【标的物数量和外观瑕疵检验】**当事人对检验期限未作约定，买受人签收的送货单、确认单等载明标的物数量、型号、规格的，推定买受人已经对数量和外观瑕疵进行检验，但是有相关证据足以推翻的除外。

**第六百二十四条　【向第三人履行情形的检验标准】** 出卖人依照买受人的指示向第三人交付标的物，出卖人和买受人约定的检验标准与买受人和第三人约定的检验标准不一致的，以出卖人和买受人约定的检验标准为准。

**第六百二十五条　【出卖人的回收义务】** 依照法律、行政法规的规定或者按照当事人的约定，标的物在有效使用年限届满后应予回收的，出卖人负有自行或者委托第三人对标的物予以回收的义务。

## 条文解读

**出卖人回收义务** ➲ 出卖人对于买卖标的物在有效使用年限后的回收义务，需要基于法律、行政法规的规定和当事人的约定。本条的规定，首先，出于法律的引领作用，对普通民众的行为规范进行指引，以实践绿色的发展理念。其次，对于违反本条的回收义务，除当事人有明确约定外，法律、行政法规规定的回收义务，不能一概认为是民法上的义务，也有可能是公法上的义务。是否一律承担违约责任以及如何承担违约责任，都应基于法律的具体规定和当事人的具体约定而定，即具体情况具体分析。

## 实务应用

### 046. 有关回收义务的法律规定主要有哪些？

经梳理，主要有下列规定：

（1）《环境保护法》第 37 条规定：“地方各级人民政府应当采取措施，组织对生活废弃物的分类处置、回收利用。”

（2）《固体废物污染环境防治法》第 18 条规定：“建设项目的环境影响评价文件确定需要配套建设的固体废物污染环境防治设施，应当与主体工程同时设计、同时施工、同时投入使用。建设项目的初步设计，应当按照环境保护设计规范的要求，将固体废物污染环境防治内容纳入环境影响评价文件，落实防治固体废物污染环境和破坏生态的措施以及固体废物污染环境防治设施投资概算。建设单位应当依照有关法律法规的规定，对配套建设的固体废物污染环境防治设施进行验收，编制验收报告，并向社会公开。”

（3）《循环经济促进法》第15条规定：“生产列入强制回收名录的产品或者包装物的企业，必须对废弃的产品或者包装物负责回收；对其中可以利用的，由各该生产企业负责利用；对因不具备技术经济条件而不适合利用的，由各该生产企业负责无害化处置。对前款规定的废弃产品或者包装物，生产者委托销售者或者其他组织进行回收的，或者委托废物利用或者处置企业进行利用或者处置的，受托方应当依照有关法律、行政法规的规定和合同的约定负责回收或者利用、处置。对列入强制回收名录的产品和包装物，消费者应当将废弃的产品或者包装物交给生产者或者其委托回收的销售者或者其他组织。强制回收的产品和包装物的名录及管理办法，由国务院循环经济发展综合管理部门规定。”

（4）《水污染防治法》第59条规定：“船舶排放含油污水、生活污水，应当符合船舶污染物排放标准。从事海洋航运的船舶进入内河和港口的，应当遵守内河的船舶污染物排放标准。船舶的残油、废油应当回收，禁止排入水体。禁止向水体倾倒船舶垃圾。船舶装载运输油类或者有毒货物，应当采取防止溢流和渗漏的措施，防止货物落水造成水污染。进入中华人民共和国内河的国际航线船舶排放压载水的，应当采用压载水处理装置或者采取其他等效措施，对压载水进行灭活等处理。禁止排放不符合规定的船舶压载水。”

（5）《大气污染防治法》第47条规定：“石油、化工以及其他生产和使用有机溶剂的企业，应当采取措施对管道、设备进行日常维护、维修，减少物料泄漏，对泄漏的物料应当及时收集处理。储油储气库、加油加气站、原油成品油码头、原油成品油运输船舶和油罐车、气罐车等，应当按照国家有关规定安装油气回收装置并保持正常使用。”第49条规定：“工业生产、垃圾填埋或者其他活动产生的可燃性气体应当回收利用，不具备回收利用条件的，应当进行污染防治处理。可燃性气体回收利用装置不能正常作业的，应当及时修复或者更新。在回收利用装置不能正常作业期间确需排放可燃性气体的，应当将排放的可燃性气体充分燃烧或者采取其他控制大气污染物排放的措施，并向当地生态环境主管部门报告，按照要求限期修复或者更新。”

（6）《土壤污染防治法》第30条规定：“禁止生产、销售、使用国家明令禁止的农业投入品。农业投入品生产者、销售者和使用者应当及时回收农药、肥料等农业投入品的包装废弃物和农用薄膜，并将农药包装废弃物交由专门的机构或者组织进行无害化处理。具体办法由国务院农业农村主管部门会同国务院生态环境等主管部门制定。国家采取措施，鼓励、支持单位和个人回收农业投入品包装废弃物和农用薄膜。”

（7）《废弃电器电子产品回收处理管理条例》第10条规定：“电器电子产品生产者、进口电器电子产品的收货人或者其代理人生产、进口的电器电子产品应当符合国家有关电器电子产品污染控制的规定，采用有利于资源综合利用和无害化处理的设计方案，使用无毒无害或者低毒低害以及便于回收利用的材料。电器电子产品上或者产品说明书中应当按照规定提供有关有毒有害物质含量、回收处理提示性说明等信息。”第11条规定：“国家鼓励电器电子产品生产者自行或者委托销售者、维修机构、售后服务机构、废弃电器电子产品回收经营者回收废弃电器电子产品。电器电子产品销售者、维修机构、售后服务机构应当在其营业场所显著位置标注废弃电器电子产品回收处理提示性信息。回收的废弃电器电子产品应当由有废弃电器电子产品处理资格的处理企业处理。”第12条规定：“废弃电器电子产品回收经营者应当采取多种方式为电器电子产品使用者提供方便、快捷的回收服务。废弃电器电子产品回收经营者对回收的废弃电器电子产品进行处理，应当依照本条例规定取得废弃电器电子产品处理资格；未取得处理资格的，应当将回收的废弃电器电子产品交有废弃电器电子产品处理资格的处理企业处理。回收的电器电子产品经过修复后销售的，必须符合保障人体健康和人身、财产安全等国家技术规范的强制性要求，并在显著位置标识为旧货。具体管理办法由国务院商务主管部门制定。”

**第六百二十六条　【买受人支付价款及方式】** 买受人应当按照约定的数额和支付方式支付价款。对价款的数额和支付方式没有约定或者约定不明确的，适用本法第五百一十条、第五百一十一条第二项和第五项的规定。

**第六百二十七条　【买受人支付价款的地点】** 买受人应当按照约定的地点支付价款。对支付地点没有约定或者约定不明确，依据本法第五百一十条的规定仍不能确定的，买受人应当在出卖人的营业地支付；但是，约定支付价款以交付标的物或者交付提取标的物单证为条件的，在交付标的物或者交付提取标的物单证的所在地支付。

**第六百二十八条　【买受人支付价款的时间】** 买受人应当按照约定的时间支付价款。对支付时间没有约定或者约定不明确，依据本法第五百一十条的规定仍不能确定的，买受人应当在收到标的物或者提取标的物单证的同时支付。

## 实务应用

### 047. 买卖合同对付款期限作出的变更，是否影响当事人关于逾期付款违约金的约定？

买卖合同对付款期限作出的变更，不影响当事人关于逾期付款违约金的约定，但该违约金的起算点应当随之变更。买卖合同约定逾期付款违约金，买受人以出卖人接受价款时未主张逾期付款违约金为由拒绝支付该违约金的，人民法院不予支持。买卖合同约定逾期付款违约金，但对账单、还款协议等未涉及逾期付款责任，出卖人根据对账单、还款协议等主张欠款时请求买受人依约支付逾期付款违约金的，人民法院应予支持，但对账单、还款协议等明确载有本金及逾期付款利息数额或者已经变更买卖合同中关于本金、利息等约定内容的除外。买卖合同没有约定逾期付款违约金或者该违约金的计算方法，出卖人以买受人违约为由主张赔偿逾期付款损失，违约行为发生在2019年8月19日之前的，人民法院可以中国人民银行同期同类人民币贷款基准利率为基础，参照逾期罚息利率标准计算；违约行为发生在2019年8月20日之后的，人民法院可以违约行为发生时中国人民银行授权全国银行间同业拆借中心公布的一年期贷款市场报价利率（LPR）标准为基础，加30%—50%计算逾期付款损失。

### 关联参见

《买卖合同解释》第18条

**第六百二十九条　【出卖人多交标的物的处理】**出卖人多交标的物的，买受人可以接收或者拒绝接收多交的部分。买受人接收多交部分的，按照约定的价格支付价款；买受人拒绝接收多交部分的，应当及时通知出卖人。

### 关联参见

《买卖合同解释》第3条

**第六百三十条　【买卖合同标的物孳息的归属】**标的物在交付之前产生的孳息，归出卖人所有；交付之后产生的孳息，归买受人所有。但是，当事人另有约定的除外。

**第六百三十一条　【主物与从物在解除合同时的效力】**因标的物的主物不符合约定而解除合同的，解除合同的效力及于从物。因标的物的从物不符合约定被解除的，解除的效力不及于主物。

**第六百三十二条　【数物买卖合同的解除】** 标的物为数物，其中一物不符合约定的，买受人可以就该物解除。但是，该物与他物分离使标的物的价值显受损害的，买受人可以就数物解除合同。

## 实务应用

### 048. 数物同时出卖时，买受方如何行使合同解除权？

买受人的合同解除权行使有两种情形：一是解除部分合同，即标的物为数物，其中一物不符合约定的，买受人可以就该物解除；二是解除全部合同，即标的物为数物，其中一物不符合约定，该物与他物分离使标的物的价值显受损害的，买受人可以就此解除全部合同。同时也明确了买受人的合同解除权由买受人选择决定，即买受人可以选择部分或者全部解除合同。

当买卖标的物为数物，标的之数物中一物有瑕疵的，由于数物不存在主从关系，对合同的实现具有同等价值，买受人仅可解除与有瑕疵物相关的合同。当事人之任何一方如因有瑕疵之物与他物分离而受损害的，可以解除全部合同。

**第六百三十三条　【分批交付标的物的情况下解除合同的情形】** 出卖人分批交付标的物的，出卖人对其中一批标的物不交付或者交付不符合约定，致使该批标的物不能实现合同目的的，买受人可以就该批标的物解除。

出卖人不交付其中一批标的物或者交付不符合约定，致使之后其他各批标的物的交付不能实现合同目的的，买受人可以就该批以及之后其他各批标的物解除。

买受人如果就其中一批标的物解除，该批标的物与其他各批标的物相互依存的，可以就已经交付和未交付的各批标的物解除。

**第六百三十四条** **【分期付款买卖】** 分期付款的买受人未支付到期价款的数额达到全部价款的五分之一，经催告后在合理期限内仍未支付到期价款的，出卖人可以请求买受人支付全部价款或者解除合同。

出卖人解除合同的，可以向买受人请求支付该标的物的使用费。

### 条文解读

**分期付款** 分期付款是指买受人将应付的总价款在一定期限内至少分 3 次向出卖人支付。分期付款买卖合同的约定违反《民法典》第 634 条第 1 款的规定，损害买受人利益，买受人主张该约定无效的，人民法院应予支持。

分期付款买卖合同约定出卖人在解除合同时可以扣留已受领价金，出卖人扣留的金额超过标的物使用费以及标的物受损赔偿额，买受人请求返还超过部分的，人民法院应予支持。当事人对标的物的使用费没有约定的，人民法院可以参照当地同类标的物的租金标准确定。

### 关联参见

《买卖合同解释》第 27 条、第 28 条

**第六百三十五条** **【凭样品买卖合同】** 凭样品买卖的当事人应当封存样品，并可以对样品质量予以说明。出卖人交付的标的物应当与样品及其说明的质量相同。

### 条文解读

**凭样品买卖合同** 凭样品买卖合同，又称货样买卖，是指买卖双方根据货物样品而订立的由出卖人按照样品交付标的物的合同。凭样品买卖合同属于一种特殊的买卖合同，其特殊性主要表现在 3 个方面：一是合同标的物的质量、属性等是根据样品确定的，并且该样品应当是订

立合同时存在的样品。二是当事人基于对样品的信赖而订约。三是交付的标的物以样品来衡量，即当事人在合同中明确规定以样品来确定标的物品质。需要特别说明的是，如果出卖人先向买受人提示样品，而后双方订立合同时未明确表明进行的是凭样品买卖，则双方不成立凭样品买卖。所以，商店中摆列商品购物不属于货样买卖。

本条对样品的要求有两个：一个是凭样品买卖的当事人应当封存样品；另一个是可以对样品质量予以说明。

1. 封存样品要求。样品是凭样品买卖的核心问题。这对于双方当事人来讲均很重要，需要高度重视，否则容易引起不必要的纠纷。为此，本条规定“当事人应当封存样品”。这一规定包括3层意思：一是样品必须是订立合同时的样品；二是样品的封存必须为双方所认可，包括对封存地点、数量、时间以及保存人的认可等；三是双方当事人应当对封存的样品盖章或者签字。至于封存的具体方法，当事人可以根据自己的具体情况作出具体的约定。

2. 对样品质量予以说明的要求。这是为了进一步保证样品的质量、减少纠纷而作出的一项具体的规定，对双方当事人均具有约束力，双方当事人同样需要给予高度重视。这一规定同样包括3层意思：一是对样品质量的说明应为双方当事人所认可；二是对质量的说明应当根据样品具体情况来确定，一般包括外观、型号、技术要求等；三是对样品质量国家有强制性规定的，须遵守强制性规定，不得违反，如国家有关安全卫生的强制性的要求就必须遵守。

3. 封存样品和对样品质量的说明对当事人均有益处。本条规定是一项保护双方当事人合法权益的义务性规定，双方当事人均应执行这一规定。现实中，由于双方当事人不注意这一问题，产生的纠纷很多，以致“有理说不清”。对双方当事人来讲，封存了样品，能对样品质量进行说明，如果发生纠纷，也容易分清责任，可以减少争执，有利于纠纷的解决，对保护双方当事人的合法权益均有益处。

**关联参见**

《买卖合同解释》第 29 条

**第六百三十六条　【凭样品买卖合同样品存在隐蔽瑕疵的处理】** 凭样品买卖的买受人不知道样品有隐蔽瑕疵的，即使交付的标的物与样品相同，出卖人交付的标的物的质量仍然应当符合同种物的通常标准。

**第六百三十七条　【试用买卖的试用期限】** 试用买卖的当事人可以约定标的物的试用期限。对试用期限没有约定或者约定不明确，依据本法第五百一十条的规定仍不能确定的，由出卖人确定。

**实务应用**

### 049. 实践中，买卖合同约定了哪些内容，法院会判定不属于试用买卖？

买卖合同存在下列约定内容之一的，不属于试用买卖。买受人主张属于试用买卖的，人民法院不予支持：（1）约定标的物经过试用或者检验符合一定要求时，买受人应当购买标的物；（2）约定第三人经试验对标的物认可时，买受人应当购买标的物；（3）约定买受人在一定期限内可以调换标的物；（4）约定买受人在一定期限内可以退还标的物。

**关联参见**

《买卖合同解释》第 30 条

**第六百三十八条　【试用买卖合同买受人对标的物购买选择权】** 试用买卖的买受人在试用期内可以购买标的物，也可以拒绝购买。试用期限届满，买受人对是否购买标的物未作表示的，视为购买。

试用买卖的买受人在试用期内已经支付部分价款或者对标的物实施出卖、出租、设立担保物权等行为的，视为同意购买。

**第六百三十九条　【试用买卖使用费】** 试用买卖的当事人对标的物使用费没有约定或者约定不明确的，出卖人无权请求买受人支付。

**第六百四十条　【试用买卖中的风险承担】** 标的物在试用期内毁损、灭失的风险由出卖人承担。

## 条文解读

**试用买卖标的物的风险负担** ➜ 对于试用买卖标的物的风险负担，在试用标的物期间，标的物发生不可归责于买卖双方当事人的原因的毁损、灭失时，应当由出卖人承担该风险，出卖人无权要求买受人承担赔偿责任。

在试用买卖合同履行过程中，试用期内的标的物是否实际交付给买受人，存在两种情况：一种情况是标的物不实际交付给买受人，但是由买受人进行试用。这种情形的标的物发生意外毁损、灭失时，由于标的物未经交付，该风险由出卖人负担是不言而喻的，实践中也不会引发争议。另一种情况是标的物已经实际交付给买受人试用，依据本条的规定，在试用过程中标的物发生意外毁损、灭失的，该风险也由出卖人负担，这似乎与《民法典》第604条规定的标的物风险负担适用交付主义原则不符，因此在实践中常常引发争议。例如，汽车销售公司甲与自然人乙签订了汽车试用买卖合同，在甲将一辆汽车交付乙试用期间，乙在开车上班过程中遇到下冰雹，结果导致车辆发生毁损，由于甲乙双方未对该毁损的承担进行约定，双方都认为车辆毁损的后果应该由对方承担，因此发生了很大的争议。

《民法典》第640条之所以规定试用买卖标的物在试用期内发生毁损、灭失的风险由出卖人负担，主要是出于以下考虑：一是由试用买卖合同的目的决定的。因为所谓的试用买卖，是出卖人基于其特定的经营目的考虑，自愿且主动地将标的物交付给买受人试用或者检验，同时买受人也无须承担标的物使用费，即出卖人是放弃自身的某些利益而为了达到订立买卖合同的最终目的。其中放弃要求由买受人承担试用期内的风险责任，当是试用买卖合同的题中应有之义。二是由试用买卖合同中买受人的优势地位决定的。结合市场实践，在采用试用买卖合同的场合，大多是买方市场，即卖方急着卖而买方不急于买。倘若试用买卖合同的试用期内由买方来承担标的物意外毁损、灭失的风险，那么这个合同将很难达成。三是由出卖人所实施的“交付”性质决定的。《民法典》第 604 条规定的风险随交付转移，原则上是指当事人按照合同约定的义务而进行的交付，因而标的物的风险随交付转移。而《民法典》第 640 条中的交付，并非出卖人基于合同约定义务的交付，而是出卖人自愿承担的附加义务，对方无须支付相应对价。因此，试用买卖合同中的标的物交付不应适用《民法典》第 604 条规定的风险负担的交付主义原则。

在此需要特别指出的是，《民法典》第 640 条的规定是原则性的规定，允许存在例外。如果买卖双方约定标的物在试用期内毁损、灭失的风险由出卖人和买受人共同承担，自然应当得到尊重。至于在本条规定的前提下，标的物的风险负担何时发生转移，一般认为，在买受人向出卖人作出同意购买标的物的意思表示时，标的物的风险才发生转移。①

**第六百四十一条　【标的物所有权保留条款】**当事人可以在买卖合同中约定买受人未履行支付价款或者其他义务的，标的物的所有权属于出卖人。

出卖人对标的物保留的所有权，未经登记，不得对抗善意第三人。

---

① 参见黄薇主编：《中华人民共和国民法典合同编解读》，中国法制出版社 2020 年版，第 612—614 页。

**关联参见**

《买卖合同解释》第25条

**第六百四十二条　【所有权保留中出卖人的取回权】** 当事人约定出卖人保留合同标的物的所有权，在标的物所有权转移前，买受人有下列情形之一，造成出卖人损害的，除当事人另有约定外，出卖人有权取回标的物：

（一）未按照约定支付价款，经催告后在合理期限内仍未支付；

（二）未按照约定完成特定条件；

（三）将标的物出卖、出质或者作出其他不当处分。

出卖人可以与买受人协商取回标的物；协商不成的，可以参照适用担保物权的实现程序。

**关联参见**

《买卖合同解释》第26条；《民法典担保制度解释》第64条

**第六百四十三条　【买受人回赎权及出卖人再出卖权】** 出卖人依据前条第一款的规定取回标的物后，买受人在双方约定或者出卖人指定的合理回赎期限内，消除出卖人取回标的物的事由的，可以请求回赎标的物。

买受人在回赎期限内没有回赎标的物，出卖人可以以合理价格将标的物出卖给第三人，出卖所得价款扣除买受人未支付的价款以及必要费用后仍有剩余的，应当返还买受人；不足部分由买受人清偿。

**第六百四十四条　【招标投标买卖的法律适用】** 招标投标买卖的当事人的权利和义务以及招标投标程序等，依照有关法律、行政法规的规定。

## 条文解读

采取招标方式订立合同，当事人请求确认合同自中标通知书到达中标人时成立的，人民法院应予支持。合同成立后，当事人拒绝签订书面合同的，人民法院应当依据招标文件、投标文件和中标通知书等确定合同内容。

## 案例指引

### 073. 招投标程序中，中标通知书送达后，一方当事人不履行订立书面合同的义务，法院会如何处理？①

**裁判要点**

招投标程序中，中标通知书送达后，一方当事人不履行订立书面合同的义务，相对方请求确认合同自中标通知书到达中标人时成立的，人民法院应予支持。

**简要案情**

2021 年 7 月 8 日，某研究所委托招标公司就案涉宿舍项目公开发出投标邀请。2021 年 7 月 28 日，某物业管理有限公司向招标公司发出《投标文件》，表示对招标文件无任何异议，愿意提供招标文件要求的服务。2021 年 8 月 1 日，招标公司向物业管理公司送达中标通知书，确定物业管理公司为中标人。2021 年 8 月 11 日，研究所向物业管理公司致函，要求解除与物业管理公司之间的中标关系，后续合同不再签订。物业管理公司主张中标通知书送达后双方租赁合同法律关系成立，研究所应承担因违约给其造成的损失。研究所辩称双方并未签订正式书面租赁合同，仅成立预约合同关系。

---

① 参见《最高人民法院发布〈关于适用《中华人民共和国民法典》合同编通则若干问题的解释〉相关典型案例》（2023 年 12 月 5 日发布），案例一“某物业管理有限公司与某研究所房屋租赁合同纠纷案”，载中国法院网 https：//www. chinacourt. org/article/detail/2023/12/id/7681679. shtml，最后访问日期：2023 年 12 月 8 日。

**判决理由**

法院生效裁判认为，从合同法律关系成立角度，招投标程序中的招标行为应为要约邀请，投标行为应为要约，经评标后招标人向特定投标人发送中标通知书的行为应为承诺，中标通知书送达投标人后承诺生效，合同成立。预约合同是指约定将来订立本约合同的合同，其主要目的在于将来成立本约合同。《招标投标法》第 46 条第 1 款规定："招标人和中标人应当自中标通知书发出之日起三十日内，按照招标文件和中标人的投标文件订立书面合同。招标人和中标人不得再行订立背离合同实质性内容的其他协议。"从该条可以看出，中标通知书发出后签订的书面合同必须按照招投标文件订立。本案中的招投标文件对租赁合同内容已有明确记载，故应认为中标通知书到达投标人时双方当事人已就租赁合同内容达成合意。该合意与主要目的为签订本约合同的预约合意存在区别，应认为租赁合同在中标通知书送达时成立。中标通知书送达后签订的书面合同，按照上述法律规定其实质性内容应与招投标文件一致，因此应为租赁合同成立后法律要求的书面确认形式，而非新的合同。由于中标通知书送达后租赁合同法律关系已成立，故研究所不履行合同义务，应承担违约责任。

**司法解释相关条文**

《合同编通则解释》第 4 条　采取招标方式订立合同，当事人请求确认合同自中标通知书到达中标人时成立的，人民法院应予支持。合同成立后，当事人拒绝签订书面合同的，人民法院应当依据招标文件、投标文件和中标通知书等确定合同内容。

采取现场拍卖、网络拍卖等公开竞价方式订立合同，当事人请求确认合同自拍卖师落槌、电子交易系统确认成交时成立的，人民法院应予支持。合同成立后，当事人拒绝签订成交确认书的，人民法院应当依据拍卖公告、竞买人的报价等确定合同内容。

产权交易所等机构主持拍卖、挂牌交易，其公布的拍卖公告、交易规则等文件公开确定了合同成立需要具备的条件，当事人请求确认合同自该条件具备时成立的，人民法院应予支持。

**关联参见**

《招标投标法》；《合同编通则解释》第 4 条

**第六百四十五条 【拍卖的法律适用】** 拍卖的当事人的权利和义务以及拍卖程序等，依照有关法律、行政法规的规定。

**条文解读**

我国关于拍卖的法律规定主要依据是《拍卖法》。拍卖是指以公开竞价的形式，将特定物品或者财产权利转让给最高应价者的买卖方式。拍卖标的应当是委托人所有或者依法可以处分的物品或者财产权利。法律、行政法规禁止买卖的物品或者财产权利，不得作为拍卖标的。依照法律或者按照国务院规定需经审批才能转让的物品或者财产权利，在拍卖前，应当依法办理审批手续。委托拍卖的文物，在拍卖前，应当经拍卖人住所地的文物行政管理部门依法鉴定、许可。

竞买人是指参加竞购拍卖标的的公民、法人或者其他组织。竞买人可以自行参加竞买，也可以委托其代理人参加竞买。竞买人有权了解拍卖标的的瑕疵，有权查验拍卖标的和查阅有关拍卖资料。竞买人一经应价，不得撤回，当其他竞买人有更高应价时，其应价即丧失约束力。竞买人之间、竞买人与拍卖人之间不得恶意串通，损害他人利益。

买受人是指以最高应价购得拍卖标的的竞买人。买受人应当按照约定支付拍卖标的的价款，未按照约定支付价款的，应当承担违约责任，或者由拍卖人征得委托人的同意，将拍卖标的再行拍卖。拍卖标的再行拍卖的，原买受人应当支付第一次拍卖中本人及委托人应当支付的佣金。再行拍卖的价款低于原拍卖价款的，原买受人应当补足差额。买受人未能按照约定取得拍卖标的的，有权要求拍卖人或者委托人承担违约责任。买受人未按照约定受领拍卖标的的，应当支付由此产生的保管费用。

**实务应用**

### 050. 什么是网络司法拍卖？如何参与网络司法拍卖？

网络司法拍卖，是指人民法院依法通过互联网拍卖平台，以网络电子竞价方式公开处置财产的行为。网络司法拍卖应当先期公告，拍卖公告除通过法定途径发布外，还应同时在网络司法拍卖平台发布。拍卖动产的，应当在拍卖15日前公告；拍卖不动产或者其他财产权的，应当在拍卖30日前公告。拍卖公告应当包括拍卖财产、价格、保证金、竞买人条件、拍卖财产已知瑕疵、相关权利义务、法律责任、拍卖时间、网络平台和拍卖法院等信息。

网络司法拍卖从起拍价开始以递增出价方式竞价，增价幅度由人民法院确定。竞买人以低于起拍价出价的无效。网络司法拍卖的竞价时间应当不少于24小时。竞价程序结束前5分钟内无人出价的，最后出价即为成交价；有出价的，竞价时间自该出价时点顺延5分钟。竞买人的出价时间以进入网络司法拍卖平台服务系统的时间为准。竞买代码及其出价信息应当在网络竞买页面实时显示，并储存、显示竞价全程。网络司法拍卖成交的，由网络司法拍卖平台以买受人的真实身份自动生成确认书并公示。拍卖财产所有权自拍卖成交裁定送达买受人时转移。拍卖成交后，买受人交纳的保证金可以充抵价款；其他竞买人交纳的保证金应当在竞价程序结束后24小时内退还或者解冻。拍卖未成交的，竞买人交纳的保证金应当在竞价程序结束后24小时内退还或者解冻。

**关联参见**

《合同编通则解释》第4条第2、3款

**第六百四十六条　【买卖合同准用于有偿合同】** 法律对其他有偿合同有规定的，依照其规定；没有规定的，参照适用买卖合同的有关规定。

**关联参见**

《买卖合同解释》第 32 条

**第六百四十七条　【易货交易的法律适用】**当事人约定易货交易，转移标的物的所有权的，参照适用买卖合同的有关规定。

**条文解读**

**易货交易** ➲ 易货交易又称互易，一般是指当事人相互交换货币以外的标的物，转移标的物所有权。易货交易合同是早期以物易物商品交换的合同形态，货币产生后，买卖合同渐居主导地位，易货交易合同越来越少。但是，即使在当今社会易货交易仍有存在空间。

易货交易合同属于转让标的物所有权的合同，与买卖合同相似，具有买卖合同的一般特征，比如该合同属于诺成合同、双务合同、有偿合同。同时，易货交易合同和买卖合同又具有 4 点明显区别：(1) 易货交易合同以给付物为对价，而买卖合同则是以给付金钱为对价。(2) 易货交易合同是一方将自己的标的物给付对方并转移所有权，另一方也同时将自己的标的物给付对方并转移所有权；而买卖合同则是出卖人单方转移标的物的所有权给买受人。(3) 易货交易合同交换的标的物不一定是完全的等价，交易过程中，当事人不仅仅考虑对方标的物的价格问题，还要考虑到自己的需要程度来最终确定是否达成交易；而买卖合同的双方则需是等价交易，否则就无法订立合同。(4) 除混合易货交易合同外，其他易货交易合同的当事人负有相互对等的权利义务，且该权利义务性质相同；而买卖合同当事人的权利义务则相互对立，买方的权利为卖方的义务，买方的义务为卖方的权利。

# 第十章　供用电、水、气、热力合同

**第六百四十八条　【供用电合同概念及强制缔约义务】** 供用电合同是供电人向用电人供电，用电人支付电费的合同。

向社会公众供电的供电人，不得拒绝用电人合理的订立合同要求。

## 实务应用

### 051. 供用电合同与买卖合同有何区别？

供用电合同与买卖合同的主要区别在于：一是供用电合同的标的物具有特殊性，即无形的电，而买卖合同的标的物是有体物；二是供用电合同具有一定的社会公益性，而买卖合同原则上不涉及社会公共利益；三是供用电合同是持续性的合同，而买卖合同大多并不如此。由于电力供应的连续性，合同的履行方式呈持续状态，供电人在发、供电系统正常的情况下，负有连续向用电人供电的义务；用电人在合同约定的时间内，享有连续用电的权利。因此，供用电合同作为特殊的合同类型，不能够直接适用有关买卖合同的内容，而必须优先适用关于供用电合同的规则。

### 052. 如何理解供用电合同中供电人的强制缔约义务？

供用电合同涉及千家万户，关系到基本民生，供用电合同不仅关系到当事人的利益，而且关系到社会公共利益。如果作为供电人的供电企业拒绝向某个当事人提供供电服务，则用电人将很可能无法得到这些服务，进而影响到最基本的生产和生活，需要法律对此类合同作出特别规定，对供电人的自由进行适当限制。因此，法律上有必要规定强制缔约义务。

所谓强制缔约，是指只要一方提出订立合同的要求，负有强制缔约义务的人依法不得拒绝，必须与之订立合同。我国《电力法》第 26 条第1款规定："供电营业区内的供电营业机构，对本营业区内的用户有按照国家规定供电的义务；不得违反国家规定对其营业区内申请用电的单位和个人拒绝供电。"这就是供电人的强制缔约义务。

**第六百四十九条　【供用电合同的内容】**供用电合同的内容一般包括供电的方式、质量、时间，用电容量、地址、性质，计量方式，电价、电费的结算方式，供用电设施的维护责任等条款。

### 关联参见

《电力法》第27条；《电力供应与使用条例》第33条

**第六百五十条　【供用电合同的履行地点】**供用电合同的履行地点，按照当事人约定；当事人没有约定或者约定不明确的，供电设施的产权分界处为履行地点。

**第六百五十一条　【供电人的安全供电义务】**供电人应当按照国家规定的供电质量标准和约定安全供电。供电人未按照国家规定的供电质量标准和约定安全供电，造成用电人损失的，应当承担赔偿责任。

### 关联参见

《电力法》第28条、第59条、第60条；《电力供应与使用条例》第19—24条

**第六百五十二条　【供电人中断供电时的通知义务】**供电人因供电设施计划检修、临时检修、依法限电或者用电人违法用电等原因，需要中断供电时，应当按照国家有关规定事先通知用电人；未事先通知用电人中断供电，造成用电人损失的，应当承担赔偿责任。

## 条文解读

根据《电力法》第29条的规定，供电企业在发电、供电系统正常的情况下，应当连续向用户供电，不得中断。因供电设施检修、依法限电或者用户违法用电等原因，需要中断供电时，供电企业应当按照国家有关规定事先通知用户。用户对供电企业中断供电有异议的，可以向电力管理部门投诉；受理投诉的电力管理部门应当依法处理。

根据《电力供应与使用条例》第28条的规定，除本条例另有规定外，在发电、供电系统正常运行的情况下，供电企业应当连续向用户供电；因故需要停止供电时，应当按照下列要求事先通知用户或者进行公告：（1）因供电设施计划检修需要停电时，供电企业应当提前7天通知用户或者进行公告；（2）因供电设施临时检修需要停止供电时，供电企业应当提前24小时通知重要用户；（3）因发电、供电系统发生故障需要停电、限电时，供电企业应当按照事先确定的限电序位进行停电或者限电。引起停电或者限电的原因消除后，供电企业应当尽快恢复供电。

## 关联参见

《电力法》第29条；《电力供应与使用条例》第28条

**第六百五十三条　【供电人抢修义务】**因自然灾害等原因断电，供电人应当按照国家有关规定及时抢修；未及时抢修，造成用电人损失的，应当承担赔偿责任。

## 关联参见

《电力法》第30条

**第六百五十四条 【用电人支付电费的义务】**用电人应当按照国家有关规定和当事人的约定及时支付电费。用电人逾期不支付电费的，应当按照约定支付违约金。经催告用电人在合理期限内仍不支付电费和违约金的，供电人可以按照国家规定的程序中止供电。

供电人依据前款规定中止供电的，应当事先通知用电人。

## 条文解读

根据《电力供应与使用条例》第39条的规定，逾期未交付电费的，供电企业可以从逾期之日起，每日按照电费总额的1‰至3‰加收违约金，具体比例由供用电双方在供用电合同中约定；自逾期之日起计算超过30日，经催交仍未交付电费的，供电企业可以按照国家规定的程序停止供电。

## 关联参见

《电力法》第33条；《电力供应与使用条例》第23—26条、第39条

**第六百五十五条 【用电人安全用电义务】**用电人应当按照国家有关规定和当事人的约定安全、节约和计划用电。用电人未按照国家有关规定和当事人的约定用电，造成供电人损失的，应当承担赔偿责任。

## 关联参见

《电力法》第32条、第59条、第60条；《电力供应与使用条例》第29—31条

**第六百五十六条 【供用水、气、热力合同参照适用供用电合同】**供用水、供用气、供用热力合同，参照适用供用电合同的有关规定。

**关联参见**

《城市供水条例》；《城镇燃气管理条例》

## 第十一章　赠与合同

**第六百五十七条　【赠与合同的概念】**赠与合同是赠与人将自己的财产无偿给予受赠人，受赠人表示接受赠与的合同。

**条文解读**

**赠与合同**《民法典》中的赠与合同是指赠与人将自己的财产无偿给予受赠人，受赠人表示接受该赠与的合同。如果一方有赠与意愿，而另一方无意接受该赠与的，赠与合同不能成立。赠与合同具有如下特征：(1) 赠与合同是转移财产所有权的合同。(2) 赠与合同为单务、无偿合同。(3) 赠与合同为诺成合同。当事人意思表示一致时即成立，而无论其是以口头形式还是书面形式订立的，也无论赠与的财产是否交付。同时考虑到赠与合同中，难免有赠与人因一时冲动而为之的情况，《民法典》还对赠与合同任意撤销的适用问题作了规定。(4) 赠与合同为不要式合同。

**实务应用**

### 053. 夫妻一方有权将共同财产赠与他人吗？

赠与他人的财产必须是自己的财产，如果不是自己的财产而赠与他人，除非财产所有人追认，否则无效。根据《民法典》第 1062 条规定，夫妻在婚姻关系存续期间所得的生产、经营、投资的收益，归夫妻共同所有；夫妻对共同所有的财产，有平等的处理权。对于夫妻共有财产，两人具有平等的处理权，任何一人如要处理该存款，必须征得对方的同意。任何一方在未征得另一方同意的情况下，私自将不属于自己个人的合法财产赠与他人，其赠与行为无效。

**第六百五十八条　【赠与的任意撤销及限制】** 赠与人在赠与财产的权利转移之前可以撤销赠与。

经过公证的赠与合同或者依法不得撤销的具有救灾、扶贫、助残等公益、道德义务性质的赠与合同，不适用前款规定。

## 案例指引

### 074. 赠与合同中赠与人的撤销权如何行使？[①]

2017 年 12 月 5 日，东营某有限公司购买大众小型普通客车一辆，支付价款 368900 元。2018 年 1 月 4 日办理了车辆权属登记，车辆所有人为东营某有限公司。东营某有限公司购买该车后交由曹某使用，使用期间该车辆的燃油费、维修及保养费、购买保险费等所有费用均由曹某负担。涉诉车辆在东营某有限公司处，东营某有限公司于 2021 年 4 月 13 日将该车辆进行了变更登记，将车辆变更登记到东营某橡胶有限公司名下。曹某曾系东营某有限公司员工，于 2021 年 1 月离职。在曹某离职时，东营某有限公司法定代表人田某曾作出将涉诉车辆给曹某的口头意思表示。但曹某离职后，东营某有限公司强行扣押了该车且拒绝返还给曹某，于是曹某诉至法院。

广饶县人民法院作出一审判决，驳回曹某的诉讼请求。曹某不服一审判决，向东营市中级人民法院提出上诉。东营市中级人民法院二审判决：驳回上诉，维持原判。

本案中，曹某关于涉诉车辆系东营某有限公司奖励给其个人的主张，无事实依据。首先，庭审中曹某称涉诉车辆系东营某有限公司对其个人（包含车辆所有权）的奖励，但其未能提交任何证据予以证实。东营某有限公司对此也不认可，称涉诉车辆确系公司交由曹某使用，但曹某仅享有车辆的使用权并非所有权，故曹某主张涉诉车辆系东营某有限

---

① 参见吴小艳：《曹某诉东营某有限公司所有权确认纠纷案》，载山东法院网 http://www.sdcourt.gov.cn/nwglpt/resource/cms/article/3980673/7995314/2021120614574485677.pdf，最后访问日期：2023 年 2 月 28 日。

公司奖励给其个人所有，证据不足；在曹某与东营某有限公司法定代表人田某的谈话中，田某的确作出过将涉诉车辆让曹某开走的意思表示，但因曹某并非就该车向公司支付了相应对价，因此田某的承诺，性质上应系一种赠与行为。根据《民法典》关于赠与合同的相关规定，赠与合同是赠与人将自己的财产无偿给予受赠人，受赠人表示接受赠与的合同。赠与人在赠与财产的权利转移之前可以撤销赠与。经过公证的赠与合同或者依法不得撤销的具有救灾、扶贫等公益、道德义务性质的赠与合同，赠与人不交付赠与财产的，受赠人可以请求交付，而本案东营某有限公司的赠与行为，显然不属于上述法律规定的不得撤销赠与的情形，故曹某据此要求依法确认涉诉车辆所有权归其本人所有，无法律依据，法院不予支持。

**关联参见**

《公益事业捐赠法》第2—5条；《最高人民法院关于适用〈中华人民共和国民法典〉婚姻家庭编的解释（一）》第32条

**第六百五十九条　【赠与特殊财产需要办理有关法律手续】**赠与的财产依法需要办理登记或者其他手续的，应当办理有关手续。

**第六百六十条　【法定不得撤销赠与的赠与人不交付赠与财产的责任】**经过公证的赠与合同或者依法不得撤销的具有救灾、扶贫、助残等公益、道德义务性质的赠与合同，赠与人不交付赠与财产的，受赠人可以请求交付。

依据前款规定应当交付的赠与财产因赠与人故意或者重大过失致使毁损、灭失的，赠与人应当承担赔偿责任。

**第六百六十一条　【附义务的赠与合同】**赠与可以附义务。

赠与附义务的，受赠人应当按照约定履行义务。

## 条文解读

**附义务的赠与** ➔ 附义务的赠与，也称附负担的赠与，是指以受赠人对赠与人或者第三人为一定给付为条件的赠与，也即使受赠人接受赠与后负担一定义务的赠与。例如，某企业家向某大学捐款，要求所捐款项用于修建图书馆和体育场馆。附义务的赠与不同于一般的赠与，而属一种特殊的赠与。其特殊性在于：

1. 一般的赠与，受赠人仅享有取得赠与财产的权利，不承担任何义务。而附义务的赠与，赠与人对其赠与附加一定的条件，使受赠人承担一定的义务。

2. 附义务的赠与，其所附义务不是赠与的对价，即所附义务不能大于或者等于受赠人所获得的利益，通常是低于赠与财产的价值。

3. 除当事人另有约定外，通常情况下，在赠与人履行了赠与义务后，才发生受赠人义务的履行问题。例如，某捐款人应当先将捐款实际交付某大学，该大学拿到捐款后才开始动工建造捐款人希望建造的图书馆和体育场馆。

4. 赠与所附义务，可以约定向赠与人履行，也可以约定向第三人履行，还可以约定向不特定的多数人履行。例如，甲出国前将其房屋赠给乙，要求乙帮忙妥善保管室内的物品，受益人是赠与人甲本人；如果甲要求乙照顾某孤寡老人，受益人则是第三人；如果甲要求乙将其赠给乙的房屋作为某中学的阅览室，受益人则是不特定的多数人。

5. 履行赠与所负的义务，依照当事人的约定，可以是作为，也可以是不作为。例如，甲将出租给丙的房屋赠给乙，但约定乙不得解除与丙的租赁合同，受赠人乙应履行的义务就是不作为义务。如果甲将自己的房屋在出国前赠给乙，要求乙在甲出国期间妥善保管该房屋内的物品，那么乙应履行的义务就是作为义务。

6. 赠与所附义务，是赠与合同的组成部分，而不是另外的独立合同。

7. 附义务的赠与，其义务不能违反法律或者违背公序良俗，如赠与人提出受赠人只能用赠款去还赌债，这个附义务的赠与就是不合法的，因为赌债是不合法的债务。[①]

## 案例指引

### 075. 房产赠与合同是否可以附加居住权？[②]

王某与其母王某一、其父王某二签订《房产赠与合同》，约定将王某二名下诉争房产赠与王某，合同附加义务为王某保障父母在受赠房屋中享有永久居住权，如果以后此房产出售或者拆迁，保证为父母提供不低于上述居住条件的良好住房。合同经过公证已生效。现王某二已去世，王某起诉其母王某一要求确认赠与合同有效并办理受赠房屋过户，庭审中王某一同意王某的诉讼请求，但要求王某保证其永久居住权。

一审判决认为，王某与其父母签订的《房产赠与合同》系各方当事人的真实意思表示，且经过公证，依法有效，各方当事人均应依约履行，王某一应依约协助王某办理房屋过户手续。《房产赠与合同》中将王某一在涉案房屋中永久居住作为附加义务，根据《民法典》关于居住权的相关规定，上述附加义务包括了居住权合同应具备的相应内容，《房产赠与合同》中关于赠与人永久居住的承诺可以通过居住权登记来实现。为了充分保障各方当事人的权利，一审法院判决诉争房屋归王某所有，王某一在诉争房屋中享有居住权，王某应协助王某一办理居住权登记。一审判决后，双方当事人未提起上诉。

本案是涉及房屋居住权的典型案例。房屋赠与在父母子女之间较为常见，但作为赠房一方的父母难免有赠与房屋后无房可住的担忧。即使在赠与合同中约定父母享有“永久居住权”“保障赠与人居住”等条

---

① 参见黄薇主编：《中华人民共和国民法典合同编解读》，中国法制出版社 2020 年版，第 680—681 页。

② 参见《王某与王某一等赠与合同纠纷案》，载天津法院网 https：//tjfy. tjcourt. gov. cn/article/detail/2021/11/id/6366315. shtml，最后访问日期：2023 年 2 月 28 日。

款，也难以对子女一方形成有效的约束，因为该约定并不能对抗第三人，一旦子女将房屋再次出售，父母一方的居住权将无法保障。《民法典》第366条至第371条设定了居住权制度，自此居住权成为独立的用益物权，居住权无偿设立且无期限限制，经登记公示的居住权具有对抗任何第三人的法律效力。《民法典》确立的居住权制度拓展了房屋的社会保障属性，凸显了房屋价值利用多元化功能，有效解决了以长期居住作为赡养、抚养方式的法律保障问题，为实现“住有所居”提供了重要法律支撑。本案中，判决受赠与人办理受赠房屋过户的同时办理居住权登记，有利于解决老年人赡养、家庭生活中涉及的住房养老问题，保障老有所居，切实维护老年人的合法权益。

**第六百六十二条　【赠与财产的瑕疵担保责任】**赠与的财产有瑕疵的，赠与人不承担责任。附义务的赠与，赠与的财产有瑕疵的，赠与人在附义务的限度内承担与出卖人相同的责任。

赠与人故意不告知瑕疵或者保证无瑕疵，造成受赠人损失的，应当承担赔偿责任。

## 实务应用

### 054. 在哪些情形下，赠与人对赠与物的瑕疵承担责任？

赠与合同属于无偿合同，因此在原则上，赠与人对赠与物的瑕疵不承担责任。但有下列情形的，赠与人对赠与物的瑕疵承担责任：

（1）在附义务的赠与当中，赠与的财产如果存在瑕疵，赠与人在受赠人所附义务的限度内承担与出卖人相同的责任。在附义务的赠与当中，受赠人需要履行约定的义务。如果赠与的财产存在瑕疵，将导致受赠人遭到损失。为保护受赠人的利益，赠与人承担瑕疵担保责任。

（2）赠与人故意不告知瑕疵或者保证无瑕疵，并且造成受赠人损失的，应当承担损害赔偿责任。赠与人故意不告知赠与的财产有瑕疵，主观上存在恶意，违反诚信原则。如果赠与财产的瑕疵给受赠人造成其他财产损失或者人身伤害的，应负损害赔偿责任。如果赠与人故意不告知瑕疵，但没有给受赠人造成损失，则不承担赔偿责任。赠与人保证赠与物无瑕疵，给受赠人造成损失的，也应承担损害赔偿责任。

例如，张某决定新购买一辆别克汽车，就决定将原来的旧汽车赠与好友林某。后林某驾驶该旧车发生车祸，撞到周家花园里的名贵树。经检验，原来该汽车之前发生过碰撞，但没有经过彻底维修，留下车身瑕疵。在本案中，张某对该汽车的瑕疵并没有故意隐瞒等情节，故其对汽车瑕疵导致的交通事故不承担责任，周家名贵树的损失应当由林某承担赔偿责任。

**第六百六十三条　【赠与人的法定撤销情形及撤销权行使期间】**受赠人有下列情形之一的，赠与人可以撤销赠与：

（一）严重侵害赠与人或者赠与人近亲属的合法权益；

（二）对赠与人有扶养义务而不履行；

（三）不履行赠与合同约定的义务。

赠与人的撤销权，自知道或者应当知道撤销事由之日起一年内行使。

## 条文解读

**撤销赠与** ➔ 撤销权人撤销赠与时，必须有法定事由的存在，只要具备法定的事由，不论该赠与合同是救灾、扶贫等社会公益、道德义务性质的，还是经过公证的，也不论所赠与的财产是否已经交付或者已经办理登记手续，赠与人都可以行使对赠与的撤销权。

赠与人行使法定撤销权时，必须是出于法律规定的事由：

（1）受赠人严重侵害赠与人或者赠与人的近亲属的。构成这一事由，必须具备以下几方面的要件：①须受赠人有故意的侵害行为，受赠人的过失行为不包括在内。②受赠人的侵害行为必须有严重的后果，如果受赠人虽有侵害行为，但其行为的后果不严重，仅是一般的侵害行为，则赠与人无权撤销赠与。③须受侵害的人是赠与人或者赠与人的近亲属。如果受侵害的人不是赠与人或者赠与人的近亲属，则不在此限。

（2）受赠人对赠与人有扶养义务而不履行的。扶养义务不仅包括法定的扶养义务，而且包括约定的扶养义务，并且受赠人有扶养的能力。如果受赠人无扶养能力，则其不履行扶养义务是客观不能，赠与人不产生撤销赠与的权利。

（3）受赠人不履行赠与合同约定的义务的。附义务的赠与中，受赠人必须按照赠与合同的约定履行其义务，如果因受赠人自身的原因而不履行其义务的，赠与人有权撤销赠与。如果受赠人对义务的不履行有正当理由的，则赠与人不得撤销赠与。不履行赠与合同约定的义务包括拒绝履行和履行合同不符合约定的情况。

赠与人行使撤销权，赠与合同即解除。赠与人的撤销权具有溯及力，发生恢复原状的法律后果，其效力主要体现在两个方面：（1）在赠与合同尚未履行时，即在赠与的财产尚未交付或者登记的情况下，赠与人撤销赠与使赠与合同溯及既往地归于消灭，赠与合同自始无效，赠与人可以拒绝履行赠与合同，不再给付。（2）赠与已经履行的，即赠与的财产已经交付或者登记的，此时赠与的财产的所有权已经发生转移，赠与撤销后，受赠人取得财产的所有权失去法律上的依据，赠与人得依不当得利的规定，请求返还。

赠与人行使撤销权的期间为1年，自知道或者应当知道撤销原因之日起计算。这一期间属于除斥期间，不存在中止、中断和延长的问题。撤销权人如在法律规定的期间内不行使撤销权的，其撤销权即归于消灭。

## 案例指引

### 076. 老人将房产赠与孙子，孙子拒不履行赡养义务的，老人是否可以撤销赠与？①

曾某芳与刘某富系夫妻关系，二人育有一子刘某东，刘某霖系刘某东之子。2019 年 5 月 1 日，刘某东因病去世。2019 年 6 月 5 日，刘某霖出具《声明》，承诺为刘某富、曾某芳养老送终。同日，刘某富、曾某芳等出具《放弃继承声明书》，放弃对刘某东名下两套房屋及一辆汽车的继承权并办理了公证。2019 年 12 月 6 日，刘某富与刘某霖签订《赠与合同》，将应由其继承的房屋一套赠与刘某霖并办理了过户登记。2020 年 9 月 22 日，刘某富因刘某霖拒不履行赡养义务，诉至法院请求撤销上述《赠与合同》。

法院认为，近亲属之间的小额财物赠与可认定为为维系感情而作出的无偿赠与，而大额财物特别是房产的赠与行为往往并非无偿给付，通常系附条件赠与。本案中，刘某富年事已高、体弱多病、收入微薄，案涉房屋系其与曾某芳仅有的唯一住房。刘某富虽育有一子三女，但长期与刘某东、刘某霖共同生活。在刘某东去世后，刘某霖承诺为老人养老送终，基于以上原因，刘某富放弃对其儿子刘某东遗产的继承权，将其继承房产份额赠与刘某霖，故案涉赠与合同应认定为以对刘某富养老送终为赠与条件。刘某霖未继续照料刘某富，导致老人生活困难、情感缺失，且其明确表示不再履行赡养义务，已违背了关于给刘某富养老送终的承诺。根据《民法典》第 663 条第 1 款第 1 项“受赠人有下列情形之一的，赠与人可以撤销赠与：（一）严重侵害赠与人或者赠与人近亲属的合法权益”之规定，刘某富有权请求撤销赠与合同，遂判决撤销刘某富与刘某霖签订的《赠与合同》。

---

① 参见《四川省高级人民法院弘扬社会主义核心价值观典型案例》（2022 年 12 月 27 日发布），刘某富诉刘某霖撤销赠与合同纠纷案，载四川省高级人民法院网 http：//scfy. scssfw. gov. cn/article/detail/2022/12/id/7080356. shtml，最后访问日期：2023 年 4 月 12 日。

"百善孝为先，孝为德之本。"本案刘某霖在承诺承担赡养义务并取得案涉房屋产权后却表示不再履行赡养义务，其行为不但违反赠与合同约定，亦有悖社会公德。本案将司法裁判与弘扬社会主义核心价值观相结合，对刘某霖取得房产后又拒绝赡养老人的行为予以严厉谴责，支持刘某富依法撤销赠与合同，体现了司法维护孝老、敬老的中华民族优秀文化的价值取向，表达了司法为民、保护老年人合法权益的鲜明态度。

**第六百六十四条　【赠与人的继承人或法定代理人的撤销权】** 因受赠人的违法行为致使赠与人死亡或者丧失民事行为能力的，赠与人的继承人或者法定代理人可以撤销赠与。

赠与人的继承人或者法定代理人的撤销权，自知道或者应当知道撤销事由之日起六个月内行使。

**第六百六十五条　【撤销赠与的效力】** 撤销权人撤销赠与的，可以向受赠人请求返还赠与的财产。

**第六百六十六条　【赠与义务的免除】** 赠与人的经济状况显著恶化，严重影响其生产经营或者家庭生活的，可以不再履行赠与义务。

## 实务应用

**055. 在救灾、扶贫等社会公益活动中，某些企业在公开场合明确表示或以认捐书的形式认捐后，又以企业经营状况不好为由，拒绝兑现认捐的款物。对此，有关企业是否可以不再履行赠与义务？**

如果该企业在认捐之后其经济状况才发生显著恶化，并严重影响其生产经营的，可以不再履行赠与义务，否则应当继续履行其赠与义务。而对于那些本无经济能力捐赠，甚至濒临破产的企业，纯粹出于商业目的宣传自身形象，认捐后又称企业经济状况不好不能履行赠与义务的，不能简单地适用"可以不再履行赠与义务"的规定，如果给受赠人造成损失，应当承担损害赔偿责任，赔偿给受赠方造成的损失。

# 第十二章 借款合同

**第六百六十七条 【借款合同的定义】** 借款合同是借款人向贷款人借款，到期返还借款并支付利息的合同。

**实务应用**

## 056. 是否所有的借款合同都属于民间借贷？

不是。民间借贷，是指自然人、法人和非法人组织之间进行资金融通的行为。经金融监管部门批准设立的从事贷款业务的金融机构及其分支机构，因发放贷款等相关金融业务引发的纠纷，不属于民间借贷。

具有下列情形之一的，人民法院应当认定民间借贷合同无效：(1) 套取金融机构贷款转贷的；(2) 以向其他营利法人借贷、向本单位职工集资，或者以向公众非法吸收存款等方式取得的资金转贷的；(3) 未依法取得放贷资格的出借人，以营利为目的向社会不特定对象提供借款的；(4) 出借人事先知道或者应当知道借款人借款用于违法犯罪活动仍然提供借款的；(5) 违反法律、行政法规强制性规定的；(6) 违背公序良俗的。

**第六百六十八条 【借款合同的形式和内容】** 借款合同应当采用书面形式，但是自然人之间借款另有约定的除外。

借款合同的内容一般包括借款种类、币种、用途、数额、利率、期限和还款方式等条款。

**实务应用**

## 057. 借条未签名能否认定有效？[①]

2018 年，赵某与黎某相识成为朋友。2020 年 9 月，黎某向赵某借

---

① 参见王望、江聪越：《借条未签名能否认定有效?》，载江西法院网 http：//jxgy. jxfy. gov. cn/article/detail/2021/12/id/6458097. shtml，最后访问日期：2023 年 4 月 11 日。

款，并写借条："黎某向赵某借款 5 万元整，1 年后归还，1 分的息。"该借条未署名。赵某向黎某支付宝转账 5 万元。2021 年 9 月，赵某向黎某催款，黎某未回复。那么该案例中，赵某的主张是否应该支持呢？

对于民间借贷纠纷案件的证据认定，应从各证据与案件事实的关联程度、各证据之间的联系等方面进行综合审查判断。对形式有瑕疵的"借条"，出借人应对交付款项给借款人承担举证责任。本案例中，赵某能够出示支付宝转账证明，与借条形成完整证据链。因而，赵某作为出借方，不但提供了借款人黎某出具的借条，而且提供了向借款人履行付款义务的证据。故黎某出具给赵某的借条符合证据的构成要件，为有效证据，该证据可以证明赵某与黎某之间 5 万元债权债务关系的存在。黎某应履行还款义务。

## 058. 哪些民间借贷诉讼会被法院判定为虚假民事诉讼？

人民法院审理民间借贷纠纷案件时发现有下列情形之一的，应当严格审查借贷发生的原因、时间、地点、款项来源、交付方式、款项流向以及借贷双方的关系、经济状况等事实，综合判断是否属于虚假民事诉讼：（1）出借人明显不具备出借能力；（2）出借人起诉所依据的事实和理由明显不符合常理；（3）出借人不能提交债权凭证或者提交的债权凭证存在伪造的可能；（4）当事人双方在一定期限内多次参加民间借贷诉讼；（5）当事人无正当理由拒不到庭参加诉讼，委托代理人对借贷事实陈述不清或者陈述前后矛盾；（6）当事人双方对借贷事实的发生没有任何争议或者诉辩明显不符合常理；（7）借款人的配偶或者合伙人、案外人的其他债权人提出有事实依据的异议；（8）当事人在其他纠纷中存在低价转让财产的情形；（9）当事人不正当放弃权利；（10）其他可能存在虚假民间借贷诉讼的情形。

经查明属于虚假民间借贷诉讼，原告申请撤诉的，人民法院不予准许，并应当依据《民事诉讼法》第 115 条之规定，判决驳回其请求。诉讼参与人或者其他人恶意制造、参与虚假诉讼，人民法院应当依据《民事诉讼法》第114条、第115条和第116条之规定，依法予以罚款、拘留；构成犯罪的，应当移送有管辖权的司法机关追究刑事责任。单位恶意制造、参与虚假诉讼的，人民法院应当对该单位进行罚款，并可以对其主要负责人或者直接责任人员予以罚款、拘留；构成犯罪的，应当移送有管辖权的司法机关追究刑事责任。

## 案例指引

### 077. 微信转账记录是否可以证明借款的真实性？[①]

王某是某网络直播平台一名女主播，在平台上直播分享日常，吸引了一批粉丝，小有名气。张某是王某粉丝团成员之一，因为经常刷礼物、直播间留言互动，可以算是王某礼物榜上的“榜一大哥”“头粉”。两人在多次互动之后，私下加了微信，聊得很是投缘。

2021年1月，王某诉至上海市青浦区人民法院（以下简称上海青浦法院），要求张某归还借款3.4万元。

王某诉称，2020年2月5日至2020年6月10日，张某称因为在老家生活，没有办法去银行取钱，为家庭开支，提出向王某借款，王某通过支付宝和微信转账给张某总计达34100.2元。虽然没有出具借条，但这些钱款的性质都是借款，要求张某归还。

被告张某辩称，不同意原告王某的诉讼请求。上述34100.2元确实收到，但上述款项不是借款，因双方没有借款合意。王某支付给其的款项，是委托其在网络上为其刷流量或者给王某指定的其他主播刷流量所花费用。在此期间，其接受王某的委托，为其刷流量前后用去37000多元。

张某表示，在此期间，其多次对王某说这么做只会害了她自己，王

① 参见施海群、朱晶晶、崔缤予：《主播转账给粉丝是借款吗？法院：无法证明借贷合意存在应当承担举证不能责任》，载上海市高级人民法院网 https：//www.hshfy.sh.cn/shfy/web/xxnr.jsp？pa=aaWQ9MjAyNDQ5MzEmeGg9MSZsbWRtPWxtNTE5z&zd=xwzx，最后访问日期：2023年2月28日。

某称不会有第三个人知道。2020 年 8 月，王某还想转账给自己，让自己代刷礼物，但是其拒绝了收款。2020 年 8 月 28 日，王某突然微信留言给他“我老公知道我借钱给你了，一直逼我”，自己隐约感觉事有蹊跷。

王某坚持认为，其与张某之间就是民间借贷的法律关系，交付了借款，但是张某没有归还，与张某之间的聊天记录已经找不到了，没有其他证据可以提供。

张某为了证明自己的“清白”，向法院提供两人的聊天记录一组。

2020 年 2 月 14 日，王某微信转账给张某 6000. 20 元，说“等下再转”，张某回复“你看看总共和他差多少火力”，王某说“14W”“不会第三次（个）人知道”，张某回复“否则会害了自己”，王某说“没有这么傻，面子问题”。

2020 年 2 月 15 日，王某微信转账给张某 6000 元，说“支付宝也转了”“你看看”，张某回复“马上充钻”，张某收款后，王某回复“嗯嗯”。2020 年 6 月 25 日，王某说“香槟有吗，那个好看”，张某回复“那就用香槟，都是 4999”，王某说“今晚打××吧，谢谢”，张某回复“嗯，打谁你自己定”。

张某还制作了在某直播平台给王某刷礼物的清单，用以证明王某转给自己的钱，都已经按照要求刷出去了，同时自己作为粉丝，还额外用自己的钱给王某刷了礼物，自己从来没有向王某借过钱，不能因为有转账记录就说是借款。

上海青浦法院审理认为，合同是民事主体之间设立、变更、终止民事法律关系的协议，合法的借贷关系受法律保护。原告仅依据转账凭证提起民间借贷诉讼，被告抗辩转账系其他经济往来的，被告应当对其主张提供证据证明。被告提供相应证据证明其主张后，原告仍应就借贷关系的成立承担举证责任。

本案中，王某依据支付宝、微信转账凭证提起民间借贷诉讼，张某则抗辩该转账是应王某要求帮忙充钻、代刷礼物的委托关系，并提供了微信聊天记录、某直播平台充值记录，从微信聊天记录中可看出原告通过微信、支付宝转账给被告后，被告表示要去充钻、刷礼物或者帮原告指定的主播刷礼物的意思，且原告表示认可，这与原告诉称的被告因家庭开支借款大相径庭，被告的陈述更合常理，在被告张某提供相应证据证明其系帮王某代刷礼物后，王某还需就张某是向其借款提出证据，王某既无法证明借贷合意的存在，亦无法证明实际借款用途，故王某应当承担举证不能的责任。

据此，法院判决驳回原告王某诉请。

## 078. 微信聊天记录是否可以作为借款的有效证据？[①]

任某与陈某系朋友关系，陈某以资金周转为由向任某借款，任某通过微信多次向陈某转账。2019 年 12 月 10 日，双方通过微信对双方借贷款项进行对账，当日陈某书写了一份借条拍照发给任某。该借条写明“因近来手头不便，向任某借款人民币 44700 元整，约定于 2020 年 1 月 20 日归还欠款。”该借条上还书写有电话号码 13×××，但陈某并未将借条原件交付给任某。借款到期后，任某多次要求陈某还钱无果，遂起诉至法院。

法院经审理查明，任某提交的微信聊天记录相对方的电话号码与陈某实名登记的移动电话号码一致，故法院对任某提交的微信聊天记录予以采信。根据微信聊天记录，2019 年 12 月 10 日任某与陈某就借款金额进行了结算，确认陈某尚欠任某借款本金 44700 元，并约定 2020 年 1 月 20 日偿还。双方约定的还款期已过，陈某依法应当偿还借款本金及逾期还款利息，故对任某的诉讼请求予以支持。

在民间借贷案件中，双方通过微信发生金钱往来非常常见，根据证据的真实性、合法性、关联性要求，将微信聊天记录作为证据使用应注意以下几点：一要明确对方身份，确认微信中个人信息界面显示的备注名称、昵称、微信号、手机号等能核实相对人具体身份；二要明确往来

① 参见秦丹丹：《以案释“典”：微信聊天记录可以作为借款的有效证据》，载重庆法院网 http：//cqgy. cqfygzfw. gov. cn/article/detail/2022/12/id/7074735. shtml，最后访问日期：2023 年 3 月 1 日。

款项用途，并在备注中予以明确并保存好转账记录；三要保存完整、连续的微信聊天记录以及电子数据原始载体。

## 079. 司法实践中，如何认定转账是赠与还是借款？①

周某与王某因工作相识，之后，王某以开办商店和生病住院为由先后多次在周某处借款共计 110000 元，并承诺某日还清。借款到期后，周某多次要求王某还钱，但王某一拖再拖，拒不还钱，周某无奈，遂将王某诉至法院。

王某辩称：原告周某曾与被告在一起过，原告给被告钱是自愿的。且原告承诺其会尽快离婚，然后和被告结婚；所谓借钱给被告，不过是为了应付妻子，不让其生疑。因此，被告认为其与原告之间不存在借贷关系，而是赠与关系。

针对本案，原告提供了被告出具借条的微信截图一张；原告给被告转账截图若干；原告要求被告还钱，被告同意的聊天截图一份。针对原告提出的证据，被告认为原告提供的截图缺乏原件相互印证，不符合证据的形式要件，对聊天截图的内容也不认同，但被告并未提供证据证明其主张。

孟州市人民法院经审理后认为：本案中，原、被告对案涉 110000 元是借款还是赠与存在较大分歧。原告为证明其向被告转账的 110000 元为借款，不仅向本院提供了双方微信转账的凭证，还向本院提交了被告微信发送给原告的借据，且能与双方的聊天记录内容互相印证。因此，原告要求被告给付 110000 元借款及利息符合法律规定，本院予以支持。被告所述涉案款项 110000 元系原告赠与，以双方曾存在交往关系为由抗辩，但未能向本院提供证据予以证明，证据不足，本院不予采信。

---

① 参见杨紫晓：《以案释法：赠与和借款怎样认定？》，载河南省高级人民法院网 http：//www. hncourt. gov. cn/public/detail. php？ id=192995，最后访问日期：2023 年 2 月 28 日。

综上，法院依据《民法典》第 509 条、第 579 条、第 679 条，《最高人民法院关于审理民间借贷案件适用法律若干问题的规定》第 28 条第 2 款第（1）项、《民事诉讼法》第 67 条之规定，判决如下：

限被告王某于本判决生效后 3 日内归还原告周某借款本金 110000 元及利息（利息以本金 110000 元为基数，自原告起诉之日起至实际付清之日止，按全国银行间同业拆借中心同期公布的 1 年期市场贷款报价利率计算）。

如果未按本判决指定的期间履行给付金钱义务，应当依照《民事诉讼法》第 264 条之规定，加倍支付迟延履行期间的债务利息。

**第六百六十九条　【借款合同借款人的告知义务】** 订立借款合同，借款人应当按照贷款人的要求提供与借款有关的业务活动和财务状况的真实情况。

**第六百七十条　【借款利息不得预先扣除】** 借款的利息不得预先在本金中扣除。利息预先在本金中扣除的，应当按照实际借款数额返还借款并计算利息。

## 案例指引

### 080. 借款遭遇“砍头息”咋维权?①

李某急着用钱，向张某借款 15 万元，出借转账时，张某按月息 3 分，扣除首月利息 4500 元，向李某实际转款 14.55 万元。后李某连付 18 个月利息 8.1 万元，因后续本息未能如期偿还，张某将李某诉至法院，一审后李某对出借本金不予认可，上诉至安阳中院。

安阳中院经审理认为，关于本金认定，《民法典》第 670 条明确规定：“借款的利息不得预先在本金中扣除。利息预先在本金中扣除的，

① 参见《借款遭遇“砍头息”，咋维权?》，载“豫法阳光”微信公众号 https://mp.weixin.qq.com/s/OmM4PsTzuaG-nD5TptcSIA，最后访问日期：2023 年 3 月 1 日。

应当按照实际借款数额返还借款并计算利息。”首先，利息预先在本金中扣除的，应当按照实际借款数额认定借款本金，张某实际出借李某 14.55 万元，双方均予以认可本金应为 14.55 万元；其次，应按实际出借本金结算利息，多付利息可抵扣本金，按照本金 14.55 万元，并按双方约定利率计算，每月利息应付 4365 元，李某每月实际多付 135 元，18 个月多付利息为 2430 元，应在借款本金中予以扣除，经计算扣除“砍头息”和多付利息后的应返还本金为 14.307 万元。

关于借款利息，双方均认可借条中的约定，但双方约定的利息，已经超出法律保护的限度，法院仅支持法律限度内的利息，依据《民法典》第 561 条等相关规定，判决李某偿还借款本金 14.307 万元，并按照相关法律规定结合本案实际情况依法重新计算利息。

**第六百七十一条　【提供及收取借款迟延责任】**贷款人未按照约定的日期、数额提供借款，造成借款人损失的，应当赔偿损失。

借款人未按照约定的日期、数额收取借款的，应当按照约定的日期、数额支付利息。

**第六百七十二条　【贷款人对借款使用情况检查、监督的权利】**贷款人按照约定可以检查、监督借款的使用情况。借款人应当按照约定向贷款人定期提供有关财务会计报表或者其他资料。

**第六百七十三条　【借款人违约使用借款的后果】**借款人未按照约定的借款用途使用借款的，贷款人可以停止发放借款、提前收回借款或者解除合同。

**第六百七十四条　【借款利息支付期限的确定】**借款人应当按照约定的期限支付利息。对支付利息的期限没有约定或者约定不明确，依据本法第五百一十条的规定仍不能确定，借款期间不满一年的，应当在返还借款时一并支付；借款期间一年以上的，应当在每届满一年时支付，剩余期间不满一年的，应当在返还借款时一并支付。

**关联参见**

《商业银行法》第42条

**第六百七十五条　【还款期限的确定】**借款人应当按照约定的期限返还借款。对借款期限没有约定或者约定不明确，依据本法第五百一十条的规定仍不能确定的，借款人可以随时返还；贷款人可以催告借款人在合理期限内返还。

**第六百七十六条　【借款合同违约责任承担】**借款人未按照约定的期限返还借款的，应当按照约定或者国家有关规定支付逾期利息。

**条文解读**

**逾期利率**➲借贷双方对逾期利率有约定的，从其约定，但是以不超过合同成立时1年期贷款市场报价利率4倍为限。未约定逾期利率或者约定不明的，人民法院可以区分不同情况处理：（1）既未约定借期内利率，也未约定逾期利率，出借人主张借款人自逾期还款之日起参照当时1年期贷款市场报价利率标准计算的利息承担逾期还款违约责任的，人民法院应予支持；（2）约定了借期内利率但是未约定逾期利率，出借人主张借款人自逾期还款之日起按照借期内利率支付资金占用期间利息的，人民法院应予支持。

出借人与借款人既约定了逾期利率，又约定了违约金或者其他费用，出借人可以选择主张逾期利息、违约金或者其他费用，也可以一并主张，但是总计超过合同成立时1年期贷款市场报价利率4倍的部分，人民法院不予支持。

**第六百七十七条　【提前偿还借款】**借款人提前返还借款的，除当事人另有约定外，应当按照实际借款的期间计算利息。

**第六百七十八条　【借款展期】**借款人可以在还款期限届满前向贷款人申请展期；贷款人同意的，可以展期。

**第六百七十九条　【自然人之间借款合同的成立】**自然人之间的借款合同，自贷款人提供借款时成立。

### 条文解读

自然人之间的借款合同具有下列情形之一的，可以视为合同成立：（1）以现金支付的，自借款人收到借款时；（2）以银行转账、网上电子汇款等形式支付的，自资金到达借款人账户时；（3）以票据交付的，自借款人依法取得票据权利时；（4）出借人将特定资金账户支配权授权给借款人的，自借款人取得对该账户实际支配权时；（5）出借人以与借款人约定的其他方式提供借款并实际履行完成时。

### 实务应用

#### 059. 名为借贷实为因其他法律关系产生的债务如何处理？

原告以借据、收据、欠条等债权凭证为依据提起民间借贷诉讼，被告依据基础法律关系提出抗辩或者反诉，并提供证据证明债权纠纷非民间借贷行为引起的，人民法院应当依据查明的案件事实，按照基础法律关系审理。注意，当事人通过调解、和解或者清算达成的债权债务协议，不适用前述情形。

### 案例指引

#### 081. 以向其他营利法人借贷等方式取得的资金进行转贷的民间借贷合同是否有效？[①]

张某和王某系亲戚。王某因承包土地急需用钱向张某借款，张某没

① 参见《警惕，这类民间借贷合同无效！》，载“豫法阳光”微信公众号 https://mp.weixin.qq.com/s/UEI3rXYiopjX1FqvY33D1A，最后访问日期：2023 年 3 月 1 日。

闲钱但碍于情面还是按照王某的意愿以自己的名义向小额贷款公司贷款2万元，并与王某签订借款合同将该款项借给王某。双方约定，由王某每月偿还贷款本金及利息，王某偿还1万元后不再还款。

张某多次催要无果诉至法院，请求判令王某偿还本金和利息。法院经审理认为，张某出借款项并非自有资金，而是通过向小额信贷公司贷款再转贷给王某的。依照《最高人民法院关于审理民间借贷案件适用法律若干问题的规定》第13条的规定，以向其他营利法人借贷等方式取得的资金进行转贷的民间借贷合同无效。因此，张某与王某之间的借贷行为无效。

依照《民法典》第155条“无效的或者被撤销的民事法律行为自始没有法律约束力”以及第157条“民事法律行为无效被撤销或者确定不发生效力后，行为人因该行为取得的财产，应当予以返还”之规定，王某应偿还借款剩余本金1万元。

关于利息部分，并不属于王某已取得的资金。对张某主张的利息诉求，法院不予支持，依法判决王某偿还张某欠款1万元。

## 082. 单凭借条是否可以直接证明借款关系的存在？[①]

许某彬、李某兵、李某平于2018年3月签订《合作协议》，许某彬负责生产事项及货物保管，李某兵负责提供生产计划，李某平负责销售；许某彬、李某兵提供资金，许某彬、李某兵各占股份42.5%（共投资25万元），协议签订后，双方均未按协议约定的投资款进行出资。合作协议签订的同日，李某兵向许某彬出具借条，载明今借到现金12.5万元、借款人李某兵。2021年6月，许某彬持该借条向法院起诉，要求李某兵偿还借款12.5万元。李某兵收到起诉状后辩称，没有收到案涉款项，借条形成的实际情况是双方合伙做调料生意，双方各出资12.5万元，但被告无法提供出资款，原告称可以帮其垫付出资，于是让被告

---

① 参见《有借条，就能要回钱吗?》，载“豫法阳光”微信公众号https://mp.weixin.qq.com/s/HzxvnH2K3wUIy-DjMGmlsw，最后访问日期：2023年3月1日。

出具了案涉借据，但原告始终未履行垫付承诺，被告也多次向原告索要案涉借据，原告均称该借据已经撕毁。

内黄县人民法院审理后认为，自然人之间的借款合同，自贷款人提供借款时成立。原告主张与被告之间存在有效的借款，应就双方之间存在借款的合意以及案涉借款已经实际交付的事实承担举证责任。本案被告李某兵对案涉借据的真实性不持异议，但认为案涉款项未实际交付和发生，并提供案涉借据产生同日的《合作协议》，且协议金额与借据金额吻合，双方亦认可协议约定的出资款均未实际履行。综合以上情形，原告主张的双方存在民间借贷法律关系的事实处于真伪不明情形，其仍应就双方之间存在民间借贷法律关系的事实承担举证责任，但其未能进一步举证，应承担举证不能的不利后果。故，原告仅依据借条请求还款，证据不足，法院不予支持。

原告许某彬不服一审判决，提出上诉。安阳中院驳回上诉、维持原判。

根据《最高人民法院关于审理民间借贷案件适用法律若干问题的规定》第 15 条的规定，原告仅依据借据、收据、欠条等债权凭证提起民间借贷诉讼，被告抗辩借贷行为尚未实际发生并能作出合理说明的，人民法院应当结合借贷金额、款项交付、当事人的经济能力、当地或者当事人之间的交易方式、交易习惯、当事人财产变动情况以及证人证言等事实和因素，综合判断查证借贷事实是否发生。自然人之间的借款纠纷，出借人主张借款人还款的，应举证证明借贷事实真实发生且合法，不能举证证明借贷事实发生的，应承担举证不能的法律后果，其诉讼请求不会获得法院的支持。

## 083. 借条写错名字，还有效吗？[①]

2010 年，张小赖向老刘借款 3 万元，口头约定利息，并写下借条，

---

① 参见秀山县人民法院：《借条写错名字，还有效吗？》，载重庆法院网 http：//cqgy.cqfygzfw.gov.cn/article/detail/2022/12/id/7046778.shtml，最后访问日期：2023 年 3 月 1 日。

署名“张晓赖”。老刘每年都向张小赖催收借款。但张小赖以没钱为由，一直拖欠借款及利息十余年。无奈之下，老刘将张小赖夫妻诉至秀山法院，要求偿还借款本金及利息。

开庭当天，张小赖夫妻两人未到庭参加诉讼。但张小赖妻子向法院提交书面答辩意见称：自己与老刘不认识，没有向其借过任何款项，对借款一事毫不知情，也没有在借条上签名。同时，自己与张小赖在2016年已经离婚，且借条上载明的“张晓赖”不是前夫张小赖。

借款合同是借款人向贷款人借款，到期返还借款并支付利息的合同。本案中，张小赖在2010年向老刘写下借条一张，载明借款金额为3万元，署名“张晓赖”，而非“张小赖”。首先，老刘陈述因为和张小赖是朋友，平时都是喊小赖，并不清楚姓名中是“小”还是“晓”，符合一般常理。其次，结合老刘提供的录音证据，能证明借条上的“张晓赖”就是张小赖。如果张小赖认为借条上的名字不是自己所写，也可以到庭向法院陈述并提出笔迹鉴定申请，但张小赖并未到庭抗辩。据此能够确定借条就是张小赖所签。

关于张小赖前妻是否承担责任的问题，虽然张小赖在向老刘借款时是在婚姻关系存续期间，但没有证据证明该款项是用于夫妻共同生活或共同生产经营，借条上也没有其名字。因此张小赖前妻在本案中不承担责任。

法院判决张小赖偿还老刘借款本金3万元。

**第六百八十条　【借款利率和利息】**禁止高利放贷，借款的利率不得违反国家有关规定。

借款合同对支付利息没有约定的，视为没有利息。

借款合同对支付利息约定不明确，当事人不能达成补充协议的，按照当地或者当事人的交易方式、交易习惯、市场利率等因素确定利息；自然人之间借款的，视为没有利息。

## 条文解读

**利息** ➜ 借贷双方没有约定利息，出借人主张支付利息的，人民法院不予支持。自然人之间借贷对利息约定不明，出借人主张支付利息的，人民法院不予支持。除自然人之间借贷的外，借贷双方对借贷利息约定不明，出借人主张利息的，人民法院应当结合民间借贷合同的内容，并根据当地或者当事人的交易方式、交易习惯、市场报价利率等因素确定利息。

出借人请求借款人按照合同约定利率支付利息的，人民法院应予支持，但是双方约定的利率超过合同成立时1年期贷款市场报价利率4倍的除外。前述所称"1年期贷款市场报价利率"，是指中国人民银行授权全国银行间同业拆借中心自2019年8月20日起每月发布的1年期贷款市场报价利率。

## 案例指引

### 084. 如何认定网贷合同中格式条款的效力？[①]

2018年8月14日，周某玲与某贷款公司在线签订一份信用贷款合同，约定贷款金额15万元，期限24个月，执行贷款年化综合实际利率为13.1%，还款方式为等额本息。2018年9月至2020年7月，周某玲已还第1至23期的贷款本息共18.1万元。在偿还第24期本息时，周某玲发现涉案合同是事先拟定并可重复使用的格式合同，在签订合同时某贷款公司并未与其协商修改条款，而合同约定的等额本息计算方式是以初始贷款本金作为基数计算每期还款金额，不符合等额本息的通常计算方式，导致其多还款。周某玲遂诉至法院，要求某贷款公司退回多收利息10197元。

---

① 参见《广东法院贯彻实施民法典典型案例（第二批）》（2022年1月19日发布），周某玲与某贷款公司小额借款合同纠纷案，载广东法院网 https://www.gdcourts.gov.cn/gsxx/quanweifabu/anlihuicui/content/post_1047303.html，最后访问日期：2023年4月12日。

广州互联网法院生效判决认为，涉案贷款合同明示的贷款年化利率是13.1%，同时格式条款规定每期还款利息以初始贷款本金来计算，此规定改变了等额本息每期利息应按期初剩余本金计算的通常计算方式，年化利率近23.4%，导致实际贷款利率严重高于合同明示贷款利率，加重了借款人的还款负担。根据《民法典》第496条的规定，提供格式条款的一方即贷款人应当采取合理的方式提示借款人注意关于利率、还款方式等与其有重大利害关系的条款。但某贷款公司没有提交相应的证据证明其采用合理方式向周某玲提示或者说明实际利率、还款方式，应当认为双方就该格式条款未达成合意，某贷款公司无权据此收取利息。2021年7月20日，判决某贷款公司向周某玲返还多收款项10089.9元。

《民法典》将格式条款提供方的提示说明义务扩大到“与对方有重大利害关系的条款”，并明确了未履行该义务时的法律后果。本案依法认定贷款利率计算方式为与借款人有重大利害关系的条款，贷款机构未履行提示说明义务时无权据此收取利息，切实维护金融消费者合法权益，对于规范贷款机构放贷业务，促进金融市场健康发展具有重要意义。

## 085. 如何认定职业放贷及其效力？①

2013年4月，某基嘉业公司与缑某某口头协议，由缑某某向某基嘉业公司提供借款500万元，双方并未签订书面借款合同。2013年4月17日，缑某某与某基嘉业公司签订《房屋预售合同》约定：缑某某购买某基嘉业公司开发的办公楼。某臻公司、杨某、王某某、李某某、邱某某、王某某、张某某在担保人处有签章或签名。上述合同签订当天，缑某某即通过银行转账方式将500万元转入某基嘉业公司指定的邱某某

---

① 参见《甘肃高院发布2021年度全省法院十大典型案件》（2022年1月14日发布），缑某某与甘肃某基嘉业房地产开发有限公司、兰州某臻房地产开发有限公司、杨某、王某某、李某某、邱某某、王某某、张某某民间借贷纠纷案，载甘肃法院网 http：//www.chinagscourt.gov.cn/Show/69882，最后访问日期：2023年4月11日。

（某基嘉业公司的股东之一）的账户内，邱某某又按照某基嘉业公司的指示将款项打入相应账户，该《房屋预售合同》实际并未履行。缑某某于2015年4月以商品房预售合同纠纷为由起诉至一审法院，请求解除《房屋预售合同》、返还购房款并承担利息损失、保证人承担连带责任。经一审法院一审、省法院二审发回重审，缑某某提出撤诉。2020年9月缑某某又以民间借贷纠纷起诉至一审法院。本案两次诉讼的案件当事人以及事实均没有变化。经审理查明，缑某某于2013年1月至2015年12月除本案向某基嘉业公司的出借行为之外，分多次向不特定当事人出借资金。经一审、二审法院审理认定缑某某为职业放贷行为。

兰州市中级人民法院一审审理认为缑某某构成职业放贷行为，判决某基嘉业公司偿还缑某某借款本息，驳回缑某某的其他诉讼请求。甘肃省高级人民法院二审审理认定缑某某为职业放贷行为，判决某基嘉业公司偿还缑某某借款本息，邱某某、王某某、王某某、李某某四人在某基嘉业公司不能清偿债务部分的三分之一内承担清偿责任，四人在承担责任后，有权向某基嘉业公司追偿，驳回缑某某的其他诉讼请求。

本案中，当事人以房屋买卖为名实际从事民间借贷行为，经审理认定其在一定时间内，分多次以民间借贷、债权转让、申请强制执行等流程实现权利，谋取相应高额利息，具有出借对象不特定性、出借行为反复性、经常性，出借资金数额大、利率高、合同具有格式化、且部分借款约定高额的逾期利息和违约金等特点，构成职业放贷行为。同时，根据前后两次诉讼，五次庭审情况，在对担保人的真实意思表示以及是否具有过错方面进行综合判断的基础上，对案涉《房屋预售合同》本身作为民间借贷的伪装行为无效后担保人如何承担担保责任予以认定。职业放贷以出借资金赚取高额利息的行为扰乱了国家正常的金融秩序，损害了社会公共利益，违反了法律的禁止性规定，其借款合同无效。

## 第十三章　保证合同

### 第一节　一般规定

**第六百八十一条　【保证合同的概念】** 保证合同是为保障债权的实现，保证人和债权人约定，当债务人不履行到期债务或者发生当事人约定的情形时，保证人履行债务或者承担责任的合同。

**第六百八十二条　【保证合同的附从性及被确认无效后的责任分配】** 保证合同是主债权债务合同的从合同。主债权债务合同无效的，保证合同无效，但是法律另有规定的除外。

保证合同被确认无效后，债务人、保证人、债权人有过错的，应当根据其过错各自承担相应的民事责任。

**第六百八十三条　【保证人的资格】** 机关法人不得为保证人，但是经国务院批准为使用外国政府或者国际经济组织贷款进行转贷的除外。

以公益为目的的非营利法人、非法人组织不得为保证人。

**第六百八十四条　【保证合同的一般内容】** 保证合同的内容一般包括被保证的主债权的种类、数额，债务人履行债务的期限，保证的方式、范围和期间等条款。

**第六百八十五条　【保证合同的订立】** 保证合同可以是单独订立的书面合同，也可以是主债权债务合同中的保证条款。

第三人单方以书面形式向债权人作出保证，债权人接收且未提出异议的，保证合同成立。

**实务应用**

#### 060. 同一债务有两个以上保证人，债权人的权利行使有哪些限制？

同一债务有两个以上保证人，债权人以其已经在保证期间内依法向部分保证人行使权利为由，主张已经在保证期间内向其他保证人行使权利的，人民法院不予支持。

同一债务有两个以上保证人，保证人之间相互有追偿权，债权人未在保证期间内依法向部分保证人行使权利，导致其他保证人在承担保证责任后丧失追偿权，其他保证人主张在其不能追偿的范围内免除保证责任的，人民法院应予支持。

**第六百八十六条　【保证方式】**保证的方式包括一般保证和连带责任保证。

当事人在保证合同中对保证方式没有约定或者约定不明确的，按照一般保证承担保证责任。

### 关联参见

《民法典担保制度解释》第10条、第14条、第25—29条

**第六百八十七条　【一般保证及先诉抗辩权】**当事人在保证合同中约定，债务人不能履行债务时，由保证人承担保证责任的，为一般保证。

一般保证的保证人在主合同纠纷未经审判或者仲裁，并就债务人财产依法强制执行仍不能履行债务前，有权拒绝向债权人承担保证责任，但是有下列情形之一的除外：

（一）债务人下落不明，且无财产可供执行；

（二）人民法院已经受理债务人破产案件；

（三）债权人有证据证明债务人的财产不足以履行全部债务或者丧失履行债务能力；

（四）保证人书面表示放弃本款规定的权利。

### 条文解读

**一般保证** ➜ 当事人在保证合同中约定了保证人在债务人不能履行

债务或者无力偿还债务时才承担保证责任等类似内容，具有债务人应当先承担责任的意思表示的，人民法院应当将其认定为一般保证。

一般保证中，债权人以债务人为被告提起诉讼的，人民法院应予受理。债权人未就主合同纠纷提起诉讼或者申请仲裁，仅起诉一般保证人的，人民法院应当驳回起诉。一般保证中，债权人一并起诉债务人和保证人的，人民法院可以受理，但是在作出判决时，除有《民法典》第687条第2款但书规定的情形外，应当在判决书主文中明确，保证人仅对债务人财产依法强制执行后仍不能履行的部分承担保证责任。债权人未对债务人的财产申请保全，或者保全的债务人的财产足以清偿债务，债权人申请对一般保证人的财产进行保全的，人民法院不予准许。

一般保证的债权人取得对债务人赋予强制执行效力的公证债权文书后，在保证期间内向人民法院申请强制执行，保证人以债权人未在保证期间内对债务人提起诉讼或者申请仲裁为由主张不承担保证责任的，人民法院不予支持。

## 实务应用

### 061. 一般保证中，债权人依据生效法律文书对债务人的财产依法申请强制执行，保证债务诉讼时效的起算时间如何确定？

一般保证中，债权人依据生效法律文书对债务人的财产依法申请强制执行，保证债务诉讼时效的起算时间按照下列规则确定：（1）人民法院作出终结本次执行程序裁定，或者依照《民事诉讼法》第268条第3项、第5项的规定作出终结执行裁定的，自裁定送达债权人之日起开始计算；（2）人民法院自收到申请执行书之日起1年内未作出前项裁定的，自人民法院收到申请执行书满1年之日起开始计算，但是保证人有证据证明债务人仍有财产可供执行的除外。一般保证的债权人在保证期间届满前对债务人提起诉讼或者申请仲裁，债权人举证证明存在《民法典》第687条第2款但书规定情形的，保证债务的诉讼时效自债权人知道或者应当知道该情形之日起开始计算。

**第六百八十八条　【连带责任保证】** 当事人在保证合同中约定保证人和债务人对债务承担连带责任的，为连带责任保证。

连带责任保证的债务人不履行到期债务或者发生当事人约定的情形时，债权人可以请求债务人履行债务，也可以请求保证人在其保证范围内承担保证责任。

### 条文解读

当事人在保证合同中约定了保证人在债务人不履行债务或者未偿还债务时即承担保证责任、无条件承担保证责任等类似内容，不具有债务人应当先承担责任的意思表示的，人民法院应当将其认定为连带责任保证。

**第六百八十九条　【反担保】** 保证人可以要求债务人提供反担保。

### 条文解读

**反担保** ➔ 反担保，是指在商品贸易、工程承包和资金借贷等经济往来中，为了换取担保人提供保证、抵押或质押等担保方式，由债务人或第三人向该担保人新设担保，以担保该担保人在承担了担保责任后易于实现其追偿权的制度。

反担保的方式，并不是常见的五种担保方式均可作为反担保的方式。首先，留置权不能为反担保方式。按本条规定，反担保产生于约定，而留置权却发生于法定。留置权在现行法上一律以动产为客体，价值相对较小，在主债额和原担保额均为巨大的场合，把留置权作为反担保的方式实在不足以保护原担保人的合法权益。其次，定金虽然在理论上可以作为反担保的方式，但是因为支付定金会进一步削弱债务人向债权人支付价款或酬金的能力，加之往往形成原担保和反担保不成比例的局面，所以在实践中极少采用。在实践中运用较多的反担保形式是保证、抵押权，然后是质权。不过，在债务人亲自向原担保人提供反担保的场合，保证就不得作为反担保的方式。因为这会形成债务人既向原担保人负偿付因履行原担保而生之必要费用的义务，又向原担保人承担保证债务，债务人和保证人合二而一的局面，起不到反担保的作用。只有债务人以其特定财产设立抵押权、质权，作为反担保的方式，才会实际起到保护原担保人的合法权益的作用。但反担保的担保方式是抵押或质押的话，抵押人或者质押人一般是第三人，若主债务人自己为担保人提供抵押或质押，是否会遭到“既然债务人可以用自己的财产为担保人设定抵押或质押，为什么不直接就此向主债权人设定担保呢”这样的诘问？其实不会，因为被担保人认可的抵押或者质押未必就会被主债权人认可；还有，本担保设定时主债务人可能没有可供抵押的财产，而后取得了一些财产，自然只能在本担保设立后再向担保人设立反担保。

至于实际采用何种反担保的方式，取决于债务人和原担保人之间的约定。在第三人充任反担保人的场合，抵押权、质权、保证均可采用，究竟采取何种，取决于该第三人（反担保人）和原担保人之间的约定。①

**第六百九十条　【最高额保证合同】** 保证人与债权人可以协商订立最高额保证的合同，约定在最高债权额限度内就一定期间连续发生的债权提供保证。

最高额保证除适用本章规定外，参照适用本法第二编最高额抵押权的有关规定。

## 实务应用

### 062. 最高额保证合同的保证期间如何计算？

最高额保证合同对保证期间的计算方式、起算时间等有约定的，按照其约定。最高额保证合同对保证期间的计算方式、起算时间等没有约定或者约定不明，被担保债权的履行期限均已届满的，保证期间自债权

① 参见黄薇主编：《中华人民共和国民法典合同编解读》，中国法制出版社 2020 年版，第 756—758 页。

确定之日起开始计算；被担保债权的履行期限尚未届满的，保证期间自最后到期债权的履行期限届满之日起开始计算。前述所称债权确定之日，依照《民法典》第423条的规定认定。

## 第二节　保证责任

**第六百九十一条　【保证责任的范围】**保证的范围包括主债权及其利息、违约金、损害赔偿金和实现债权的费用。当事人另有约定的，按照其约定。

### 关联参见

《民法典担保制度解释》第3条

**第六百九十二条　【保证期间】**保证期间是确定保证人承担保证责任的期间，不发生中止、中断和延长。

债权人与保证人可以约定保证期间，但是约定的保证期间早于主债务履行期限或者与主债务履行期限同时届满的，视为没有约定；没有约定或者约定不明确的，保证期间为主债务履行期限届满之日起六个月。

债权人与债务人对主债务履行期限没有约定或者约定不明确的，保证期间自债权人请求债务人履行债务的宽限期届满之日起计算。

**第六百九十三条　【保证期间届满的法律效果】**一般保证的债权人未在保证期间对债务人提起诉讼或者申请仲裁的，保证人不再承担保证责任。

连带责任保证的债权人未在保证期间请求保证人承担保证责任的，保证人不再承担保证责任。

**第六百九十四条　【保证债务的诉讼时效】**一般保证的债权人在保证期间届满前对债务人提起诉讼或者申请仲裁的，从保证人拒绝承担保证责任的权利消灭之日起，开始计算保证债务的诉讼时效。

连带责任保证的债权人在保证期间届满前请求保证人承担保证责任的，从债权人请求保证人承担保证责任之日起，开始计算保证债务的诉讼时效。

**第六百九十五条　【主合同变更对保证责任的影响】** 债权人和债务人未经保证人书面同意，协商变更主债权债务合同内容，减轻债务的，保证人仍对变更后的债务承担保证责任；加重债务的，保证人对加重的部分不承担保证责任。

债权人和债务人变更主债权债务合同的履行期限，未经保证人书面同意的，保证期间不受影响。

**第六百九十六条　【债权转让时保证人的保证责任】** 债权人转让全部或者部分债权，未通知保证人的，该转让对保证人不发生效力。

保证人与债权人约定禁止债权转让，债权人未经保证人书面同意转让债权的，保证人对受让人不再承担保证责任。

**第六百九十七条　【债务承担对保证责任的影响】** 债权人未经保证人书面同意，允许债务人转移全部或者部分债务，保证人对未经其同意转移的债务不再承担保证责任，但是债权人和保证人另有约定的除外。

第三人加入债务的，保证人的保证责任不受影响。

**第六百九十八条　【一般保证人免责】** 一般保证的保证人在主债务履行期限届满后，向债权人提供债务人可供执行财产的真实情况，债权人放弃或者怠于行使权利致使该财产不能被执行的，保证人在其提供可供执行财产的价值范围内不再承担保证责任。

**第六百九十九条　【共同保证】** 同一债务有两个以上保证人的，保证人应当按照保证合同约定的保证份额，承担保证责任；没有约定保证份额的，债权人可以请求任何一个保证人在其保证范围内承担保证责任。

**关联参见**

《民法典担保制度解释》第13条、第14条

**第七百条　【保证人的追偿权】**保证人承担保证责任后，除当事人另有约定外，有权在其承担保证责任的范围内向债务人追偿，享有债权人对债务人的权利，但是不得损害债权人的利益。

**第七百零一条　【保证人的抗辩权】**保证人可以主张债务人对债权人的抗辩。债务人放弃抗辩的，保证人仍有权向债权人主张抗辩。

**第七百零二条　【抵销权或撤销权范围内的免责】**债务人对债权人享有抵销权或者撤销权的，保证人可以在相应范围内拒绝承担保证责任。

## 第十四章　租赁合同

**第七百零三条　【租赁合同的概念】**租赁合同是出租人将租赁物交付承租人使用、收益，承租人支付租金的合同。

**第七百零四条　【租赁合同的内容】**租赁合同的内容一般包括租赁物的名称、数量、用途、租赁期限、租金及其支付期限和方式、租赁物维修等条款。

**关联参见**

《海商法》第130条、第145条

**第七百零五条　【租赁期限的最高限制】**租赁期限不得超过二十年。超过二十年的，超过部分无效。

租赁期限届满，当事人可以续订租赁合同；但是，约定的租赁期限自续订之日起不得超过二十年。

## 条文解读

**租赁期限** ➲ 租赁合同根据是否约定期限，可以分为定期租赁合同与不定期租赁合同。定期租赁合同，是指当事人在合同中约定具体租期的租赁合同；不定期租赁合同，是指当事人在合同中没有约定租赁期限的合同。在不定期合同当中，当事人任何一方可以随时终止合同，但终止合同前应当给对方适当的准备时间。

## 实务应用

### 063. 租赁期限可以任意确定吗？

对于租赁合同的期限，本条没有最低期限的规定，但作出了最高期限的限定，即最高不得超过 20 年，从租赁合同生效之日起计算。当事人双方订立的租赁合同期限超过 20 年的，超过的部分无效，租赁期限应缩短为 20 年。但是，根据本条第 2 款规定，当事人的租赁合同期限届满以后，可以续订租赁合同。

**第七百零六条　【租赁合同登记对合同效力影响】** 当事人未依照法律、行政法规规定办理租赁合同登记备案手续的，不影响合同的效力。

## 实务应用

### 064. 出租人就未经批准或者未按照批准内容建设的临时建筑，与承租人订立的租赁合同是否有效？

出租人就未经批准或者未按照批准内容建设的临时建筑，与承租人订立的租赁合同无效。但在一审法庭辩论终结前经主管部门批准建设的，人民法院应当认定有效。租赁期限超过临时建筑的使用期限，超过部分无效。但在一审法庭辩论终结前经主管部门批准延长使用期限的，人民法院应当认定延长使用期限内的租赁期间有效。

**第七百零七条　【租赁合同形式】**租赁期限六个月以上的，应当采用书面形式。当事人未采用书面形式，无法确定租赁期限的，视为不定期租赁。

**第七百零八条　【出租人义务】**出租人应当按照约定将租赁物交付承租人，并在租赁期限内保持租赁物符合约定的用途。

### 实务应用

**065. 出租人就同一房屋订立数份租赁合同，在合同均有效的情况下，承租人均主张履行合同的，如何确定履行合同的顺序？**

出租人就同一房屋订立数份租赁合同，在合同均有效的情况下，承租人均主张履行合同的，人民法院按照下列顺序确定履行合同的承租人：（1）已经合法占有租赁房屋的；（2）已经办理登记备案手续的；（3）合同成立在先的。不能取得租赁房屋的承租人请求解除合同、赔偿损失的，依照《民法典》的有关规定处理。

**第七百零九条　【承租人义务】**承租人应当按照约定的方法使用租赁物。对租赁物的使用方法没有约定或者约定不明确，依据本法第五百一十条的规定仍不能确定的，应当根据租赁物的性质使用。

**第七百一十条　【承租人合理使用租赁物的免责】**承租人按照约定的方法或者根据租赁物的性质使用租赁物，致使租赁物受到损耗的，不承担赔偿责任。

**第七百一十一条　【承租人未合理使用租赁物的责任】**承租人未按照约定的方法或者未根据租赁物的性质使用租赁物，致使租赁物受到损失的，出租人可以解除合同并请求赔偿损失。

## 条文解读

承租人擅自变动房屋建筑主体和承重结构或者扩建，在出租人要求的合理期限内仍不予恢复原状，出租人请求解除合同并要求赔偿损失的，人民法院依照《民法典》第711条的规定处理。

## 实务应用

### 066. 承租人未按照约定的方法或者租赁物的性质使用租赁物，致使租赁物受到损失的，出租人是否可以解除合同？

如果承租人未按照约定的方法或者租赁物的性质使用租赁物，致使租赁物受到损失的，承租人的行为已经构成违约并且同时侵犯了出租人的财产权，因此，出租人可以解除合同并要求赔偿损失。出租人于此种情形依法享有的是对租赁合同的法定解除权，依其单方的意思表示即可解除租赁合同，只要将解除合同的意思通知到承租人，即产生租赁合同解除的法律效果，无须征得承租人的同意。出租人对租赁合同的解除权具有可选择性，如果出租人不愿意解除合同，并且通过其他方式能够阻止承租人的非法侵害行为继续发生的，出租人也可以不解除租赁合同，而仅要求承租人进行损害赔偿。

例如，谢某将其很久不住的房子出租给张某居住，并约定张某按季支付房租。张某居住半年后，将其中一间房子用于丢放化学物品，导致地面遭到严重的腐蚀。谢某发现后，解除和张某的租赁合同，在收回房屋时，谢某发现另一间房屋的墙体发生裂缝，因此要求张某对地面腐蚀和墙体裂缝部分承担赔偿责任。在本案中，墙体的裂缝属于该房屋年久失修的正常损耗，张某不应当对墙体裂缝承担赔偿责任。但由于张某的失误导致房屋地面被严重腐蚀，属于非正当使用租赁物造成的损失，需要承担赔偿责任。

## 关联参见

《最高人民法院关于审理城镇房屋租赁合同纠纷案件具体应用法律若干问题的解释》第 6 条

**第七百一十二条 【出租人的维修义务】** 出租人应当履行租赁物的维修义务，但是当事人另有约定的除外。

## 案例指引

### 086. 租赁厂房消防栓失修漏水致财产损失谁担责？①

2017 年，花园公司与草原公司签订《租赁合同》一份，草原公司系出租方及物业公司，花园公司系承租方，合同中约定所涉出租厂房内的消防、治安、安全责任由花园公司负责。

2020 年 6 月，草原公司发现厂房区域内消防栓部位溢水，遂通知花园公司。花园公司派人前往现场，草原公司工作人员进入承租区域维修消防栓阀门，消防栓遂停止喷水。

后，花园公司诉至上海青浦法院，要求草原公司赔偿因消防栓漏水给花园公司造成的损失。

庭审中，花园公司与草原公司均确认，事发时，消防栓阀门的手柄系缺失状态。花园公司诉称草原公司作为物业公司，应就物业管理区域内的消防设施负有维护保养责任，理应尽到日常维修消防设施的义务；草原公司作为出租方，理应保证其交付的房屋及配套的消防设施完好无损，且其明知没有消防安全管理能力，仍要求其管理，存在过错。

草原公司辩称，消防栓漏水原因是开关缺失且处于开放状态，是人

① 参见周星茹、朱晶晶、崔缤予：《租赁厂房消防栓失修漏水致财产损失谁担责？法院：承租方负有维护保养责任》，载上海市高级人民法院网 https：//www. hshfy. sh. cn/shfy/web/xxnr. jsp？ pa = aaWQ9MjAyNDA5MzcmeGg9MSZsbWRtPWxtNTE5z&zd = xwzx，最后访问日期：2023 年 3 月 1 日。

为破坏导致；消防栓位于花园公司承租且上锁的密闭空间，自己无法进入；根据双方签订的合同，租赁物内所有消防设备和责任均由花园公司负责。故其未实施相关侵权行为，不应承担相应责任。

上海青浦法院审理认为，首先，根据花园公司与草原公司签订的租赁合同，草原公司向花园公司交付承租厂房后，厂房内相关管道设施及消防安全责任即由花园公司负责，且案涉消防栓处于花园公司承租厂房的封闭区域，非花园公司许可，其他人员无法进入厂房内部，故花园公司就案涉消防栓负有相应维护保养责任。其次，花园公司主张事发原因系消防栓阀门手柄缺失，即使花园公司主张的原因属实，花园公司亦应提供证据证明草原公司交付厂房时案涉消防栓即存在该瑕疵。现花园公司未提供充足证据证明草原公司存在任何侵权行为，花园公司要求草原公司承担侵权责任的理由不充分，故法院判决驳回花园公司的全部诉讼请求。

**第七百一十三条　【租赁物的维修和维修费负担】** 承租人在租赁物需要维修时可以请求出租人在合理期限内维修。出租人未履行维修义务的，承租人可以自行维修，维修费用由出租人负担。因维修租赁物影响承租人使用的，应当相应减少租金或者延长租期。

因承租人的过错致使租赁物需要维修的，出租人不承担前款规定的维修义务。

**第七百一十四条　【承租人的租赁物妥善保管义务】** 承租人应当妥善保管租赁物，因保管不善造成租赁物毁损、灭失的，应当承担赔偿责任。

**第七百一十五条　【承租人对租赁物进行改善或增设他物】** 承租人经出租人同意，可以对租赁物进行改善或者增设他物。

承租人未经出租人同意，对租赁物进行改善或者增设他物的，出租人可以请求承租人恢复原状或者赔偿损失。

## 实务应用

### 067. 承租人经出租人同意装饰装修，遇租赁合同无效、租赁期间届满等情形时，装饰装修物如何处理？

承租人经出租人同意装饰装修，租赁合同无效时，未形成附合的装饰装修物，出租人同意利用的，可折价归出租人所有；不同意利用的，可由承租人拆除。因拆除造成房屋毁损的，承租人应当恢复原状。已形成附合的装饰装修物，出租人同意利用的，可折价归出租人所有；不同意利用的，由双方各自按照导致合同无效的过错分担现值损失。

承租人经出租人同意装饰装修，租赁期间届满或者合同解除时，除当事人另有约定外，未形成附合的装饰装修物，可由承租人拆除。因拆除造成房屋毁损的，承租人应当恢复原状。

承租人经出租人同意装饰装修，合同解除时，双方对已形成附合的装饰装修物的处理没有约定的，人民法院按照下列情形分别处理：(1) 因出租人违约导致合同解除，承租人请求出租人赔偿剩余租赁期内装饰装修残值损失的，应予支持；(2) 因承租人违约导致合同解除，承租人请求出租人赔偿剩余租赁期内装饰装修残值损失的，不予支持。但出租人同意利用的，应在利用价值范围内予以适当补偿；(3) 因双方违约导致合同解除，剩余租赁期内的装饰装修残值损失，由双方根据各自的过错承担相应的责任；(4) 因不可归责于双方的事由导致合同解除的，剩余租赁期内的装饰装修残值损失，由双方按照公平原则分担。法律另有规定的，适用其规定。

承租人经出租人同意装饰装修，租赁期间届满时，承租人请求出租人补偿附合装饰装修费用的，不予支持。但当事人另有约定的除外。承租人未经出租人同意装饰装修或者扩建发生的费用，由承租人负担。出租人请求承租人恢复原状或者赔偿损失的，人民法院应予支持。

## 关联参见

《最高人民法院关于审理城镇房屋租赁合同纠纷案件具体应用法律若干问题的解释》第7—12条

**第七百一十六条　【转租】**承租人经出租人同意，可以将租赁物转租给第三人。承租人转租的，承租人与出租人之间的租赁合同继续有效；第三人造成租赁物损失的，承租人应当赔偿损失。

承租人未经出租人同意转租的，出租人可以解除合同。

## 条文解读

**转租** ➲ 承租人转租的，承租人与出租人之间的租赁合同继续有效，他们之间仍然是租赁关系。因此，根据法律的规定和该租赁合同的约定，承租人对租赁物负有妥善保管和按照合同约定用途和方式使用租赁物的义务，即使租赁物已经转租，但承租人仍对出租人负有该义务。如果租赁物受到损失的，不论该损失是谁造成的，都应视为承租人的责任，由承租人直接向出租人承担赔偿损失的责任。出租人的损害赔偿请求权也应当直接对承租人行使，而不能向第三人提出请求。承租人按照其与出租人之间的租赁合同承担了损害赔偿责任后，可以依照他和第三人之间的租赁协议请求第三人予以补偿。

承租人未经出租人同意转租的，是对租赁物的擅自处分行为，构成违约，出租人可以解除合同。出租人此时享有的是法定解除权，不以承租人的同意为必要。只要出租人作出解除合同的意思表示，租赁合同即行解除。

例如，钱某与林某订立房屋租赁合同，约定由钱某租赁林某临街商铺一间，每年的租金为1万元，由钱某作为小吃店对外经营。后该小吃店经营不善，但租赁合同没有到期，钱某就将该商铺转租给杨某。林某发现后，没有表示反对。林某和钱某租赁合同到期后，林某要收回该店铺时，他发现杨某擅自改变店铺的布局，拆掉了房屋中的一堵隔墙，对房屋安全造成隐患。在本案中，钱某的转租行为得到了林某的默认，则钱某和杨某之间的租赁合同有效。但是杨某对房屋造成的损害，应当由转租人钱某向林某承担责任，然后由钱某向杨某追偿。

### 关联参见

《海商法》第137条、第138条、第150条

**第七百一十七条　【转租期限】**承租人经出租人同意将租赁物转租给第三人，转租期限超过承租人剩余租赁期限的，超过部分的约定对出租人不具有法律约束力，但是出租人与承租人另有约定的除外。

**第七百一十八条　【出租人同意转租的推定】**出租人知道或者应当知道承租人转租，但是在六个月内未提出异议的，视为出租人同意转租。

**第七百一十九条　【次承租人的代为清偿权】**承租人拖欠租金的，次承租人可以代承租人支付其欠付的租金和违约金，但是转租合同对出租人不具有法律约束力的除外。

次承租人代为支付的租金和违约金，可以充抵次承租人应当向承租人支付的租金；超出其应付的租金数额的，可以向承租人追偿。

### 条文解读

承租人经出租人同意转租的，承租人与次承租人之间形成新的租赁关系，而出租人与承租人之间的原租赁关系不受影响，继续合法有效。根据严格的合同的相对性原则，承租人向出租人承担支付租金的义务，次承租人向承租人承担支付租金的义务。次承租人与出租人之间不存在

合同关系，故而次承租人本不应向出租人支付租金。但是，《民法典》第524条第1款规定："债务人不履行债务，第三人对履行该债务具有合法利益的，第三人有权向债权人代为履行；但是，根据债务性质、按照当事人约定或者依照法律规定只能由债务人履行的除外。"也就是说，第三人对债之履行有利害关系时，无须债务人或债权人的同意即可代为履行债务，债权人不得拒绝。这一规定是由债权的财产性决定的，债权人要满足其债权，没有必要必须限于债务人本人作出履行，只要给付可以满足债权的财产价值即可。

**第七百二十条　【租赁物的收益归属】** 在租赁期限内因占有、使用租赁物获得的收益，归承租人所有，但是当事人另有约定的除外。

**第七百二十一条　【租金支付期限】** 承租人应当按照约定的期限支付租金。对支付租金的期限没有约定或者约定不明确，依据本法第五百一十条的规定仍不能确定，租赁期限不满一年的，应当在租赁期限届满时支付；租赁期限一年以上的，应当在每届满一年时支付，剩余期限不满一年的，应当在租赁期限届满时支付。

**第七百二十二条　【承租人的租金支付义务】** 承租人无正当理由未支付或者迟延支付租金的，出租人可以请求承租人在合理期限内支付；承租人逾期不支付的，出租人可以解除合同。

## 关联参见

《海商法》第140条

**第七百二十三条　【出租人的权利瑕疵担保责任】** 因第三人主张权利，致使承租人不能对租赁物使用、收益的，承租人可以请求减少租金或者不支付租金。

第三人主张权利的，承租人应当及时通知出租人。

**第七百二十四条　【承租人解除合同的法定情形】** 有下列情形之一，非因承租人原因致使租赁物无法使用的，承租人可以解除合同：

（一）租赁物被司法机关或者行政机关依法查封、扣押；

（二）租赁物权属有争议；

（三）租赁物具有违反法律、行政法规关于使用条件的强制性规定情形。

**第七百二十五条　【买卖不破租赁】** 租赁物在承租人按照租赁合同占有期限内发生所有权变动的，不影响租赁合同的效力。

## 条文解读

**买卖不破租赁** ➲ 本条规定了“买卖不破租赁”的原则。这一原则的效力，体现在买受人所取得的对租赁物的所有权，受到承租人对该租赁物的用益权的抗辩，承租人对租赁物的用益权不受买卖行为效力的影响。

租赁物的所有权发生变动后，其设定在该租赁物上的租赁合同仍然存在，在承租人与受让人之间无须另行订立租赁合同，受让人在受让该租赁物的所有权时就与承租人产生了租赁合同关系，成为一个新的出租人，继承原出租人的权利和义务，受让人要受该租赁合同的约束。

## 关联参见

《最高人民法院关于审理城镇房屋租赁合同纠纷案件具体应用法律若干问题的解释》第14条

**第七百二十六条　【房屋承租人的优先购买权】** 出租人出卖租赁房屋的，应当在出卖之前的合理期限内通知承租人，承租人享有以同等条件优先购买的权利；但是，房屋按份共有人行使优先购买权或者出租人将房屋出卖给近亲属的除外。

出租人履行通知义务后，承租人在十五日内未明确表示购买的，视为承租人放弃优先购买权。

## 条文解读

**优先购买权** ➔ 优先购买权，是指民事主体在特定买卖的同等条件下，依法享有优先于他人购买财产的权利。实践中，优先购买权主要包括以下几种类型：共有人的优先购买权、专利委托人及合作人的优先购买权、公司股东的优先购买权以及房屋承租人的优先购买权等。房屋承租人的优先购买权是优先购买权中的一种，是指承租人在出租人出卖租赁物时，在同等条件下优先购买该租赁物的权利。

## 实务应用

### 068. 房屋承租人在什么条件下可以享有优先购买权？

（1）存在合法有效的房屋租赁合同关系。也即两者之间的房屋租赁合同依法成立并生效。根据《民法典》对合同成立的相关规定，房屋租赁合同依法成立并生效一般需要满足以下几个条件：其一，房屋租赁合同签订时，房屋出租人与承租人均属于完全民事行为能力人；其二，房屋出租人有权出租该房屋，且该房屋不属于未经政府建设行政相关部门批准或未按照其批准范围所建设的临时建筑，不属于未取得建设工程规划许可证或未按照该许可证规划而建立的房屋，如果房屋出租人在法院一审庭审辩论之前能够补正上述批准、获得或者变更建设许可证，则仍然将该房屋视为可出租房屋；其三，房屋租赁合同的内容系房屋出租人及承租人真实的意思表示，且合同内容不属于《民法典》规定的无效情形。在审查房屋租赁合同是否成立并有效时，除了对房屋租赁合同进行外观形式审查之外，还需要对双方当事人之间是否存在房屋租赁意思表示进行审查，若双方当事人之间并不存在真实的房屋租赁意思表示，则双方之间不存在房屋租赁关系，此种情形下房屋租赁合同中的承租人并不当然享有在同等条件下对该租赁房屋的优先购买权。此外，实践中存在房屋出租人与多个承租人签订房屋租赁合同的“一房数签”情况。在此种情况下，只要不存在合同无效的情形，房屋出租人与承租人之间的房屋租赁合同均有效。但并非所有承租人均享有出租人出售房屋时以同等条件优先购买的权利，承租人优先购买权应由实际房屋承租人享有，而不能取得租赁房屋的承租人只能要求房屋出租人按照租赁合同约定承担违约损害赔偿责任，而不得主张优先购买权。

（2）在同等条件下行使。所谓同等条件，是指承租人与其他购买人在买卖条件上等同，要综合考虑价格的多少、付款期限的长短、一次付清还是分期付款、有无担保等因素。在非同等条件下，承租人不能享有优先购买权。房屋承租人优先购买权制度的初衷是在不损害房屋出租人实质利益的情况下，维护承租人居住或生产经营的稳定。

（3）必须在一定期限内行使。如果出租人通知承租人将要出卖租赁的房屋，并提出了一定的期限，而承租人在合理期限内没有购买的意思表示，则优先购买权丧失。这说明承租人并不想购买该房屋，也就没有保护的必要了。

## 069. 房屋共有人的优先购买权与房屋承租人优先购买权发生冲突怎么办?

共有分为按份共有和共同共有，在共同共有关系中，房屋出租人未经全体共有人同意不得出售该共有房屋，共同共有人无行使优先购买权的必要。而在按份共有关系中，若房屋出租人所占份额超过2/3，则其有权决定出售该共有房屋，此时必然会对其他按份共有人的利益造成一定影响。同时，《民法典》第305条规定，按份共有人在同等条件下也享有优先购买权。从表面上看，似乎有可能出现同一标的物上承租人的优先购买权和按份共有人的优先购买权的冲突，但是仔细分析会发现，两种优先购买权针对的标的物是不同的。按份共有人的优先购买权针对的是其他共有人的共有份额；而承租人的优先购买权针对的是租赁标的物本身。所以实际上，二者并不会真正发生冲突。当涉及按份共有人的优先购买权时，此时讨论的是份额买卖问题，根本就不会触发承租人的优先购买权。当然，仅从结果上看，确实是按份共有人的优先购买权可以优先行使。《民法典》第726条将按份共有人行使优先购买权作为承租人行使优先购买权的例外，直接在条文文字层面点明此点，从而避免了实践中引发不必要的争议。[①]

### 关联参见

《最高人民法院关于审理城镇房屋租赁合同纠纷案件具体应用法律若干问题的解释》第15条

**第七百二十七条　【承租人对拍卖房屋的优先购买权】**出租人委托拍卖人拍卖租赁房屋的，应当在拍卖五日前通知承租人。承租人未参加拍卖的，视为放弃优先购买权。

**第七百二十八条　【妨害承租人优先购买权的赔偿责任】**出租人未通知承租人或者有其他妨害承租人行使优先购买权情形的，承租人可以请求出租人承担赔偿责任。但是，出租人与第三人订立的房屋买卖合同的效力不受影响。

**第七百二十九条　【租赁物毁损、灭失的法律后果】**因不可归责于承租人的事由，致使租赁物部分或者全部毁损、灭失的，承租人可以请求减少租金或者不支付租金；因租赁物部分或者全部毁损、灭失，致使不能实现合同目的的，承租人可以解除合同。

**第七百三十条　【租期不明的处理】**当事人对租赁期限没有约定或者约定不明确，依据本法第五百一十条的规定仍不能确定的，视为不定期租赁；当事人可以随时解除合同，但是应当在合理期限之前通知对方。

---

① 参见黄薇主编：《中华人民共和国民法典合同编解读》，中国法制出版社2020年版，第837—839页。

**第七百三十一条　【租赁物质量不合格时承租人的解除权】**租赁物危及承租人的安全或者健康的，即使承租人订立合同时明知该租赁物质量不合格，承租人仍然可以随时解除合同。

**第七百三十二条　【房屋承租人死亡时租赁关系的处理】**承租人在房屋租赁期限内死亡的，与其生前共同居住的人或者共同经营人可以按照原租赁合同租赁该房屋。

**第七百三十三条　【租赁物的返还】**租赁期限届满，承租人应当返还租赁物。返还的租赁物应当符合按照约定或者根据租赁物的性质使用后的状态。

### 关联参见

《海商法》第 142 条、第 143 条

**第七百三十四条　【租赁期限届满的续租及优先承租权】**租赁期限届满，承租人继续使用租赁物，出租人没有提出异议的，原租赁合同继续有效，但是租赁期限为不定期。

租赁期限届满，房屋承租人享有以同等条件优先承租的权利。

### 条文解读

**优先承租权** ➲ 本条第 2 款是关于承租人的优先承租权的规定。优先承租权是指承租人依法或者依约享有的，在租赁期届满后的同等条件下优先承租原租赁物的权利。本条的优先承租权一般是指在租赁期届满之后，出租人未与承租人续租，却与第三人签订了租赁合同，那么在相同的条件下，承租人可以直接与出租人成立一个相同的租赁合同，要求出租人直接将房子继续出租给自己。优先承租权的确立，对承租人的权益进行了一定程度的保护，防止出租人随意变更租赁关系从而影响承租人的生活、经营，有效防范纠纷的产生。长远来看，优先承租权制度对于市场秩序或者社会秩序的稳定发展具有一定积极意义。

# 第十五章 融资租赁合同

**第七百三十五条 【融资租赁合同的概念】** 融资租赁合同是出租人根据承租人对出卖人、租赁物的选择，向出卖人购买租赁物，提供给承租人使用，承租人支付租金的合同。

## 条文解读

**融资租赁合同** ➲ 融资租赁合同，是指出租人作为买受人与出卖人订立买卖合同，购买承租人指定的标的物，提供给承租人使用、收益，承租人支付租金的合同。融资租赁合同涉及买卖合同和租赁合同两个合同以及出租人（买受人）、承租人、供货商（出卖人）三方当事人，具有复杂的权利义务关系。

人民法院应当根据《民法典》第735条的规定，结合标的物的性质、价值、租金的构成以及当事人的合同权利和义务，对是否构成融资租赁法律关系作出认定。对名为融资租赁合同，但实际不构成融资租赁法律关系的，人民法院应按照其实际构成的法律关系处理。

承租人将其自有物出卖给出租人，再通过融资租赁合同将租赁物从出租人处租回的，人民法院不应仅以承租人和出卖人系同一人为由认定不构成融资租赁法律关系。

例如，甲公司与乙公司签订合同，约定甲公司按照乙公司的要求，为乙公司向丙公司购买一台设备；甲公司将设备租赁给乙公司使用，但所有权属于甲公司所有；乙公司按照合同的约定向甲公司交付租金，租赁期满后，设备属于乙方所有。在本案中，甲公司、乙公司之间的合同就是融资租赁合同。

## 案例指引

### 087. 实践中，如何认定租赁合同属于融资租赁？[①]

田某与某融资租赁公司签订《融资租赁合同》，双方约定开展售后回租业务，刘某、赵某承担连带保证责任。因经营需要，租赁车辆登记在某物流公司名下，但所有权归某融资租赁公司。同时签订《机动车辆抵押合同》约定，将《融资租赁合同》涉及的车辆抵押给某融资租赁公司。某融资租赁公司如约发放融资款，田某签署《交车验收单》，有8台车辆先后登记在某物流公司名下，并办理了抵押登记。但截至诉讼，未查询到其他12台车辆的登记在用机动车信息。因田某未依约支付租金，某融资租赁公司起诉要求田某支付全部租金及逾期利息和违约金，刘某、赵某对田某的上述债务承担连带保证责任。

天津市滨海新区人民法院认为，融资租赁合同兼有融资和融物的属性，应结合标的物的性质、价值、租金的构成以及当事人的合同权利义务，对是否构成融资租赁法律关系作出认定。《融资租赁合同》项下仅有8台车辆真实存在，另外12台车辆除《交车验收单》，无其他证据佐证。判决分别按照融资租赁和借款法律关系计算田某给付款项的数额，刘某对田某的债务承担连带清偿责任。当事人上诉后，二审法院维持了一审判决。

本案是人民法院依法审查融资租赁合同中租赁物进而认定合同性质的典型案例。随着融资租赁业务的发展和市场规模逐步扩大，融资租赁业务模式不断创新。人民法院聚焦融资租赁产业创新发展面临的问题，坚持促进产业创新与防范金融风险并重，探求真实法律关系，在有效防范金融风险的同时，最大限度地支持金融创新，维护企业合法权益。

---

① 参见《天津高院发布金融审判典型案例》（2022年10月27日发布），某融资租赁公司与田某等融资租赁纠纷案，载天津法院网 https：//tjfy. tjcourt. gov. cn/article/detail/2022/10/id/6979582. shtml，最后访问日期：2023年4月12日。

### 关联参见

《最高人民法院关于审理融资租赁合同纠纷案件适用法律问题的解释》第1条、第2条

**第七百三十六条　【融资租赁合同的内容】** 融资租赁合同的内容一般包括租赁物的名称、数量、规格、技术性能、检验方法，租赁期限，租金构成及其支付期限和方式、币种，租赁期限届满租赁物的归属等条款。

融资租赁合同应当采用书面形式。

### 案例指引

#### 088. 融资租赁公司以收取服务费、代收保险费为名扣收的款项是否属于变相高息？[①]

乙公司为中小微企业。甲租赁公司与乙公司签订了《买卖合同》，甲租赁公司向乙公司购买标的物并出租给乙公司，合同约定标的物价款为100万元。双方还签订《融资租赁合同》，约定出租人根据承租人指定，购买租赁物并出租给承租人使用，约定逾期利息及违约责任，并约定每月租金金额。合同项下所有租赁物完成了交付，甲租赁公司扣除履约保证金200000元、服务费38500元、首付租金11280元、保险费2642元后，实际向乙公司支付款项仅为747578元。后乙公司无力还款，甲租赁公司起诉请求判令乙公司支付合同项下第19—35期全部未付租金509000元及第1—18期租金逾期利息、违约金等。一审判决认定的乙公司应付租金总额仅扣除了已支付的租金、履约保证金200000元、首付租金11280元，并未扣除服务费38500元及保险费2642元。广东省

① 参见《人民法院助力中小微企业发展典型案例》(2022年4月19日发布)，甲租赁公司与乙公司融资租赁合同纠纷案，载最高人民法院网 https://www.court.gov.cn/zixun-xiangqing-355361.html，最后访问日期：2023年4月12日。

广州市中级人民法院二审认为，因甲租赁公司在本案中未能举证就其扣收的服务费具体提供了何种服务，也未能举证证明其代收保险费后缴纳了相应保险项目费用，故以收取服务费、代收保险费为名扣收的款项属于变相高息，增加了乙公司的融资成本，不应得到支持，上述费用亦应在未付租金中予以扣减，乙公司向甲租赁公司应计付的违约金基数也应作相应调整，遂予以改判。

人民法院在审判工作中助力解决中小微企业融资贵的问题，依法审理融资纠纷，降低不合理的融资利率。对资金融出方收取的利息，以及以咨询费、担保费等其他费用为名收取的变相利息，依法严格认定，对超出法定保护范围的部分不予支持。本案中，租赁公司收取服务费、代收保险费，但未能举证就其扣收的服务费具体提供了何种服务，也未能举证证明其代收保险费后实际缴纳了相应保险项目费用，增加了用款企业的融资成本，人民法院依法认定该等费用属于变相高息，不予支持，降低了中小微企业的融资成本，解决了中小微企业发展面临的资金困难。

**第七百三十七条　【融资租赁通谋虚伪表示】**当事人以虚构租赁物方式订立的融资租赁合同无效。

## 实务应用

### 070. 何谓“名为融资租赁实为借贷”?

在交易实践中，当事人可能会为了逃避金融监管，比如某些不符合金融放贷资质的金融机构以融资租赁的名义来进行金融放贷，或者贷款的利息违反了利率管制的要求，从而选择以虚构租赁物的形式进行贷款，所以这是以虚假的意思表示实施的民事法律行为。正确认识虚构租赁物之“融资租赁合同”，应从法律关系定性、法律效力、担保效力、当事人权利义务关系四个角度进行分析。

第一，法律关系定性是指法院通过查明合同主要条款、履行情况、交易背景等案件事实，依法归纳案涉法律关系性质的司法裁判方法。虚构租赁物，不构成融资租赁法律关系，应定性为借款合同，因此融资租赁合同无效。

第二，法律关系定性与法律效力相互独立，定性不会影响效力。“名为融资租赁实为借贷”如无特别情形，不违反法律、行政法规强制性规定，一般属于有效的民事法律关系，涉及借贷等问题按照相应的法律法规处理。

第三，法律关系定性不会影响被担保债务的同一性。当有人为融资租赁的债权提供保证时，若无特别约定，保证人不能仅以法律关系另行定性为由，要求免除己方之保证责任。保证人缔约时不知道案涉法律关系性质的，除“融资租赁合同”当事人串通骗保、债务人欺诈、胁迫保证人且债权人明知该事实以及债权人欺诈、胁迫保证人外，保证人不能因此免除其责任。

第四，“名为融资租赁实为借贷”不能产生融资租赁的法律效果，法院应适用借款合同的相关法律规定，依法认定借款本金与利率。“名为融资租赁实为借贷”中约定收取保证金、首付款等的，如该款项不构成法定金钱质押，应当在借款本金中扣除。在“名为融资租赁实为借贷”中，当事人对借款总额以及还款总额达成了一致的意思表示，法院应根据相关合同条款和法律规定，参考租赁利率或内部收益率等标准，结合案件的具体情况，判定借款利率。关于借款期限，应当平衡出借人的可得利益与借款人的期限利益，结合当事人的过错，综合予以认定。①

**第七百三十八条　【特定租赁物经营许可对合同效力影响】**

**依照法律、行政法规的规定，对于租赁物的经营使用应当取得行政许可的，出租人未取得行政许可不影响融资租赁合同的效力。**

---

① 参见黄薇主编：《中华人民共和国民法典合同编解读》，中国法制出版社 2020 年版，第 858—859 页。

**第七百三十九条　【融资租赁标的物的交付】**出租人根据承租人对出卖人、租赁物的选择订立的买卖合同，出卖人应当按照约定向承租人交付标的物，承租人享有与受领标的物有关的买受人的权利。

**第七百四十条　【承租人的拒绝受领权】**出卖人违反向承租人交付标的物的义务，有下列情形之一的，承租人可以拒绝受领出卖人向其交付的标的物：

（一）标的物严重不符合约定；

（二）未按照约定交付标的物，经承租人或者出租人催告后在合理期限内仍未交付。

承租人拒绝受领标的物的，应当及时通知出租人。

### 关联参见

《最高人民法院关于审理融资租赁合同纠纷案件适用法律问题的解释》第3条

**第七百四十一条　【承租人的索赔权】**出租人、出卖人、承租人可以约定，出卖人不履行买卖合同义务的，由承租人行使索赔的权利。承租人行使索赔权利的，出租人应当协助。

**第七百四十二条　【承租人行使索赔权的租金支付义务】**承租人对出卖人行使索赔权利，不影响其履行支付租金的义务。但是，承租人依赖出租人的技能确定租赁物或者出租人干预选择租赁物的，承租人可以请求减免相应租金。

**第七百四十三条　【承租人索赔不能的违约责任承担】**出租人有下列情形之一，致使承租人对出卖人行使索赔权利失败的，承租人有权请求出租人承担相应的责任：

（一）明知租赁物有质量瑕疵而不告知承租人；

（二）承租人行使索赔权利时，未及时提供必要协助。

出租人怠于行使只能由其对出卖人行使的索赔权利，造成承租人损失的，承租人有权请求出租人承担赔偿责任。

**第七百四十四条　【出租人不得擅自变更买卖合同内容】** 出租人根据承租人对出卖人、租赁物的选择订立的买卖合同，未经承租人同意，出租人不得变更与承租人有关的合同内容。

### 关联参见

《最高人民法院关于审理融资租赁合同纠纷案件适用法律问题的解释》第4条

**第七百四十五条　【租赁物的登记对抗效力】** 出租人对租赁物享有的所有权，未经登记，不得对抗善意第三人。

**第七百四十六条　【租金的确定规则】** 融资租赁合同的租金，除当事人另有约定外，应当根据购买租赁物的大部分或者全部成本以及出租人的合理利润确定。

**第七百四十七条　【租赁物瑕疵担保责任】** 租赁物不符合约定或者不符合使用目的的，出租人不承担责任。但是，承租人依赖出租人的技能确定租赁物或者出租人干预选择租赁物的除外。

### 条文解读

本条规定了出租人不承担租赁物瑕疵担保责任的原则及其例外。融资租赁合同不同于一般租赁合同的特点之一即是出租人不承担租赁物的瑕疵担保责任，但不是说在融资租赁合同中不发生瑕疵担保责任，而是由出卖人直接对承租人承担了租赁物的瑕疵担保责任。因为在融资租赁合同中，出租人仅是向承租人提供资金，完全按照承租人的要求和指示去购买租赁物，租赁物的购买并不是依靠出租人的技能和判断，而是由承租人指定和选择，大多数情况下都是由承租人与出卖人商定后才指定出租人与出卖人签订买卖合同的，而且出租人也不对租赁物进行实际的占有、使用和收益，因此，法律规定租赁物不符合约定或者不符合使用目的的，出租人不承担责任。但出租人不承担租赁物的瑕疵担保责任不是绝对的，在有些情况下，出租人的瑕疵担保责任不能被免除，即使当事人之间有特别约定也是无效的。这些例外情况是：

（1）承租人依赖出租人的技能确定租赁物的。在这种情形下，承租人只是向出租人表明欲租赁物件的大体意向，因为信赖出租人的技能和判断能力，就委托出租人自行决定所选择的租赁物的种类、规格、型号、出卖人等。如果租赁物是在这种情况下由出租人购买的，则不能免除出租人对该租赁物的瑕疵担保责任。租赁物不符合约定或者不符合使用目的的，出租人须承担责任，而非出卖人承担。

（2）出租人干预选择租赁物的。在一般情形下，出租人免除承担租赁物瑕疵担保责任的原因在于租赁物和出卖人是由承租人自己选择决定的，租赁物的购买没有出租人的技能和判断的因素在内。但是，如果承租人在选择租赁物和出卖人时，出租人进行了干预的，此时租赁物的选择已不完全是由承租人自己决定选择的，因此，出租人不得免除瑕疵担保责任。

### 关联参见

《最高人民法院关于审理融资租赁合同纠纷案件适用法律问题的解释》第8条

**第七百四十八条　【出租人保证承租人占有和使用租赁物】** 出租人应当保证承租人对租赁物的占有和使用。

出租人有下列情形之一的，承租人有权请求其赔偿损失：

（一）无正当理由收回租赁物；

（二）无正当理由妨碍、干扰承租人对租赁物的占有和使用；

（三）因出租人的原因致使第三人对租赁物主张权利；

（四）不当影响承租人对租赁物占有和使用的其他情形。

**关联参见**

《最高人民法院关于审理融资租赁合同纠纷案件适用法律问题的解释》第6条

**第七百四十九条　【租赁物致人损害的责任承担】** 承租人占有租赁物期间，租赁物造成第三人人身损害或者财产损失的，出租人不承担责任。

**第七百五十条　【租赁物的保管、使用、维修】** 承租人应当妥善保管、使用租赁物。

承租人应当履行占有租赁物期间的维修义务。

**第七百五十一条　【承租人占有租赁物毁损、灭失的租金承担】** 承租人占有租赁物期间，租赁物毁损、灭失的，出租人有权请求承租人继续支付租金，但是法律另有规定或者当事人另有约定的除外。

**第七百五十二条　【承租人支付租金的义务】** 承租人应当按照约定支付租金。承租人经催告后在合理期限内仍不支付租金的，出租人可以请求支付全部租金；也可以解除合同，收回租赁物。

**关联参见**

《最高人民法院关于审理融资租赁合同纠纷案件适用法律问题的解释》第9—10条；《民法典担保制度解释》第65条

**第七百五十三条　【承租人擅自处分租赁物时出租人的解除权】** 承租人未经出租人同意，将租赁物转让、抵押、质押、投资入股或者以其他方式处分的，出租人可以解除融资租赁合同。

**第七百五十四条 【出租人或承租人均可解除融资租赁合同情形】** 有下列情形之一的，出租人或者承租人可以解除融资租赁合同：

（一）出租人与出卖人订立的买卖合同解除、被确认无效或者被撤销，且未能重新订立买卖合同；

（二）租赁物因不可归责于当事人的原因毁损、灭失，且不能修复或者确定替代物；

（三）因出卖人的原因致使融资租赁合同的目的不能实现。

## 实务应用

### 071. 司法实践中，还有哪些情形，人民法院会支持出租人解除融资租赁合同的诉请？

有下列情形之一，出租人请求解除融资租赁合同的，人民法院应予支持：（1）承租人未按照合同约定的期限和数额支付租金，符合合同约定的解除条件，经出租人催告后在合理期限内仍不支付的；（2）合同对于欠付租金解除合同的情形没有明确约定，但承租人欠付租金达到两期以上，或者数额达到全部租金15%以上，经出租人催告后在合理期限内仍不支付的；（3）承租人违反合同约定，致使合同目的不能实现的其他情形。

## 关联参见

《最高人民法院关于审理融资租赁合同纠纷案件适用法律问题的解释》第5—7条、第11条

**第七百五十五条 【承租人承担出租人损失赔偿责任情形】** 融资租赁合同因买卖合同解除、被确认无效或者被撤销而解除，出卖人、租赁物系由承租人选择的，出租人有权请求承租人赔偿相应损失；但是，因出租人原因致使买卖合同解除、被确认无效或者被撤销的除外。

出租人的损失已经在买卖合同解除、被确认无效或者被撤销时获得赔偿的，承租人不再承担相应的赔偿责任。

**第七百五十六条　【租赁物意外毁损灭失】** 融资租赁合同因租赁物交付承租人后意外毁损、灭失等不可归责于当事人的原因解除的，出租人可以请求承租人按照租赁物折旧情况给予补偿。

**第七百五十七条　【租赁期满租赁物的归属】** 出租人和承租人可以约定租赁期限届满租赁物的归属；对租赁物的归属没有约定或者约定不明确，依据本法第五百一十条的规定仍不能确定的，租赁物的所有权归出租人。

**第七百五十八条　【承租人请求部分返还租赁物价值】** 当事人约定租赁期限届满租赁物归承租人所有，承租人已经支付大部分租金，但是无力支付剩余租金，出租人因此解除合同收回租赁物，收回的租赁物的价值超过承租人欠付的租金以及其他费用的，承租人可以请求相应返还。

当事人约定租赁期限届满租赁物归出租人所有，因租赁物毁损、灭失或者附合、混合于他物致使承租人不能返还的，出租人有权请求承租人给予合理补偿。

**第七百五十九条　【支付象征性价款时的租赁物归属】** 当事人约定租赁期限届满，承租人仅需向出租人支付象征性价款的，视为约定的租金义务履行完毕后租赁物的所有权归承租人。

## 条文解读

**象征性价款** ➔ 在传统租赁中，承租人的一项主要义务就是于租赁期限届满时，将租赁物返还出租人。而在融资租赁中，鉴于租赁物对于出租人和承租人的意义不同，合同双方通常会约定租赁期限届满租赁物的归属。合同双方未约定的，承租人一般可以有三种选择权：留购、续租或退租。其中留购即指租期届满，承租人支付给出租人象征性价款，于租赁义务履行完毕后取得租赁物的所有权。在上述三种租赁物的处理方式中，出租人更愿意选择留购这一处理方式，以此达到收回其投入以及盈利的目的，大多数融资租赁交易均把承租人留购租赁物作为交易的必要条件。这种租赁期限届满，承租人仅需向出租人支付象征性价款的约定，实际上使得在租赁物归属约定不明的情形下，在依照《民法典》第757条规定判断顺序之前，承租人即可通过支付象征性价款的方式于租金义务履行完毕后取得租赁物的所有权。

**第七百六十条　【融资租赁合同无效时租赁物的归属】**融资租赁合同无效，当事人就该情形下租赁物的归属有约定的，按照其约定；没有约定或者约定不明确的，租赁物应当返还出租人。但是，因承租人原因致使合同无效，出租人不请求返还或者返还后会显著降低租赁物效用的，租赁物的所有权归承租人，由承租人给予出租人合理补偿。

### 实务应用

### 072. 承租人与出租人对租赁物的价值有争议的，法院一般会如何确定租赁物价值？

诉讼期间承租人与出租人对租赁物的价值有争议的，人民法院可以按照融资租赁合同的约定确定租赁物价值；融资租赁合同未约定或者约定不明的，可以参照融资租赁合同约定的租赁物折旧以及合同到期后租赁物的残值确定租赁物价值。承租人或者出租人认为依前述规定确定的价值严重偏离租赁物实际价值的，可以请求人民法院委托有资质的机构评估或者拍卖确定。

## 第十六章　保理合同

**第七百六十一条　【保理合同的概念】**保理合同是应收账款债权人将现有的或者将有的应收账款转让给保理人，保理人提供资金融通、应收账款管理或者催收、应收账款债务人付款担保等服务的合同。

## 条文解读

**保理** ➲ 保理目前在我国区分为银行业保理和商业保理，这涉及设立主体、行业准入和监管要求上的差异，但在交易结构上并无不同，所涉及的保理合同是相同的。

保理法律关系，涉及保理商与债权人、保理商与债务人之间不同的法律关系，债权人与债务人之间的基础交易合同是成立保理的前提，而债权人与保理商之间的应收账款债权转让则是保理关系的核心。这与单纯的借款合同有显著区别，故不应将保理合同简单视为借款合同。实践中确实有部分保理商与交易相对人虚构基础合同，以保理之名行借贷之实。对此，应查明事实，从是否存在基础合同、保理商是否明知虚构基础合同、双方当事人之间实际的权利义务关系等方面审查和确定合同性质。如果确实是名为保理、实为借贷的，仍可以按照借款合同确定当事人之间的权利义务。

**应收账款** ➲ 应收账款，是指权利人因提供一定的货物、服务或设施而获得的要求债务人付款的权利以及依法享有的其他付款请求权，包括现有的和未来的金钱债权，但不包括因票据或其他有价证券而产生的付款请求权，以及法律、行政法规禁止转让的付款请求权。应收账款主要包括下列权利：（1）销售、出租产生的债权，包括销售货物，供应水、电、气、暖，知识产权的许可使用，出租动产或不动产等；（2）提供医疗、教育、旅游等服务或劳务产生的债权；（3）能源、交通运输、水利、环境保护、市政工程等基础设施和公用事业项目收益权；（4）提供贷款或其他信用活动产生的债权；（5）其他以合同为基础的具有金钱给付内容的债权。这些应收账款的转让可以是单独转让，也可以是批量集合转让，取决于当事人之间的约定。应收账款的转让，应当适用《民法典》关于债权转让的一般规则。

## 实务应用

### 073. 如何理解"将有的应收账款"?

在理论中，将有的应收债权包括两类：一类是已经存在基础法律关系的将有应收账款，如基于附生效条件或生效期限的合同、继续性合同所产生的将有应收账款，债权人自身的给付行为尚未完成但一旦完成即可产生的债权等；另一类是没有基础法律关系的纯粹的将有应收账款，如尚未订立合同的买卖、租赁等所产生的债权，即"纯粹的未来债权"。《民法典》第440条第6项规定，现有的以及将有的应收账款都可以被出质。基于同样的考量，《民法典》第761条也承认将有应收账款的保理。依据《民法典》第467条，没有明文规定的合同，可以参照适用最相类似合同的规定，故该规定可扩展适用于所有的债权转让，即将有的债权也可被转让。当然，转让的将有债权应当可以被特定化，此种特定化并非在债权转让合同或者保理合同签订时已经被特定化，而是在将有债权实际产生时能够被识别为被之前订立的债权转让合同或者保理合同所涉及。但需要注意的是，如果自然人转让其全部的将来债权，如自然人转让其全部将来劳动报酬债权，可能产生剥夺债权人生计收入或生存来源的危险，对此可以认为，自然人因转让全部将来债权导致实质上丧失经济自由的，该转让行为因违背公序良俗，依据《民法典》第153条第2款，应属无效。①

---

① 参见黄薇主编：《中华人民共和国民法典合同编解读》，中国法制出版社2020年版，第903—905页。

## 案例指引

### 089. 基础交易合同最终未履行、将有的应收账款未实际产生的情况下，如何认定保理合同性质及责任承担？[①]

2013年6月1日，某飞公司签发了《应收账款转让通知书》，通知工贸分公司，某飞公司将自2013年6月1日至2014年12月31日其对工贸分公司发货产生的应收账款全部转让给建行洛阳分行，工贸分公司加盖了印章。建行洛阳分行收到《应收账款转让通知书》后，于2013年6月17日与某飞公司签订了《有追索权国内保理合同》，约定为公开型有追索权保理，建行洛阳分行为某飞公司核定的保理预付款最高额度为2000万元，额度期限自2013年6月17日至2014年6月8日。合同签订后，某飞公司向建行洛阳分行提交了签订日期分别为2013年6月5日、2014年1月5日《工业品买卖合同》以及增值税发票、发货通知单和承运协议、应收账款转让确认书和应收账款转让确认清单。上述证据显示某飞公司先后向工贸分公司供货13816000元、14784000元。建行洛阳分行核对后，分别于2013年12月11日、2014年2月8日向某飞公司支付保理预付款965万元、1000万元。截至2016年2月23日，某飞公司尚有保理预付款本金1965万元未清偿。经法院委托鉴定，鉴定结论是：2013年6月1日之后至2014年12月31日某飞公司未再向工贸分公司发送陶粒砂货物及未产生新的应付账款。

河南省洛阳市中级人民法院于2020年8月31日作出（2018）豫03民初450号民事判决：一、某飞公司于判决生效后10日内向建行洛阳分行偿还保理预付款本金1965万元及利息（利息按照《有追索权国内保理合同》约定自2014年1月21日起计算至实际还款日止）；二、任

---

① 参见《中国建设银行股份有限公司洛阳分行与咸阳川庆某源工程技术有限公司、咸阳川庆某源工程技术有限公司工贸分公司及新安县某飞陶粒有限公司等保理合同纠纷案》，载河南省高级人民法院网 http：//www.hncourt.gov.cn/public/detail.php？id=190330，最后访问日期：2023年4月11日。

某某对判决第一项确定的某飞公司承担的债务承担连带清偿责任，其清偿后，有权向某飞公司追偿；三、沈某某对判决第一项确定的某飞公司承担的债务在其与任某某夫妻共同财产范围内承担连带清偿责任，其清偿后，有权向某飞公司追偿；四、驳回建行洛阳分行其他诉讼请求。

建行洛阳分行不服一审判决，提出上诉。河南省高级人民法院于2021年4月6日作出（2021）豫民终18号民事判决：驳回上诉，维持原判。

《民法典》第761条规定，保理合同是应收账款债权人将现有的或者将有的应收账款转让给保理人，保理人提供资金融通、应收账款管理或者催收、应收账款债务人付款担保等服务的合同。保理是以应收账款转让为核心的交易。该应收账款既可以是现有的应收账款，也可以是未来的应收账款。本案中，在建行洛阳分行与某飞公司签订保理合同时，各方当事人之间仅是对某飞公司将其与工贸分公司就未来的买卖合同关系形成的债权，转让给建行洛阳分行达成了合意，某飞公司对工贸分公司发货产生的应收账款尚未实际发生，属于将来应收账款的转让。某飞公司转让的是即将发生的债权，债权是否实际形成以及债权的数额具有不确定性。保理商基于将来应收账款的转让向债务人主张清偿债务的前提应当是该应收账款已经发生并能够确定。如果该将来应收账款后来实际并未产生，则保理商无法向债务人主张清偿债务。建行洛阳分行要求工贸分公司清偿债务的请求能否支持，需要审查在《应收账款转让通知书》约定的期间内某飞公司与工贸分公司之间是否实际发生交易并形成将有应收账款。根据鉴定意见及全案证据，能够认定2013年6月1日至2014年12月31日某飞公司未向工贸分公司供应陶粒砂，该期间未产生应收账款，故，建行洛阳分行要求工贸分公司对保理预付款承担清偿责任缺乏事实及法律依据。

本案例涉及将有的应收账款转让的保理合同纠纷。保理业务是以应收账款转让为核心的综合性金融服务，作为应收账款融资的主要手段，有利于盘活企业存量资产，在促进解决中小微企业融资难问题方面发挥着重要作用。根据《民法典》第761条的规定，应收账款包括“现有的或者将有的应收账款”。本案是基于买卖合同产生的保理合同纠纷，应收账款债权人与债务人之间长期存在供货关系，债权人将未来一段时间可能形成的货款债权转让给了保理银行，从银行取得保理预付款，双方之间构成保理合同关系。但因应收账款债权人并未继续履行基础合同义务（即买卖合同中的供货义务），将有的应收账款后来并未实际产生，保理银行向债务人主张清偿债务的，不应予以支持。本案的裁判彰显了人民法院依法支持企业通过新类型担保方式拓宽融资渠道，助力缓解中小微企业融资难问题的司法导向，对于规范和促进保理业健康发展也具有积极的引导意义。

## 090. 当事人是否可以在同一份保理合同中约定一项或多项保理服务？①

某工程公司与某保理公司签订《保理融资协议》，约定某工程公司将其对某房地产公司《购销合同》项下应收账款406979.53元转让给某保理公司，协议除约定保理融资金额、保理期间、利息以及基础合同债务人按期回款、未按期回款情形下双方的权利义务外，还约定“如基础合同项下债务人因非商业纠纷原因而不付款，则保理商将于账款到期日45天内履行承保义务，向某工程公司担保付款”。后双方向某房地产公司发出《应收账款转让通知书》，保理公司依约发放融资款365000元。然截至应收账款到期后45日，债务人未支付基础合同项下款项，某工程公司起诉保理公司支付保付款31029.53元及利息损失。

天津市滨海新区人民法院认为，某工程公司与某保理公司订立《保理融资协议》，将其对案外人某房地产公司的应收账款转让给某保理公司，某保理公司向某工程公司提供资金融通、债务人付款担保服务，符合保理合同的法律构成要件，保理合同合法有效。按照合同约定，某保

① 参见《天津高院发布金融审判典型案例》（2022年10月27日发布），某工程公司与某保理公司保理合同纠纷案，载天津法院网 https：//tjfy. tjcourt. gov. cn/article/detail/2022/10/id/6979582. shtml，最后访问日期：2023年4月12日。

理公司应在应收账款到期45日内担保付款，向某工程公司支付基础合同项下货款406979.53元。该笔款项扣减某工程公司欠付的保理融资本金365000元及利息10950元后，某保理公司还应实际支付某工程公司保付款31029.53元及利息损失，遂判决支持了某工程公司的诉请。

依据《民法典》第761条对保理合同的定义，保理人在受让应收账款后应向应收账款债权人提供资金融通、应收账款管理或者催收、应收账款债务人付款担保等服务。实践中，当事人可在同一份保理合同中约定一项或多项保理服务。本案的典型之处在于，《保理融资协议》约定的保理服务既包括提供应收账款融资，还包括应收账款债务人的付款担保服务。保理人未在应收账款到期后约定的期限内向应收账款债权人支付货款、履行付款担保责任的，应承担违约责任，责任范围为应支付的货款与融资款本息的差额及相应的逾期利息。

## 关联参见

《民法典担保制度解释》

**第七百六十二条　【保理合同的内容与形式】** 保理合同的内容一般包括业务类型、服务范围、服务期限、基础交易合同情况、应收账款信息、保理融资款或者服务报酬及其支付方式等条款。

保理合同应当采用书面形式。

## 条文解读

**保理业务** ➔ 保理业务是以债权人转让其应收账款为前提，集应收账款催收、管理、坏账担保及融资于一体的综合性金融服务。债权人将其应收账款转让给商业银行，由商业银行向其提供下列服务中至少一项的，即为保理业务：

（1）应收账款催收：商业银行根据应收账款账期，主动或应债权人要求，采取电话、函件、上门等方式或运用法律手段等对债务人进行催收。

（2）应收账款管理：商业银行根据债权人的要求，定期或不定期向其提供关于应收账款的回收情况、逾期账款情况、对账单等财务和统计报表，协助其进行应收账款管理。

（3）坏账担保：商业银行与债权人签订保理协议后，为债务人核定信用额度，并在核准额度内，对债权人无商业纠纷的应收账款，提供约定的付款担保。

（4）保理融资：以应收账款合法、有效转让为前提的银行融资服务。

以应收账款为质押的贷款，不属于保理业务范围。

**国内保理和国际保理** ➲ 按照基础交易的性质和债权人、债务人所在地，分为国际保理和国内保理。国内保理是债权人和债务人均在境内的保理业务。国际保理是债权人和债务人中至少有一方在境外（包括保税区、自贸区、境内关外等）的保理业务。

**有追索权保理和无追索权保理** ➲ 按照商业银行在债务人破产、无理拖欠或无法偿付应收账款时，是否可以向债权人反转让应收账款、要求债权人回购应收账款或归还融资，分为有追索权保理和无追索权保理。

有追索权保理是指在应收账款到期无法从债务人处收回时，商业银行可以向债权人反转让应收账款、要求债权人回购应收账款或归还融资。有追索权保理又称回购型保理。

无追索权保理是指应收账款在无商业纠纷等情况下无法得到清偿的，由商业银行承担应收账款的坏账风险。无追索权保理又称买断型保理。

**单保理和双保理** ➲ 按照参与保理服务的保理机构个数，分为单保理和双保理。

单保理是由一家保理机构单独为买卖双方提供保理服务。双保理是由两家保理机构分别向买卖双方提供保理服务。

买卖双方保理机构为同一银行不同分支机构的，原则上可视作双保理。商业银行应当在相关业务管理办法中同时明确作为买方保理机构和卖方保理机构的职责。有保险公司承保买方信用风险的银保合作，视同双保理。

**第七百六十三条　【虚构应收账款】**应收账款债权人与债务人虚构应收账款作为转让标的，与保理人订立保理合同的，应收账款债务人不得以应收账款不存在为由对抗保理人，但是保理人明知虚构的除外。

**第七百六十四条　【保理人发出转让通知的表明身份义务】**保理人向应收账款债务人发出应收账款转让通知的，应当表明保理人身份并附有必要凭证。

**第七百六十五条　【无正当理由变更、终止基础交易合同对保理人的效力】**应收账款债务人接到应收账款转让通知后，应收账款债权人与债务人无正当理由协商变更或者终止基础交易合同，对保理人产生不利影响的，对保理人不发生效力。

**第七百六十六条　【有追索权保理】**当事人约定有追索权保理的，保理人可以向应收账款债权人主张返还保理融资款本息或者回购应收账款债权，也可以向应收账款债务人主张应收账款债权。保理人向应收账款债务人主张应收账款债权，在扣除保理融资款本息和相关费用后有剩余的，剩余部分应当返还给应收账款债权人。

**第七百六十七条　【无追索权保理】**当事人约定无追索权保理的，保理人应当向应收账款债务人主张应收账款债权，保理人取得超过保理融资款本息和相关费用的部分，无需向应收账款债权人返还。

**第七百六十八条　【多重保理的清偿顺序】**应收账款债权人就同一应收账款订立多个保理合同，致使多个保理人主张权利的，已经登记的先于未登记的取得应收账款；均已经登记的，按照登记时间的先后顺序取得应收账款；均未登记的，由最先到达应收账款债务人的转让通知中载明的保理人取得应收账款；既未登记也未通知的，按照保理融资款或者服务报酬的比例取得应收账款。

## 实务应用

### 074. 保理中应收账款债权重复转让的，如何确定债权实现顺序？

《民法典》第768条首先采取了登记在先的方式确定多个保理人之间的优先顺位，即应收账款债权人就同一应收账款订立多个保理合同，致使多个保理人主张权利的，已经登记的先于未登记的取得应收账款；均已经登记的，按照登记时间的先后顺序取得应收账款。

对于保理人都未进行债权转让登记的情形，考虑到通知在先虽然较之登记在先社会成本要高，但较之合同成立时间成本仍然要低，因此，此时采取通知在先的顺位确定方式，最先到达债务人的转让通知中载明的受让人顺位在先。

对于保理人既未登记也未通知债务人的情形，《民法典》第768条规定，既未登记也未通知的，按照保理融资款或者服务报酬的比例取得应收账款。这与《民法典》第414条第1款第3项在最后采取的按照所担保的债权比例清偿的方式一致，同时区分了担保性的保理和非担保性的其他服务性保理。在担保性的保理中，涉及保理融资款，此时按照保理融资款的比例取得应收账款；而在服务性的保理中，并不涉及保理融资款，此时按照服务报酬的比例取得应收账款。

## 关联参见

《民法典担保制度解释》第66条

**第七百六十九条　【参照适用债权转让的规定】** 本章没有规定的，适用本编第六章债权转让的有关规定。

## 第十七章　承揽合同

**第七百七十条　【承揽合同的定义及类型】** 承揽合同是承揽人按照定作人的要求完成工作，交付工作成果，定作人支付报酬的合同。

承揽包括加工、定作、修理、复制、测试、检验等工作。

**第七百七十一条　【承揽合同的主要条款】** 承揽合同的内容一般包括承揽的标的、数量、质量、报酬，承揽方式，材料的提供，履行期限，验收标准和方法等条款。

**第七百七十二条　【承揽人独立完成主要工作】** 承揽人应当以自己的设备、技术和劳力，完成主要工作，但是当事人另有约定的除外。

承揽人将其承揽的主要工作交由第三人完成的，应当就该第三人完成的工作成果向定作人负责；未经定作人同意的，定作人也可以解除合同。

### 实务应用

#### 075. 承揽人将其承揽的主要工作交由第三人完成的，如何确定法律效力？

承揽人将其承揽的主要工作交由第三人完成，必须经过定作人同意。未经定作人同意，承揽人将承揽的主要工作交由第三人完成的，定作人有权解除合同。如果当事人双方约定可以由第三人完成承揽的主要工作，承揽人可以将承揽的主要工作交由第三人完成。这种情况下，根据合同相对性的原则，承揽人应当就第三人完成的工作成果，向定作人负责。

例如，李某委托江某为其缝制旗袍 10 套，约定由李某提供材料，江某应在 10 日内交付 10 套旗袍，货到付款。第 3 天，江某发现不可能在10日内做完10套旗袍，故将其中的3套转委托给其朋友刘某代为缝制。10天期限到了，江某将10套旗袍交付给李某。李某经检验，发现其中的3套缝制手法和其他7套不一样。江某承认这3套是委托他人缝制的。在本案中，李某和江某之间成立承揽合同，未经定作人李某的同意，承揽人将主要工作交给第三人完成的，定作人李某有权就这3套旗袍解除合同。

**第七百七十三条　【承揽人对辅助性工作的责任】** 承揽人可以将其承揽的辅助工作交由第三人完成。承揽人将其承揽的辅助工作交由第三人完成的，应当就该第三人完成的工作成果向定作人负责。

**第七百七十四条　【承揽人提供材料时的主要义务】** 承揽人提供材料的，应当按照约定选用材料，并接受定作人检验。

**第七百七十五条　【定作人提供材料时双方当事人的义务】** 定作人提供材料的，应当按照约定提供材料。承揽人对定作人提供的材料应当及时检验，发现不符合约定时，应当及时通知定作人更换、补齐或者采取其他补救措施。

承揽人不得擅自更换定作人提供的材料，不得更换不需要修理的零部件。

**第七百七十六条　【定作人要求不合理时双方当事人的义务】** 承揽人发现定作人提供的图纸或者技术要求不合理的，应当及时通知定作人。因定作人怠于答复等原因造成承揽人损失的，应当赔偿损失。

**第七百七十七条　【中途变更工作要求的责任】** 定作人中途变更承揽工作的要求，造成承揽人损失的，应当赔偿损失。

**第七百七十八条　【定作人的协助义务】** 承揽工作需要定作人协助的，定作人有协助的义务。定作人不履行协助义务致使承揽工作不能完成的，承揽人可以催告定作人在合理期限内履行义务，并可以顺延履行期限；定作人逾期不履行的，承揽人可以解除合同。

**第七百七十九条　【定作人监督检验承揽工作】** 承揽人在工作期间，应当接受定作人必要的监督检验。定作人不得因监督检验妨碍承揽人的正常工作。

**第七百八十条　【工作成果交付】** 承揽人完成工作的，应当向定作人交付工作成果，并提交必要的技术资料和有关质量证明。定作人应当验收该工作成果。

**第七百八十一条　【工作成果质量不合约定的责任】** 承揽人交付的工作成果不符合质量要求的，定作人可以合理选择请求承揽人承担修理、重作、减少报酬、赔偿损失等违约责任。

## 关联参见

《产品质量法》第 40 条

**第七百八十二条　【支付报酬期限】** 定作人应当按照约定的期限支付报酬。对支付报酬的期限没有约定或者约定不明确，依据本法第五百一十条的规定仍不能确定的，定作人应当在承揽人交付工作成果时支付；工作成果部分交付的，定作人应当相应支付。

**第七百八十三条　【承揽人的留置权及同时履行抗辩权】** 定作人未向承揽人支付报酬或者材料费等价款的，承揽人对完成的工作成果享有留置权或者有权拒绝交付，但是当事人另有约定的除外。

## 条文解读

**承揽人的留置权** ➲ 承揽人的留置权，是指承揽人依法享有的在定作人不按照合同约定履行支付报酬或材料费等价款的义务时，留置工作成果并以工作成果折价、拍卖或者变卖的价款优先受偿的权利。定作人享有留置权应当具备以下两个条件：(1) 定作人无正当理由，未向承揽人支付报酬或者材料费等价款。(2) 承揽人按照承揽合同的约定占有工作成果。《民法典》第 453 条规定，留置权人与债务人应当约定留置财产后的债务履行期限；没有约定或者约定不明确的，留置权人应当给债务人 60 日以上履行债务的期限，但是鲜活易腐等不易保管的动产除外。债务人逾期未履行的，留置权人可以与债务人协议以留置财产折价，也可以就拍卖、变卖留置财产所得的价款优先受偿。留置财产折价或者变卖的，应当参照市场价格。根据《民法典》第 449 条的规定，法律规定或者当事人约定不得留置的动产，不得留置。

例如，田某委托兰某为其修理汽车，并对汽车进行保养，约定 2 天后取车。2 天后，田某来到兰某处，向其支付了保养费和汽车修理配件费。但兰某认为田某还应当支付其人工费，田某拒绝。在本案中，田某和兰某之间成立承揽合同，由于田某没有支付兰某人工费，兰某有权对汽车行使留置权，直到田某支付完毕所有的费用。

**第七百八十四条　【承揽人保管义务】**承揽人应当妥善保管定作人提供的材料以及完成的工作成果，因保管不善造成毁损、灭失的，应当承担赔偿责任。

**第七百八十五条　【承揽人的保密义务】**承揽人应当按照定作人的要求保守秘密，未经定作人许可，不得留存复制品或者技术资料。

**第七百八十六条　【共同承揽】**共同承揽人对定作人承担连带责任，但是当事人另有约定的除外。

**第七百八十七条　【定作人的任意解除权】**定作人在承揽人完成工作前可以随时解除合同，造成承揽人损失的，应当赔偿损失。

## 案例指引

### 091. 消费者与影楼签订摄影合同后是否可以行使任意解除权?[①]

李某、景某为两名在校大学生，看到某影楼发布 19.9 元古装写真广告，遂去店拍摄。后两人对照片、相册、化妆、服装等项目多次消费升级，与某影楼先后签订了五份协议，合计金额达 2.6 万余元，李某、景某通过向亲友借款和开通网贷支付了部分款项后，当天向该影楼提出变更套餐内容，减少合同金额，遭拒。后两人向某区消保委投诉未果，遂诉至法院，要求解除五份协议，并退还已经支付的全部款项 2 万余元，尚未支付的 5900 元不再支付。

法院认为，某影楼按照李某、景某特定拍摄、化妆、选片、选相册等要求而与其签订多份合同，影楼以自己的设备、技术和劳力，根据李某、景某的指示进行相应工作，交付约定的工作成果，李某、景某向影楼支付约定的报酬。故双方为承揽合同关系，李某、景某作为定作人享有任意解除权。但是，任意解除权的行使应有三大限制条件：解除应有效通知到承揽人；解除通知应在承揽人完成承揽工作之前到达承揽人；如因解除行为给承揽人造成损失的，定作人应当赔偿损失。合同解除后，定作人按合同约定预先支付报酬的，承揽人在扣除已完成部分的报酬后，应当将剩余价款返还定作人。故法院判决五份协议中尚未履行的协议全部解除，未全部履行的协议部分解除，已履行完毕的协议不能解除，被告退还两原告合同款项 1.86 万元。

当前，越来越多的消费者选择摄影、美容、美发、健身、婚庆、教育培训等可以满足精神需求的消费方式。本案中，两名女大学生从商家 19.9 元的低价引流活动一路消费升级至 2.6 万余元。因无力支付，被商家引导现场开通网贷等消费贷款，后因合同协商解除不成引发纠纷。本

---

① 参见《最高法发布消费者权益保护典型案例》(2022 年 3 月 15 日发布)，李某、景某诉某影楼承揽合同纠纷案，载最高人民法院网 https：//www.court.gov.cn/zixun-xiangqing-350961.html，最后访问日期：2023 年 4 月 12 日。

案通过对系争合同解除争议作出正确判决，最大限度地维护了消费者合法权益，同时充分发挥个案的指引、评价、教育功能，将司法裁判与倡导树立正确的消费观以及通过司法建议促进商家规范经营相结合，引导广大消费者理性消费，广大商家诚信经营。

## 第十八章　建设工程合同

**第七百八十八条　【建设工程合同的定义】**建设工程合同是承包人进行工程建设，发包人支付价款的合同。

建设工程合同包括工程勘察、设计、施工合同。

**第七百八十九条　【建设工程合同形式】**建设工程合同应当采用书面形式。

### 关联参见

《建筑法》第15条

**第七百九十条　【工程招标投标】**建设工程的招标投标活动，应当依照有关法律的规定公开、公平、公正进行。

### 实务应用

#### 076. 招标人和中标人签订的合同与中标合同不一致的，如何处理？

招标人和中标人另行签订的建设工程施工合同约定的工程范围、建设工期、工程质量、工程价款等实质性内容，与中标合同不一致，一方当事人请求按照中标合同确定权利义务的，人民法院应予支持。

招标人和中标人在中标合同之外就明显高于市场价格购买承建房产、无偿建设住房配套设施、让利、向建设单位捐赠财物等另行签订合同，变相降低工程价款，一方当事人以该合同背离中标合同实质性内容为由请求确认无效的，人民法院应予支持。

**关联参见**

《建筑法》第 16 条；《招标投标法》第 5 条；《招标投标法实施条例》第 2 条；《建设工程施工合同解释（一）》第 2 条

**第七百九十一条 【总包与分包】**发包人可以与总承包人订立建设工程合同，也可以分别与勘察人、设计人、施工人订立勘察、设计、施工承包合同。发包人不得将应当由一个承包人完成的建设工程支解成若干部分发包给数个承包人。

总承包人或者勘察、设计、施工承包人经发包人同意，可以将自己承包的部分工作交由第三人完成。第三人就其完成的工作成果与总承包人或者勘察、设计、施工承包人向发包人承担连带责任。承包人不得将其承包的全部建设工程转包给第三人或者将其承包的全部建设工程支解以后以分包的名义分别转包给第三人。

禁止承包人将工程分包给不具备相应资质条件的单位。禁止分包单位将其承包的工程再分包。建设工程主体结构的施工必须由承包人自行完成。

**关联参见**

《建筑法》第 24 条、第 28 条、第 29 条；《建设工程质量管理条例》第 7 条、第 18 条、第 78 条；《建设工程施工合同解释（一）》第 5 条

**第七百九十二条 【国家重大建设工程合同的订立】**国家重大建设工程合同，应当按照国家规定的程序和国家批准的投资计划、可行性研究报告等文件订立。

**第七百九十三条 【建设工程施工合同无效的处理】**建设工程施工合同无效，但是建设工程经验收合格的，可以参照合同关于工程价款的约定折价补偿承包人。

建设工程施工合同无效，且建设工程经验收不合格的，按照以下情形处理：

（一）修复后的建设工程经验收合格的，发包人可以请求承包人承担修复费用；

（二）修复后的建设工程经验收不合格的，承包人无权请求参照合同关于工程价款的约定折价补偿。

发包人对因建设工程不合格造成的损失有过错的，应当承担相应的责任。

## 条文解读

**建设工程合同的无效** ➲ 建设工程施工合同具有下列情形之一的，应当依据《民法典》第153条第1款的规定，认定无效：（1）承包人未取得建筑业企业资质或者超越资质等级的；（2）没有资质的实际施工人借用有资质的建筑施工企业名义的；（3）建设工程必须进行招标而未招标或者中标无效的。承包人因转包、违法分包建设工程与他人签订的建设工程施工合同，应当依据《民法典》第153条第1款及第791第2款、第3款的规定，认定无效。

建设工程施工合同无效，一方当事人请求对方赔偿损失的，应当就对方过错、损失大小、过错与损失之间的因果关系承担举证责任。损失大小无法确定，一方当事人请求参照合同约定的质量标准、建设工期、工程价款支付时间等内容确定损失大小的，人民法院可以结合双方过错程度、过错与损失之间的因果关系等因素作出裁判。

## 实务应用

### 077. 发包人未取得建设工程规划许可证等规划审批手续的，当事人是否可以请求确认建设工程施工合同无效？

当事人以发包人未取得建设工程规划许可证等规划审批手续为由，请求确认建设工程施工合同无效的，人民法院应予支持，但发包人在起诉前取得建设工程规划许可证等规划审批手续的除外。发包人能够办理审批手续而未办理，并以未办理审批手续为由请求确认建设工程施工合同无效的，人民法院不予支持。

承包人超越资质等级许可的业务范围签订建设工程施工合同，在建设工程竣工前取得相应资质等级，当事人请求按照无效合同处理的，人民法院不予支持。

**第七百九十四条　【勘察、设计合同主要内容】**勘察、设计合同的内容一般包括提交有关基础资料和概预算等文件的期限、质量要求、费用以及其他协作条件等条款。

**第七百九十五条　【施工合同主要内容】**施工合同的内容一般包括工程范围、建设工期、中间交工工程的开工和竣工时间、工程质量、工程造价、技术资料交付时间、材料和设备供应责任、拨款和结算、竣工验收、质量保修范围和质量保证期、相互协作等条款。

## 条文解读

**开工日期** 当事人对建设工程开工日期有争议的，人民法院应当分别按照以下情形予以认定：(1) 开工日期为发包人或者监理人发出的开工通知载明的开工日期；开工通知发出后，尚不具备开工条件的，以开工条件具备的时间为开工日期；因承包人原因导致开工时间推迟的，以开工通知载明的时间为开工日期。(2) 承包人经发包人同意已经实际进场施工的，以实际进场施工时间为开工日期。(3) 发包人或者监理人未发出开工通知，亦无相关证据证明实际开工日期的，应当综合考虑开工报告、合同、施工许可证、竣工验收报告或者竣工验收备案表等载明的时间，并结合是否具备开工条件的事实，认定开工日期。

实务应用

### 078. 当事人对建设工程实际竣工日期有争议的，法院一般会如何认定？

当事人对建设工程实际竣工日期有争议的，人民法院应当分别按照以下情形予以认定：（1）建设工程经竣工验收合格的，以竣工验收合格之日为竣工日期；（2）承包人已经提交竣工验收报告，发包人拖延验收的，以承包人提交验收报告之日为竣工日期；（3）建设工程未经竣工验收，发包人擅自使用的，以转移占有建设工程之日为竣工日期。

关联参见

《建设工程施工合同解释（一）》第8—10条

**第七百九十六条 【建设工程监理】** 建设工程实行监理的，发包人应当与监理人采用书面形式订立委托监理合同。发包人与监理人的权利和义务以及法律责任，应当依照本编委托合同以及其他有关法律、行政法规的规定。

关联参见

《建筑法》第30—35条；《建设工程质量管理条例》第12条、第34—38条

**第七百九十七条 【发包人检查权】** 发包人在不妨碍承包人正常作业的情况下，可以随时对作业进度、质量进行检查。

**第七百九十八条 【隐蔽工程】** 隐蔽工程在隐蔽以前，承包人应当通知发包人检查。发包人没有及时检查的，承包人可以顺延工程日期，并有权请求赔偿停工、窝工等损失。

**第七百九十九条　【竣工验收】**建设工程竣工后，发包人应当根据施工图纸及说明书、国家颁发的施工验收规范和质量检验标准及时进行验收。验收合格的，发包人应当按照约定支付价款，并接收该建设工程。

建设工程竣工经验收合格后，方可交付使用；未经验收或者验收不合格的，不得交付使用。

**关联参见**

《建筑法》第 60 条、第 61 条；《建设工程质量管理条例》第 16 条、第 17 条、第 49 条；《城镇燃气管理条例》第 11 条；《建设工程施工合同解释（一）》第 11 条、第 14 条

**第八百条　【勘察、设计人质量责任】**勘察、设计的质量不符合要求或者未按照期限提交勘察、设计文件拖延工期，造成发包人损失的，勘察人、设计人应当继续完善勘察、设计，减收或者免收勘察、设计费并赔偿损失。

**关联参见**

《建筑法》第 52—56 条；《建设工程质量管理条例》第 18—24 条

**第八百零一条　【施工人的质量责任】**因施工人的原因致使建设工程质量不符合约定的，发包人有权请求施工人在合理期限内无偿修理或者返工、改建。经过修理或者返工、改建后，造成逾期交付的，施工人应当承担违约责任。

**关联参见**

《建筑法》第 58—60 条；《建设工程质量管理条例》第 25—33 条

**第八百零二条　【质量保证责任】**因承包人的原因致使建设工程在合理使用期限内造成人身损害和财产损失的，承包人应当承担赔偿责任。

## 实务应用

### 079. 在哪些情形下，承包人请求发包人返还工程质量保证金的，人民法院会予以支持？

有下列情形之一，承包人请求发包人返还工程质量保证金的，人民法院应予支持：（1）当事人约定的工程质量保证金返还期限届满；（2）当事人未约定工程质量保证金返还期限的，自建设工程通过竣工验收之日起满2年；（3）因发包人原因建设工程未按约定期限进行竣工验收的，自承包人提交工程竣工验收报告90日后当事人约定的工程质量保证金返还期限届满；当事人未约定工程质量保证金返还期限的，自承包人提交工程竣工验收报告90日后起满2年。发包人返还工程质量保证金后，不影响承包人根据合同约定或者法律规定履行工程保修义务。

## 关联参见

《建筑法》第60—63条；《建设工程质量管理条例》第39—42条；《建设工程施工合同解释（一）》第15条

**第八百零三条　【发包人违约责任】**发包人未按照约定的时间和要求提供原材料、设备、场地、资金、技术资料的，承包人可以顺延工程日期，并有权请求赔偿停工、窝工等损失。

## 条文解读

**顺延工程日期** ➲ 当事人约定顺延工期应当经发包人或者监理人签证等方式确认，承包人虽未取得工期顺延的确认，但能够证明在合同约定的期限内向发包人或者监理人申请过工期顺延且顺延事由符合合同约定，承包人以此为由主张工期顺延的，人民法院应予支持。当事人约定承包人未在约定期限内提出工期顺延申请视为工期不顺延的，按照约定处理，但发包人在约定期限后同意工期顺延或者承包人提出合理抗辩的除外。

建设工程竣工前，当事人对工程质量发生争议，工程质量经鉴定合格的，鉴定期间为顺延工期期间。

**第八百零四条　【发包人原因致工程停建、缓建的责任】**因发包人的原因致使工程中途停建、缓建的，发包人应当采取措施弥补或者减少损失，赔偿承包人因此造成的停工、窝工、倒运、机械设备调迁、材料和构件积压等损失和实际费用。

**第八百零五条　【发包人原因致勘察、设计返工、停工或修改设计的责任】**因发包人变更计划，提供的资料不准确，或者未按照期限提供必需的勘察、设计工作条件而造成勘察、设计的返工、停工或者修改设计，发包人应当按照勘察人、设计人实际消耗的工作量增付费用。

**第八百零六条　【建设工程合同的法定解除】**承包人将建设工程转包、违法分包的，发包人可以解除合同。

发包人提供的主要建筑材料、建筑构配件和设备不符合强制性标准或者不履行协助义务，致使承包人无法施工，经催告后在合理期限内仍未履行相应义务的，承包人可以解除合同。

合同解除后，已经完成的建设工程质量合格的，发包人应当按照约定支付相应的工程价款；已经完成的建设工程质量不合格的，参照本法第七百九十三条的规定处理。

**第八百零七条　【工程价款的支付】**发包人未按照约定支付价款的，承包人可以催告发包人在合理期限内支付价款。发包人逾期不支付的，除根据建设工程的性质不宜折价、拍卖外，承包人可以与发包人协议将该工程折价，也可以请求人民法院将该工程依法拍卖。建设工程的价款就该工程折价或者拍卖的价款优先受偿。

## 条文解读

**建设工程价款优先受偿权** ➜ 承包人根据本条规定享有的建设工程价款优先受偿权优于抵押权和其他债权。

装饰装修工程具备折价或者拍卖条件，装饰装修工程的承包人请求工程价款就该装饰装修工程折价或者拍卖的价款优先受偿的，人民法院应予支持。

建设工程质量合格，承包人请求其承建工程的价款就工程折价或者拍卖的价款优先受偿的，人民法院应予支持。

未竣工的建设工程质量合格，承包人请求其承建工程的价款就其承建工程部分折价或者拍卖的价款优先受偿的，人民法院应予支持。

承包人建设工程价款优先受偿的范围依照国务院有关行政主管部门关于建设工程价款范围的规定确定。承包人就逾期支付建设工程价款的利息、违约金、损害赔偿金等主张优先受偿的，人民法院不予支持。

承包人应当在合理期限内行使建设工程价款优先受偿权，但最长不得超过 18 个月，自发包人应当给付建设工程价款之日起算。

发包人与承包人约定放弃或者限制建设工程价款优先受偿权，损害建筑工人利益，发包人根据该约定主张承包人不享有建设工程价款优先受偿权的，人民法院不予支持。

## 关联参见

《建设工程施工合同解释（一）》第 36—42 条

**第八百零八条　【参照适用承揽合同的规定】**本章没有规定的，适用承揽合同的有关规定。

## 第十九章 运输合同

### 第一节 一般规定

**第八百零九条 【运输合同的定义】** 运输合同是承运人将旅客或者货物从起运地点运输到约定地点，旅客、托运人或者收货人支付票款或者运输费用的合同。

**关联参见**

《民用航空法》第 107 条、第 108 条；《铁路法》第 11 条；《海商法》第 41 条

**第八百一十条 【公共运输承运人的强制缔约义务】** 从事公共运输的承运人不得拒绝旅客、托运人通常、合理的运输要求。

**第八百一十一条 【承运人安全运输义务】** 承运人应当在约定期限或者合理期限内将旅客、货物安全运输到约定地点。

**第八百一十二条 【承运人合理运输义务】** 承运人应当按照约定的或者通常的运输路线将旅客、货物运输到约定地点。

**第八百一十三条 【支付票款或运输费用】** 旅客、托运人或者收货人应当支付票款或者运输费用。承运人未按照约定路线或者通常路线运输增加票款或者运输费用的，旅客、托运人或者收货人可以拒绝支付增加部分的票款或者运输费用。

### 第二节 客运合同

**第八百一十四条 【客运合同的成立】** 客运合同自承运人向旅客出具客票时成立，但是当事人另有约定或者另有交易习惯的除外。

### 关联参见

《民用航空法》第109—111条；《海商法》第110条、第111条

**第八百一十五条　【按有效客票记载内容乘坐义务】**旅客应当按照有效客票记载的时间、班次和座位号乘坐。旅客无票乘坐、超程乘坐、越级乘坐或者持不符合减价条件的优惠客票乘坐的，应当补交票款，承运人可以按照规定加收票款；旅客不支付票款的，承运人可以拒绝运输。

实名制客运合同的旅客丢失客票的，可以请求承运人挂失补办，承运人不得再次收取票款和其他不合理费用。

### 实务应用

#### 080. 对于旅客无票乘坐、超程乘坐、越级乘坐或者持不符合减价条件的优惠客票乘坐的行为，应当如何处理？

《铁路法》第14条规定，旅客乘车应当持有效车票。对无票乘车或者持失效车票乘车的，应当补收票款，并按照规定加收票款；拒不交付的，铁路运输企业可以责令下车。《海商法》第112条规定，旅客无票乘船、越级乘船或者超程乘船，应当按照规定补足票款，承运人可以按照规定加收票款；拒不交付的，船长有权在适当地点令其离船，承运人有权向其追偿。参考这些立法例和实际情况，《民法典》第815条第1款规定，承运人对旅客这种行为的处理可以分为两个层次。首先，旅客无票乘坐、超程乘坐、越级乘坐或者持不符合减价条件的优惠客票乘坐的，应当向承运人补交票款，承运人可以按规定加收票款。补足票款是乘客的义务，所以《民法典》第815条用了“应当”，至于是否按规定向乘客加收票款，则由承运人自己酌情处理，所以用了“可以”二字。其次，旅客不支付票款的，承运人可以拒绝运输。这里的拒绝运输是指承运人有权在适当的地点令其离开运输工具。当然在旅客拒不支付票

款，承运人在适当地点令其离开运输工具后，承运人仍有权向旅客追偿。

**关联参见**

《民用航空法》第109条、第112条、第128条；《海商法》第112条

**第八百一十六条　【退票与变更】**旅客因自己的原因不能按照客票记载的时间乘坐的，应当在约定的期限内办理退票或者变更手续；逾期办理的，承运人可以不退票款，并不再承担运输义务。

**第八百一十七条　【按约定携带行李义务】**旅客随身携带行李应当符合约定的限量和品类要求；超过限量或者违反品类要求携带行李的，应当办理托运手续。

**第八百一十八条　【危险物品或者违禁物品的携带禁止】**旅客不得随身携带或者在行李中夹带易燃、易爆、有毒、有腐蚀性、有放射性以及可能危及运输工具上人身和财产安全的危险物品或者违禁物品。

旅客违反前款规定的，承运人可以将危险物品或者违禁物品卸下、销毁或者送交有关部门。旅客坚持携带或者夹带危险物品或者违禁物品的，承运人应当拒绝运输。

**关联参见**

《海商法》第113条；《民用航空安全保卫条例》第26—33条

**第八百一十九条　【承运人告知义务和旅客协助配合义务】**承运人应当严格履行安全运输义务，及时告知旅客安全运输应当注意的事项。旅客对承运人为安全运输所作的合理安排应当积极协助和配合。

**第八百二十条　【承运人迟延运输或者有其他不能正常运输情形】** 承运人应当按照有效客票记载的时间、班次和座位号运输旅客。承运人迟延运输或者有其他不能正常运输情形的，应当及时告知和提醒旅客，采取必要的安置措施，并根据旅客的要求安排改乘其他班次或者退票；由此造成旅客损失的，承运人应当承担赔偿责任，但是不可归责于承运人的除外。

**第八百二十一条　【承运人变更服务标准的后果】** 承运人擅自降低服务标准的，应当根据旅客的请求退票或者减收票款；提高服务标准的，不得加收票款。

**第八百二十二条　【承运人尽力救助义务】** 承运人在运输过程中，应当尽力救助患有急病、分娩、遇险的旅客。

## 案例指引

### 092. 如何认定旅客运输合同中承运人负有救助义务？①

二原告徐某某与朱某某系夫妻关系，原告之子徐某一于2020年1月23日搭乘被告运营的鲁E某牌号出租车回家，但被告未将酒后的徐某一送抵目的地徐楼村，途中徐某一出现呕吐等不适症状，被告司机在徐某一酒后身体不适的情况下，未予送至目的地或协助联系家人或送往医院救治而让其下车后离开，导致徐某一因酒精中毒休克死亡的结果，被告对此存在严重过失，应承担相应的法律责任。

被告广饶某汽车出租有限公司辩称：对原告请求赔偿款项不予认可。徐某一的死亡原因不是坐车导致的，酒后和乘车不相冲突。徐某一酒后乘坐鲁E某牌号车，坐车行驶一段时间因去路边呕吐下车，呕吐回来对司机说“师傅，到这，30块太贵了，能不能打打折”，司机说“行，到这比到

① 参见赵文倩：《徐某某、朱某某诉广饶某汽车出租有限公司公路旅客运输合同纠纷案》，载山东法院网 http：//www.sdcourt.gov.cn/nwglpt/resource/cms/article/3980673/8063626/2021122816193828771.pdf，最后访问日期：2023年3月1日。

徐楼村近，支付15元就行了”。对此，乘客是认可的，并发送到手机上，徐某一说回家以后支付，司机就掉头离开了。徐某一的死亡原因与广饶某汽车出租有限公司没有任何关系，请求驳回原告的诉讼请求。

广饶县人民法院经审理查明：徐某某与朱某某系死者徐某一的父母。2020年1月23日晚6时许，马某、徐某一等人相约在广饶县锦湖家园小区南北商业街路西的某饭店用餐。其间，徐某一饮用了啤酒，后称去厕所离开了用餐房间未回。晚8时32分，徐某一通过某打车软件约到广饶某汽车出租有限公司鲁E某牌号出租车，司机为张某，订单显示乘客是从锦湖某饭店到稻庄某幼儿园。徐某一在锦湖小区上车后，张某驾车沿国安路南行至傅家路后左转沿傅家路向东行驶，晚8时39分38秒，车行至东方威尼斯北门东南170米处时，徐某一说难受想吐让张某停下车其到路南边小树林吐酒，2分钟后，徐某一来到车边，张某见徐某一酒后呕吐很厉害，从车上拿纸巾给徐某一用，徐某一跟张某说不坐车了让张某先走。因未到达打车订单目的地，张某与徐某一讲好打车费15元并将订单发给徐某一后驾车离开。当晚马某等人回家后得知徐某一未回家，便返回用餐地寻找徐某一，晚11时37分左右，在东方威尼斯小区东北处树林里找到徐某一，当时徐某一仰面躺在地上一动不动，即拨打了120急救电话并报了警。120急救人员到现场后告知寻找的人徐某一已无生命体征。广饶县人民医院出具的居民死亡医学证明书载明，徐某一于2020年1月23日因过敏性休克，酒精中毒死亡于东方威尼斯北门。

本案中，徐某一通过某打车软件约到广饶某汽车出租有限公司的出租车后乘车到稻庄某幼儿园，徐某一与广饶某汽车出租有限公司之间形成客运合同关系，本案系公路旅客运输合同纠纷。承运人在运输过程中，应当尽力救助患有急病、分娩、遇险的旅客。人饮酒超过一定的限度，即会达到危险状态，这是普通人所应当掌握的基本知识。根据广饶某汽车出租有限公司司机张某在公安机关所作的笔录，徐某一在乘车到达东方威尼斯北门东面时，因酒后难受要求张某停车到路南边树林里呕吐，张某见其难受厉害给其纸巾擦拭等情节，可以确认徐某一已经喝了一定量的酒，并达到危险状态。广饶某汽车出租有限公司在履行客运合同过程中，对处于危险状态的徐某一负有法定救助义务。广饶某汽车出租有限公司在明知徐某一酒后难受呕吐的情况下，未将徐某一安全送达目的地，亦未联系徐某一亲属友人并给予妥善照料，而是中途同意徐某一下车，使处于危险状态的徐某一处于无人照管之中，未尽到合理注意救助义务。徐某一的死因系过敏性休克、酒精中毒所致，其自身身体因素是主要因素，对其死亡后果应承担主要责任。广饶某汽车出租有限公司未尽到合理注意及安全救助义务，对徐某一的死亡后果应负一定的责任。综合本案案情，法院酌情确定广饶某汽车出租有限公司对徐某一的死亡后果承担10%的赔偿责任。本案系客运合同纠纷，对原告要求被告赔偿精神损害抚慰金的主张，法院不予支持。

**第八百二十三条　【旅客伤亡的赔偿责任】** 承运人应当对运输过程中旅客的伤亡承担赔偿责任；但是，伤亡是旅客自身健康原因造成的或者承运人证明伤亡是旅客故意、重大过失造成的除外。

前款规定适用于按照规定免票、持优待票或者经承运人许可搭乘的无票旅客。

**关联参见**

《民用航空法》第124条、第127—136条；《铁路法》第58条；《海商法》第114条、第115条、第117条、第118条、第120—126条

**第八百二十四条　【对行李的赔偿责任】** 在运输过程中旅客随身携带物品毁损、灭失，承运人有过错的，应当承担赔偿责任。

旅客托运的行李毁损、灭失的，适用货物运输的有关规定。

## 关联参见

《民用航空法》第125—136条；《铁路法》第16—18条；《海商法》第114—126条

## 第三节 货运合同

**第八百二十五条 【托运人如实申报情况义务】** 托运人办理货物运输，应当向承运人准确表明收货人的姓名、名称或者凭指示的收货人，货物的名称、性质、重量、数量，收货地点等有关货物运输的必要情况。

因托运人申报不实或者遗漏重要情况，造成承运人损失的，托运人应当承担赔偿责任。

## 案例指引

### 093. 为节省保价费，托运方虚报货值，将高价货物低保价。运输途中货物毁损，货损责任该如何认定？①

某医疗器械公司将一批价值50万元的呼吸机交由某物流公司运输，声明货值2000元。物流公司将这批货物转包给他人实际运输，运输过程中，司机因操作不当发生交通事故，导致整批货物被烧毁。医疗公司向物流公司索赔50万元被拒。

物流公司认为，医疗公司托运时声称货物价值2000元，因此只收取了600余元运费，现却被要求承担50万元货物的赔偿风险，有悖公平原则，应当按照保价金额赔偿2000元。医疗公司认为，物流公司擅自将承运业务转包，存在重大过失，不适用保价限赔条款，应当按照实际价值全额赔偿，遂将物流公司诉至法院，要求按照货物实际价值50

① 参见《上海法院弘扬社会主义核心价值观典型案例》（2023年1月5日发布），商家不诚信保价案，载https：//www. hshfy. sh. cn/shfy/web/xxnr. jsp？pa=aaWQ9MTAyMDI4MzEyNiZ4aD0xJmxtZG09bG0xNzEPdcssz，最后访问日期：2023年4月12日。

万元进行赔偿。一审法院判决，物流公司承担60%的赔偿责任，医疗公司自担40%的责任，物流公司向医疗公司赔偿损失30万元，双方均不服，上诉至上海市第二中级人民法院。

上海市第二中级人民法院经审理认为，本案存在两大争议焦点，争议焦点一为保价条款是否应当适用，根据法律规定，承运人存在故意或重大过失造成货物损毁的，保价条款无适用余地，因物流公司擅自转包，扩大了货物受损的风险，且实际承运人的驾驶员未安全驾驶，是造成事故的根本原因，负事故全部责任，因此物流公司构成重大过失，保价条款不适用于本案，物流公司应当按照案涉货物的实际价值赔偿。争议焦点二为医疗公司是否存在过错，医疗公司未如实声明涉案货物的价值，存在明显过错，对2000元和50万元的货物，物流公司的收费必然不同，所采取的承运方式以及需要尽到的注意义务也不同，未如实申报货物价值，可能会误导物流公司的判断，进而造成实际承运中货物受损，故医疗公司理应承担不诚信申报的法律后果。

综上，本案损害结果发生的直接原因是物流公司擅自转包，但医疗公司的不诚信保价行为也有责任，因此，双方对损害结果的发生都存在过错，物流公司承担主要责任，医疗公司承担次要责任，故法院二审判决驳回上诉，维持原判。

## 关联参见

《民用航空法》第117条；《铁路法》第18条、第19条、第23条；《海商法》第66条、第68条

**第八百二十六条 【托运人办理审批、检验等手续义务】** 货物运输需要办理审批、检验等手续的，托运人应当将办理完有关手续的文件提交承运人。

**关联参见**

《民用航空法》第123条

**第八百二十七条　【托运人的包装义务】**托运人应当按照约定的方式包装货物。对包装方式没有约定或者约定不明确的，适用本法第六百一十九条的规定。

托运人违反前款规定的，承运人可以拒绝运输。

**关联参见**

《铁路法》第20条

**第八百二十八条　【托运人运送危险货物时的义务】**托运人托运易燃、易爆、有毒、有腐蚀性、有放射性等危险物品的，应当按照国家有关危险物品运输的规定对危险物品妥善包装，做出危险物品标志和标签，并将有关危险物品的名称、性质和防范措施的书面材料提交承运人。

托运人违反前款规定的，承运人可以拒绝运输，也可以采取相应措施以避免损失的发生，因此产生的费用由托运人负担。

**关联参见**

《海商法》第68条

**第八百二十九条　【托运人变更或解除的权利】**在承运人将货物交付收货人之前，托运人可以要求承运人中止运输、返还货物、变更到达地或者将货物交给其他收货人，但是应当赔偿承运人因此受到的损失。

## 094. 变更海上货物运输合同难以实现或者将严重影响承运人正常营运的，承运人是否可以拒绝托运人改港或者退运的请求？[①]

### 浙江隆达不锈钢有限公司诉 A. P. 穆勒-马士基有限公司海上货物运输合同纠纷案

（最高人民法院审判委员会讨论通过　2019 年 2 月 25 日发布）

**关键词**　民事/海上货物运输合同/合同变更/改港/退运/抗辩权

**裁判要点**

在海上货物运输合同中，依据合同法第三百零八条[②]的规定，承运人将货物交付收货人之前，托运人享有要求变更运输合同的权利，但双方当事人仍要遵循合同法第五条[③]规定的公平原则确定各方的权利和义务。托运人行使此项权利时，承运人也可相应行使一定的抗辩权。如果变更海上货物运输合同难以实现或者将严重影响承运人正常营运，承运人可以拒绝托运人改港或者退运的请求，但应当及时通知托运人不能变更的原因。

**相关法条**

《中华人民共和国合同法》第 308 条

《中华人民共和国海商法》第 86 条

**基本案情**

2014 年 6 月，浙江隆达不锈钢有限公司（以下简称隆达公司）由中国宁波港出口一批不锈钢无缝产品至斯里兰卡科伦坡港，货物报关价值为 366918.97 美元。隆达公司通过货代向 A. P. 穆勒-马士基有限公司（以下简称马士基公司）订舱，涉案货物于同年 6 月 28 日装载于 4 个集装箱内装船出运，出运时隆达公司要求做电放处理。2014 年 7 月 9 日，隆达

---

① 最高人民法院指导案例 108 号。

② 现为《民法典》第 829 条，下同。

③ 现为《民法典》第 6 条，下同。

公司通过货代向马士基公司发邮件称，发现货物运错目的地要求改港或者退运。马士基公司于同日回复，因货物距抵达目的港不足2天，无法安排改港，如需退运则需与目的港确认后回复。次日，隆达公司的货代询问货物退运是否可以原船带回，马士基公司于当日回复“原船退回不具有操作性，货物在目的港卸货后，需要由现在的收货人在目的港清关后，再向当地海关申请退运。海关批准后，才可以安排退运事宜”。2014年7月10日，隆达公司又提出“这个货要安排退运，就是因为清关清不了，所以才退回宁波的，有其他办法吗”。此后，马士基公司再未回复邮件。

涉案货物于2014年7月12日左右到达目的港。马士基公司应隆达公司的要求于2015年1月29日向其签发了编号603386880的全套正本提单。根据提单记载，托运人为隆达公司，收货人及通知方均为VENUSSTEELPVTLTD，起运港中国宁波，卸货港科伦坡。2015年5月19日，隆达公司向马士基公司发邮件表示已按马士基公司要求申请退运。马士基公司随后告知隆达公司涉案货物已被拍卖。

**裁判结果**

宁波海事法院于2016年3月4日作出（2015）甬海法商初字第534号民事判决，认为隆达公司因未采取自行提货等有效措施导致涉案货物被海关拍卖，相应货损风险应由该公司承担，故驳回隆达公司的诉讼请求。一审判决后，隆达公司提出上诉。浙江省高级人民法院于2016年9月29日作出（2016）浙民终222号民事判决：撤销一审判决；马士基公司于判决送达之日起十日内赔偿隆达公司货物损失183459.49美元及利息。二审法院认为依据合同法第三百零八条，隆达公司在马士基公司交付货物前享有请求改港或退运的权利。在隆达公司提出退运要求后，马士基公司既未明确拒绝安排退运，也未通知隆达公司自行处理，对涉案货损应承担相应的赔偿责任，酌定责任比例为50%。马士基公司不服二审判决，向最高人民法院申请再审。最高人民法院于2017年12月29日作出（2017）最高法民再412号民事判决：撤销二审判决；维持一审判决。

**裁判理由**

最高人民法院认为，合同法与海商法有关调整海上运输关系、船舶关系的规定属于普通法与特别法的关系。根据海商法第八十九条的规定，船舶在装货港开航前，托运人可以要求解除合同。本案中，隆达公司在涉案货物海上运输途中请求承运人进行退运或者改港，因海商法未就航程中托运人要求变更运输合同的权利进行规定，故本案可适用合同法第三百零八条关于托运人要求变更运输合同权利的规定。基于特别法优先适用于普通法的法律适用基本原则，合同法第三百零八条规定的是一般运输合同，该条规定在适用于海上货物运输合同的情况下，应该受到海商法基本价值取向及强制性规定的限制。托运人依据合同法第三百零八条主张变更运输合同的权利不得致使海上货物运输合同中各方当事人利益显失公平，也不得使承运人违反对其他托运人承担的安排合理航线等义务，或剥夺承运人关于履行海上货物运输合同变更事项的相应抗辩权。

合同法总则规定的基本原则是合同法立法的准则，是适用于合同法全部领域的准则，也是合同法具体制度及规范的依据。依据合同法第三百零八条的规定，在承运人将货物交付收货人之前，托运人享有要求变更运输合同的权利，但双方当事人仍要遵循合同法第五条规定的公平原则确定各方的权利和义务。海上货物运输具有运输量大、航程预先拟定、航线相对固定等特殊性，托运人要求改港或者退运的请求有时不仅不易操作，还会妨碍承运人的正常营运或者给其他货物的托运人或收货人带来较大损害。在此情况下，如果要求承运人无条件服从托运人变更运输合同的请求，显失公平。因此，在海上货物运输合同下，托运人并非可以无限制地行使请求变更的权利，承运人也并非在任何情况下都应无条件服从托运人请求变更的指示。为合理平衡海上货物运输合同中各方当事人利益之平衡，在托运人行使要求变更权利的同时，承运人也相应地享有一定的抗辩权利。如果变更运输合同难以实现或者将严重影响承运人正常营运，承运人可以拒绝托运人改港或者退运的要求，但应当及时通知托运人不能执行的原因。如果承运人关于不能执行原因等抗辩成立，承运人未按照托运人退运或改港的指示执行则并无不当。

涉案货物采用的是国际班轮运输，载货船舶除运载隆达公司托运的4个集装箱外，还运载了其他货主托运的众多货物。涉案货物于2014年6月28日装船出运，于2014年7月12日左右到达目的港。隆达公司于2014年7月9日才要求马士基公司退运或者改港。马士基公司在航程已过大半，距离到达目的港只有两三天的时间，以航程等原因无法安排改港、原船退回不具有操作性为抗辩事由，符合案件事实情况，该抗辩事由成立，马士基公司未安排退运或者改港并无不当。

马士基公司将涉案货物运至目的港后，因无人提货，将货物卸载至目的港码头符合海商法第八十六条的规定。马士基公司于2014年7月9日通过邮件回复隆达公司距抵达目的港不足2日。隆达公司已了解货物到港的大体时间并明知涉案货物在目的港无人提货，但在长达8个月的时间里未采取措施处理涉案货物致其被海关拍卖。隆达公司虽主张马士基公司未尽到谨慎管货义务，但并未举证证明马士基公司存在管货不当的事实。隆达公司的该项主张缺乏依据。依据海商法第八十六条的规定，马士基公司卸货后所产生的费用和风险应由收货人承担，马士基公司作为承运人无须承担相应的风险。

**第八百三十条　【提货】** 货物运输到达后，承运人知道收货人的，应当及时通知收货人，收货人应当及时提货。收货人逾期提货的，应当向承运人支付保管费等费用。

**关联参见**

《铁路法》第21条；《海商法》第50条

**第八百三十一条　【收货人对货物的检验】** 收货人提货时应当按照约定的期限检验货物。对检验货物的期限没有约定或者约定不明确，依据本法第五百一十条的规定仍不能确定的，应当在合理期限内检验货物。收货人在约定的期限或者合理期限内对货物的数量、毁损等未提出异议的，视为承运人已经按照运输单证的记载交付的初步证据。

**第八百三十二条　【承运人对货损的赔偿责任】**承运人对运输过程中货物的毁损、灭失承担赔偿责任。但是，承运人证明货物的毁损、灭失是因不可抗力、货物本身的自然性质或者合理损耗以及托运人、收货人的过错造成的，不承担赔偿责任。

## 条文解读

**承运人免责的情形**➲承运人就货物损害赔偿责任实行严格责任原则，即只要货物在运输过程中发生了的毁损、灭失损害，不论承运人是否有过错，承运人都要负责赔偿。但承运人若能够证明货物毁损、灭失是由以下原因造成的，承运人不承担损害赔偿责任：（1）不可抗力，如在运输过程中遭遇了风暴、洪水、大雪等不能预见、不能避免、不能克服的事件。不可抗力的范围可由当事人在订立货运合同时进行约定。（2）货物本身的自然性质或者合理损耗。例如，鲜货因长时间运输而重量减少。（3）托运人的过错造成的。例如，托运人没有尽到对于易燃、易爆等危险性物品的合理包装责任而导致货物中途毁损、灭失的。（4）收货人的过错造成的。例如，收货人应当在接到承运人的提货通知后及时提取货物而未能及时提取，造成货物非因承运人保管不善的原因毁损、灭失的。这些是承运人对货物毁损、灭失的免责事由，出现了上述事由，即使货物是在运输过程中毁损、灭失的，承运人都无须承担损害赔偿责任。

## 关联参见

《民用航空法》第125—136条；《铁路法》第16—18条

**第八百三十三条　【确定货损额的方法】** 货物的毁损、灭失的赔偿额，当事人有约定的，按照其约定；没有约定或者约定不明确，依据本法第五百一十条的规定仍不能确定的，按照交付或者应当交付时货物到达地的市场价格计算。法律、行政法规对赔偿额的计算方法和赔偿限额另有规定的，依照其规定。

**第八百三十四条　【相继运输的责任承担】** 两个以上承运人以同一运输方式联运的，与托运人订立合同的承运人应当对全程运输承担责任；损失发生在某一运输区段的，与托运人订立合同的承运人和该区段的承运人承担连带责任。

**第八百三十五条　【货物因不可抗力灭失的运费处理】** 货物在运输过程中因不可抗力灭失，未收取运费的，承运人不得请求支付运费；已经收取运费的，托运人可以请求返还。法律另有规定的，依照其规定。

**第八百三十六条　【承运人留置权】** 托运人或者收货人不支付运费、保管费或者其他费用的，承运人对相应的运输货物享有留置权，但是当事人另有约定的除外。

**关联参见**

《海商法》第 87 条、第 88 条

**第八百三十七条　【货物的提存】** 收货人不明或者收货人无正当理由拒绝受领货物的，承运人依法可以提存货物。

### 第四节　多式联运合同

**第八百三十八条　【多式联运经营人的权利义务】** 多式联运经营人负责履行或者组织履行多式联运合同，对全程运输享有承运人的权利，承担承运人的义务。

## 条文解读

**多式联运合同** 多式联运合同，是指多式联运经营人以两种以上的不同运输方式，负责将货物从接收地运至目的地交付收货人，并收取全程运费的合同。可见以两种以上的不同运输方式进行运输是多式联运合同区别于传统运输合同的最大特征。

在多式联运合同中，多式联运经营人处于一个比较特殊的位置。本条所指的多式联运经营人，是指本人或者委托他人以本人名义与托运人订立多式联运合同的人。他是事主，而不是托运人的代理人或者代表人，也不是参加多式联运的各承运人的代理人或者代表人。从本条的规定可知，多式联运经营人要根据多式联运合同履行运输义务或者组织承运人履行运输义务。多式联运经营人可分为两种类型：第一种是多式联运经营人自己拥有运输工具，并且直接参加了运输合同的履行。第二种是多式联运经营人自己不拥有运输工具或者不经营运输工具，也不直接从事运输活动，而是在签订多式联运合同后，通过双边合同与各运输方式承运人单独签订各区段运输合同，组织其他承运人进行运输。但是不管多式联运经营人属于哪一种情形，根据本条的规定，多式联运经营人都要对与之签订合同的托运人或者收货人承担全程运输的义务，同时根据本章的规定，多式联运经营人要承担全程运输所发生的责任和风险。当然他也享有作为全程运输承运人的权利，例如有向托运人或者收货人要求运输费用的权利等。

**第八百三十九条　【多式联运经营人的责任承担】** 多式联运经营人可以与参加多式联运的各区段承运人就多式联运合同的各区段运输约定相互之间的责任；但是，该约定不影响多式联运经营人对全程运输承担的义务。

**关联参见**

《海商法》第104条

**第八百四十条　【多式联运单据】**多式联运经营人收到托运人交付的货物时，应当签发多式联运单据。按照托运人的要求，多式联运单据可以是可转让单据，也可以是不可转让单据。

**第八百四十一条　【托运人的过错赔偿责任】**因托运人托运货物时的过错造成多式联运经营人损失的，即使托运人已经转让多式联运单据，托运人仍然应当承担赔偿责任。

**第八百四十二条　【赔偿责任的法律适用】**货物的毁损、灭失发生于多式联运的某一运输区段的，多式联运经营人的赔偿责任和责任限额，适用调整该区段运输方式的有关法律规定；货物毁损、灭失发生的运输区段不能确定的，依照本章规定承担赔偿责任。

**关联参见**

《铁路法》第29条；《海商法》第104—106条

## 第二十章　技术合同

### 第一节　一般规定

**第八百四十三条　【技术合同的定义】**技术合同是当事人就技术开发、转让、许可、咨询或者服务订立的确立相互之间权利和义务的合同。

## 实务应用

### 081. 技术合同纠纷案件一般由哪个法院管辖？

技术合同纠纷案件一般由中级以上人民法院管辖。各高级人民法院根据本辖区的实际情况并报经最高人民法院批准，可以指定若干基层人民法院管辖第一审技术合同纠纷案件。合同中既有技术合同内容，又有其他合同内容，当事人就技术合同内容和其他合同内容均发生争议的，由具有技术合同纠纷案件管辖权的人民法院受理。其他法律文件对技术合同纠纷案件的管辖另有规定的，从其规定。

### 082. 第三人向受理技术合同纠纷案件的人民法院就合同标的技术提出权属或者侵权请求的，人民法院如何确定管辖？

第三人向受理技术合同纠纷案件的人民法院就合同标的技术提出权属或者侵权请求时，受诉人民法院对此也有管辖权的，可以将权属或者侵权纠纷与合同纠纷合并审理；受诉人民法院对此没有管辖权的，应当告知其向有管辖权的人民法院另行起诉或者将已经受理的权属或者侵权纠纷案件移送有管辖权的人民法院。权属或者侵权纠纷另案受理后，合同纠纷应当中止诉讼。

专利实施许可合同诉讼中，被许可人或者第三人向国家知识产权局请求宣告专利权无效的，人民法院可以不中止诉讼。在案件审理过程中专利权被宣告无效的，按照《专利法》第47条第2款和第3款的规定处理。

**第八百四十四条　【订立技术合同的原则】** 订立技术合同，应当有利于知识产权的保护和科学技术的进步，促进科学技术成果的研发、转化、应用和推广。

## 关联参见

《最高人民法院关于审理技术合同纠纷案件适用法律若干问题的解释》（以下简称《技术合同纠纷解释》）第1条

**第八百四十五条　【技术合同的主要条款】**技术合同的内容一般包括项目的名称，标的的内容、范围和要求，履行的计划、地点和方式，技术信息和资料的保密，技术成果的归属和收益的分配办法，验收标准和方法，名词和术语的解释等条款。

与履行合同有关的技术背景资料、可行性论证和技术评价报告、项目任务书和计划书、技术标准、技术规范、原始设计和工艺文件，以及其他技术文档，按照当事人的约定可以作为合同的组成部分。

技术合同涉及专利的，应当注明发明创造的名称、专利申请人和专利权人、申请日期、申请号、专利号以及专利权的有效期限。

## 条文解读

**技术成果**➲技术成果，是指利用科学技术知识、信息和经验作出的涉及产品、工艺、材料及其改进等的技术方案，包括专利、专利申请、技术秘密、计算机软件、集成电路布图设计、植物新品种等。

## 实务应用

### 083. 当事人以技术成果向企业出资但未明确约定权属的，人民法院一般如何处理？

当事人以技术成果向企业出资但未明确约定权属，接受出资的企业主张该技术成果归其享有的，人民法院一般应当予以支持，但是该技术成果价值与该技术成果所占出资额比例明显不合理损害出资人利益的除外。当事人对技术成果的权属约定有比例的，视为共同所有，其权利使用和利益分配，按共有技术成果的有关规定处理，但当事人另有约定的，从其约定。当事人对技术成果的使用权约定有比例的，人民法院可以视为当事人对实施该项技术成果所获收益的分配比例，但当事人另有约定的，从其约定。

**第八百四十六条　【技术合同价款、报酬或使用费的支付方式】** 技术合同价款、报酬或者使用费的支付方式由当事人约定，可以采取一次总算、一次总付或者一次总算、分期支付，也可以采取提成支付或者提成支付附加预付入门费的方式。

约定提成支付的，可以按照产品价格、实施专利和使用技术秘密后新增的产值、利润或者产品销售额的一定比例提成，也可以按照约定的其他方式计算。提成支付的比例可以采取固定比例、逐年递增比例或者逐年递减比例。

约定提成支付的，当事人可以约定查阅有关会计账目的办法。

### 条文解读

**技术秘密** ➔ 技术秘密，是指不为公众所知悉、具有商业价值并经权利人采取相应保密措施的技术信息。

### 实务应用

**084. 技术合同的价款、报酬和使用费，当事人没有约定或者约定不明确的，人民法院一般如何处理？**

技术合同的价款、报酬和使用费，当事人没有约定或者约定不明确的，人民法院可以按照以下原则处理：（1）对于技术开发合同和技术转让合同、技术许可合同，根据有关技术成果的研究开发成本、先进性、实施转化和应用的程度，当事人享有的权益和承担的责任，以及技术成果的经济效益等合理确定；（2）对于技术咨询合同和技术服务合同，根据有关咨询服务工作的技术含量、质量和数量，以及已经产生和预期产生的经济效益等合理确定。技术合同价款、报酬、使用费中包含非技术性款项的，应当分项计算。

### 关联参见

《技术合同纠纷解释》第14条

**第八百四十七条 【职务技术成果的财产权归属】** 职务技术成果的使用权、转让权属于法人或者非法人组织的，法人或者非法人组织可以就该项职务技术成果订立技术合同。法人或者非法人组织订立技术合同转让职务技术成果时，职务技术成果的完成人享有以同等条件优先受让的权利。

职务技术成果是执行法人或者非法人组织的工作任务，或者主要是利用法人或者非法人组织的物质技术条件所完成的技术成果。

## 条文解读

**执行法人或者非法人组织的工作任务** ➲ 本条中所指的“执行法人或者非法人组织的工作任务”，包括：(1) 履行法人或者非法人组织的岗位职责或者承担其交付的其他技术开发任务；(2) 离职后1年内继续从事与其原所在法人或者非法人组织的岗位职责或者交付的任务有关的技术开发工作，但法律、行政法规另有规定的除外。法人或者非法人组织与其职工就职工在职期间或者离职以后所完成的技术成果的权益有约定的，人民法院应当依约定确认。

**物质技术条件** ➲ 本条所指的“物质技术条件”，包括资金、设备、器材、原材料、未公开的技术信息和资料等。

**主要是利用法人或者非法人组织的物质技术条件** ➲ 本条所指的“主要是利用法人或者非法人组织的物质技术条件”，包括职工在技术成果的研究开发过程中，全部或者大部分利用了法人或者非法人组织的资金、设备、器材或者原材料等物质条件，并且这些物质条件对形成该技术成果具有实质性的影响；还包括该技术成果实质性内容是在法人或者非法人组织尚未公开的技术成果、阶段性技术成果基础上完成的情形。但下列情况除外：(1) 对利用法人或者非法人组织提供的物质技术条件，约定返还资金或者交纳使用费的；(2) 在技术成果完成后利用法人或者非法人组织的物质技术条件对技术方案进行验证、测试的。

**职务技术成果的完成人** ➲ 本条所指的“职务技术成果的完成人”，

包括对技术成果单独或者共同作出创造性贡献的人，也即技术成果的发明人或者设计人。人民法院在对创造性贡献进行认定时，应当分解所涉及技术成果的实质性技术构成。提出实质性技术构成并由此实现技术方案的人，是作出创造性贡献的人。提供资金、设备、材料、试验条件，进行组织管理，协助绘制图纸、整理资料、翻译文献等人员，不属于职务技术成果的完成人、完成技术成果的个人。

## 实务应用

**085. 个人完成的技术成果，属于执行原所在法人或者非法人组织的工作任务，又主要利用了现所在法人或者非法人组织的物质技术条件的，该如何确定权益归属？**

个人完成的技术成果，属于执行原所在法人或者非法人组织的工作任务，又主要利用了现所在法人或者非法人组织的物质技术条件的，应当按照该自然人原所在和现所在法人或者非法人组织达成的协议确认权益。不能达成协议的，根据对完成该项技术成果的贡献大小由双方合理分享。

## 关联参见

《专利法》第 6 条、第 14 条、第 15 条；《技术合同纠纷解释》第 2—7 条

**第八百四十八条　【非职务技术成果的财产权归属】** 非职务技术成果的使用权、转让权属于完成技术成果的个人，完成技术成果的个人可以就该项非职务技术成果订立技术合同。

**第八百四十九条　【技术成果人身权】** 完成技术成果的个人享有在有关技术成果文件上写明自己是技术成果完成者的权利和取得荣誉证书、奖励的权利。

**第八百五十条　【技术合同的无效】** 非法垄断技术或者侵害他人技术成果的技术合同无效。

### 条文解读

**非法垄断技术** ➔ 本条所称的"非法垄断技术"主要包括：(1) 限制当事人一方在合同标的技术基础上进行新的研究开发或者限制其使用所改进的技术，或者双方交换改进技术的条件不对等，包括要求一方将其自行改进的技术无偿提供给对方、非互惠性转让给对方、无偿独占或者共享该改进技术的知识产权；(2) 限制当事人一方从其他来源获得与技术提供方类似技术或者与其竞争的技术；(3) 阻碍当事人一方根据市场需求，按照合理方式充分实施合同标的技术，包括明显不合理地限制技术接受方实施合同标的技术生产产品或者提供服务的数量、品种、价格、销售渠道和出口市场；(4) 要求技术接受方接受并非实施技术必不可少的附带条件，包括购买非必需的技术、原材料、产品、设备、服务以及接收非必需的人员等；(5) 不合理地限制技术接受方购买原材料、零部件、产品或者设备等的渠道或者来源；(6) 禁止技术接受方对合同标的技术知识产权的有效性提出异议或者对提出异议附加条件。

### 实务应用

**086. 侵害他人技术秘密的技术合同被确认无效后，取得该技术秘密的一方当事人是否可以继续使用该技术秘密？**

视具体情况判定。根据《民法典》第850条的规定，侵害他人技术秘密的技术合同被确认无效后，除法律、行政法规另有规定的以外，善意取得该技术秘密的一方当事人可以在其取得时的范围内继续使用该技术秘密，但应当向权利人支付合理的使用费并承担保密义务。当事人双方恶意串通或者一方知道或者应当知道另一方侵权仍与其订立或者履行合同的，属于共同侵权，人民法院应当判令侵权人承担连带赔偿责任和保密义务，因此取得技术秘密的当事人不得继续使用该技术秘密。

依照前述规定可以继续使用技术秘密的人与权利人就使用费支付发生纠纷的，当事人任何一方都可以请求人民法院予以处理。继续使用技术秘密但又拒不支付使用费的，人民法院可以根据权利人的请求判令使用人停止使用。人民法院在确定使用费时，可以根据权利人通常对外许可该技术秘密的使用费或者使用人取得该技术秘密所支付的使用费，并考虑该技术秘密的研究开发成本、成果转化和应用程度以及使用人的使用规模、经济效益等因素合理确定。不论使用人是否继续使用技术秘密，人民法院均应当判令其向权利人支付已使用期间的使用费。使用人已向无效合同的让与人或者许可人支付的使用费应当由让与人或者许可人负责返还。

**关联参见**

《技术合同纠纷解释》第10—13条

## 第二节　技术开发合同

**第八百五十一条　【技术开发合同的定义及种类】** 技术开发合同是当事人之间就新技术、新产品、新工艺、新品种或者新材料及其系统的研究开发所订立的合同。

技术开发合同包括委托开发合同和合作开发合同。

技术开发合同应当采用书面形式。

当事人之间就具有实用价值的科技成果实施转化订立的合同，参照适用技术开发合同的有关规定。

**条文解读**

**新技术、新产品、新工艺、新品种或者新材料及其系统** 本条所称的“新技术、新产品、新工艺、新品种或者新材料及其系统”，包括当事人在订立技术合同时尚未掌握的产品、工艺、材料及其系统等技术方案，但对技术上没有创新的现有产品的改型、工艺变更、材料配方调整以及对技术成果的验证、测试和使用除外。

本条所称的“当事人之间就具有实用价值的科技成果实施转化订立的”技术转化合同，是指当事人之间就具有实用价值但尚未实现工业化应用的科技成果包括阶段性技术成果，以实现该科技成果工业化应用为目标，约定后续试验、开发和应用等内容的合同。

### 关联参见

《技术合同纠纷解释》第17条、第18条

**第八百五十二条　【委托人的主要义务】**委托开发合同的委托人应当按照约定支付研究开发经费和报酬，提供技术资料，提出研究开发要求，完成协作事项，接受研究开发成果。

**第八百五十三条　【研究开发人的主要义务】**委托开发合同的研究开发人应当按照约定制定和实施研究开发计划，合理使用研究开发经费，按期完成研究开发工作，交付研究开发成果，提供有关的技术资料和必要的技术指导，帮助委托人掌握研究开发成果。

**第八百五十四条　【委托开发合同的当事人违约责任】**委托开发合同的当事人违反约定造成研究开发工作停滞、延误或者失败的，应当承担违约责任。

**第八百五十五条　【合作开发各方的主要义务】**合作开发合同的当事人应当按照约定进行投资，包括以技术进行投资，分工参与研究开发工作，协作配合研究开发工作。

### 条文解读

本条所称的“分工参与研究开发工作”，包括当事人按照约定的计划和分工，共同或者分别承担设计、工艺、试验、试制等工作。技术开发合同当事人一方仅提供资金、设备、材料等物质条件或者承担辅助协作事项，另一方进行研究开发工作的，属于委托开发合同。

**关联参见**

《技术合同纠纷解释》第19条

**第八百五十六条　【合作开发各方的违约责任】**合作开发合同的当事人违反约定造成研究开发工作停滞、延误或者失败的，应当承担违约责任。

**第八百五十七条　【技术开发合同的解除】**作为技术开发合同标的的技术已经由他人公开，致使技术开发合同的履行没有意义的，当事人可以解除合同。

**第八百五十八条　【技术开发合同的风险责任负担】**技术开发合同履行过程中，因出现无法克服的技术困难，致使研究开发失败或者部分失败的，该风险由当事人约定；没有约定或者约定不明确，依据本法第五百一十条的规定仍不能确定的，风险由当事人合理分担。

当事人一方发现前款规定的可能致使研究开发失败或者部分失败的情形时，应当及时通知另一方并采取适当措施减少损失；没有及时通知并采取适当措施，致使损失扩大的，应当就扩大的损失承担责任。

**第八百五十九条　【发明创造的归属和分享】**委托开发完成的发明创造，除法律另有规定或者当事人另有约定外，申请专利的权利属于研究开发人。研究开发人取得专利权的，委托人可以依法实施该专利。

研究开发人转让专利申请权的，委托人享有以同等条件优先受让的权利。

**第八百六十条　【合作开发发明创造专利申请权的归属和分享】**合作开发完成的发明创造，申请专利的权利属于合作开发的当事人共有；当事人一方转让其共有的专利申请权的，其他各方享有以同等条件优先受让的权利。但是，当事人另有约定的除外。

合作开发的当事人一方声明放弃其共有的专利申请权的，除当事人另有约定外，可以由另一方单独申请或者由其他各方共同申请。申请人取得专利权的，放弃专利申请权的一方可以免费实施该专利。

合作开发的当事人一方不同意申请专利的，另一方或者其他各方不得申请专利。

**第八百六十一条　【技术秘密成果的归属与分配】**委托开发或者合作开发完成的技术秘密成果的使用权、转让权以及收益的分配办法，由当事人约定；没有约定或者约定不明确，依据本法第五百一十条的规定仍不能确定的，在没有相同技术方案被授予专利权前，当事人均有使用和转让的权利。但是，委托开发的研究开发人不得在向委托人交付研究开发成果之前，将研究开发成果转让给第三人。

## 条文解读

本条所称的“当事人均有使用和转让的权利”，包括当事人均有不经对方同意而自己使用或者以普通使用许可的方式许可他人使用技术秘密，并独占由此所获利益的权利。当事人一方将技术秘密成果的转让权让与他人，或者以独占或者排他使用许可的方式许可他人使用技术秘密，未经对方当事人同意或者追认的，应当认定该让与或者许可行为无效。

## 关联参见

《促进科技成果转化法》第40条；《专利法》第8条；《技术合同纠纷解释》第20条、第21条

## 第三节　技术转让合同和技术许可合同

**第八百六十二条　【技术转让合同和技术许可合同的定义】** 技术转让合同是合法拥有技术的权利人，将现有特定的专利、专利申请、技术秘密的相关权利让与他人所订立的合同。

技术许可合同是合法拥有技术的权利人，将现有特定的专利、技术秘密的相关权利许可他人实施、使用所订立的合同。

技术转让合同和技术许可合同中关于提供实施技术的专用设备、原材料或者提供有关的技术咨询、技术服务的约定，属于合同的组成部分。

### 关联参见

《专利法》第10条、第12条；《技术合同纠纷解释》第22—27条

**第八百六十三条　【技术转让合同和技术许可合同的种类及合同要件】** 技术转让合同包括专利权转让、专利申请权转让、技术秘密转让等合同。

技术许可合同包括专利实施许可、技术秘密使用许可等合同。

技术转让合同和技术许可合同应当采用书面形式。

### 条文解读

**专利实施许可** ➲ 专利实施许可包括以下方式：（1）独占实施许可，是指许可人在约定许可实施专利的范围内，将该专利仅许可一个被许可人实施，许可人依约定不得实施该专利；（2）排他实施许可，是指许可人在约定许可实施专利的范围内，将该专利仅许可一个被许可人实施，但许可人依约定可以自行实施该专利；（3）普通实施许可，是指许可人在约定许可实施专利的范围内许可他人实施该专利，并且可以自行实施该专利。当事人对专利实施许可方式没有约定或者约定不明确的，

认定为普通实施许可。专利实施许可合同约定被许可人可以再许可他人实施专利的，认定该再许可为普通实施许可，但当事人另有约定的除外。

**第八百六十四条 【技术转让合同和技术许可合同的限制性条款】** 技术转让合同和技术许可合同可以约定实施专利或者使用技术秘密的范围，但是不得限制技术竞争和技术发展。

### 条文解读

本条所称的“实施专利或者使用技术秘密的范围”，包括实施专利或者使用技术秘密的期限、地域、方式以及接触技术秘密的人员等。

当事人对实施专利或者使用技术秘密的期限没有约定或者约定不明确的，受让人、被许可人实施专利或者使用技术秘密不受期限限制。

### 关联参见

《技术合同纠纷解释》第28条

**第八百六十五条 【专利实施许可合同的有效期限】** 专利实施许可合同仅在该专利权的存续期限内有效。专利权有效期限届满或者专利权被宣告无效的，专利权人不得就该专利与他人订立专利实施许可合同。

### 关联参见

《专利法》第42—44条

**第八百六十六条 【专利实施许可合同许可人的义务】** 专利实施许可合同的许可人应当按照约定许可被许可人实施专利，交付实施专利有关的技术资料，提供必要的技术指导。

**第八百六十七条　【专利实施许可合同被许可人的义务】**专利实施许可合同的被许可人应当按照约定实施专利，不得许可约定以外的第三人实施该专利，并按照约定支付使用费。

**第八百六十八条　【技术秘密让与人和许可人的义务】**技术秘密转让合同的让与人和技术秘密使用许可合同的许可人应当按照约定提供技术资料，进行技术指导，保证技术的实用性、可靠性，承担保密义务。

前款规定的保密义务，不限制许可人申请专利，但是当事人另有约定的除外。

**第八百六十九条　【技术秘密受让人和被许可人的义务】**技术秘密转让合同的受让人和技术秘密使用许可合同的被许可人应当按照约定使用技术，支付转让费、使用费，承担保密义务。

**第八百七十条　【技术转让合同让与人和技术许可合同许可人的保证义务】**技术转让合同的让与人和技术许可合同的许可人应当保证自己是所提供的技术的合法拥有者，并保证所提供的技术完整、无误、有效，能够达到约定的目标。

**第八百七十一条　【技术转让合同受让人和技术许可合同被许可人保密义务】**技术转让合同的受让人和技术许可合同的被许可人应当按照约定的范围和期限，对让与人、许可人提供的技术中尚未公开的秘密部分，承担保密义务。

**第八百七十二条　【技术许可人和让与人的违约责任】**许可人未按照约定许可技术的，应当返还部分或者全部使用费，并应当承担违约责任；实施专利或者使用技术秘密超越约定的范围的，违反约定擅自许可第三人实施该项专利或者使用该项技术秘密的，应当停止违约行为，承担违约责任；违反约定的保密义务的，应当承担违约责任。

让与人承担违约责任，参照适用前款规定。

**第八百七十三条　【技术被许可人和受让人的违约责任】** 被许可人未按照约定支付使用费的，应当补交使用费并按照约定支付违约金；不补交使用费或者支付违约金的，应当停止实施专利或者使用技术秘密，交还技术资料，承担违约责任；实施专利或者使用技术秘密超越约定的范围的，未经许可人同意擅自许可第三人实施该专利或者使用该技术秘密的，应当停止违约行为，承担违约责任；违反约定的保密义务的，应当承担违约责任。

受让人承担违约责任，参照适用前款规定。

**第八百七十四条　【实施专利、使用技术秘密侵害他人合法权益责任承担】** 受让人或者被许可人按照约定实施专利、使用技术秘密侵害他人合法权益的，由让与人或者许可人承担责任，但是当事人另有约定的除外。

**第八百七十五条　【后续改进技术成果的分享办法】** 当事人可以按照互利的原则，在合同中约定实施专利、使用技术秘密后续改进的技术成果的分享办法；没有约定或者约定不明确，依据本法第五百一十条的规定仍不能确定的，一方后续改进的技术成果，其他各方无权分享。

**第八百七十六条　【其他知识产权转让和许可的参照适用】** 集成电路布图设计专有权、植物新品种权、计算机软件著作权等其他知识产权的转让和许可，参照适用本节的有关规定。

**第八百七十七条　【技术进出口合同或专利、专利申请合同的法律适用】** 法律、行政法规对技术进出口合同或者专利、专利申请合同另有规定的，依照其规定。

**关联参见**

《对外贸易法》第13—18条；《技术进出口管理条例》

## 第四节　技术咨询合同和技术服务合同

**第八百七十八条　【技术咨询合同、技术服务合同的定义】** 技术咨询合同是当事人一方以技术知识为对方就特定技术项目提供可行性论证、技术预测、专题技术调查、分析评价报告等所订立的合同。

技术服务合同是当事人一方以技术知识为对方解决特定技术问题所订立的合同，不包括承揽合同和建设工程合同。

### 条文解读

**特定技术项目** 本条所称的“特定技术项目”，包括有关科学技术与经济社会协调发展的软科学研究项目，促进科技进步和管理现代化、提高经济效益和社会效益等运用科学知识和技术手段进行调查、分析、论证、评价、预测的专业性技术项目。

**特定技术问题** 本条所称的“特定技术问题”，包括需要运用专业技术知识、经验和信息解决的有关改进产品结构、改良工艺流程、提高产品质量、降低产品成本、节约资源能耗、保护资源环境、实现安全操作、提高经济效益和社会效益等专业技术问题。

### 关联参见

《技术合同纠纷解释》第30条、第33条

**第八百七十九条　【技术咨询合同委托人的义务】** 技术咨询合同的委托人应当按照约定阐明咨询的问题，提供技术背景材料及有关技术资料，接受受托人的工作成果，支付报酬。

**第八百八十条　【技术咨询合同受托人的义务】** 技术咨询合同的受托人应当按照约定的期限完成咨询报告或者解答问题，提出的咨询报告应当达到约定的要求。

关联参见

《技术合同纠纷解释》第 31 条、第 32 条

**第八百八十一条　【技术咨询合同当事人的违约责任及决策风险责任】**技术咨询合同的委托人未按照约定提供必要的资料，影响工作进度和质量，不接受或者逾期接受工作成果的，支付的报酬不得追回，未支付的报酬应当支付。

技术咨询合同的受托人未按期提出咨询报告或者提出的咨询报告不符合约定的，应当承担减收或者免收报酬等违约责任。

技术咨询合同的委托人按照受托人符合约定要求的咨询报告和意见作出决策所造成的损失，由委托人承担，但是当事人另有约定的除外。

**第八百八十二条　【技术服务合同委托人的义务】**技术服务合同的委托人应当按照约定提供工作条件，完成配合事项，接受工作成果并支付报酬。

**第八百八十三条　【技术服务合同受托人的义务】**技术服务合同的受托人应当按照约定完成服务项目，解决技术问题，保证工作质量，并传授解决技术问题的知识。

关联参见

《技术合同纠纷解释》第 34 条

**第八百八十四条　【技术服务合同的当事人违约责任】**技术服务合同的委托人不履行合同义务或者履行合同义务不符合约定，影响工作进度和质量，不接受或者逾期接受工作成果的，支付的报酬不得追回，未支付的报酬应当支付。

技术服务合同的受托人未按照约定完成服务工作的，应当承担免收报酬等违约责任。

**关联参见**

《技术合同纠纷解释》第 35 条

**第八百八十五条　【技术成果的归属和分享】**技术咨询合同、技术服务合同履行过程中，受托人利用委托人提供的技术资料和工作条件完成的新的技术成果，属于受托人。委托人利用受托人的工作成果完成的新的技术成果，属于委托人。当事人另有约定的，按照其约定。

**第八百八十六条　【受托人履行合同的费用负担】**技术咨询合同和技术服务合同对受托人正常开展工作所需费用的负担没有约定或者约定不明确的，由受托人负担。

**第八百八十七条　【技术中介合同和技术培训合同法律适用】**法律、行政法规对技术中介合同、技术培训合同另有规定的，依照其规定。

**条文解读**

**技术培训合同**➲ 本条所称的“技术培训合同”是指当事人一方委托另一方对指定的学员进行特定项目的专业技术训练和技术指导所订立的合同，不包括职业培训、文化学习和按照行业、法人或者非法人组织的计划进行的职工业余教育。

当事人对技术培训必需的场地、设施和试验条件等工作条件的提供和管理责任没有约定或者约定不明确的，由委托人负责提供和管理。技术培训合同委托人派出的学员不符合约定条件、影响培训质量的，由委托人按照约定支付报酬。受托人配备的教员不符合约定条件、影响培训质量，或者受托人未按照计划和项目进行培训，导致不能实现约定培训目标的，应当减收或者免收报酬。受托人发现学员不符合约定条件或者委托人发现教员不符合约定条件，未在合理期限内通知对方，或者接到通知的一方未在合理期限内按约定改派的，应当由负有履行义务的当事人承担相应的民事责任。

**技术中介合同** ➲ 本条所称的“技术中介合同”是指当事人一方以知识、技术、经验和信息为另一方与第三人订立技术合同进行联系、介绍以及对履行合同提供专门服务所订立的合同。

中介人从事中介活动的费用，是指中介人在委托人和第三人订立技术合同前，进行联系、介绍活动所支出的通信、交通和必要的调查研究等费用。中介人的报酬，是指中介人为委托人与第三人订立技术合同以及对履行该合同提供服务应当得到的收益。当事人对中介人从事中介活动的费用负担没有约定或者约定不明确的，由中介人承担。当事人约定该费用由委托人承担但未约定具体数额或者计算方法的，由委托人支付中介人从事中介活动所支出的必要费用。当事人对中介人的报酬数额没有约定或者约定不明确的，应当根据中介人所进行的劳务合理确定，并由委托人承担。仅在委托人与第三人订立的技术合同中约定中介条款，但未约定给付中介人报酬或者约定不明确的，应当支付的报酬由委托人和第三人平均承担。

中介人未促成委托人与第三人之间的技术合同成立的，其要求支付报酬的请求，人民法院不予支持；其要求委托人支付其从事中介活动必要费用的请求，应当予以支持，但是当事人另有约定的除外。中介人隐瞒与订立技术合同有关的重要事实或者提供虚假情况，侵害委托人利益的，应当根据情况免收报酬并承担赔偿责任。

中介人对造成委托人与第三人之间的技术合同的无效或者被撤销没有过错，并且该技术合同的无效或者被撤销不影响有关中介条款或者技术中介合同继续有效，中介人要求按照约定或者《技术合同纠纷解释》的有关规定给付从事中介活动的费用和报酬的，人民法院应当予以支持。中介人收取从事中介活动的费用和报酬不应当被视为委托人与第三人之间的技术合同纠纷中一方当事人的损失。

### 关联参见

《技术合同纠纷解释》第36—41条

## 第二十一章 保管合同

**第八百八十八条 【保管合同的定义】** 保管合同是保管人保管寄存人交付的保管物，并返还该物的合同。

寄存人到保管人处从事购物、就餐、住宿等活动，将物品存放在指定场所的，视为保管，但是当事人另有约定或者另有交易习惯的除外。

### 条文解读

**保管合同** ➔ 保管合同的主要法律特征有：

1. 保管合同为有偿合同或者无偿合同。根据《民法典》第889条的规定，保管合同可以是有偿合同，也可以是无偿合同，由保管人和寄存人自行约定。当寄存人和保管人没有就是否支付报酬作出约定，或者约定不明确的，双方可以协议补充；不能达成补充协议的，按照合同相关条款或者交易习惯确定。

2. 保管合同为单务合同或者双务合同。

3. 保管合同为要物合同。《民法典》第890条规定："保管合同自保管物交付时成立，但是当事人另有约定的除外。"根据该规定，保管合同原则上为要物合同。

4. 保管合同为不要式合同。本章并未对保管合同的订立形式作出规定，并不要求当事人必须以何种形式订立合同。订立保管合同可以是口头形式，也可以是书面形式，为不要式合同。

5. 保管合同为继续性合同。继续性合同，是指合同的内容，并非一次性给付可以完结，而是继续地实现。在保管合同中，保管人要持续地履行其保管义务，并不是一次履行即告完结，具有继续性的特点。作为继续性合同，保管合同解除的效果不同于非继续性合同，其解除仅向将来发生效力。

## 实务应用

### 087. 以购物、就餐和住宿等活动为业的经营者如何履行保管义务？

我国《民法典》将这种保管义务扩大到以购物、就餐和住宿等活动为业的经营者。在现实生活中，保管合同主要是社会成员之间相互提供帮助，或者服务部门、公共场所向社会提供服务的一种方式，比如商场、车站、饭店、宾馆等场所，都设置了供人们寄存物品的特定场所，现在已经非常普遍。在这些场合，当事人之间往往没有达成书面的甚至是口头的合同，如果没有当事人特别约定或者存在交易习惯，一般认为当事人之间订立了保管合同。

此处规定的视为保管的情形需要具备两个条件：一是需要到购物中心、饭店、宾馆等场所从事购物、就餐、住宿等活动。二是需要将物品存放在指定的场所。购物中心、饭店、宾馆等，对于存放车辆或者其他物品，往往都设置了专门的停车场、寄存柜等设施，只有将车停放在其指定的停车场，或者将物品寄存在其指定的寄存柜中，才能构成保管合同。如果擅自存放在其他区域，例如，饭店有内部停车场供就餐人员停车，亦要求前来就餐的人员将车辆停放在该停车场，并且该停车场仍有停车位供客户使用时，客人未将车辆停放在该停车场内，而是为图方便停在饭店门口，此种情形下，双方之间不成立保管合同，即使车辆丢失，车辆所有人也不能以双方存在保管合同为由要求饭店承担赔偿责任。

需要注意的是，若视为保管，则属于有偿保管，还是无偿保管？有观点认为，这应当依据寄存人是否为保管支付了报酬而定。如果寄存人向对方支付了报酬，例如，消费者将其车辆停放在购物中心的停车场，并支付了停车费，就应当属于有偿保管。如果寄存人并未支付相应的报酬，对方为消费者免费提供寄存服务，则应当属于无偿保管。①

**第八百八十九条　【保管合同的报酬】** 寄存人应当按照约定向保管人支付保管费。

当事人对保管费没有约定或者约定不明确，依据本法第五百一十条的规定仍不能确定的，视为无偿保管。

**第八百九十条　【保管合同的成立】** 保管合同自保管物交付时成立，但是当事人另有约定的除外。

**第八百九十一条　【保管人给付保管凭证的义务】** 寄存人向保管人交付保管物的，保管人应当出具保管凭证，但是另有交易习惯的除外。

**第八百九十二条　【保管人对保管物的妥善保管义务】** 保管人应当妥善保管保管物。

当事人可以约定保管场所或者方法。除紧急情况或者为维护寄存人利益外，不得擅自改变保管场所或者方法。

**第八百九十三条　【寄存人如实告知义务】** 寄存人交付的保管物有瑕疵或者根据保管物的性质需要采取特殊保管措施的，寄存人应当将有关情况告知保管人。寄存人未告知，致使保管物受损失的，保管人不承担赔偿责任；保管人因此受损失的，除保管人知道或者应当知道且未采取补救措施外，寄存人应当承担赔偿责任。

**第八百九十四条　【保管人亲自保管义务】** 保管人不得将保管物转交第三人保管，但是当事人另有约定的除外。

---

① 参见黄薇主编：《中华人民共和国民法典合同编解读》，中国法制出版社2020年版，第1229—1232页。

保管人违反前款规定，将保管物转交第三人保管，造成保管物损失的，应当承担赔偿责任。

**第八百九十五条　【保管人不得使用或许可他人使用保管物义务】**保管人不得使用或者许可第三人使用保管物，但是当事人另有约定的除外。

**第八百九十六条　【保管人返还保管物的义务及危险通知义务】**第三人对保管物主张权利的，除依法对保管物采取保全或者执行措施外，保管人应当履行向寄存人返还保管物的义务。

第三人对保管人提起诉讼或者对保管物申请扣押的，保管人应当及时通知寄存人。

**第八百九十七条　【保管物毁损灭失责任】**保管期内，因保管人保管不善造成保管物毁损、灭失的，保管人应当承担赔偿责任。但是，无偿保管人证明自己没有故意或者重大过失的，不承担赔偿责任。

### 关联参见

《最高人民法院关于审理旅游纠纷案件适用法律若干问题的规定》第19条

**第八百九十八条　【寄存贵重物品的声明义务】**寄存人寄存货币、有价证券或者其他贵重物品的，应当向保管人声明，由保管人验收或者封存；寄存人未声明的，该物品毁损、灭失后，保管人可以按照一般物品予以赔偿。

**第八百九十九条　【保管物的领取及领取时间】**寄存人可以随时领取保管物。

当事人对保管期限没有约定或者约定不明确的，保管人可以随时请求寄存人领取保管物；约定保管期限的，保管人无特别事由，不得请求寄存人提前领取保管物。

**第九百条　【保管人归还原物及孳息的义务】**保管期限届满或者寄存人提前领取保管物的，保管人应当将原物及其孳息归还寄存人。

**第九百零一条　【消费保管】**保管人保管货币的，可以返还相同种类、数量的货币；保管其他可替代物的，可以按照约定返还相同种类、品质、数量的物品。

**第九百零二条　【保管费的支付期限】**有偿的保管合同，寄存人应当按照约定的期限向保管人支付保管费。

当事人对支付期限没有约定或者约定不明确，依据本法第五百一十条的规定仍不能确定的，应当在领取保管物的同时支付。

**第九百零三条　【保管人的留置权】**寄存人未按照约定支付保管费或者其他费用的，保管人对保管物享有留置权，但是当事人另有约定的除外。

## 第二十二章　仓储合同

**第九百零四条　【仓储合同的定义】**仓储合同是保管人储存存货人交付的仓储物，存货人支付仓储费的合同。

### 实务应用

#### 088. 仓储合同与保管合同如何区别？

两种合同都是提供保管服务，但是保管合同的范围更广，甚至包括仓储合同。两者的区别主要是：(1) 保管合同为实践合同，合同自保管物交付时成立；仓储合同是诺成合同，合同自双方订立时成立。(2) 保管合同可以是无偿的，也可以是有偿的；仓储合同是有偿合同。(3) 保管合同的保管人不要求具有特定身份，仓储合同的仓储营业人须是有仓储设备并专门从事该类业务的人。

**第九百零五条　【仓储合同的成立时间】**仓储合同自保管人和存货人意思表示一致时成立。

**第九百零六条　【危险物品和易变质物品的储存】**储存易燃、易爆、有毒、有腐蚀性、有放射性等危险物品或者易变质物品的，存货人应当说明该物品的性质，提供有关资料。

存货人违反前款规定的，保管人可以拒收仓储物，也可以采取相应措施以避免损失的发生，因此产生的费用由存货人负担。

保管人储存易燃、易爆、有毒、有腐蚀性、有放射性等危险物品的，应当具备相应的保管条件。

**关联参见**

《危险化学品安全管理条例》

**第九百零七条　【仓储物的验收】**保管人应当按照约定对入库仓储物进行验收。保管人验收时发现入库仓储物与约定不符合的，应当及时通知存货人。保管人验收后，发生仓储物的品种、数量、质量不符合约定的，保管人应当承担赔偿责任。

**关联参见**

《粮油仓储管理办法》第9条

**第九百零八条　【保管人出具仓单、入库单义务】**存货人交付仓储物的，保管人应当出具仓单、入库单等凭证。

**第九百零九条　【仓单的内容】**保管人应当在仓单上签名或者盖章。仓单包括下列事项：

（一）存货人的姓名或者名称和住所；

（二）仓储物的品种、数量、质量、包装及其件数和标记；

（三）仓储物的损耗标准；

（四）储存场所；

（五）储存期限；

（六）仓储费；

（七）仓储物已经办理保险的，其保险金额、期间以及保险人的名称；

（八）填发人、填发地和填发日期。

**第九百一十条　【仓单的转让和出质】** 仓单是提取仓储物的凭证。存货人或者仓单持有人在仓单上背书并经保管人签名或者盖章的，可以转让提取仓储物的权利。

## 条文解读

**仓单** ➲ 仓单由保管人于存货人交付仓储物时所签发，是提取仓储物的凭证。持单人提取仓储物时，要出示仓单，并且应将仓单交还保管人。

仓单为有价证券，其可以流通。仓单的转让，亦代表着提取仓储物权利的转让。仓单的转让应以背书的方式进行，即由存货人或者仓单持有人在仓单上背书，仅有背书还不足以发生仓单转让的效力，如发生转让的效力，还需保管人签字或者盖章。存货人以仓单出质时，应当与质权人签订质押合同，在仓单上背书并经保管人签字或者盖章，将仓单交付质权人后，质押合同生效。

例如，蒋某将自己购买的一批水果存放在胡某的仓库里，由其保管，蒋某向胡某支付仓储费。后蒋某欲将该批水果转让给丁某，双方签订买卖合同。在本案中，蒋某和胡某之间存在仓储合同。胡某作为保管人，应当向蒋某出具仓单。蒋某将该批水果转卖给丁某时，不需要实际交付货物，只需在仓单后面背书，则该仓单所代表的提取仓储物的权利直接转让给丁某。丁某持背书的仓单可以直接要求胡某交付水果。

第九百一十一条 【检查仓储物或提取样品的权利】保管人根据存货人或者仓单持有人的要求，应当同意其检查仓储物或者提取样品。

第九百一十二条 【保管人的通知义务】保管人发现入库仓储物有变质或者其他损坏的，应当及时通知存货人或者仓单持有人。

第九百一十三条 【保管人危险催告义务和紧急处置权】保管人发现入库仓储物有变质或者其他损坏，危及其他仓储物的安全和正常保管的，应当催告存货人或者仓单持有人作出必要的处置。因情况紧急，保管人可以作出必要的处置；但是，事后应当将该情况及时通知存货人或者仓单持有人。

第九百一十四条 【仓储物的提取】当事人对储存期限没有约定或者约定不明确的，存货人或者仓单持有人可以随时提取仓储物，保管人也可以随时请求存货人或者仓单持有人提取仓储物，但是应当给予必要的准备时间。

第九百一十五条 【仓储物的提取规则】储存期限届满，存货人或者仓单持有人应当凭仓单、入库单等提取仓储物。存货人或者仓单持有人逾期提取的，应当加收仓储费；提前提取的，不减收仓储费。

第九百一十六条 【逾期提取仓储物】储存期限届满，存货人或者仓单持有人不提取仓储物的，保管人可以催告其在合理期限内提取；逾期不提取的，保管人可以提存仓储物。

第九百一十七条 【保管不善的责任承担】储存期内，因保管不善造成仓储物毁损、灭失的，保管人应当承担赔偿责任。因仓储物本身的自然性质、包装不符合约定或者超过有效储存期造成仓储物变质、损坏的，保管人不承担赔偿责任。

第九百一十八条 【参照适用保管合同的规定】本章没有规定的，适用保管合同的有关规定。

# 第二十三章　委托合同

**第九百一十九条　【委托合同的概念】** 委托合同是委托人和受托人约定，由受托人处理委托人事务的合同。

### 条文解读

**委托合同** ➔ 委托合同是经济活动中的一种重要合同，是指委托人和受托人约定，由受托人处理委托人事务的合同。委托他人办理事务的一方为委托人，接受委托的一方为受托人。委托合同具有如下特征：(1) 委托合同是以处理委托人事务为目的的合同。不过必须由委托人亲自处理的事务，例如结婚、离婚等，不能成为委托合同的标的。(2) 委托合同是在相互信任的特定主体之间发生的。委托人选定某个受托人为其处理委托事务，是以他对受托人的能力和信誉的了解为基础的。受托人愿意为委托人服务，也是完全自愿的。(3) 委托合同可以是有偿的，也可以是无偿的。(4) 委托合同是双务诺成合同。委托合同于双方达成一致协议时成立，不论是否有偿，双方都负有一定的义务。

### 实务应用

#### 089. 代购进口食品属于买卖合同还是委托合同？[①]

在代购的过程中存在有现货和没有现货的两种海外代购形式，其一，若代购商家手中并没有消费者需要的商品现货，而是下单后商家根据消费者的需要代消费者去购买其指定的商品，此时侧重于宣传海外购物的优势、及时获知境外销售信息的能力等内容，提供的是代为购买商品的服务，因此形成的是委托代理关系，只能通过一般的合同关系维权。其二，代购商家事先取得商品的所有权进行上架售卖，侧重宣传商

---

① 参见龙龑：《代购进口食品未贴中文标签，消费者能主张十倍赔偿吗?》，载贵州省高级人民法院网 http://www.guizhoucourt.cn/ajbd/257756.jhtml，最后访问日期：2023 年 4 月 11 日。

品的信息功能，消费者下单时商家可将商品现货直接发货给消费者，此时无论发货地是国内还是国外，商家与消费者构成的是买卖合同关系，受消费者权益保护法律法规约束。

**第九百二十条　【委托权限】**委托人可以特别委托受托人处理一项或者数项事务，也可以概括委托受托人处理一切事务。

**关联参见**

《律师法》第25条

**第九百二十一条　【处理委托事务的费用】**委托人应当预付处理委托事务的费用。受托人为处理委托事务垫付的必要费用，委托人应当偿还该费用并支付利息。

**第九百二十二条　【受托人服从指示的义务】**受托人应当按照委托人的指示处理委托事务。需要变更委托人指示的，应当经委托人同意；因情况紧急，难以和委托人取得联系的，受托人应当妥善处理委托事务，但是事后应当将该情况及时报告委托人。

**第九百二十三条　【受托人亲自处理委托事务】**受托人应当亲自处理委托事务。经委托人同意，受托人可以转委托。转委托经同意或者追认的，委托人可以就委托事务直接指示转委托的第三人，受托人仅就第三人的选任及其对第三人的指示承担责任。转委托未经同意或者追认的，受托人应当对转委托的第三人的行为承担责任；但是，在紧急情况下受托人为了维护委托人的利益需要转委托第三人的除外。

**第九百二十四条　【受托人的报告义务】**受托人应当按照委托人的要求，报告委托事务的处理情况。委托合同终止时，受托人应当报告委托事务的结果。

**第九百二十五条　【受托人以自己名义从事受托事务的法律效果】**受托人以自己的名义，在委托人的授权范围内与第三人订立的合同，第三人在订立合同时知道受托人与委托人之间的代理关系的，该合同直接约束委托人和第三人；但是，有确切证据证明该合同只约束受托人和第三人的除外。

**第九百二十六条　【委托人的介入权与第三人的选择权】**受托人以自己的名义与第三人订立合同时，第三人不知道受托人与委托人之间的代理关系的，受托人因第三人的原因对委托人不履行义务，受托人应当向委托人披露第三人，委托人因此可以行使受托人对第三人的权利。但是，第三人与受托人订立合同时如果知道该委托人就不会订立合同的除外。

受托人因委托人的原因对第三人不履行义务，受托人应当向第三人披露委托人，第三人因此可以选择受托人或者委托人作为相对人主张其权利，但是第三人不得变更选定的相对人。

委托人行使受托人对第三人的权利的，第三人可以向委托人主张其对受托人的抗辩。第三人选定委托人作为其相对人的，委托人可以向第三人主张其对受托人的抗辩以及受托人对第三人的抗辩。

**第九百二十七条　【受托人转移所得利益的义务】**受托人处理委托事务取得的财产，应当转交给委托人。

**第九百二十八条　【委托人支付报酬的义务】**受托人完成委托事务的，委托人应当按照约定向其支付报酬。

因不可归责于受托人的事由，委托合同解除或者委托事务不能完成的，委托人应当向受托人支付相应的报酬。当事人另有约定的，按照其约定。

**第九百二十九条　【因受托人过错致委托人损失的赔偿责任】**有偿的委托合同，因受托人的过错造成委托人损失的，委托人可以请求赔偿损失。无偿的委托合同，因受托人的故意或者重大过失造成委托人损失的，委托人可以请求赔偿损失。

受托人超越权限造成委托人损失的，应当赔偿损失。

**第九百三十条　【委托人的赔偿责任】**受托人处理委托事务时，因不可归责于自己的事由受到损失的，可以向委托人请求赔偿损失。

**第九百三十一条　【委托人另行委托他人处理事务】**委托人经受托人同意，可以在受托人之外委托第三人处理委托事务。因此造成受托人损失的，受托人可以向委托人请求赔偿损失。

**第九百三十二条　【共同委托】**两个以上的受托人共同处理委托事务的，对委托人承担连带责任。

**第九百三十三条　【任意解除权】**委托人或者受托人可以随时解除委托合同。因解除合同造成对方损失的，除不可归责于该当事人的事由外，无偿委托合同的解除方应当赔偿因解除时间不当造成的直接损失，有偿委托合同的解除方应当赔偿对方的直接损失和合同履行后可以获得的利益。

## 案例指引

### 095. 委托代拍车牌因故撤单，代拍公司中标后是否可以要求支付服务费用？[①]

2020 年 8 月初，胡先生在某沪牌代拍信息服务平台上下单，委托该公司代拍车牌，订单总额 5388 元，包括代理操作 6 次“上海个人、单位客车额度网上投标拍卖会”。双方签订的《代拍委托协议》约定，胡先生于中标后 3 日内支付服务费即可，但如果擅自违约，需要支付服务

---

① 参见曹赟娴：《委托代拍车牌因故撤单 代拍公司仍中标要求支付费用 法院：委托合同已解除 但应赔偿损失》，载上海市高级人民法院网 https：//www. hshfy. sh. cn/shfy/web/xxnr. jsp？ pa = aaWQ9MjAyMDEwMTImeGg9MSZsbWRtPWxtNTE5z&zd = xwzx，最后访问日期：2023 年 3 月 1 日。

费的10%作为违约金。

同年8月22日，工作人员通知胡先生第一次拍牌未中。第二次拍牌还未开始，胡先生就因新车漏油，把车退了，继而于8月31日询问代拍公司是否可以撤单，胡先生父亲也给工作人员发微信表示需要终止拍牌，并强调“不行就按合同理赔”，但未得到代拍公司明确答复，之后双方未再沟通。

9月19日，代拍公司第二次拍牌，成功中标。工作人员通知胡先生支付服务费，胡先生认为自己此前已通知对方停止拍牌，故无须支付该费用。工作人员则回复，双方没有达成共识，也没有解约。此后，因未及时缴费，这张“中标”的标书最终失效。代拍公司诉至法院，要求胡先生支付代拍牌费用5388元及相关利息。

代拍公司认为，胡先生与工作人员之间关于取消拍单的微信沟通，仅仅是一种询问，并未明确表示终止拍牌，至于胡先生父亲在微信上提出的终止拍牌这一说法，并不能代表胡先生本人的意愿。而且，根据双方签订的《代拍委托协议》，胡先生不能单方解约，未及时支付违约金也即未履行解约程序，故双方委托合同并没有解除，胡先生应按约履行付款义务。

胡先生辩称，自己和父亲与工作人员的微信聊天内容，足以证实其已经明确通知对方终止拍牌，委托合同已经解除，自己应承担的仅是违约赔偿部分。

上海市浦东新区人民法院（以下简称上海浦东法院）经审理认为，本案的争议焦点在于双方的委托合同是否于8月31日解除。根据法律规定，委托合同的委托人或者受托人可以随时解除委托合同。该任意解除权系法定权利，原、被告在合同中约定的“不得擅自违约”，无法排除该权利的效力，故被告有权随时解除委托合同，并不需要征得原告同意。至于原告认为未支付违约金即意味着合同未解除，并无法律依据，对该项主张不予采纳。

此外，关于被告父亲是否能够代表被告本人意思，法院查明，自磋商、订立委托合同开始，胡先生父亲就代他与代拍公司多次沟通。工作人员在与胡先生的微信聊天中，也多次提及“您和您父亲”，显然已知晓胡先生父亲系其拍牌事宜的代理人。且胡先生和父亲于同一日，先后与代拍公司沟通解除合同事宜，对方未表示异议也未向胡先生核实，足以证明其明知解除合同是胡先生本人的真实意思表示。

综上，上海浦东法院认定原、被告委托合同已于2020年8月31日解除，中标的法律后果不应由被告承担。但其单方解除合同，应赔偿原告由此导致的损失，故一审判决被告赔偿原告10%的服务费以及被告自愿承担原告的相关损失，共计1038.8元。

**第九百三十四条　【委托合同的终止】**委托人死亡、终止或者受托人死亡、丧失民事行为能力、终止的，委托合同终止；但是，当事人另有约定或者根据委托事务的性质不宜终止的除外。

**第九百三十五条　【受托人继续处理委托事务】**因委托人死亡或者被宣告破产、解散，致使委托合同终止将损害委托人利益的，在委托人的继承人、遗产管理人或者清算人承受委托事务之前，受托人应当继续处理委托事务。

**第九百三十六条　【受托人死亡后其继承人等的义务】**因受托人死亡、丧失民事行为能力或者被宣告破产、解散，致使委托合同终止的，受托人的继承人、遗产管理人、法定代理人或者清算人应当及时通知委托人。因委托合同终止将损害委托人利益的，在委托人作出善后处理之前，受托人的继承人、遗产管理人、法定代理人或者清算人应当采取必要措施。

## 第二十四章　物业服务合同

**第九百三十七条　【物业服务合同的定义】**物业服务合同是物业服务人在物业服务区域内，为业主提供建筑物及其附属设施的维修养护、环境卫生和相关秩序的管理维护等物业服务，业主支付物业费的合同。

**物业服务人包括物业服务企业和其他管理人。**

## 条文解读

**物业服务合同** ➲ 物业服务合同的法律定义有广义和狭义之分。广义的物业服务合同，主要可以分成两类，即前期由建设单位与物业服务人订立的前期物业服务合同以及后期业主通过业主委员会或者业主大会与物业服务人订立的物业服务合同。

狭义的物业服务合同仅指后者，也可称为普通物业服务合同。所谓前期物业服务合同，是指在物业服务区域内的业主、业主大会选聘物业服务人之前，由房地产建设单位与物业服务人签订的、由物业服务人提供物业服务的合同。普通物业服务合同，是指在业主与物业服务人之间签订的物业服务合同。《物业管理条例》第 2 条规定："本条例所称物业管理，是指业主通过选聘物业服务企业，由业主和物业服务企业按照物业服务合同约定，对房屋及配套的设施设备和相关场地进行维修、养护、管理，维护物业管理区域内的环境卫生和相关秩序的活动。"该条所规定的物业服务合同就是狭义上的物业服务合同。而本条规定的物业服务合同是指广义上的物业服务合同，本章的规定一般也都适用于前期物业服务合同。

物业服务合同的主要特征有：

1. 是平等主体之间的民事合同

合同是平等主体的自然人、法人和非法人组织之间设立、变更、终止民事法律关系的协议。物业服务合同当事人一方是业主，另一方是物业服务人，双方订立的是以物业服务的权利义务为内容，由物业服务人依据约定为业主提供专业服务，由业主支付相应报酬的协议。

2. 合同主体具有特殊性

物业服务合同的主体应当是业主，而且是全体业主。虽然与物业服务人签订物业服务合同的可能是业主，也可能是业主委员会甚至是建设单位，但是物业服务合同的当事人是全体业主，由全体业主享有物业服务合同的权利，承担合同义务。当独门独栋的业主自己聘请物业服务人时，业主直接与物业服务人签订物业服务合同，这是极少数的。但是，现在的住宅小区往往不止一栋楼房，而且每栋楼房里面又有很多住户，整个小区业主人数众多，具有集合性的特点。

在业主人数众多的情况下，由每个业主直接与物业服务人签订合同是不可能的，所以一般由业主委员会代表全体业主与物业服务人订立合同。合同一旦成立，因为全体业主都是合同当事人，所以合同对每个业主都发生效力，业主不得以没有直接参与合同订立为由拒绝接受合同约束。因为业主人数较多，不可能由每个业主决定自己是否订立合同，也不可能由每个业主亲自与物业服务人签订合同，所以全体业主需要按照一定的程序来作出决定，并且由某个特定的主体来代表全体业主与物业服务人签订合同。如果业主已经成立了业主大会，则需要按照法定程序，由业主大会作出决定。

3. 客体是物业服务人提供的物业服务行为

物业服务合同的客体是物业服务人提供的物业服务，物业服务合同与委托合同、行纪合同、中介合同等类似，所给付的内容都不是具体的标的物，而是行为，而且提供服务的行为还具有持续性和重复性的特点，比如检修建筑物内的电梯，做好小区保洁工作，维护环境卫生等。

4. 服务内容的综合性和专业性

相比于一般的民事合同，物业服务人提供物业服务的内容较为复杂，物业服务人既要管理物业服务区域内的建筑物及其附属设施等物，也要管理进出小区以及建筑物内的人员。物业服务的内容十分庞杂，既包括物的管理，也包括人的管理。物业服务的具体内容视小区具体情况不同而有所差异，但是都势必包括卫生、环保、安全、消防等方方面面，具有综合性和全面性。

5. 订立程序的特殊性

如上所述，物业服务合同的一方当事人为全体业主，具有集合性的特点。如果由物业服务人与业主逐一签订合同，不仅效率极低，而且无法实现。为了提高订约效率、避免发生纠纷，在物业服务合同的订立方面，需要设置一定的程序性要求，也就是物业服务合同的订立需要遵循法定的程序，业主们需要通过一定的方式来作出决定。

6. 属于双务、有偿、要式、继续性合同

物业服务人的主要义务是按照物业服务合同之约定向全体业主提供物业服务，而全体业主的主要义务是向物业服务人支付报酬，双方所负义务属于给付与对待给付的关系，因此物业服务合同是一种双务合同。

根据物业服务合同的定义，业主负有向物业服务人支付报酬的义务。物业服务人一般都是专门从事物业服务的物业服务企业，是为了获取报酬才为业主提供专业的服务，因此物业服务合同是有偿合同。

物业服务合同是要式合同。《民法典》第 938 条第 3 款规定，物业服务合同应当采用书面形式。①

**第九百三十八条　【物业服务合同的内容与形式】** 物业服务合同的内容一般包括服务事项、服务质量、服务费用的标准和收取办法、维修资金的使用、服务用房的管理和使用、服务期限、服务交接等条款。

物业服务人公开作出的有利于业主的服务承诺，为物业服务合同的组成部分。

物业服务合同应当采用书面形式。

## 条文解读

**维修资金** ➔ 维修资金，也可称为“公共维修资金”或者“专项维修资金”，是指由业主缴纳的，专项用于物业服务区域内建筑物的共用部分、共用设施设备保修期满后的维修和更新、改造的资金，如电梯、

---

① 参见黄薇主编：《中华人民共和国民法典合同编解读》，中国法制出版社 2020 年版，第 1365—1372 页。

单元门等共有部分的维修费用。维修资金是由业主共同出资形成的，属于业主共有，且只能用于特定的目的，不能用于物业服务过程中的其他各项支出。业主委员会与物业服务人订立物业服务合同时，可以就专项维修资金申请使用的具体事项作出约定。实践中，专项维修资金一般登记在以业主或者业主委员会名义开设的专用账户下，通常由有关部门指导、监督其使用。维修资金是全体业主的共同财产，关系到业主们的切身利益，所以维修资金的筹集和使用都要具备严格的条件，应当由业主按照法定的程序共同决定。物业服务人还应当定期向业主大会、业主委员会报告维修资金的使用情况。《民法典》物权编中有关于维修资金的专门规定。《民法典》第281条规定："建筑物及其附属设施的维修资金，属于业主共有。经业主共同决定，可以用于电梯、屋顶、外墙、无障碍设施等共有部分的维修、更新和改造。建筑物及其附属设施的维修资金的筹集、使用情况应当定期公布。紧急情况下需要维修建筑物及其附属设施的，业主大会或者业主委员会可以依法申请使用建筑物及其附属设施的维修资金。"《民法典》第278条还对业主共同决定筹集和使用建筑物及其附属设施维修资金的法定程序作出了规定。2007年，原建设部和财政部联合发布《住宅专项维修资金管理办法》，对住宅专项维修资金的交存、使用和监督管理等进行了详细的规定。

## 实务应用

### 090. 住宅共用部位、共用设施设备的维修和更新、改造费用如何分摊？

根据《住宅专项维修资金管理办法》，住宅共用部位、共用设施设备的维修和更新、改造费用，按照下列规定分摊：

（1）商品住宅之间或者商品住宅与非住宅之间共用部位、共用设施设备的维修和更新、改造费用，由相关业主按照各自拥有物业建筑面积的比例分摊。

（2）售后公有住房之间共用部位、共用设施设备的维修和更新、改造费用，由相关业主和公有住房售房单位按照所交存住宅专项维修资金的比例分摊；其中，应由业主承担的，再由相关业主按照各自拥有物业建筑面积的比例分摊。

（3）售后公有住房与商品住宅或者非住宅之间共用部位、共用设施设备的维修和更新、改造费用，先按照建筑面积比例分摊到各相关物业。其中，售后公有住房应分摊的费用，再由相关业主和公有住房售房单位按照所交存住宅专项维修资金的比例分摊。

### 091. 住宅专项维修资金划转业主大会管理前，需要使用住宅专项维修资金的，如何处理？

根据《住宅专项维修资金管理办法》，住宅专项维修资金划转业主大会管理前，需要使用住宅专项维修资金的，按照以下规定办理：

（1）物业服务企业根据维修和更新、改造项目提出使用建议；没有物业服务企业的，由相关业主提出使用建议；

（2）住宅专项维修资金列支范围内专有部分占建筑物总面积 2/3 以上的业主且占总人数 2/3 以上的业主讨论通过使用建议；

（3）物业服务企业或者相关业主组织实施使用方案；

（4）物业服务企业或者相关业主持有关材料，向所在地直辖市、市、县人民政府建设（房地产）主管部门申请列支；其中，动用公有住房住宅专项维修资金的，向负责管理公有住房住宅专项维修资金的部门申请列支；

（5）直辖市、市、县人民政府建设（房地产）主管部门或者负责管理公有住房住宅专项维修资金的部门审核同意后，向专户管理银行发出划转住宅专项维修资金的通知；

（6）专户管理银行将所需住宅专项维修资金划转至维修单位。

**第九百三十九条　【物业服务合同的约束力】**建设单位依法与物业服务人订立的前期物业服务合同，以及业主委员会与业主大会依法选聘的物业服务人订立的物业服务合同，对业主具有法律约束力。

## 案例指引

### 096. 业主将车辆停放在小区，物业公司是否可以要求缴纳停车费？[①]

刘某峰系某物业公司所服务管理的深圳市福田区某花园小区业主，刘某峰在未办理停车手续的情况下，自 2018 年 8 月起将其名下的小型轿车长期停放在小区建筑区划内的露天公共绿化区域（非划线车位），且至今未缴纳停车服务费。物业公司多次向刘某峰发出书面通知要求其缴纳停车费并清理涉案车辆无果，遂诉至法院，要求刘某峰支付临时停车费用及滞纳金，并挪走车辆或办理相关停车手续。

深圳市福田区人民法院生效判决认为，某物业公司与深圳市福田区某花园业主委员会之间签订的物业服务合同系双方真实意思表示，合法有效，对包括刘某峰在内的全体业主具有约束力。刘某峰作为业主，将名下涉案车辆停放在小区后，理应按照物业服务合同及时主动向某物业公司支付停车服务费。涉案物业服务合同已明确约定，业主车辆出入按照停车场管理执行，现有证据可证明涉案车辆现停放的区域并不适宜停放车辆，该停放行为已妨碍某物业公司开展物业服务和管理工作。刘某峰开始欠缴停车服务费的时间点虽发生于《民法典》施行前，但拖欠停车服务费行为及不当停放车辆行为持续至《民法典》施行后，且《民法典》对物业服务合同进行了专门规定，根据《最高人民法院关于适用〈中华人民共和国民法典〉时间效力的若干规定》第 1 条的规定，本案应适用《民法典》第 271 条、第 939 条规定。2021 年 1 月 25 日，法院判决刘某峰向某物业公司支付停车服务费及滞纳金，将涉案小型车辆移至适宜停放车辆区域。

物业服务关系民生，在改善居住环境、提升生活品质和社会管理水平等方面发挥着积极作用。《民法典》专门增加物业服务合同章节，为

---

① 参见《广东法院贯彻实施民法典典型案例（第二批）》（2022 年 1 月 19 日发布），刘某峰与某物业公司物业服务合同纠纷案，载广东法院网 https：//www. gdcourts. gov. cn/gsxx/quanweifabu/anlihuicui/content/post_ 1047303. html，最后访问日期：2023 年 4 月 12 日。

解决物业服务纠纷提供了基本依据。人民法院准确适用《民法典》，依法妥善处理业主与物业公司间的矛盾纠纷，对于维护社会稳定和居民和谐生活环境具有重要现实意义。

**第九百四十条　【前期物业服务合同的终止情形】** 建设单位依法与物业服务人订立的前期物业服务合同约定的服务期限届满前，业主委员会或者业主与新物业服务人订立的物业服务合同生效的，前期物业服务合同终止。

**第九百四十一条　【物业服务合同的转委托】** 物业服务人将物业服务区域内的部分专项服务事项委托给专业性服务组织或者其他第三人的，应当就该部分专项服务事项向业主负责。

物业服务人不得将其应当提供的全部物业服务转委托给第三人，或者将全部物业服务支解后分别转委托给第三人。

**第九百四十二条　【物业服务人的义务】** 物业服务人应当按照约定和物业的使用性质，妥善维修、养护、清洁、绿化和经营管理物业服务区域内的业主共有部分，维护物业服务区域内的基本秩序，采取合理措施保护业主的人身、财产安全。

对物业服务区域内违反有关治安、环保、消防等法律法规的行为，物业服务人应当及时采取合理措施制止、向有关行政主管部门报告并协助处理。

## 案例指引

### 097. 物业有权拒绝业主在自家车位安装充电桩吗？[①]

郭某家住四平市某小区，2020 年，他从许某处购买了该小区一处

① 参见《以案释法｜自家车位安装充电桩遭物业拒绝？法院：判令物业公司协助业主办理安装手续》，载吉林法院网 http：//jlfy. e－court. gov. cn/article/detail/2023/02/id/7143417. shtml，最后访问日期：2023 年 4 月 11 日。

地下车位，后郭某购置了一台新能源汽车，为了方便车辆充电，便想到在车位安装充电桩。于是，郭某到小区物业请求协助办理安装手续，但物业公司以小区建设时没有对充电桩规划、存在一定危险、安装充电桩不是强制性规定等为由，拒绝在申请材料上盖章，导致郭某迟迟无法安装充电桩。

郭某多次沟通无果，无奈诉至法院，请求依法判令物业公司协助其办理充电桩安装手续。案件经一审法院判决后，郭某不服一审法院判决，向四平中院提起上诉。

四平中院审理后认为，新能源汽车对节约资源、保护环境具有重要意义。充电桩是促进新能源汽车产业发展的重要基础设施。国家支持居民区电动汽车充电基础设施建设，并规范了用户、物业服务企业等相关主体的权利义务。郭某作为小区业主，与物业服务企业之间形成物业服务合同关系，其欲在自家车位安装充电桩，物业公司应予以积极配合。物业公司虽辩称小区建设规划不含充电桩及安装充电桩存在安全隐患，但均非物业服务企业拒绝安装充电桩的正当理由，物业公司亦未提供证据证明在案涉车位安装充电桩存在安全隐患，且物业公司同意业主安装充电桩只是安装充电桩的环节之一，并不意味着物业服务企业可放松或放弃管理职责。

最终，四平中院依法判令物业公司协助郭某办理充电桩安装手续，要求其在判决生效之日起3日内，在向某电力公司提交的《车位及允许施工申请证明》上盖章。

**关联参见**

《消防法》第18条、第46条；《物业管理条例》第35条、第46条、第47条

**第九百四十三条　【物业服务人的信息公开义务】**物业服务人应当定期将服务的事项、负责人员、质量要求、收费项目、收费

标准、履行情况，以及维修资金使用情况、业主共有部分的经营与收益情况等以合理方式向业主公开并向业主大会、业主委员会报告。

**第九百四十四条　【业主支付物业费义务】** 业主应当按照约定向物业服务人支付物业费。物业服务人已经按照约定和有关规定提供服务的，业主不得以未接受或者无需接受相关物业服务为由拒绝支付物业费。

业主违反约定逾期不支付物业费的，物业服务人可以催告其在合理期限内支付；合理期限届满仍不支付的，物业服务人可以提起诉讼或者申请仲裁。

物业服务人不得采取停止供电、供水、供热、供燃气等方式催交物业费。

## 条文解读

**物业费** ➔ 即物业服务费用，是指物业服务人按照物业服务合同的约定，对物业服务区域内的建筑物及其附属设施、相关场地进行维修、养护、管理，维护相关区域内的环境卫生和秩序，而向业主收取的报酬。

对于前期物业服务合同，物业费的缴纳义务人应当是建设单位或者业主。对于普通物业服务合同，物业费的缴纳义务人是业主。一般认为，不论是前期物业服务合同还是普通物业服务合同，都应当以房屋交付作为业主开始承担物业费的时间点。在房屋出售或者交付给业主之前，物业费应当由建设单位缴纳；在出售或者交付给业主后，则应当由业主缴纳物业费。

物业费的收费范围、收费标准和收取办法通常应当在物业服务合同中作出约定。收费范围，也即物业费中所包含的收费项目，一般包括建筑物及其附属设施的维修养护、小区环境的清洁绿化等有关费用，如电梯使用费、车辆管理费、垃圾清运费等。

## 实务应用

### 092. 当物业所有人与物业使用人不是同一人时，应当由物业所有人还是由物业使用人缴纳物业费？

在实践中，业主常常将其房屋出租或者出借给他人使用，物业使用人不再是物业所有人即业主，而是物业的承租人、借用人以及其他物业使用人，此时物业使用人可以与业主约定物业费的承担。如果双方约定由物业使用人承担物业费，但是物业服务合同依然有效，按照物业服务合同的规定，应当由业主缴纳物业费。根据合同相对性原则，物业服务合同对物业使用人没有法律约束力。所以业主仍要承担支付物业费的义务，如果物业使用人未缴纳物业费，物业服务人可以直接请求业主承担。业主在向物业服务人缴纳物业费后，可以向物业使用人追偿。

### 093. 房屋所有权基于买卖、赠与、继承等方式发生转移，如果原业主拖欠了物业费，新业主是否需要承担原业主拖欠的物业费？

在买卖、赠与、继承等法律关系中，当事人之间可以就拖欠的物业费如何缴纳作出约定，可以约定由原业主缴纳，也可以约定由买受人、受赠人或者继承人承担该物业费。但是，在没有约定的情况下，买受人、受赠人或者继承人是否需支付之前拖欠的物业费，也即新业主是否需要承担前业主拖欠的物业费，不能一概而论，应当区分具体情形来处理。在继承场合，继承人如果没有放弃继承，应当承担被继承人拖欠的物业费。在赠与场合，拖欠的物业费原则上不应由受赠人承担，如果原业主的赠与行为影响了物业服务人债权（即拖欠的物业费）的实现，物业服务人可以请求法院撤销原业主的赠与行为。在买卖场合，一般由出卖人和买受人在买卖合同中约定拖欠物业费的承担；如果没有约定，买受人没有查询出卖人是否拖欠物业费之义务，根据合同相对性的原则，拖欠的物业费属于出卖人之个人债务，与买受人无关，买受人无须承担该拖欠的物业费，物业服务人可以向原业主请求支付。

## 案例指引

### 098. 业主认为其没有与物业公司签订物业服务合同，可以拒交物业费吗？[①]

某物业公司将小区业主张某诉至法院，物业公司诉称张某原先能够按时缴纳物业费，但后来变着理由拒缴物业费，物业人员数次打电话和登门催缴无果，请求法院，判令张某支付物业费及滞纳金共7788元。

张某辩称我又没和物业公司签订合同，物业服务期限、内容、质量和收费金额均不明确，也没进行口头约定，再说小区管理脏乱差，物业服务不达标，要求支付物业费毫无依据。

法院认为，物业公司已为涉案小区履行了相应的服务义务，且张某缴过多年物业费，已实际接受了物业管理服务，双方已形成事实物业服务合同关系。依照《民法典》第944条之规定，张某应向物业公司支付物业费，同时根据张某提交的证据，结合到涉案小区实际查看的情况，可以确认物业公司管理服务不到位，但尚不能构成免交物业费的正当理由，酌定对物业费按减少15%计算。关于滞纳金的诉请，因双方未明确约定，加之张某现住小区物业公司仍继续提供服务，为缓和双方矛盾，法院不予支持，依法判决张某支付物业费5865元，双方服判息诉。

### 099. 物业服务合同纠纷中，业主认为欠缴违约金过高，是否可以调整？[②]

被告陶某系案涉房屋的业主，房屋建筑面积为282.5平方米。2018年4月19日，原、被告双方签订某物业服务协议一份，约定由原告按协议约定的内容和标准向被告提供物业管理服务，被告向原告按时交纳

---

① 参见《没签合同，业主可以拒交物业费吗？》，载“豫法阳光”公众号 https://mp.weixin.qq.com/s/pBJBLMj2E2L_m2rEWOyOOA，最后访问日期：2023年3月1日。

② 参见李洁：《某物业公司德州分公司诉陶某物业服务合同纠纷案》，载山东法院网 http://www.sdcourt.gov.cn/nwglpt/resource/cms/article/3980673/7785999/2021100814371427064.pdf，最后访问日期：2023年3月1日。

物业管理费及其他费用；2019 年 9 月 14 日之前物业管理服务费收费标准为 3.8 元每月每平方米，从 2019 年 9 月 15 日开始物业费收费标准为 4.6 元每月每平方米，采用预交形式，业主应当在入住时缴纳 1 年的物业管理费；业主若逾期交付的，每逾期一天则应向被告支付应缴纳款项 1%的违约金。原、被告签订该物业服务协议后，被告欠缴自 2018 年 4 月 19 日至 2019 年 1 月 31 日的物业费计 10091 元，欠缴 2019 年 9 月 15 日至 2021 年 1 月 31 日期间的物业费计 3736 元，共计 13827 元。2020 年 12 月 18 日，原告向被告邮寄送达物业费催款通知书，通知书载明自 2018 年 4 月 19 日起至 2021 年 1 月 31 日被告欠缴物业费共计 13827 元。该物业通知书快件于 2020 年 12 月 20 日被签收。原告另提交多组照片及银行回单以证实其按物业服务协议的约定进行了物业服务。

本案中，原、被告签订的物业服务协议，被告在协议中签名并按手印，对合同内容进行了确认，签订合同系当事人真实意思表示，合同内容亦不违反法律、行政法规的强制性规定，合法有效，法院予以确认。原、被告均应依约履行协议约定义务，原告进行了物业服务，被告未按约定及时足额交纳物业费已构成违约，原告向被告进行了书面催收，因此，原告有权要求被告按服务协议约定支付 2018 年 4 月 19 日至 2021 年 1 月 31 日期间的物业费。

原告物业公司要求被告陶某按照协议约定支付日 1%的违约金，法院认为该违约金的标准过高，根据“补偿性为主、惩罚性为辅”的违约金立法宗旨，综合考虑被告违约行为的情节、过错程度及给原告造成的损失，依据公平原则，对违约金的计算标准依法酌定为按银行同期 1 年期贷款利率支付，2019 年 8 月 20 日后按全国银行间同业拆借中心公布的 1 年期贷款市场报价利率支付，并以相应时间点应付未付的物业费为基数，分段计算。

## 关联参见

《物业管理条例》第 7 条、第 40—44 条；《最高人民法院关于审理物业服务纠纷案件适用法律若干问题的解释》第 2 条、第 3 条

**第九百四十五条　【业主的告知、协助义务】** 业主装饰装修房屋的，应当事先告知物业服务人，遵守物业服务人提示的合理注意事项，并配合其进行必要的现场检查。

业主转让、出租物业专有部分、设立居住权或者依法改变共有部分用途的，应当及时将相关情况告知物业服务人。

## 关联参见

《物业管理条例》第49—55条

**第九百四十六条　【业主解聘物业服务人】** 业主依照法定程序共同决定解聘物业服务人的，可以解除物业服务合同。决定解聘的，应当提前六十日书面通知物业服务人，但是合同对通知期限另有约定的除外。

依据前款规定解除合同造成物业服务人损失的，除不可归责于业主的事由外，业主应当赔偿损失。

**第九百四十七条　【物业服务人的续聘】** 物业服务期限届满前，业主依法共同决定续聘的，应当与原物业服务人在合同期限届满前续订物业服务合同。

物业服务期限届满前，物业服务人不同意续聘的，应当在合同期限届满前九十日书面通知业主或者业主委员会，但是合同对通知期限另有约定的除外。

**第九百四十八条　【不定期物业服务合同的成立与解除】** 物业服务期限届满后，业主没有依法作出续聘或者另聘物业服务人的决定，物业服务人继续提供物业服务的，原物业服务合同继续有效，但是服务期限为不定期。

当事人可以随时解除不定期物业服务合同，但是应当提前六十日书面通知对方。

**第九百四十九条 【物业服务合同终止后原物业服务人的义务】** 物业服务合同终止的，原物业服务人应当在约定期限或者合理期限内退出物业服务区域，将物业服务用房、相关设施、物业服务所必需的相关资料等交还给业主委员会、决定自行管理的业主或者其指定的人，配合新物业服务人做好交接工作，并如实告知物业的使用和管理状况。

原物业服务人违反前款规定的，不得请求业主支付物业服务合同终止后的物业费；造成业主损失的，应当赔偿损失。

## 实务应用

### 094. 物业服务合同终止后，物业服务人还负有哪些义务？

物业服务合同终止后，当事人仍然负有一定的后合同义务。所谓后合同义务，属于附随义务的一种，是指在合同关系终止后，当事人依据法律法规的规定，以及诚信原则的要求对另一方负有保密、协助等义务。

物业服务人在合同终止后所应承担的后合同义务主要包括以下内容：

第一，在约定期限或者合理期限内退出物业服务区域。所谓退出，是指物业服务人及其工作人员应当离开相应的物业服务区域，如相关的工作人员应当退出物业服务用房，物业服务人所雇用的保安、门卫应当离开保安室、门卫室等，不得继续占用相关区域。因为物业服务合同终止后，物业服务人没有合法正当的理由继续占用相关区域。当事人可以在物业服务合同中对合同终止后物业服务人的退出期限作出明确约定，如果没有约定，应当在合同终止后，给予物业服务人一定的合理期限，让物业服务人在该合理期限内有序退出。

第二，妥善交接义务，包括移交物业服务用房和相关设施，以及物业服务所必需的相关资料，配合新物业服务人做好交接工作。这主要是因为，物业服务合同已经终止，物业服务人已经丧失占用物业服务用房和相关设施、物业服务所必需的相关资料等的法律依据，因此应当将其交还。物业服务用房和相关设施、物业服务所必需的相关资料等应当交还给业主委员会、决定自行管理的业主或者其指定的人，指定的人往往为业主或者业主委员会选聘的新物业服务人，直接移交给新物业服务人，不仅可以提高交接效率，还能最大限度地维护全体业主的利益。

第三，如实告知物业的使用和管理状况。物业服务合同终止后，物业服务人不仅要移交物业服务用房和相关设施、物业服务所必需的相关资料等，同时还要如实告知物业的使用和管理情况，尤其是与业主人身、财产安全密切相关的重要情况，例如某单元楼内某部电梯出现了故障仍待维修，小区门禁出现故障任何人可以自由进出，专项维修资金的使用情况，等等。告知的对象，既包括全体业主、业主委员会，也包括新物业服务人。因为业主对物业的使用和管理情况有知情权，物业服务人应当接受业主的监督，在其即将完全退出物业服务区域前，自然应当将有关物业使用和管理的情况如实告知业主。而之所以要告知新物业服务人，是因为新物业服务人即将接管物业服务和管理，为了尽快进入角色，应当及时全面了解和掌握物业的使用、管理情况，这也是新物业服务人的义务，而原物业服务人对物业的使用和管理情况最为了解，应当负有将这些情况如实告知新物业服务人的义务，以保护业主的共同利益。

### 关联参见

《最高人民法院关于审理物业服务纠纷案件适用法律若干问题的解释》第3条

**第九百五十条　【物业服务合同终止后新合同成立前期间的相关事项】**物业服务合同终止后，在业主或者业主大会选聘的新物业服务人或者决定自行管理的业主接管之前，原物业服务人应当继续处理物业服务事项，并可以请求业主支付该期间的物业费。

# 第二十五章　行纪合同

**第九百五十一条　【行纪合同的概念】** 行纪合同是行纪人以自己的名义为委托人从事贸易活动，委托人支付报酬的合同。

## 条文解读

**行纪合同的特征** ➲ 行纪合同具有以下特征：

1. 行纪人从事贸易行为

根据行纪合同的定义，行纪人从事的活动限于贸易行为，这是行纪合同和委托合同的重要区别。就行纪合同的适用范围来说，如何界定“贸易行为”是关键。传统的“贸易”主要是指商品买卖、交易。随着经济社会的不断发展，贸易的范围或者客体也在不断扩大。现代社会的贸易已经不再限于动产的商品交易，行纪活动也不应当再限于传统的商品贸易，而是可以包括更多财产权益的管理、处分，例如房地产买卖、证券交易、期货交易和信托等。基于现实生活的需要，现在已经有很多新兴行业都出现了专门从事行纪工作的专业机构和人员。例如，在房地产市场，有的房产中介机构也有从事不动产买卖的行纪活动（尽管很多房产中介机构主要是以中介人即居间人的身份提供房屋买卖或者租赁的中介服务）。在金融领域，证券资产管理业务是证券经营机构在传统业务基础上发展的新型业务，是委托人将自己的证券资产交给证券公司，由证券公司以自己的名义为委托人提供理财服务的行为，也属于一种行纪。

2. 行纪人应当具有相应的资质

在现代社会，行纪被广泛运用于各种商业活动中，行纪人从事的某种贸易行为具有专业性的特点，往往需要具备相应的资质。行纪人一般专门从事贸易活动，其开业和经营往往需要经过国家有关部门的审批或者登记，并不是所有民事主体都可以无条件地成为行纪人从事行纪业务。例如，从事证券资产管理业务的证券公司，必须符合条件并依法设立。2019 年修订的《证券法》第 118 条规定了设立证券公司应当具备的条件，同时要求经国务院证券监督管理机构批准。未经国务院证券监督管理机构批准，任何单位和个人不得以证券公司名义开展证券业务活动。

3. 行纪人的行为是以自己的名义

根据行纪的定义，行纪人必须以自己的名义为委托人从事贸易行为，而非委托人的名义。这也是行纪人和受托人、代理人的重要区别。受托人可以委托人的名义进行民事活动，也可以自己的名义。代理人则只能以被代理人的名义进行民事法律行为，其在代理权限内从事的代理行为的法律后果直接由被代理人承担。行纪人从事贸易行为的法律后果由行纪人承担，委托人可能不知道行纪人的相对人是谁，相对人也可能不知道委托人是谁，委托人和行纪人的相对人之间并不发生直接的法律关系。在行纪中一般存在两个法律关系，即委托人和行纪人之间的行纪关系，以及行纪人与第三人之间的合同关系。

4. 行纪合同为诺成合同、不要式合同、有偿合同、双务合同

行纪合同是诺成合同，只要委托人和行纪人意思表示一致即可成立；是不要式合同，可以采用口头形式、书面形式或者其他形式；是有偿合同，委托人负有向行纪人支付报酬的义务；也是双务合同，行纪人受委托人之委托从事贸易行为，委托人需要向行纪人支付相应的报酬。

## 实务应用

### 095. 行纪合同与委托合同有什么异同？

行纪合同与委托合同相同的特征是：(1) 二者都是基于双方当事人的信任而产生；(2) 二者均为提供服务的合同；(3) 委托人的相对人的义务均是处理一定的事务；(4) 服务的后果均由委托人承受。

行纪合同与委托合同的区别主要在于：(1) 行纪合同的标的是以从事贸易活动为内容的法律行为，而委托合同的标的不限于法律行为，可以是法律行为、具有经济意义的行为或者是事实行为。(2) 因为行纪合同的标的是从事贸易活动，因此，行纪人要有从事一定贸易活动的资

格，例如，证券经纪公司、期货经纪公司必须具有从事证券、期货业务的特殊资格，没有特殊资格不能从事这方面的经纪行为；委托合同的标的范围较为广泛，在处理一般事务时无须特定的资格。(3) 在行纪合同中，行纪人只能以自己的名义进行贸易活动，因而其与第三人订立的合同不能直接对委托人发生效力；而在委托合同中，受托人可以直接以委托人的名义处理事务，因此其与第三人订立的合同直接对委托人发生效力。(4) 行纪合同是有偿合同，而委托合同可以是有偿的，也可以是无偿的，具体由当事人约定。①

**第九百五十二条　【行纪人的费用负担】** 行纪人处理委托事务支出的费用，由行纪人负担，但是当事人另有约定的除外。

**第九百五十三条　【行纪人保管义务】** 行纪人占有委托物的，应当妥善保管委托物。

**第九百五十四条　【行纪人处置委托物义务】** 委托物交付给行纪人时有瑕疵或者容易腐烂、变质的，经委托人同意，行纪人可以处分该物；不能与委托人及时取得联系的，行纪人可以合理处分。

**第九百五十五条　【行纪人按指定价格买卖的义务】** 行纪人低于委托人指定的价格卖出或者高于委托人指定的价格买入的，应当经委托人同意；未经委托人同意，行纪人补偿其差额的，该买卖对委托人发生效力。

行纪人高于委托人指定的价格卖出或者低于委托人指定的价格买入的，可以按照约定增加报酬；没有约定或者约定不明确，依据本法第五百一十条的规定仍不能确定的，该利益属于委托人。

委托人对价格有特别指示的，行纪人不得违背该指示卖出或者买入。

---

① 参见黄薇主编：《中华人民共和国民法典合同编解读》，中国法制出版社 2020 年版，第 1443—1448 页。

第九百五十六条 【行纪人的介入权】行纪人卖出或者买入具有市场定价的商品，除委托人有相反的意思表示外，行纪人自己可以作为买受人或者出卖人。

行纪人有前款规定情形的，仍然可以请求委托人支付报酬。

第九百五十七条 【委托人受领、取回义务及行纪人提存委托物】行纪人按照约定买入委托物，委托人应当及时受领。经行纪人催告，委托人无正当理由拒绝受领的，行纪人依法可以提存委托物。

委托物不能卖出或者委托人撤回出卖，经行纪人催告，委托人不取回或者不处分该物的，行纪人依法可以提存委托物。

第九百五十八条 【行纪人的直接履行义务】行纪人与第三人订立合同的，行纪人对该合同直接享有权利、承担义务。

第三人不履行义务致使委托人受到损害的，行纪人应当承担赔偿责任，但是行纪人与委托人另有约定的除外。

第九百五十九条 【行纪人的报酬请求权及留置权】行纪人完成或者部分完成委托事务的，委托人应当向其支付相应的报酬。委托人逾期不支付报酬的，行纪人对委托物享有留置权，但是当事人另有约定的除外。

第九百六十条 【参照适用委托合同的规定】本章没有规定的，参照适用委托合同的有关规定。

## 第二十六章 中介合同

第九百六十一条 【中介合同的概念】中介合同是中介人向委托人报告订立合同的机会或者提供订立合同的媒介服务，委托人支付报酬的合同。

### 条文解读

中介合同 ➜ 中介合同，是指当事人双方约定一方接受他方的委托，并按照他方的指示要求，为他方报告订立合同的机会或者为订约提供媒介服务，委托人给付报酬的合同。在中介合同中，接受委托报告订立合同的机会或者提供交易媒介的一方为中介人，也称为居间人，给付报酬的一方为委托人。在中介合同中，中介人的主要义务就是提供中介服务以促成委托人和第三人订立合同，包括提供订约信息、据实报告的义务等；而委托人的主要义务是在其与第三人的合同因中介人提供的中介服务而成立后向中介人支付约定的报酬。

中介合同的法律特征有：

1. 中介合同以促成委托人与第三人订立合同为目的

在中介合同中，中介人是为委托人提供服务的，这种服务表现为报告订约的机会或为订约的媒介。中介合同的标的是中介人进行中介活动的结果，其目的在于通过中介活动获取报酬。不论报告中介还是媒介中介，其目的都是促成委托人和第三人订立合同。中介人的活动只有促成委托人与第三人之间建立起有效的合同关系才有意义。

2. 中介人在合同关系中处于介绍人的地位

中介合同的客体是中介人依照合同的约定实施中介服务的行为。无论何种中介，中介人都不是委托人的代理人或当事人一方，中介人只是按照委托人的指示，为委托人报告有关可以与委托人订立合同的第三人，给委托人提供订立合同的机会，或者在当事人之间充当“牵线搭桥”的媒介作用，并不参加委托人与第三人之间具体的订立合同的过程，他的角色只是一个中介服务人，只是在交易双方当事人之间起介绍、协助作用。

3. 中介合同具有诺成性、双务性和不要式性

中介合同的诺成性，是指只要委托人与中介人意思表示一致，中介人就负有依委托人的指示进行中介的义务，而一旦中介人的活动取得结果，委托人就应支付报酬，合同即成立，而无须以实物的交付作为合同成立的要件。

中介合同的双务性，是指中介合同一经成立，当事人双方均需承担一定的义务，而且双方承担的义务具有对待给付性。就中介人而言，中

介人有提供中介服务以促成委托人和第三人订立合同的义务，包括提供订约信息、据实报告的义务等；对委托人而言，合同因中介而成立后，其有支付报酬的义务。

中介合同的不要式性，是指当事人可以采取口头或者书面等合同形式，中介合同的成立无须采用特定的形式。如果约定不明确，应当遵循交易惯例。以提供中介服务为业的中介服务机构或者人员，往往都会有相应的格式合同，为委托人提供更加专业、高效、便捷的服务。

4. 中介合同具有有偿性

中介人以收取报酬为业，中介人促成合同成立后，委托人当然要向中介人支付报酬，作为对中介人活动的报偿。不要报酬促进他人订立合同的行为，不是中介活动，而是一种服务性活动，行为人不承担中介合同中的权利义务。

**第九百六十二条　【中介人的如实报告义务】**中介人应当就有关订立合同的事项向委托人如实报告。

中介人故意隐瞒与订立合同有关的重要事实或者提供虚假情况，损害委托人利益的，不得请求支付报酬并应当承担赔偿责任。

## 案例指引

### 100. “小产权房”买卖合同无效，中介公司是否应承担相应法律责任?[①]

2021年6月，李某经某中介公司介绍，以总价款20万元购买了张某的一套房屋，双方在某中介公司签订了《售房协议》。李某先后将20万元的现金交给某中介公司，该公司将18万元交给张某，2万元作为中介费用。李某支付完房款后，张某却拒不将房屋交付给李某，且说房子

① 参见郭贝：《小产权房买卖闹纠纷 法院判令合同无效》，载河南高级人民法院网 http：//www. hncourt. gov. cn/public/detail. php? id=191682，最后访问日期：2023年3月1日。

已经卖给别人了。后李某了解到，涉案房屋并无产权证明，即使卖房人能够证明其为房屋权利人，依据相关法律、法规规定的意见，卖房合同也应当视为无效合同，自己的权利无法获得法律保护。无奈之下，李某向法院提起诉讼，要求确认合同无效并返还房款、中介费。

法院经审理认为，案涉房屋系建设在农村集体土地上的房屋，原告李某与被告张某均非案涉房屋所在地集体经济组织成员。双方签订的房屋买卖合同违反了法律、行政法规的强制性规定，为无效民事法律行为，因此双方的房屋买卖合同应当为无效合同。合同无效后，因该合同取得的财产，应当予以返还，同时，中介公司提供服务并收取中介费，却隐瞒了房屋存在重大争议这一重要事实，损害了原告利益，应返还中介费。故二被告需返还原告已支付的购房款20万元。

### 关联参见

《房地产经纪管理办法》第21条

**第九百六十三条　【中介人的报酬请求权】**中介人促成合同成立的，委托人应当按照约定支付报酬。对中介人的报酬没有约定或者约定不明确，依据本法第五百一十条的规定仍不能确定的，根据中介人的劳务合理确定。因中介人提供订立合同的媒介服务而促成合同成立的，由该合同的当事人平均负担中介人的报酬。

中介人促成合同成立的，中介活动的费用，由中介人负担。

### 关联参见

《房地产经纪管理办法》第17—19条

**第九百六十四条　【中介人的中介费用】**中介人未促成合同成立的，不得请求支付报酬；但是，可以按照约定请求委托人支付从事中介活动支出的必要费用。

## 案例指引

### 101. 购房合同解除，“团购服务费”能退吗？[①]

老陈打算入手一套商品房，于是和开发商签订了一份商品房出售合同，欲购买位于上海嘉定区的一处商品房，并支付购房款百万余元。支付房款当天，老陈还额外支付10万元，收据上记载“团购服务费”。购买合同签订后，开发商迟迟未交房，老陈遂诉至法院，要求与开发商解除合同，法院依法判决解除了购房合同，判令开发商退还房款。后老陈翻出了当时额外支付的10万元收据，发现收据上盖的章竟然不是开发商，而是上海某企业管理服务所（以下简称服务所）。老陈诉至法院，要求服务所返还10万元团购服务费。

上海奉贤法院经审理认为，原告老陈支付的10万元确由被告服务所收取，收据既然记载收款事由是“团购服务费”，表明原告老陈对其本人参加团购事宜知情。根据双方合同性质，可以认定被告服务所向原告老陈提供了中介服务。但即使原告老陈享受了“团购”优惠，在老陈与开发商的合同已经因开发商违约而被解除的情况下，被告服务所全额占有原告老陈的“团购服务费”也失去了原有的法律基础，应将“团购服务费”扣除必要费用后返还，并承担原告老陈的利息损失。

据此，上海奉贤法院判定被告服务所返还原告老陈90000元并承担老陈的利息损失。

本案中，被告服务所在收款事由中写明是“团购服务费”，但实际上由于开发商违约，原告老陈的购房交易最终落空。在此情况下，如果允许被告服务所全额收取原告老陈的服务费，显然对老陈有失公允，故

① 参见毛小利、毛振亚：《购房合同解除“团购服务费”能退吗？法院：中介人未促成合同成立不得请求支付报酬》，载上海市高级人民法院网 https：//www. hshfy. sh. cn/shfy/web/xxnr. jsp？ pa=aaWQ9MjAyMTM4MTQmeGg9MSZsbWRtPWxtNTE5z&zd=xwzx，最后访问日期：2023年3月1日。

在酌情扣除被告服务所支出的必要费用后，其余款项仍返还给原告老陈，从而保护双方权益。

**第九百六十五条　【委托人“跳单”应支付中介报酬】** 委托人在接受中介人的服务后，利用中介人提供的交易机会或者媒介服务，绕开中介人直接订立合同的，应当向中介人支付报酬。

## 条文解读

**跳单** ➲ 本条规定情形在实践中称为“跳单”，是指委托人接受中介人的服务后，利用中介人提供的订约信息或者媒介服务，绕开中介人直接与第三人签订合同的行为，其目的是规避向中介人支付报酬义务。

委托人的行为构成本条规定的“跳单”应当具备以下要件：第一，委托人接受了中介服务。中介人接受委托后，履行了向委托人报告订约机会或者提供媒介服务的义务，委托人接受了中介人提供的服务，这是中介人获取报酬的权利来源。中介合同是双务、有偿合同，委托人支付报酬须以中介人提供约定的、有价值的中介服务为对价。第二，委托人绕开中介人直接与第三人订立合同。委托人与第三人私下订立合同，并未通过中介人，或者委托人在中介人之外，又委托其他人从事中介服务，通过其他中介人与第三人订立了合同。也就是说，客观上，委托人实施了“跳”过中介人的行为。“跳”的形式有两种，一是委托人直接与第三人私下订立合同，二是委托人通过其他中介人与第三人订立合同。第三，委托人与第三人合同的订立，主要是由于委托人利用了中介人提供的交易机会或者媒介服务，或者说合同订立与中介人的中介服务具有因果关系。这是判断委托人的行为构成“跳单”并应当向中介人支付报酬的关键。不论委托人是私下与第三人直接订立合同，还是通过其他中介人与第三人订立合同，只要委托人利用了中介人提供的交易机会或者媒介服务，就构成“跳单”，是否存在其他中介人并不是关键因素。一般而言，只要委托人实际接受了中介人的中介服务，又与第三人订立了合同，就可以推定该合同之成立与中介人提供的服务有因果关系。如果委托人认为其没有利用中介人的交易机会或者媒介服务，应当承担举证责任。实践中，委托人可能自己事先也通过各种渠道收集了一些信息，知晓第三人的情况，而中介人又向委托人重复报告了该第三人的情况，例如中介人提供的是公开的、委托人可以轻易获得的信息，中介人的报告对委托人来说可能是毫无价值的，委托人与第三人订立合同，就不能认为利用了中介人提供的交易机会或者媒介服务。但是，委托人要对其在中介人提供订约信息前就已知晓第三人的有关情况，并未利用中介人提供的交易机会或者媒介服务承担举证责任。

## 案例指引

### 102. 如何认定“跳单”行为及法律后果？[①]

2020 年 12 月，初某为方便孩子就近上学，计划购买一套学区房，遂找到蓬莱区某中介公司，委托其帮助寻找合适的房源。双方签订《购房委托协议》，约定初某委托中介公司提供房源、看房及中介服务，初某应于购房成功后给付中介公司报酬，即购房款总额的 1%。

协议签订后，中介公司为初某提供了一套毗邻某中学的学区房，并先后两次带领初某实地看房，其间双方多次通过微信、电话等方式沟通看房、购房事宜，初某对房屋很满意，意欲购得此房。后初某通过朋友打听到房主联系方式，遂绕开中介公司与房主私下协商购得此房，并办理了过户登记手续。事后，中介公司多次与初某协商，要求初某支付报酬，均被初某拒绝。2021 年 2 月，中介公司将初某诉至烟台市蓬莱区人民法院，要求初某支付报酬及违约金。

经过法官及调解员的调解工作，初某同意当庭一次性给付中介公司报酬 10000 元，该案调解结案，最终案结事了。

---

① 参见李宁：《蓬莱区某中介公司诉初某中介合同纠纷案》，载山东法院网 http://www.sdcourt.gov.cn/nwglpt/resource/cms/article/3980673/7138576/2021060208564022806.pdf，最后访问日期：2023 年 3 月 1 日。

本案中，初某虽然是通过朋友与房主沟通后签订买卖合同，但其接受了中介人的服务，并利用中介人提供的服务签订了合同，其为少交、不交中介费而绕开中介人直接与房主订立合同的行为，符合“跳单”违约的构成要件，即（1）委托人接受了中介人的服务；（2）委托人利用了中介人提供的信息机会或者媒介服务；（3）委托人绕开中介人直接订立合同。

《民法典》第965条明确规定了“跳单”行为的法律后果。该条文作为分则部分的新增规定，明确禁止“跳单”行为，认可中介合同中“跳单”违约条款的法律效力。此外，即使中介合同中没有关于“跳单”行为属于违约的内容，委托人利用中介人提供的独家资源或者服务后绕过中介人达成交易的，中介人也可以依照上述规定向委托人主张权利。

**第九百六十六条　【参照适用委托合同的规定】**本章没有规定的，参照适用委托合同的有关规定。

## 第二十七章　合伙合同

**第九百六十七条　【合伙合同的定义】**合伙合同是两个以上合伙人为了共同的事业目的，订立的共享利益、共担风险的协议。

### 条文解读

**合伙合同** ➔ 合伙合同主要有以下几个特征：

1. 对合伙人有所限制

根据合伙合同的定义，合伙合同的主体为两个以上的合伙人。合伙人的数量要求两个以上，只有一个则无法成立合伙。当因合伙人死亡、丧失民事行为能力、终止等原因，合伙人数量减少到一个时，合伙合同终止。作为合伙合同主体的合伙人，可以是自然人、法人或者非法人组织。但是，合伙人并不是没有完全限制，不是所有民事主体都可以成为合伙人。《合伙企业法》第3条规定：“国有独资公司、国有企业、上市公司以及公益性的事业单位、社会团体不得成为普通合伙人。”普通合伙人是对合伙企业债务承担无限连带责任的合伙人。而合伙合同中的合伙人，对合伙债务承担无限连带责任。国有独资公司、国有企业、上市公司如果成为合伙人，就要以其全部财产对合伙债务承担责任，这不利于保护国有资产和上市公司股东的利益。从事公益性活动的事业单位、社会团体，因其从事的活动涉及公共利益，其自身财产也不宜对外承担无限连带责任，因此，国有独资公司、国有企业、上市公司以及公益性的事业单位、社会团体不得成为合伙企业的普通合伙人，原则上也不得与他人订立合伙合同成为合伙人。

2. 为了共同目的或者共同利益

合伙人订立合伙合同是为了达到共同的事业目的，实现共同的利益，这是合伙合同最重要的特征，也是合伙合同与其他类型的合同最主要的区别之一。所谓“共同的事业目的”，可以是营利性的目的，也可以是非营利性的目的，如公益目的。“共同的利益”，可以是物质上、经济上的利益，也可以是其他方面的利益。就一般的合同而言，虽然合同的双方或者多方当事人总体目标是一致的，都是为了实现合同目的，例如买卖合同中的出卖人和买受人都希望交易达成，但是，从当事人的角度出发，他们的目的或者权利义务有可能是不一致甚至是完全对立的。出卖人的目的是以标的物的所有权换取相应的价款，其权利是获取买受人支付的价款，义务是交付标的物转移所有权；而买受人的目的是以一定的价款换取标的物的所有权，权利是取得标的物的所有权，义务是支付标的物的价款。双方的目的或者权利义务是相对的关系，当事人之间处于对立或者竞争的关系。而合伙合同中，所有合伙人的目的具有一致性，权利义务的内容或者说方向也具有一致性，都是为了实现共同的事业目的，原则上都享有表决权、执行权、监督权等权利，都负有出资等义务，都要对合伙债务承担连带责任，完全是一种合作关系而非对立关系。通俗地说，一般合同当事人之间的权利义务是“此消彼长”的关系，而合伙合同的所有合伙人之间则是“共消共长”的关系。

3. 共享利益、共担风险

如前所述，合伙合同的所有合伙人之间具有共同的事业目的，是合作共赢的关系。因此，所有合伙人就应当共享合伙经营之利益，共担合伙经营之风险。可以说，合伙合同中的全体合伙人是“一荣俱荣，一损俱损”的关系。目的的共同性决定了所有合伙人共享利益、共担风险，不能只由部分合伙人享受利益或者承担风险，否则有违合伙合同之目的。

4. 合伙具有较强的人合性和一定的组织性

合伙合同的成立是基于合伙人之间的互相信任，合伙人之间可以互为代理人，且全体合伙人对合伙债务承担连带责任。合伙人具有共同的事业目的，共享利益、共担风险。因此，合伙具有较强的人合性。这决定了合伙人不得擅自处分自己在合伙财产中的份额，以及合伙人的债权人不得代位行使合伙人对合伙的权利等。

基于本章规定的合伙合同形成的合伙，具有一定的组织性，但又不是完全独立的组织体，不具有民事主体资格。这是基于本章规定的合伙合同成立的合伙与合伙企业的重要区别。合伙企业具有民事主体资格，属于《民法典》总则编中规定的非法人组织，具有民事权利能力和民事行为能力，可以依法享有民事权利和承担民事义务。合伙企业包括依照《合伙企业法》在中国境内设立的普通合伙企业和有限合伙企业，有普通合伙人和有限合伙人之分。合伙企业是完全独立的、组织严密的组织体。合伙企业有自己的财产，合伙企业对其债务应先以其全部财产进行清偿；当合伙企业的财产不足以清偿到期债务时，再由合伙人承担无限连带责任。而本章规定的契约型合伙，具有一定的组织性，但是其组织性相对于合伙企业来说较为松散，即使基于合伙人的出资和合伙事务可以形成合伙财产，也并不是必须先由合伙财产承担合伙债务，合伙的债权人可以对所有合伙人的所有财产（包括合伙财产以内和以外的财产）提出请求权。有观点将合伙企业称为“企业型合伙”或者“组织型合伙”，将基于合伙合同成立的未形成组织的合伙称为“契约型合伙”或者“协议型合伙”。

5. 不要式合同、继续性合同

《民法典》对合伙合同的订立形式没有作出特别要求，可以是口头形式，也可以是书面形式或者其他形式。合伙合同为不要式合同。

合伙合同是继续性合同。不论合伙合同的共同事业目的是持续性的还是临时性的，都不影响合伙合同为继续性合同。合伙人履行义务的行为不是一次性的，只要共同目的仍未实现，所有合伙人都应持续履行其义务。作为继续性合同，合伙合同在解除等方面也与非继续性合同有所不同，例如合同的解除不具有溯及力，仅向将来发生效力。①

**第九百六十八条　【合伙人的出资义务】**合伙人应当按照约定的出资方式、数额和缴付期限，履行出资义务。

**关联参见**

《合伙企业法》第16条、第17条

**第九百六十九条　【合伙财产的定义】**合伙人的出资、因合伙事务依法取得的收益和其他财产，属于合伙财产。

合伙合同终止前，合伙人不得请求分割合伙财产。

**关联参见**

《合伙企业法》第20条、第21条

**第九百七十条　【合伙事务的执行】**合伙人就合伙事务作出决定的，除合伙合同另有约定外，应当经全体合伙人一致同意。

合伙事务由全体合伙人共同执行。按照合伙合同的约定或者全

① 参见黄薇主编：《中华人民共和国民法典合同编解读》，中国法制出版社2020年版，第1506—1509页。

体合伙人的决定，可以委托一个或者数个合伙人执行合伙事务；其他合伙人不再执行合伙事务，但是有权监督执行情况。

合伙人分别执行合伙事务的，执行事务合伙人可以对其他合伙人执行的事务提出异议；提出异议后，其他合伙人应当暂停该项事务的执行。

**关联参见**

《合伙企业法》第26—36条

**第九百七十一条　【合伙人执行合伙事务不得请求支付报酬】** 合伙人不得因执行合伙事务而请求支付报酬，但是合伙合同另有约定的除外。

**第九百七十二条　【合伙的利润分配和亏损分担】** 合伙的利润分配和亏损分担，按照合伙合同的约定办理；合伙合同没有约定或者约定不明确的，由合伙人协商决定；协商不成的，由合伙人按照实缴出资比例分配、分担；无法确定出资比例的，由合伙人平均分配、分担。

**关联参见**

《合伙企业法》第33条

**第九百七十三条　【合伙人对合伙债务的连带责任及追偿权】** 合伙人对合伙债务承担连带责任。清偿合伙债务超过自己应当承担份额的合伙人，有权向其他合伙人追偿。

**关联参见**

《合伙企业法》第38—40条

**第九百七十四条　【合伙人转让财产份额的要求】** 除合伙合同另有约定外，合伙人向合伙人以外的人转让其全部或者部分财产份额的，须经其他合伙人一致同意。

### 关联参见

《合伙企业法》第22条、第23条

**第九百七十五条　【合伙人债权人代位行使权利的限制】** 合伙人的债权人不得代位行使合伙人依照本章规定和合伙合同享有的权利，但是合伙人享有的利益分配请求权除外。

### 实务应用

#### 096. 合伙人的债权人是否可以代位行使合伙人对合伙的权利？

代位权，是指债权人以自己的名义依法代替债务人行使债务人之权利的权利。代位权是保全债权的方法之一。当债务人享有对第三人的权利而怠于行使，使债务人的收益或财产遭受损失，从而损害债权人利益时，债权人便可代位行使债务人应行使的权利，以保护债权的实现。依据《民法典》第535条的规定，代位权的行使应当符合以下条件：债权人享有对债务人的到期债权；债务人须享有对第三人的财产权利，包括但不限于债权；债务人怠于行使该权利；债务人迟延履行其债务；等等。

合伙人在合伙中不仅享有财产性质的利益分配请求权，还包括其在合伙中的表决权等身份权及合伙事务执行权、监督权等其他权利。合伙人的债权人要求合伙人偿还债务，只能通过与合伙人签订合同或通过诉讼的方式，获得对合伙人在合伙中利益分配的请求权或者分割其在合伙财产中的份额以实现债权，而对合伙人的其他具有人身属性的权利，如合伙事务执行权、重大事务表决权、对合伙的监督权等均没有请求权。此外，合伙还具有一定的组织性，合伙人一旦出资就成为合伙财产，合伙人的出资和其他因合伙取得的财产都是合伙财产，属于所有合伙人共同共有。基于共同共有的理论，在合伙合同终止前，合伙人不得请求分割合伙财产，也不得随意处分合伙财产以及合伙人在合伙财产中的份额。如果允许合伙人的债权人代位行使合伙人对合伙的权利，那就相当于变相分割或者处分了合伙财产。基于以上理由，本条规定合伙人的债权人原则上不得代位行使合伙人在合伙中的权利。

但是，当合伙人的自有财产不足以清偿其债务时，还是可以以基于合伙产生的其他财产性权利来进行清偿。合伙财产是由合伙人投入合伙的原始出资、出资收益及其他财产收益形成的。合伙人将其出资投入合伙即变成合伙财产，是合伙经营的必要条件，如果允许合伙人以这部分财产清偿自身债务就意味着要对这种财产进行处分，势必要求对合伙财产进行分割，并按份额予以减出，其结果必然对合伙经营造成负面影响，因此不允许合伙人直接以其在合伙财产中的份额清偿自身债务。合伙人对合伙享有的权利，既包括具有人身属性的权利，也包括财产权利，如利益分配请求权。为了既维护合伙的利益，又考虑到合伙人的债权人实现债权的要求，本条规定允许合伙人的债权人代位行使该合伙人基于合伙享有的利益分配请求权。债权人行使合伙人的利益分配请求权，并不影响合伙的人合性和组织性，也不减少合伙财产，对合伙经营来说并无害处，应当允许。

### 关联参见

《合伙企业法》第 41 条、第 42 条

**第九百七十六条　【合伙期限的推定】** 合伙人对合伙期限没有约定或者约定不明确，依据本法第五百一十条的规定仍不能确定的，视为不定期合伙。

合伙期限届满，合伙人继续执行合伙事务，其他合伙人没有提出异议的，原合伙合同继续有效，但是合伙期限为不定期。

合伙人可以随时解除不定期合伙合同，但是应当在合理期限之前通知其他合伙人。

**第九百七十七条　【合伙人死亡、民事行为能力丧失或终止时合伙合同的效力】**合伙人死亡、丧失民事行为能力或者终止的，合伙合同终止；但是，合伙合同另有约定或者根据合伙事务的性质不宜终止的除外。

**关联参见**

《合伙企业法》第 80 条

**第九百七十八条　【合伙合同终止后剩余财产的分配规则】**合伙合同终止后，合伙财产在支付因终止而产生的费用以及清偿合伙债务后有剩余的，依据本法第九百七十二条的规定进行分配。

## 第三分编　准合同

## 第二十八章　无因管理

**第九百七十九条　【无因管理的定义及法律效果】**管理人没有法定的或者约定的义务，为避免他人利益受损失而管理他人事务的，可以请求受益人偿还因管理事务而支出的必要费用；管理人因管理事务受到损失的，可以请求受益人给予适当补偿。

管理事务不符合受益人真实意思的，管理人不享有前款规定的权利；但是，受益人的真实意思违反法律或者违背公序良俗的除外。

**条文解读**

**无因管理** ➲ 无因管理制度作为债的主要发生原因之一，是一种重要的民事制度。无因管理虽是法律所鼓励的合法行为，但毕竟具有干涉他人事务的特征，为了避免被滥用，应当对其构成要件作出明确规定，让其在社会观念许可的限度和范围内发挥积极作用。

根据本条的规定，无因管理应当满足以下要件：

首先，管理人对所管理的事务没有法定或者约定的义务。管理人对管理他人事务是否有法定或者约定义务，是认定是否构成无因管理的前提条件。这里的法定义务是指法律法规直接规定的义务，不限于《民法典》规定的义务，例如《民法典》婚姻家庭编规定的抚养义务，还包括其他法律、行政法规规定的义务。约定的义务是指因当事人之间约定而产生的义务，例如委托合同、运输合同、保管合同等典型合同中约定的义务。管理人管理事务不论是履行法定义务，还是履行约定义务，均不构成无因管理。无因管理制度是一种民事制度，只调整平等民事主体之间的关系，不调整公法上的义务，对于行政机关履行行政法等公法上的义务，例如公安机关救人就是履行公法上的义务，虽客观上是管理他人事务，但不构成无因管理行为。管理人在进行管理时没有法定或者约定义务，既包括在开始管理时没有任何法定或者约定义务，也包括在管理过程中没有法定或者约定义务。例如，在开始管理前无义务的，可成立无因管理。在开始管理时有义务，但根据义务进行管理的过程中义务消失的，则从义务消失时开始构成无因管理。需要特别强调的是，本条中的“管理人没有法定的或者约定的义务”是指管理人既没有法定的义务，也没有约定的义务，而非二者居其一。也就是说，管理人没有约定义务，但依据法定义务应管理他人事务的不构成无因管理；管理人没有法定义务，但依据约定义务应管理他人事务的也不构成无因管理；只有在既没有法定义务，也没有约定义务的情况下对他人事务进行的管理才构成本法所规定的无因管理。

其次，管理人管理他人的事务。这里的他人事务是指有关人们生活利益并能成为债务目的的一切事项，既可以是涉及他人经济利益的事项，也可以是涉及他人非经济利益的事项，既可以是管理财产的事项，也可以是提供服务的事项。对于管理属于自己的事务或者不适宜由他人管理的事务，不得作为无因管理的事项。一般情况下，下列事项不宜作为无因管理的事项：一是违法行为，例如为他人销赃等；二是必须经本人授权、同意或者必须由本人亲为的行为，例如股东的投票权，演员亲自表演节目等；三是违反公序良俗的行为；四是单纯属于管理人自己的事项。本规定中的“管理”是指处理事务的行为，是广义的，既包括对财产的保管、利用、改良或者处分行为，也包括提供劳务服务等行为。至于管理他人事务的目的是否最终达到，不影响无因管理的成立。也就是说，即使本人未因管理人的管理行为而获得利益，或者甚至因此还受到损失，也不影响无因管理的成立。这里的“事务”应当是他人事务。如果不是为他人事务或者误信为他人事务，则不构成真正的无因管理，但管理人在管理他人事务的过程中可以同时兼顾自己的利益。在合同无效、被撤销或者不成立的情形下，双方当事人之前互为的行为因都自认为是履行约定的义务，而非为管理他人事务，所以不构成无因管理，但属于不当得利的，双方当事人可以根据不当得利制度处理各自的权利义务关系。好意施惠的行为虽表面具有管理他人事务的行为，但因管理人没有受约束的意思，例如实践中的好意同乘行为、代某人投信等行为，属于社会应酬行为，原则上受道德规范，不纳入无因管理范围。

最后，管理人具有管理他人事务的意思，即管理人有为他人谋取利益的意思或者有使管理行为所生的利益归于他人的意思。无因管理制度中的管理人客观上干涉了他人事务，若其主观上没有为他人利益进行管理的意思，必将损害他人权益，管理人也有可能从中获得利益，这违背了无因管理制度的设立目的，所以管理人有无管理意思是区分无因管理与侵权行为、不当得利的重要标准。管理人的这种意思无须明确表示出来，只要认识到所管理的事务属于他人事务，并且没有将其作为自己的事务进行管理的想法和意思，就可以认定为具有管理他人事务的意思。管理人是否具有管理意思，可以从管理人是否具有“为避免本人利益受损害”的目的、效果等因素综合判断。管理人要具有管理他人事务的意思，并不意味着要明确知道他人具体是谁，即使不知道他人具体是谁，也不影响无因管理的成立。但是，若管理人与本人就是否具有管理意思产生争议，原则上应当由管理人承担举证责任。

## 实务应用

### 097. 无因管理制度与代理制度有什么区别?

无因管理制度虽与代理制度都具有管理他人事务的共同点,但二者是不同的制度:第一,代理制度中的代理行为是基于法定或者约定义务而发生的,而无因管理制度中的管理行为恰恰是基于没有法定义务或者约定义务而发生的。第二,代理人代理的行为原则上为民事法律行为,而无因管理中的管理行为既可以是民事法律行为,也可以是事实行为。第三,代理制度调整被代理人、代理人与第三人之间的关系,而无因管理制度原则上只调整管理人与本人之间的关系。第四,代理人从事代理行为原则上不得为自己代理,但无因管理中的管理人在管理时既可为他人利益也可为自己的利益。第五,代理人从事代理行为既可以无偿也可以有偿,而无因管理制度中的管理人从事管理行为原则上为无偿。

### 098. 无因管理与见义勇为制度有什么区别?

《民法典》第 183 条、第 184 条对见义勇为制度作了规定。总则编规定的见义勇为是指行为人为了他人利益而实施的保护或者救助他人的行为。从内涵上讲,其符合无因管理的构成要件,应当属于无因管理的一部分,但从法律效果看,见义勇为制度与一般的无因管理制度又有所不同。首先,在一般的无因管理中,管理人享有直接请求本人(即受益人)偿还必要费用和对损害给予适当补偿的权利。但根据《民法典》第 183 条的规定,在见义勇为中,因保护他人民事权益使自己受到损害的,由侵权人承担民事责任,受益人可以给予适当补偿。没有侵权人、侵权人逃逸或者无力承担民事责任,受害人请求补偿的,受益人才应当给予适当补偿。其次,见义勇为的行为人因自愿实施紧急救助行为造成受助人损害的,救助人不承担民事责任。但是在一般的无因管理中,管理人在管理过程中因过错行为造成本人损害的,应当承担民事责任。从这个角度讲，见义勇为属于一种特殊的无因管理行为，因在《民法典》中有特别规定，所以应当首先适用《民法典》的特别规定。①

**案例指引**

### 103. 行为人在没有法定和约定义务时，为了防止他人利益受损关闭水阀导致自己受伤，是否构成无因管理？②

2018年2月的一天，乌鲁木齐市米东区某小区内，突然发生自来水水管爆裂事故。

“水溢到地下室，足足有30厘米深，再没人管损失会更大。”家住该小区的李某及时向物业公司反映了相关情况。但物业公司迟迟未派人来处理，李某找到社区，社区工作人员建议居民先想办法把自来水总阀门关闭，再联系修理工。

李某和邻居王某商量后，一同将井盖打开，关闭了供水总阀门，但在此期间，井盖不慎滑落，砸在了李某的脚上。事后，李某住院治疗13天。

出院后，李某越想越郁闷：物业公司作为小区管理者，负有对自来水管的维修义务，却迟迟不修，自己则是为了避免造成更大损失主动采取措施，因此而受伤，物业公司不该负责吗？

然而，他多次与物业公司协商均无果。于是，他将物业公司起诉至乌鲁木齐市米东区人民法院，要求其赔偿损失4万余元。

物业公司认为自己没有赔偿的义务，并提出了多项理由：李某虽然是小区的业主，但其所住的单元楼已经被政府列入征收范围，物业仅提供打扫卫生等服务；李某自2017年6月以后便未向物业公司交物业费用；发生水管爆裂的当日，物业公司联系了自来水公司前来修理；该单

---

① 参见黄薇主编：《中华人民共和国民法典合同编解读》，中国法制出版社2020年版，第1552—1562页。

② 参见张秀：《【新疆法制报】水管爆裂 居民紧急关阀受伤 法院：构成无因管理 物业应赔偿》，载新疆法院网 http：//xjfy. xjcourt. gov. cn/article/detail/2019/07/id/4180315. shtml，最后访问日期：2023年4月11日。

元楼前期也发生过自来水管爆裂事故，维修费用是由社区承担的。

法院审理后查明，该物业公司与业主签订的《业委会物业管理委托合同》中，双方约定：物业服务的受益人为本物业的全体业主和物业使用人；房屋建筑共用部位的维修、养护和管理，包括道路、室外上下水管道等，物业公司应当随叫随到；服务期限自 2015 年 8 月 1 日至 2020 年 7 月 31 日。

法院经审理认为，该案的争议焦点是，李某的行为是否构成无因管理。

本案中，小区地下室出现水管爆裂的紧急情况时，李某并没有关闭水管阀门的法定或约定的义务，其为了避免包括自己利益在内的他人利益受损以及损失进一步扩大而对水管阀门进行紧急关闭，行为符合无因管理的构成要件。

按照合同约定，水管爆裂的维修责任应由物业公司承担，李某为了避免造成更大损失，代替被告紧急关闭水管阀门，物业公司从中受益，因此，被告应当对原告由此产生的损失承担相应的赔偿责任。物业公司提出的，李某未交物业费等理由，不足以免除其义务。

同时，法院认为，原告作为一个完全民事行为能力人，在关闭水管阀门过程中未尽到安全谨慎的注意义务，对此原告自身也有一定的责任。据此，法院判决，物业公司承担 80%的责任，共计赔偿李某损失 2 万余元。

物业公司不服，上诉至乌鲁木齐市中级人民法院。2019 年 7 月，乌鲁木齐市中级人民法院驳回上诉，维持原判。

**第九百八十条　【不适当的无因管理】**管理人管理事务不属于前条规定的情形，但是受益人享有管理利益的，受益人应当在其获得的利益范围内向管理人承担前条第一款规定的义务。

**第九百八十一条　【管理人的善良管理义务】**管理人管理他人事务，应当采取有利于受益人的方法。中断管理对受益人不利的，无正当理由不得中断。

**第九百八十二条　【管理人的通知义务】**管理人管理他人事务，能够通知受益人的，应当及时通知受益人。管理的事务不需要紧急处理的，应当等待受益人的指示。

**第九百八十三条　【管理人的报告及移交财产义务】**管理结束后，管理人应当向受益人报告管理事务的情况。管理人管理事务取得的财产，应当及时转交给受益人。

**第九百八十四条　【本人对管理事务的追认】**管理人管理事务经受益人事后追认的，从管理事务开始时起，适用委托合同的有关规定，但是管理人另有意思表示的除外。

## 第二十九章　不当得利

**第九百八十五条　【不当得利的构成及除外情况】**得利人没有法律根据取得不当利益的，受损失的人可以请求得利人返还取得的利益，但是有下列情形之一的除外：

（一）为履行道德义务进行的给付；

（二）债务到期之前的清偿；

（三）明知无给付义务而进行的债务清偿。

### 条文解读

**不当得利➔**不当得利，是指没有法律根据，取得不当利益，造成他人损失的情形。无因管理与不当得利虽同属于准合同制度的一部分，但二者的区别是明显的：第一，无因管理是合法行为，而不当得利是非法行为。第二，无因管理中的管理人不仅有将因管理所获利益返还给本人的义务，还要履行适当管理、通知、报告等义务，且本人负有支付管理人因管理所支出的必要费用及补偿给管理人造成的损失等义务；而不当得利仅涉及受益人返还不当利益的问题。第三，在无因管理中原则上管理费用的返还不以现存利益为限，而以管理人实际支付的必要费用为准；在不当得利中，如果受益人为善意，则仅仅以返还现存利益为限。

**第九百八十六条　【善意得利人的返还责任】**得利人不知道且不应当知道取得的利益没有法律根据，取得的利益已经不存在的，不承担返还该利益的义务。

**第九百八十七条　【恶意得利人的返还责任】**得利人知道或者应当知道取得的利益没有法律根据的，受损失的人可以请求得利人返还其取得的利益并依法赔偿损失。

**第九百八十八条　【第三人的返还义务】**得利人已经将取得的利益无偿转让给第三人的，受损失的人可以请求第三人在相应范围内承担返还义务。

法律法规
新解读丛书

# 关联法规

民法典合同编
解读与应用

# 最高人民法院关于适用《中华人民共和国民法典》合同编通则若干问题的解释

·2023 年 5 月 23 日最高人民法院审判委员会第 1889 次会议通过
·2023 年 12 月 4 日最高人民法院公告公布
·自 2023 年 12 月 5 日起施行
·法释〔2023〕13 号

为正确审理合同纠纷案件以及非因合同产生的债权债务关系纠纷案件，依法保护当事人的合法权益，根据《中华人民共和国民法典》、《中华人民共和国民事诉讼法》等相关法律规定，结合审判实践，制定本解释。

## 一、一般规定

**第一条** 人民法院依据民法典第一百四十二条第一款、第四百六十六条第一款的规定解释合同条款时，应当以词句的通常含义为基础，结合相关条款、合同的性质和目的、习惯以及诚信原则，参考缔约背景、磋商过程、履行行为等因素确定争议条款的含义。

有证据证明当事人之间对合同条款有不同于词句的通常含义的其他共同理解，一方主张按照词句的通常含义理解合同条款的，人民法院不予支持。

对合同条款有两种以上解释，可能影响该条款效力的，人民法院应当选择有利于该条款有效的解释；属于无偿合同的，应当选择对债务人负担较轻的解释。

**第二条** 下列情形，不违反法律、行政法规的强制性规定且不违背公序良俗的，人民法院可以认定为民法典所称的“交易习惯”：

（一）当事人之间在交易活动中的惯常做法；

（二）在交易行为当地或者某一领域、某一行业通常采用并为交易对方订立合同时所知道或者应当知道的做法。

对于交易习惯，由提出主张的当事人一方承担举证责任。

## 二、合同的订立

**第三条** 当事人对合同是否成立存在争议，人民法院能够确定当事人姓名或者名称、标的和数量的，一般应当认定合同成立。但是，法律另有规定或者当事人另有约定的除外。

根据前款规定能够认定合同已经成立的，对合同欠缺的内容，人民法院应当依据民法典第五百一十条、第五百一十一条等规定予以确定。

当事人主张合同无效或者请求撤销、解除合同等，人民法院认为合同不成立的，应当依据《最高人民法院关于民事诉讼证据的若干规定》第五十三条的规定将合同是否成立作为焦点问题进行审理，并可以根据案件的具体情况重新指定举证期限。

**第四条** 采取招标方式订立合同，当事人请求确认合同自中标通知书到达中标人时成立的，人民法院应予支持。合同成立后，当事人拒绝签订书面合同的，人民法院应当依据招标文件、投标文件和中标通知书等确定合同内容。

采取现场拍卖、网络拍卖等公开竞价方式订立合同，当事人请求确认合同自拍卖师落槌、电子交易系统确认成交时成立的，人民法院应予支持。合同成立后，当事人拒绝签订成交确认书的，人民法院应当依据拍卖公告、竞买人的报价等确定合同内容。

产权交易所等机构主持拍卖、挂牌交易，其公布的拍卖公告、交易规则等文件公开确定了合同成立需要具备的条件，当事人请求确认合同自该条件具备时成立的，人民法院应予支持。

**第五条** 第三人实施欺诈、胁迫行为，使当事人在违背真实意思的情况下订立合同，受到损失的当事人请求第三人承担赔偿责任的，人民法院依法予以支持；当事人亦有违背诚信原则的行为的，人民法院应当根据各自的过错确定相应的责任。但是，法律、司法解释对当事人与第三人的民事责任另有规定的，依照其规定。

**第六条** 当事人以认购书、订购书、预订书等形式约定在将来一定期限内订立合同，或者为担保在将来一定期限内订立合同交付了定金，能够确定将来所要订立合同的主体、标的等内容的，人民法院应当认定预约合同成立。

当事人通过签订意向书或者备忘录等方式，仅表达交易的意向，未约定在将来一定期限内订立合同，或者虽然有约定但是难以确定将来所要订立合同的主体、标的等内容，一方主张预约合同成立的，人民法院不予支持。

当事人订立的认购书、订购书、预订书等已就合同标的、数量、价款或者报酬等主要内容达成合意，符合本解释第三条第一款规定的合同成立条件，未明确约定在将来一定期限内另行订立合同，或者虽然有约定但是当事人一方已实施履行行为且对方接受的，人民法院应当认定本约合同成立。

**第七条** 预约合同生效后，当事人一方拒绝订立本约合同或者在磋商订立本约合同时违背诚信原则导致未能订立本约合同的，人民法院应当认定该当事人不履行预约合同约定的义务。

人民法院认定当事人一方在磋商订立本约合同时是否违背诚信原则，应当综合考虑该当事人在磋商时提出的条件是否明显背离预约合同约定的内容以及是否已尽合理努力进行协商等因素。

**第八条** 预约合同生效后，当事人一方不履行订立本约合同的义务，对方请求其赔偿因此造成的损失的，人民法院依法予以支持。

前款规定的损失赔偿，当事人有约定的，按照约定；没有约定的，人民法院应当综合考虑预约合同在内容上的完备程度以及订立本约合同的条件的成就程度等因素酌定。

**第九条** 合同条款符合民法典第四百九十六条第一款规定的情形，

当事人仅以合同系依据合同示范文本制作或者双方已经明确约定合同条款不属于格式条款为由主张该条款不是格式条款的，人民法院不予支持。

从事经营活动的当事人一方仅以未实际重复使用为由主张其预先拟定且未与对方协商的合同条款不是格式条款的，人民法院不予支持。但是，有证据证明该条款不是为了重复使用而预先拟定的除外。

第十条　提供格式条款的一方在合同订立时采用通常足以引起对方注意的文字、符号、字体等明显标识，提示对方注意免除或者减轻其责任、排除或者限制对方权利等与对方有重大利害关系的异常条款的，人民法院可以认定其已经履行民法典第四百九十六条第二款规定的提示义务。

提供格式条款的一方按照对方的要求，就与对方有重大利害关系的异常条款的概念、内容及其法律后果以书面或者口头形式向对方作出通常能够理解的解释说明的，人民法院可以认定其已经履行民法典第四百九十六条第二款规定的说明义务。

提供格式条款的一方对其已经尽到提示义务或者说明义务承担举证责任。对于通过互联网等信息网络订立的电子合同，提供格式条款的一方仅以采取了设置勾选、弹窗等方式为由主张其已经履行提示义务或者说明义务的，人民法院不予支持，但是其举证符合前两款规定的除外。

## 三、合同的效力

第十一条　当事人一方是自然人，根据该当事人的年龄、智力、知识、经验并结合交易的复杂程度，能够认定其对合同的性质、合同订立的法律后果或者交易中存在的特定风险缺乏应有的认知能力的，人民法院可以认定该情形构成民法典第一百五十一条规定的“缺乏判断能力”。

第十二条　合同依法成立后，负有报批义务的当事人不履行报批义务或者履行报批义务不符合合同的约定或者法律、行政法规的规定，对方请求其继续履行报批义务的，人民法院应予支持；对方主张解除合同并请求其承担违反报批义务的赔偿责任的，人民法院应予支持。

人民法院判决当事人一方履行报批义务后，其仍不履行，对方主张解除合同并参照违反合同的违约责任请求其承担赔偿责任的，人民法院应予支持。

合同获得批准前，当事人一方起诉请求对方履行合同约定的主要义务，经释明后拒绝变更诉讼请求的，人民法院应当判决驳回其诉讼请求，但是不影响其另行提起诉讼。

负有报批义务的当事人已经办理申请批准等手续或者已经履行生效判决确定的报批义务，批准机关决定不予批准，对方请求其承担赔偿责任的，人民法院不予支持。但是，因迟延履行报批义务等可归责于当事人的原因导致合同未获批准，对方请求赔偿因此受到的损失的，人民法院应当依据民法典第一百五十七条的规定处理。

**第十三条** 合同存在无效或者可撤销的情形，当事人以该合同已在有关行政管理部门办理备案、已经批准机关批准或者已依据该合同办理财产权利的变更登记、移转登记等为由主张合同有效的，人民法院不予支持。

**第十四条** 当事人之间就同一交易订立多份合同，人民法院应当认定其中以虚假意思表示订立的合同无效。当事人为规避法律、行政法规的强制性规定，以虚假意思表示隐藏真实意思表示的，人民法院应当依据民法典第一百五十三条第一款的规定认定被隐藏合同的效力；当事人为规避法律、行政法规关于合同应当办理批准等手续的规定，以虚假意思表示隐藏真实意思表示的，人民法院应当依据民法典第五百零二条第二款的规定认定被隐藏合同的效力。

依据前款规定认定被隐藏合同无效或者确定不发生效力的，人民法院应当以被隐藏合同为事实基础，依据民法典第一百五十七条的规定确定当事人的民事责任。但是，法律另有规定的除外。

当事人就同一交易订立的多份合同均系真实意思表示，且不存在其他影响合同效力情形的，人民法院应当在查明各合同成立先后顺序和实际履行情况的基础上，认定合同内容是否发生变更。法律、行政法规禁止变更合同内容的，人民法院应当认定合同的相应变更无效。

**第十五条** 人民法院认定当事人之间的权利义务关系，不应当拘泥于合同使用的名称，而应当根据合同约定的内容。当事人主张的权利义务关系与根据合同内容认定的权利义务关系不一致的，人民法院应当结合缔约背景、交易目的、交易结构、履行行为以及当事人是否存在虚构交易标的等事实认定当事人之间的实际民事法律关系。

**第十六条** 合同违反法律、行政法规的强制性规定，有下列情形之一，由行为人承担行政责任或者刑事责任能够实现强制性规定的立法目的的，人民法院可以依据民法典第一百五十三条第一款关于“该强制性规定不导致该民事法律行为无效的除外”的规定认定该合同不因违反强制性规定无效：

（一）强制性规定虽然旨在维护社会公共秩序，但是合同的实际履行对社会公共秩序造成的影响显著轻微，认定合同无效将导致案件处理结果有失公平公正；

（二）强制性规定旨在维护政府的税收、土地出让金等国家利益或者其他民事主体的合法利益而非合同当事人的民事权益，认定合同有效不会影响该规范目的的实现；

（三）强制性规定旨在要求当事人一方加强风险控制、内部管理等，对方无能力或者无义务审查合同是否违反强制性规定，认定合同无效将使其承担不利后果；

（四）当事人一方虽然在订立合同时违反强制性规定，但是在合同订立后其已经具备补正违反强制性规定的条件却违背诚信原则不予补正；

（五）法律、司法解释规定的其他情形。

法律、行政法规的强制性规定旨在规制合同订立后的履行行为，当事人以合同违反强制性规定为由请求认定合同无效的，人民法院不予支持。但是，合同履行必然导致违反强制性规定或者法律、司法解释另有规定的除外。

依据前两款认定合同有效，但是当事人的违法行为未经处理的，人民法院应当向有关行政管理部门提出司法建议。当事人的行为涉嫌犯罪的，应当将案件线索移送刑事侦查机关；属于刑事自诉案件的，应当告知当事人可以向有管辖权的人民法院另行提起诉讼。

**第十七条** 合同虽然不违反法律、行政法规的强制性规定，但是有下列情形之一，人民法院应当依据民法典第一百五十三条第二款的规定认定合同无效：

（一）合同影响政治安全、经济安全、军事安全等国家安全的；

（二）合同影响社会稳定、公平竞争秩序或者损害社会公共利益等违背社会公共秩序的；

（三）合同背离社会公德、家庭伦理或者有损人格尊严等违背善良风俗的。

人民法院在认定合同是否违背公序良俗时，应当以社会主义核心价值观为导向，综合考虑当事人的主观动机和交易目的、政府部门的监管强度、一定期限内当事人从事类似交易的频次、行为的社会后果等因素，并在裁判文书中充分说理。当事人确因生活需要进行交易，未给社会公共秩序造成重大影响，且不影响国家安全，也不违背善良风俗的，人民法院不应当认定合同无效。

**第十八条** 法律、行政法规的规定虽然有“应当”“必须”或者“不得”等表述，但是该规定旨在限制或者赋予民事权利，行为人违反该规定将构成无权处分、无权代理、越权代表等，或者导致合同相对人、第三人因此获得撤销权、解除权等民事权利的，人民法院应当依据法律、行政法规规定的关于违反该规定的民事法律后果认定合同效力。

**第十九条** 以转让或者设定财产权利为目的订立的合同，当事人或者真正权利人仅以让与人在订立合同时对标的物没有所有权或者处分权为由主张合同无效的，人民法院不予支持；因未取得真正权利人事后同意或者让与人事后未取得处分权导致合同不能履行，受让人主张解除合同并请求让与人承担违反合同的赔偿责任的，人民法院依法予以支持。

前款规定的合同被认定有效，且让与人已经将财产交付或者移转登记至受让人，真正权利人请求认定财产权利未发生变动或者请求返还财产的，人民法院应予支持。但是，受让人依据民法典第三百一十一条等规定善意取得财产权利的除外。

**第二十条** 法律、行政法规为限制法人的法定代表人或者非法人组织的负责人的代表权，规定合同所涉事项应当由法人、非法人组织的权力机构或者决策机构决议，或者应当由法人、非法人组织的执行机构决定，法定代表人、负责人未取得授权而以法人、非法人组织的名义订立合同，未尽到合理审查义务的相对人主张该合同对法人、非法人组织发生效力并由其承担违约责任的，人民法院不予支持，但是法人、非法人组织有过错的，可以参照民法典第一百五十七条的规定判决其承担相应的赔偿责任。相对人已尽到合理审查义务，构成表见代表的，人民法院应当依据民法典第五百零四条的规定处理。

合同所涉事项未超越法律、行政法规规定的法定代表人或者负责人的代表权限，但是超越法人、非法人组织的章程或者权力机构等对代表权的限制，相对人主张该合同对法人、非法人组织发生效力并由其承担违约责任的，人民法院依法予以支持。但是，法人、非法人组织举证证明相对人知道或者应当知道该限制的除外。

法人、非法人组织承担民事责任后，向有过错的法定代表人、负责人追偿因越权代表行为造成的损失的，人民法院依法予以支持。法律、司法解释对法定代表人、负责人的民事责任另有规定的，依照其规定。

**第二十一条** 法人、非法人组织的工作人员就超越其职权范围的事项以法人、非法人组织的名义订立合同，相对人主张该合同对法人、非法人组织发生效力并由其承担违约责任的，人民法院不予支持。但是，法人、非法人组织有过错的，人民法院可以参照民法典第一百五十七条的规定判决其承担相应的赔偿责任。前述情形，构成表见代理的，人民法院应当依据民法典第一百七十二条的规定处理。

合同所涉事项有下列情形之一的，人民法院应当认定法人、非法人组织的工作人员在订立合同时超越其职权范围：

（一）依法应当由法人、非法人组织的权力机构或者决策机构决议的事项；

（二）依法应当由法人、非法人组织的执行机构决定的事项；

（三）依法应当由法定代表人、负责人代表法人、非法人组织实施的事项；

（四）不属于通常情形下依其职权可以处理的事项。

合同所涉事项未超越依据前款确定的职权范围，但是超越法人、非法人组织对工作人员职权范围的限制，相对人主张该合同对法人、非法人组织发生效力并由其承担违约责任的，人民法院应予支持。但是，法人、非法人组织举证证明相对人知道或者应当知道该限制的除外。

法人、非法人组织承担民事责任后，向故意或者有重大过失的工作人员追偿的，人民法院依法予以支持。

**第二十二条** 法定代表人、负责人或者工作人员以法人、非法人组织的名义订立合同且未超越权限，法人、非法人组织仅以合同加盖的印章不是备案印章或者系伪造的印章为由主张该合同对其不发生效力的，人民法院不予支持。

合同系以法人、非法人组织的名义订立，但是仅有法定代表人、负责人或者工作人员签名或者按指印而未加盖法人、非法人组织的印章，相对人能够证明法定代表人、负责人或者工作人员在订立合同时未超越权限的，人民法院应当认定合同对法人、非法人组织发生效力。但是，当事人约定以加盖印章作为合同成立条件的除外。

合同仅加盖法人、非法人组织的印章而无人员签名或者按指印，相对人能够证明合同系法定代表人、负责人或者工作人员在其权限范围内订立的，人民法院应当认定该合同对法人、非法人组织发生效力。

在前三款规定的情形下，法定代表人、负责人或者工作人员在订立合同时虽然超越代表或者代理权限，但是依据民法典第五百零四条的规定构成表见代表，或者依据民法典第一百七十二条的规定构成表见代理的，人民法院应当认定合同对法人、非法人组织发生效力。

**第二十三条** 法定代表人、负责人或者代理人与相对人恶意串通，以法人、非法人组织的名义订立合同，损害法人、非法人组织的合法权益，法人、非法人组织主张不承担民事责任的，人民法院应予支持。法人、非法人组织请求法定代表人、负责人或者代理人与相对人对因此受到的损失承担连带赔偿责任的，人民法院应予支持。

根据法人、非法人组织的举证，综合考虑当事人之间的交易习惯、合同在订立时是否显失公平、相关人员是否获取了不正当利益、合同的履行情况等因素，人民法院能够认定法定代表人、负责人或者代理人与相对人存在恶意串通的高度可能性的，可以要求前述人员就合同订立、履行的过程等相关事实作出陈述或者提供相应的证据。其无正当理由拒绝作出陈述，或者所作陈述不具合理性又不能提供相应证据的，人民法院可以认定恶意串通的事实成立。

**第二十四条** 合同不成立、无效、被撤销或者确定不发生效力，当事人请求返还财产，经审查财产能够返还的，人民法院应当根据案件具体情况，单独或者合并适用返还占有的标的物、更正登记簿册记载等方式；经审查财产不能返还或者没有必要返还的，人民法院应当以认定合同不成立、无效、被撤销或者确定不发生效力之日该财产的市场价值或者以其他合理方式计算的价值为基准判决折价补偿。

除前款规定的情形外，当事人还请求赔偿损失的，人民法院应当结合财产返还或者折价补偿的情况，综合考虑财产增值收益和贬值损失、交易成本的支出等事实，按照双方当事人的过错程度及原因力大小，根据诚信原则和公平原则，合理确定损失赔偿额。

合同不成立、无效、被撤销或者确定不发生效力，当事人的行为涉嫌违法且未经处理，可能导致一方或者双方通过违法行为获得不当利益的，人民法院应当向有关行政管理部门提出司法建议。当事人的行为涉嫌犯罪的，应当将案件线索移送刑事侦查机关；属于刑事自诉案件的，应当告知当事人可以向有管辖权的人民法院另行提起诉讼。

**第二十五条** 合同不成立、无效、被撤销或者确定不发生效力，有权请求返还价款或者报酬的当事人一方请求对方支付资金占用费的，人民法院应当在当事人请求的范围内按照中国人民银行授权全国银行间同业拆借中心公布的一年期贷款市场报价利率（LPR）计算。但是，占用资金的当事人对于合同不成立、无效、被撤销或者确定不发生效力没有过错的，应当以中国人民银行公布的同期同类存款基准利率计算。

双方互负返还义务，当事人主张同时履行的，人民法院应予支持；占有标的物的一方对标的物存在使用或者依法可以使用的情形，对方请求将其应支付的资金占用费与应收取的标的物使用费相互抵销的，人民法院应予支持，但是法律另有规定的除外。

## 四、合同的履行

**第二十六条** 当事人一方未根据法律规定或者合同约定履行开具发票、提供证明文件等非主要债务，对方请求继续履行该债务并赔偿因怠于履行该债务造成的损失的，人民法院依法予以支持；对方请求解除合同的，人民法院不予支持，但是不履行该债务致使不能实现合同目的或者当事人另有约定的除外。

**第二十七条** 债务人或者第三人与债权人在债务履行期限届满后达成以物抵债协议，不存在影响合同效力情形的，人民法院应当认定该协议自当事人意思表示一致时生效。

债务人或者第三人履行以物抵债协议后，人民法院应当认定相应的原债务同时消灭；债务人或者第三人未按照约定履行以物抵债协议，经催告后在合理期限内仍不履行，债权人选择请求履行原债务或者以物抵债协议的，人民法院应予支持，但是法律另有规定或者当事人另有约定的除外。

前款规定的以物抵债协议经人民法院确认或者人民法院根据当事人达成的以物抵债协议制作成调解书，债权人主张财产权利自确认书、调解书生效时发生变动或者具有对抗善意第三人效力的，人民法院不予支持。

债务人或者第三人以自己不享有所有权或者处分权的财产权利订立以物抵债协议的，依据本解释第十九条的规定处理。

**第二十八条** 债务人或者第三人与债权人在债务履行期限届满前达成以物抵债协议的，人民法院应当在审理债权债务关系的基础上认定该协议的效力。

当事人约定债务人到期没有清偿债务，债权人可以对抵债财产拍卖、变卖、折价以实现债权的，人民法院应当认定该约定有效。当事人约定债务人到期没有清偿债务，抵债财产归债权人所有的，人民法院应当认定该约定无效，但是不影响其他部分的效力；债权人请求对抵债财产拍卖、变卖、折价以实现债权的，人民法院应予支持。

当事人订立前款规定的以物抵债协议后，债务人或者第三人未将财产权利转移至债权人名下，债权人主张优先受偿的，人民法院不予支持；债务人或者第三人已将财产权利转移至债权人名下的，依据《最高人民法院关于适用〈中华人民共和国民法典〉有关担保制度的解释》第六十八条的规定处理。

**第二十九条** 民法典第五百二十二条第二款规定的第三人请求债务人向自己履行债务的，人民法院应予支持；请求行使撤销权、解除权等民事权利的，人民法院不予支持，但是法律另有规定的除外。

合同依法被撤销或者被解除，债务人请求债权人返还财产的，人民法院应予支持。

债务人按照约定向第三人履行债务，第三人拒绝受领，债权人请求债务人向自己履行债务的，人民法院应予支持，但是债务人已经采取提存等方式消灭债务的除外。第三人拒绝受领或者受领迟延，债务人请求债权人赔偿因此造成的损失的，人民法院依法予以支持。

**第三十条** 下列民事主体，人民法院可以认定为民法典第五百二十四条第一款规定的对履行债务具有合法利益的第三人：

（一）保证人或者提供物的担保的第三人；

（二）担保财产的受让人、用益物权人、合法占有人；

（三）担保财产上的后顺位担保权人；

（四）对债务人的财产享有合法权益且该权益将因财产被强制执行而丧失的第三人；

（五）债务人为法人或者非法人组织的，其出资人或者设立人；

（六）债务人为自然人的，其近亲属；

（七）其他对履行债务具有合法利益的第三人。

第三人在其已经代为履行的范围内取得对债务人的债权，但是不得损害债权人的利益。

担保人代为履行债务取得债权后，向其他担保人主张担保权利的，依据《最高人民法院关于适用〈中华人民共和国民法典〉有关担保制度的解释》第十三条、第十四条、第十八条第二款等规定处理。

**第三十一条** 当事人互负债务，一方以对方没有履行非主要债务为由拒绝履行自己的主要债务的，人民法院不予支持。但是，对方不履行非主要债务致使不能实现合同目的或者当事人另有约定的除外。

当事人一方起诉请求对方履行债务，被告依据民法典第五百二十五条的规定主张双方同时履行的抗辩且抗辩成立，被告未提起反诉的，人民法院应当判决被告在原告履行债务的同时履行自己的债务，并在判项中明确原告申请强制执行的，人民法院应当在原告履行自己的债务后对被告采取执行行为；被告提起反诉的，人民法院应当判决双方同时履行自己的债务，并在判项中明确任何一方申请强制执行的，人民法院应当在该当事人履行自己的债务后对对方采取执行行为。

当事人一方起诉请求对方履行债务，被告依据民法典第五百二十六条的规定主张原告应先履行的抗辩且抗辩成立的，人民法院应当驳回原告的诉讼请求，但是不影响原告履行债务后另行提起诉讼。

**第三十二条** 合同成立后，因政策调整或者市场供求关系异常变动等原因导致价格发生当事人在订立合同时无法预见的、不属于商业风险的涨跌，继续履行合同对于当事人一方明显不公平的，人民法院应当认定合同的基础条件发生了民法典第五百三十三条第一款规定的“重大变化”。但是，合同涉及市场属性活跃、长期以来价格波动较大的大宗商品以及股票、期货等风险投资型金融产品的除外。

合同的基础条件发生了民法典第五百三十三条第一款规定的重大变化，当事人请求变更合同的，人民法院不得解除合同；当事人一方请求变更合同，对方请求解除合同的，或者当事人一方请求解除合同，对方请求变更合同的，人民法院应当结合案件的实际情况，根据公平原则判决变更或者解除合同。

人民法院依据民法典第五百三十三条的规定判决变更或者解除合同的，应当综合考虑合同基础条件发生重大变化的时间、当事人重新协商的情况以及因合同变更或者解除给当事人造成的损失等因素，在判项中明确合同变更或者解除的时间。

当事人事先约定排除民法典第五百三十三条适用的，人民法院应当认定该约定无效。

## 五、合同的保全

**第三十三条** 债务人不履行其对债权人的到期债务，又不以诉讼或者仲裁方式向相对人主张其享有的债权或者与该债权有关的从权利，致使债权人的到期债权未能实现的，人民法院可以认定为民法典第五百三十五条规定的“债务人怠于行使其债权或者与该债权有关的从权利，影响债权人的到期债权实现”。

**第三十四条** 下列权利，人民法院可以认定为民法典第五百三十五条第一款规定的专属于债务人自身的权利：

（一）抚养费、赡养费或者扶养费请求权；

（二）人身损害赔偿请求权；

（三）劳动报酬请求权，但是超过债务人及其所扶养家属的生活必需费用的部分除外；

（四）请求支付基本养老保险金、失业保险金、最低生活保障金等保障当事人基本生活的权利；

（五）其他专属于债务人自身的权利。

**第三十五条** 债权人依据民法典第五百三十五条的规定对债务人的相对人提起代位权诉讼的，由被告住所地人民法院管辖，但是依法应当适用专属管辖规定的除外。

债务人或者相对人以双方之间的债权债务关系订有管辖协议为由提出异议的，人民法院不予支持。

**第三十六条** 债权人提起代位权诉讼后，债务人或者相对人以双方之间的债权债务关系订有仲裁协议为由对法院主管提出异议的，人民法院不予支持。但是，债务人或者相对人在首次开庭前就债务人与相对人之间的债权债务关系申请仲裁的，人民法院可以依法中止代位权诉讼。

**第三十七条** 债权人以债务人的相对人为被告向人民法院提起代位权诉讼，未将债务人列为第三人的，人民法院应当追加债务人为第三人。

两个以上债权人以债务人的同一相对人为被告提起代位权诉讼的，人民法院可以合并审理。债务人对相对人享有的债权不足以清偿其对两个以上债权人负担的债务的，人民法院应当按照债权人享有的债权比例确定相对人的履行份额，但是法律另有规定的除外。

**第三十八条** 债权人向人民法院起诉债务人后，又向同一人民法院对债务人的相对人提起代位权诉讼，属于该人民法院管辖的，可以合并审理。不属于该人民法院管辖的，应当告知其向有管辖权的人民法院另行起诉；在起诉债务人的诉讼终结前，代位权诉讼应当中止。

**第三十九条** 在代位权诉讼中，债务人对超过债权人代位请求数额的债权部分起诉相对人，属于同一人民法院管辖的，可以合并审理。不属于同一人民法院管辖的，应当告知其向有管辖权的人民法院另行起诉；在代位权诉讼终结前，债务人对相对人的诉讼应当中止。

**第四十条** 代位权诉讼中，人民法院经审理认为债权人的主张不符合代位权行使条件的，应当驳回诉讼请求，但是不影响债权人根据新的事实再次起诉。

债务人的相对人仅以债权人提起代位权诉讼时债权人与债务人之间的债权债务关系未经生效法律文书确认为由，主张债权人提起的诉讼不符合代位权行使条件的，人民法院不予支持。

**第四十一条** 债权人提起代位权诉讼后，债务人无正当理由减免相对人的债务或者延长相对人的履行期限，相对人以此向债权人抗辩的，人民法院不予支持。

**第四十二条** 对于民法典第五百三十九条规定的“明显不合理”的低价或者高价，人民法院应当按照交易当地一般经营者的判断，并参考交易时交易地的市场交易价或者物价部门指导价予以认定。

转让价格未达到交易时交易地的市场交易价或者指导价百分之七十的，一般可以认定为“明显不合理的低价”；受让价格高于交易时交易地的市场交易价或者指导价百分之三十的，一般可以认定为“明显不合理的高价”。

债务人与相对人存在亲属关系、关联关系的，不受前款规定的百分之七十、百分之三十的限制。

**第四十三条** 债务人以明显不合理的价格，实施互易财产、以物抵债、出租或者承租财产、知识产权许可使用等行为，影响债权人的债权实现，债务人的相对人知道或者应当知道该情形，债权人请求撤销债务人的行为的，人民法院应当依据民法典第五百三十九条的规定予以支持。

**第四十四条** 债权人依据民法典第五百三十八条、第五百三十九条的规定提起撤销权诉讼的，应当以债务人和债务人的相对人为共同被告，由债务人或者相对人的住所地人民法院管辖，但是依法应当适用专属管辖规定的除外。

两个以上债权人就债务人的同一行为提起撤销权诉讼的，人民法院可以合并审理。

**第四十五条** 在债权人撤销权诉讼中，被撤销行为的标的可分，当事人主张在受影响的债权范围内撤销债务人的行为的，人民法院应予支持；被撤销行为的标的不可分，债权人主张将债务人的行为全部撤销的，人民法院应予支持。

债权人行使撤销权所支付的合理的律师代理费、差旅费等费用，可以认定为民法典第五百四十条规定的“必要费用”。

**第四十六条** 债权人在撤销权诉讼中同时请求债务人的相对人向债务人承担返还财产、折价补偿、履行到期债务等法律后果的，人民法院依法予以支持。

债权人请求受理撤销权诉讼的人民法院一并审理其与债务人之间的债权债务关系，属于该人民法院管辖的，可以合并审理。不属于该人民法院管辖的，应当告知其向有管辖权的人民法院另行起诉。

债权人依据其与债务人的诉讼、撤销权诉讼产生的生效法律文书申请强制执行的，人民法院可以就债务人对相对人享有的权利采取强制执行措施以实现债权人的债权。债权人在撤销权诉讼中，申请对相对人的财产采取保全措施的，人民法院依法予以准许。

## 六、合同的变更和转让

**第四十七条** 债权转让后，债务人向受让人主张其对让与人的抗辩的，人民法院可以追加让与人为第三人。

债务转移后，新债务人主张原债务人对债权人的抗辩的，人民法院可以追加原债务人为第三人。

当事人一方将合同权利义务一并转让后，对方就合同权利义务向受让人主张抗辩或者受让人就合同权利义务向对方主张抗辩的，人民法院可以追加让与人为第三人。

**第四十八条** 债务人在接到债权转让通知前已经向让与人履行，受让人请求债务人履行的，人民法院不予支持；债务人接到债权转让通知后仍然向让与人履行，受让人请求债务人履行的，人民法院应予支持。

让与人未通知债务人，受让人直接起诉债务人请求履行债务，人民法院经审理确认债权转让事实的，应当认定债权转让自起诉状副本送达时对债务人发生效力。债务人主张因未通知而给其增加的费用或者造成的损失从认定的债权数额中扣除的，人民法院依法予以支持。

**第四十九条** 债务人接到债权转让通知后，让与人以债权转让合同不成立、无效、被撤销或者确定不发生效力为由请求债务人向其履行的，人民法院不予支持。但是，该债权转让通知被依法撤销的除外。

受让人基于债务人对债权真实存在的确认受让债权后，债务人又以该债权不存在为由拒绝向受让人履行的，人民法院不予支持。但是，受让人知道或者应当知道该债权不存在的除外。

**第五十条** 让与人将同一债权转让给两个以上受让人，债务人以已经向最先通知的受让人履行为由主张其不再履行债务的，人民法院应予支持。债务人明知接受履行的受让人不是最先通知的受让人，最先通知的受让人请求债务人继续履行债务或者依据债权转让协议请求让与人承担违约责任的，人民法院应予支持；最先通知的受让人请求接受履行的受让人返还其接受的财产的，人民法院不予支持，但是接受履行的受让人明知该债权在其受让前已经转让给其他受让人的除外。

前款所称最先通知的受让人，是指最先到达债务人的转让通知中载明的受让人。当事人之间对通知到达时间有争议的，人民法院应当结合通知的方式等因素综合判断，而不能仅根据债务人认可的通知时间或者通知记载的时间予以认定。当事人采用邮寄、通讯电子系统等方式发出通知的，人民法院应当以邮戳时间或者通讯电子系统记载的时间等作为认定通知到达时间的依据。

**第五十一条** 第三人加入债务并与债务人约定了追偿权，其履行债务后主张向债务人追偿的，人民法院应予支持；没有约定追偿权，第三人依照民法典关于不当得利等的规定，在其已经向债权人履行债务的范围内请求债务人向其履行的，人民法院应予支持，但是第三人知道或者应当知道加入债务会损害债务人利益的除外。

债务人就其对债权人享有的抗辩向加入债务的第三人主张的，人民法院应予支持。

## 七、合同的权利义务终止

**第五十二条** 当事人就解除合同协商一致时未对合同解除后的违约责任、结算和清理等问题作出处理，一方主张合同已经解除的，人民法院应予支持。但是，当事人另有约定的除外。

有下列情形之一的，除当事人一方另有意思表示外，人民法院可以认定合同解除：

（一）当事人一方主张行使法律规定或者合同约定的解除权，经审理认为不符合解除权行使条件但是对方同意解除；

（二）双方当事人均不符合解除权行使的条件但是均主张解除合同。

前两款情形下的违约责任、结算和清理等问题，人民法院应当依据民法典第五百六十六条、第五百六十七条和有关违约责任的规定处理。

**第五十三条** 当事人一方以通知方式解除合同，并以对方未在约定的异议期限或者其他合理期限内提出异议为由主张合同已经解除的，人民法院应当对其是否享有法律规定或者合同约定的解除权进行审查。经审查，享有解除权的，合同自通知到达对方时解除；不享有解除权的，不发生合同解除的效力。

**第五十四条** 当事人一方未通知对方，直接以提起诉讼的方式主张解除合同，撤诉后再次起诉主张解除合同，人民法院经审理支持该主张的，合同自再次起诉的起诉状副本送达对方时解除。但是，当事人一方撤诉后又通知对方解除合同且该通知已经到达对方的除外。

**第五十五条** 当事人一方依据民法典第五百六十八条的规定主张抵销，人民法院经审理认为抵销权成立的，应当认定通知到达对方时双方互负的主债务、利息、违约金或者损害赔偿金等债务在同等数额内消灭。

**第五十六条** 行使抵销权的一方负担的数项债务种类相同，但是享有的债权不足以抵销全部债务，当事人因抵销的顺序发生争议的，人民法院可以参照民法典第五百六十条的规定处理。

行使抵销权的一方享有的债权不足以抵销其负担的包括主债务、利息、实现债权的有关费用在内的全部债务，当事人因抵销的顺序发生争议的，人民法院可以参照民法典第五百六十一条的规定处理。

**第五十七条** 因侵害自然人人身权益，或者故意、重大过失侵害他人财产权益产生的损害赔偿债务，侵权人主张抵销的，人民法院不予支持。

**第五十八条** 当事人互负债务，一方以其诉讼时效期间已经届满的债权通知对方主张抵销，对方提出诉讼时效抗辩的，人民法院对该抗辩应予支持。一方的债权诉讼时效期间已经届满，对方主张抵销的，人民法院应予支持。

## 八、违约责任

**第五十九条** 当事人一方依据民法典第五百八十条第二款的规定请求终止合同权利义务关系的，人民法院一般应当以起诉状副本送达对方的时间作为合同权利义务关系终止的时间。根据案件的具体情况，以其他时间作为合同权利义务关系终止的时间更加符合公平原则和诚信原则的，人民法院可以以该时间作为合同权利义务关系终止的时间，但是应当在裁判文书中充分说明理由。

**第六十条** 人民法院依据民法典第五百八十四条的规定确定合同履行后可以获得的利益时，可以在扣除非违约方为订立、履行合同支出的费用等合理成本后，按照非违约方能够获得的生产利润、经营利润或者转售利润等计算。

非违约方依法行使合同解除权并实施了替代交易，主张按照替代交易价格与合同价格的差额确定合同履行后可以获得的利益的，人民法院依法予以支持；替代交易价格明显偏离替代交易发生时当地的市场价格，违约方主张按照市场价格与合同价格的差额确定合同履行后可以获得的利益的，人民法院应予支持。

非违约方依法行使合同解除权但是未实施替代交易，主张按照违约行为发生后合理期间内合同履行地的市场价格与合同价格的差额确定合同履行后可以获得的利益的，人民法院应予支持。

**第六十一条** 在以持续履行的债务为内容的定期合同中，一方不履行支付价款、租金等金钱债务，对方请求解除合同，人民法院经审理认为合同应当依法解除的，可以根据当事人的主张，参考合同主体、交易类型、市场价格变化、剩余履行期限等因素确定非违约方寻找替代交易的合理期限，并按照该期限对应的价款、租金等扣除非违约方应当支付的相应履约成本确定合同履行后可以获得的利益。

非违约方主张按照合同解除后剩余履行期限相应的价款、租金等扣除履约成本确定合同履行后可以获得的利益的，人民法院不予支持。但是，剩余履行期限少于寻找替代交易的合理期限的除外。

**第六十二条** 非违约方在合同履行后可以获得的利益难以根据本解释第六十条、第六十一条的规定予以确定的，人民法院可以综合考虑违约方因违约获得的利益、违约方的过错程度、其他违约情节等因素，遵循公平原则和诚信原则确定。

**第六十三条** 在认定民法典第五百八十四条规定的"违约一方订立合同时预见到或者应当预见到的因违约可能造成的损失"时，人民法院应当根据当事人订立合同的目的，综合考虑合同主体、合同内容、交易类型、交易习惯、磋商过程等因素，按照与违约方处于相同或者类似情况的民事主体在订立合同时预见到或者应当预见到的损失予以确定。

除合同履行后可以获得的利益外，非违约方主张还有其向第三人承担违约责任应当支出的额外费用等其他因违约所造成的损失，并请求违约方赔偿，经审理认为该损失系违约一方订立合同时预见到或者应当预见到的，人民法院应予支持。

在确定违约损失赔偿额时，违约方主张扣除非违约方未采取适当措施导致的扩大损失、非违约方也有过错造成的相应损失、非违约方因违约获得的额外利益或者减少的必要支出的，人民法院依法予以支持。

**第六十四条** 当事人一方通过反诉或者抗辩的方式，请求调整违约金的，人民法院依法予以支持。

违约方主张约定的违约金过分高于违约造成的损失，请求予以适当减少的，应当承担举证责任。非违约方主张约定的违约金合理的，也应当提供相应的证据。

当事人仅以合同约定不得对违约金进行调整为由主张不予调整违约金的，人民法院不予支持。

**第六十五条** 当事人主张约定的违约金过分高于违约造成的损失，请求予以适当减少的，人民法院应当以民法典第五百八十四条规定的损失为基础，兼顾合同主体、交易类型、合同的履行情况、当事人的过错程度、履约背景等因素，遵循公平原则和诚信原则进行衡量，并作出裁判。

约定的违约金超过造成损失的百分之三十的，人民法院一般可以认定为过分高于造成的损失。

恶意违约的当事人一方请求减少违约金的，人民法院一般不予支持。

**第六十六条** 当事人一方请求对方支付违约金，对方以合同不成立、无效、被撤销、确定不发生效力、不构成违约或者非违约方不存在损失等为由抗辩，未主张调整过高的违约金的，人民法院应当就若不支持该抗辩，当事人是否请求调整违约金进行释明。第一审人民法院认为抗辩成立且未予释明，第二审人民法院认为应当判决支付违约金的，可以直接释明，并根据当事人的请求，在当事人就是否应当调整违约金充分举证、质证、辩论后，依法判决适当减少违约金。

被告因客观原因在第一审程序中未到庭参加诉讼，但是在第二审程序中到庭参加诉讼并请求减少违约金的，第二审人民法院可以在当事人就是否应当调整违约金充分举证、质证、辩论后，依法判决适当减少违约金。

**第六十七条** 当事人交付留置金、担保金、保证金、订约金、押金或者订金等，但是没有约定定金性质，一方主张适用民法典第五百八十七条规定的定金罚则的，人民法院不予支持。当事人约定了定金性质，但是未约定定金类型或者约定不明，一方主张为违约定金的，人民法院应予支持。

当事人约定以交付定金作为订立合同的担保，一方拒绝订立合同或者在磋商订立合同时违背诚信原则导致未能订立合同，对方主张适用民法典第五百八十七条规定的定金罚则的，人民法院应予支持。

当事人约定以交付定金作为合同成立或者生效条件，应当交付定金的一方未交付定金，但是合同主要义务已经履行完毕并为对方所接受的，人民法院应当认定合同在对方接受履行时已经成立或者生效。

当事人约定定金性质为解约定金，交付定金的一方主张以丧失定金为代价解除合同的，或者收受定金的一方主张以双倍返还定金为代价解除合同的，人民法院应予支持。

**第六十八条** 双方当事人均具有致使不能实现合同目的的违约行为，其中一方请求适用定金罚则的，人民法院不予支持。当事人一方仅有轻微违约，对方具有致使不能实现合同目的的违约行为，轻微违约方主张适用定金罚则，对方以轻微违约方也构成违约为由抗辩的，人民法院对该抗辩不予支持。

当事人一方已经部分履行合同，对方接受并主张按照未履行部分所占比例适用定金罚则的，人民法院应予支持。对方主张按照合同整体适用定金罚则的，人民法院不予支持，但是部分未履行致使不能实现合同目的的除外。

因不可抗力致使合同不能履行，非违约方主张适用定金罚则的，人民法院不予支持。

## 九、附　则

**第六十九条** 本解释自 2023 年 12 月 5 日起施行。

民法典施行后的法律事实引起的民事案件，本解释施行后尚未终审的，适用本解释；本解释施行前已经终审，当事人申请再审或者按照审判监督程序决定再审的，不适用本解释。

# 最高人民法院关于审理买卖合同纠纷案件适用法律问题的解释

·2012年3月31日最高人民法院审判委员会第1545次会议通过

·根据2020年12月23日最高人民法院审判委员会第1823次会议通过的《最高人民法院关于修改〈最高人民法院关于在民事审判工作中适用《中华人民共和国工会法》若干问题的解释〉等二十七件民事类司法解释的决定》修正

·2020年12月29日最高人民法院公告公布

·自2021年1月1日起施行

·法释〔2020〕17号

为正确审理买卖合同纠纷案件，根据《中华人民共和国民法典》《中华人民共和国民事诉讼法》等法律的规定，结合审判实践，制定本解释。

## 一、买卖合同的成立

**第一条** 当事人之间没有书面合同，一方以送货单、收货单、结算单、发票等主张存在买卖合同关系的，人民法院应当结合当事人之间的交易方式、交易习惯以及其他相关证据，对买卖合同是否成立作出认定。

对账确认函、债权确认书等函件、凭证没有记载债权人名称，买卖合同当事人一方以此证明存在买卖合同关系的，人民法院应予支持，但有相反证据足以推翻的除外。

## 二、标的物交付和所有权转移

**第二条** 标的物为无需以有形载体交付的电子信息产品，当事人对交付方式约定不明确，且依照民法典第五百一十条的规定仍不能确定的，买受人收到约定的电子信息产品或者权利凭证即为交付。

**第三条** 根据民法典第六百二十九条的规定，买受人拒绝接收多交部分标的物的，可以代为保管多交部分标的物。买受人主张出卖人负担代为保管期间的合理费用的，人民法院应予支持。

买受人主张出卖人承担代为保管期间非因买受人故意或者重大过失造成的损失的，人民法院应予支持。

**第四条** 民法典第五百九十九条规定的“提取标的物单证以外的有关单证和资料”，主要应当包括保险单、保修单、普通发票、增值税专用发票、产品合格证、质量保证书、质量鉴定书、品质检验证书、产品进出口检疫书、原产地证明书、使用说明书、装箱单等。

**第五条** 出卖人仅以增值税专用发票及税款抵扣资料证明其已履行交付标的物义务，买受人不认可的，出卖人应当提供其他证据证明交付标的物的事实。

合同约定或者当事人之间习惯以普通发票作为付款凭证，买受人以普通发票证明已经履行付款义务的，人民法院应予支持，但有相反证据足以推翻的除外。

**第六条** 出卖人就同一普通动产订立多重买卖合同，在买卖合同均有效的情况下，买受人均要求实际履行合同的，应当按照以下情形分别处理：

（一）先行受领交付的买受人请求确认所有权已经转移的，人民法院应予支持；

（二）均未受领交付，先行支付价款的买受人请求出卖人履行交付标的物等合同义务的，人民法院应予支持；

（三）均未受领交付，也未支付价款，依法成立在先合同的买受人请求出卖人履行交付标的物等合同义务的，人民法院应予支持。

**第七条** 出卖人就同一船舶、航空器、机动车等特殊动产订立多重买卖合同，在买卖合同均有效的情况下，买受人均要求实际履行合同的，应当按照以下情形分别处理：

（一）先行受领交付的买受人请求出卖人履行办理所有权转移登记手续等合同义务的，人民法院应予支持；

（二）均未受领交付，先行办理所有权转移登记手续的买受人请求出卖人履行交付标的物等合同义务的，人民法院应予支持；

（三）均未受领交付，也未办理所有权转移登记手续，依法成立在先合同的买受人请求出卖人履行交付标的物和办理所有权转移登记手续等合同义务的，人民法院应予支持；

（四）出卖人将标的物交付给买受人之一，又为其他买受人办理所有权转移登记，已受领交付的买受人请求将标的物所有权登记在自己名下的，人民法院应予支持。

## 三、标的物风险负担

**第八条** 民法典第六百零三条第二款第一项规定的“标的物需要运输的”，是指标的物由出卖人负责办理托运，承运人系独立于买卖合同当事人之外的运输业者的情形。标的物毁损、灭失的风险负担，按照民法典第六百零七条第二款的规定处理。

**第九条** 出卖人根据合同约定将标的物运送至买受人指定地点并交付给承运人后，标的物毁损、灭失的风险由买受人负担，但当事人另有约定的除外。

**第十条** 出卖人出卖交由承运人运输的在途标的物，在合同成立时知道或者应当知道标的物已经毁损、灭失却未告知买受人，买受人主张出卖人负担标的物毁损、灭失的风险的，人民法院应予支持。

**第十一条** 当事人对风险负担没有约定，标的物为种类物，出卖人未以装运单据、加盖标记、通知买受人等可识别的方式清楚地将标的物特定于买卖合同，买受人主张不负担标的物毁损、灭失的风险的，人民法院应予支持。

## 四、标的物检验

**第十二条** 人民法院具体认定民法典第六百二十一条第二款规定的“合理期限”时，应当综合当事人之间的交易性质、交易目的、交易方式、交易习惯、标的物的种类、数量、性质、安装和使用情况、瑕疵的性质、买受人应尽的合理注意义务、检验方法和难易程度、买受人或者检验人所处的具体环境、自身技能以及其他合理因素，依据诚实信用原则进行判断。

民法典第六百二十一条第二款规定的“二年”是最长的合理期限。该期限为不变期间，不适用诉讼时效中止、中断或者延长的规定。

**第十三条** 买受人在合理期限内提出异议，出卖人以买受人已经支付价款、确认欠款数额、使用标的物等为由，主张买受人放弃异议的，人民法院不予支持，但当事人另有约定的除外。

**第十四条** 民法典第六百二十一条规定的检验期限、合理期限、二年期限经过后，买受人主张标的物的数量或者质量不符合约定的，人民法院不予支持。

出卖人自愿承担违约责任后，又以上述期限经过为由翻悔的，人民法院不予支持。

## 五、违约责任

**第十五条** 买受人依约保留部分价款作为质量保证金，出卖人在质量保证期未及时解决质量问题而影响标的物的价值或者使用效果，出卖人主张支付该部分价款的，人民法院不予支持。

**第十六条** 买受人在检验期限、质量保证期、合理期限内提出质量异议，出卖人未按要求予以修理或者因情况紧急，买受人自行或者通过第三人修理标的物后，主张出卖人负担因此发生的合理费用的，人民法院应予支持。

**第十七条** 标的物质量不符合约定，买受人依照民法典第五百八十二条的规定要求减少价款的，人民法院应予支持。当事人主张以符合约定的标的物和实际交付的标的物按交付时的市场价值计算差价的，人民法院应予支持。

价款已经支付，买受人主张返还减价后多出部分价款的，人民法院应予支持。

**第十八条** 买卖合同对付款期限作出的变更，不影响当事人关于逾期付款违约金的约定，但该违约金的起算点应当随之变更。

买卖合同约定逾期付款违约金，买受人以出卖人接受价款时未主张逾期付款违约金为由拒绝支付该违约金的，人民法院不予支持。

买卖合同约定逾期付款违约金，但对账单、还款协议等未涉及逾期付款责任，出卖人根据对账单、还款协议等主张欠款时请求买受人依约支付逾期付款违约金的，人民法院应予支持，但对账单、还款协议等明确载有本金及逾期付款利息数额或者已经变更买卖合同中关于本金、利息等约定内容的除外。

买卖合同没有约定逾期付款违约金或者该违约金的计算方法，出卖人以买受人违约为由主张赔偿逾期付款损失，违约行为发生在2019年8月19日之前的，人民法院可以中国人民银行同期同类人民币贷款基准利率为基础，参照逾期罚息利率标准计算；违约行为发生在2019年8月20日之后的，人民法院可以违约行为发生时中国人民银行授权全国银行间同业拆借中心公布的一年期贷款市场报价利率（LPR）标准为基础，加计30—50%计算逾期付款损失。

**第十九条** 出卖人没有履行或者不当履行从给付义务，致使买受人不能实现合同目的，买受人主张解除合同的，人民法院应当根据民法典第五百六十三条第一款第四项的规定，予以支持。

**第二十条** 买卖合同因违约而解除后，守约方主张继续适用违约金条款的，人民法院应予支持；但约定的违约金过分高于造成的损失的，人民法院可以参照民法典第五百八十五条第二款的规定处理。

**第二十一条** 买卖合同当事人一方以对方违约为由主张支付违约

金，对方以合同不成立、合同未生效、合同无效或者不构成违约等为由进行免责抗辩而未主张调整过高的违约金的，人民法院应当就法院若不支持免责抗辩，当事人是否需要主张调整违约金进行释明。

一审法院认为免责抗辩成立且未予释明，二审法院认为应当判决支付违约金的，可以直接释明并改判。

**第二十二条** 买卖合同当事人一方违约造成对方损失，对方主张赔偿可得利益损失的，人民法院在确定违约责任范围时，应当根据当事人的主张，依据民法典第五百八十四条、第五百九十一条、第五百九十二条、本解释第二十三条等规定进行认定。

**第二十三条** 买卖合同当事人一方因对方违约而获有利益，违约方主张从损失赔偿额中扣除该部分利益的，人民法院应予支持。

**第二十四条** 买受人在缔约时知道或者应当知道标的物质量存在瑕疵，主张出卖人承担瑕疵担保责任的，人民法院不予支持，但买受人在缔约时不知道该瑕疵会导致标的物的基本效用显著降低的除外。

## 六、所有权保留

**第二十五条** 买卖合同当事人主张民法典第六百四十一条关于标的物所有权保留的规定适用于不动产的，人民法院不予支持。

**第二十六条** 买受人已经支付标的物总价款的百分之七十五以上，出卖人主张取回标的物的，人民法院不予支持。

在民法典第六百四十二条第一款第三项情形下，第三人依据民法典第三百一十一条的规定已经善意取得标的物所有权或者其他物权，出卖人主张取回标的物的，人民法院不予支持。

## 七、特种买卖

**第二十七条** 民法典第六百三十四条第一款规定的“分期付款”，系指买受人将应付的总价款在一定期限内至少分三次向出卖人支付。

分期付款买卖合同的约定违反民法典第六百三十四条第一款的规

定，损害买受人利益，买受人主张该约定无效的，人民法院应予支持。

**第二十八条** 分期付款买卖合同约定出卖人在解除合同时可以扣留已受领价金，出卖人扣留的金额超过标的物使用费以及标的物受损赔偿额，买受人请求返还超过部分的，人民法院应予支持。

当事人对标的物的使用费没有约定的，人民法院可以参照当地同类标的物的租金标准确定。

**第二十九条** 合同约定的样品质量与文字说明不一致且发生纠纷时当事人不能达成合意，样品封存后外观和内在品质没有发生变化的，人民法院应当以样品为准；外观和内在品质发生变化，或者当事人对是否发生变化有争议而又无法查明的，人民法院应当以文字说明为准。

**第三十条** 买卖合同存在下列约定内容之一的，不属于试用买卖。买受人主张属于试用买卖的，人民法院不予支持：

（一）约定标的物经过试用或者检验符合一定要求时，买受人应当购买标的物；

（二）约定第三人经试验对标的物认可时，买受人应当购买标的物；

（三）约定买受人在一定期限内可以调换标的物；

（四）约定买受人在一定期限内可以退还标的物。

## 八、其他问题

**第三十一条** 出卖人履行交付义务后诉请买受人支付价款，买受人以出卖人违约在先为由提出异议的，人民法院应当按照下列情况分别处理：

（一）买受人拒绝支付违约金、拒绝赔偿损失或者主张出卖人应当采取减少价款等补救措施的，属于提出抗辩；

（二）买受人主张出卖人应支付违约金、赔偿损失或者要求解除合同的，应当提起反诉。

**第三十二条** 法律或者行政法规对债权转让、股权转让等权利转让合同有规定的，依照其规定；没有规定的，人民法院可以根据民法典第四百六十七条和第六百四十六条的规定，参照适用买卖合同的有关规定。

权利转让或者其他有偿合同参照适用买卖合同的有关规定的，人民法院应当首先引用民法典第六百四十六条的规定，再引用买卖合同的有关规定。

**第三十三条** 本解释施行前本院发布的有关购销合同、销售合同等有偿转移标的物所有权的合同的规定，与本解释抵触的，自本解释施行之日起不再适用。

本解释施行后尚未终审的买卖合同纠纷案件，适用本解释；本解释施行前已经终审，当事人申请再审或者按照审判监督程序决定再审的，不适用本解释。

## 最高人民法院关于审理商品房买卖合同纠纷案件适用法律若干问题的解释

- 2003 年 3 月 24 日最高人民法院审判委员会第 1267 次会议通过
- 根据 2020 年 12 月 23 日最高人民法院审判委员会第 1823 次会议通过的《最高人民法院关于修改〈最高人民法院关于在民事审判工作中适用《中华人民共和国工会法》若干问题的解释〉等二十七件民事类司法解释的决定》修正
- 2020 年 12 月 29 日最高人民法院公告公布
- 自 2021 年 1 月 1 日起施行
- 法释〔2020〕17 号

为正确、及时审理商品房买卖合同纠纷案件，根据《中华人民共和国民法典》《中华人民共和国城市房地产管理法》等相关法律，结合民事审判实践，制定本解释。

**第一条** 本解释所称的商品房买卖合同，是指房地产开发企业（以下统称为出卖人）将尚未建成或者已竣工的房屋向社会销售并转移房屋所有权于买受人，买受人支付价款的合同。

**第二条** 出卖人未取得商品房预售许可证明，与买受人订立的商品房预售合同，应当认定无效，但是在起诉前取得商品房预售许可证明的，可以认定有效。

**第三条** 商品房的销售广告和宣传资料为要约邀请，但是出卖人就商品房开发规划范围内的房屋及相关设施所作的说明和允诺具体确定，并对商品房买卖合同的订立以及房屋价格的确定有重大影响的，构成要约。该说明和允诺即使未载入商品房买卖合同，亦应当为合同内容，当事人违反的，应当承担违约责任。

**第四条** 出卖人通过认购、订购、预订等方式向买受人收受定金作为订立商品房买卖合同担保的，如果因当事人一方原因未能订立商品房买卖合同，应当按照法律关于定金的规定处理；因不可归责于当事人双方的事由，导致商品房买卖合同未能订立的，出卖人应当将定金返还买受人。

**第五条** 商品房的认购、订购、预订等协议具备《商品房销售管理办法》第十六条规定的商品房买卖合同的主要内容，并且出卖人已经按照约定收受购房款的，该协议应当认定为商品房买卖合同。

**第六条** 当事人以商品房预售合同未按照法律、行政法规规定办理登记备案手续为由，请求确认合同无效的，不予支持。

当事人约定以办理登记备案手续为商品房预售合同生效条件的，从其约定，但当事人一方已经履行主要义务，对方接受的除外。

**第七条** 买受人以出卖人与第三人恶意串通，另行订立商品房买卖合同并将房屋交付使用，导致其无法取得房屋为由，请求确认出卖人与第三人订立的商品房买卖合同无效的，应予支持。

**第八条** 对房屋的转移占有，视为房屋的交付使用，但当事人另有约定的除外。

房屋毁损、灭失的风险，在交付使用前由出卖人承担，交付使用后由买受人承担；买受人接到出卖人的书面交房通知，无正当理由拒绝接收的，房屋毁损、灭失的风险自书面交房通知确定的交付使用之日起由买受人承担，但法律另有规定或者当事人另有约定的除外。

**第九条** 因房屋主体结构质量不合格不能交付使用，或者房屋交付使用后，房屋主体结构质量经核验确属不合格，买受人请求解除合同和赔偿损失的，应予支持。

**第十条** 因房屋质量问题严重影响正常居住使用，买受人请求解除合同和赔偿损失的，应予支持。

交付使用的房屋存在质量问题，在保修期内，出卖人应当承担修复责任；出卖人拒绝修复或者在合理期限内拖延修复的，买受人可以自行或者委托他人修复。修复费用及修复期间造成的其他损失由出卖人承担。

**第十一条** 根据民法典第五百六十三条的规定，出卖人迟延交付房屋或者买受人迟延支付购房款，经催告后在三个月的合理期限内仍未履行，解除权人请求解除合同的，应予支持，但当事人另有约定的除外。

法律没有规定或者当事人没有约定，经对方当事人催告后，解除权行使的合理期限为三个月。对方当事人没有催告的，解除权人自知道或者应当知道解除事由之日起一年内行使。逾期不行使的，解除权消灭。

**第十二条** 当事人以约定的违约金过高为由请求减少的，应当以违约金超过造成的损失30%为标准适当减少；当事人以约定的违约金低于造成的损失为由请求增加的，应当以违约造成的损失确定违约金数额。

**第十三条** 商品房买卖合同没有约定违约金数额或者损失赔偿额计算方法，违约金数额或者损失赔偿额可以参照以下标准确定：

逾期付款的，按照未付购房款总额，参照中国人民银行规定的金融机构计收逾期贷款利息的标准计算。

逾期交付使用房屋的，按照逾期交付使用房屋期间有关主管部门公布或者有资格的房地产评估机构评定的同地段同类房屋租金标准确定。

**第十四条** 由于出卖人的原因，买受人在下列期限届满未能取得不动产权属证书的，除当事人有特殊约定外，出卖人应当承担违约责任：

（一）商品房买卖合同约定的办理不动产登记的期限；

（二）商品房买卖合同的标的物为尚未建成房屋的，自房屋交付使用之日起90日；

（三）商品房买卖合同的标的物为已竣工房屋的，自合同订立之日起90日。

合同没有约定违约金或者损失数额难以确定的，可以按照已付购房款总额，参照中国人民银行规定的金融机构计收逾期贷款利息的标准计算。

**第十五条** 商品房买卖合同约定或者《城市房地产开发经营管理条例》第三十二条规定的办理不动产登记的期限届满后超过一年，由于出卖人的原因，导致买受人无法办理不动产登记，买受人请求解除合同和赔偿损失的，应予支持。

**第十六条** 出卖人与包销人订立商品房包销合同，约定出卖人将其开发建设的房屋交由包销人以出卖人的名义销售的，包销期满未销售的房屋，由包销人按照合同约定的包销价格购买，但当事人另有约定的除外。

**第十七条** 出卖人自行销售已经约定由包销人包销的房屋，包销人请求出卖人赔偿损失的，应予支持，但当事人另有约定的除外。

**第十八条** 对于买受人因商品房买卖合同与出卖人发生的纠纷，人民法院应当通知包销人参加诉讼；出卖人、包销人和买受人对各自的权利义务有明确约定的，按照约定的内容确定各方的诉讼地位。

**第十九条** 商品房买卖合同约定，买受人以担保贷款方式付款、因当事人一方原因未能订立商品房担保贷款合同并导致商品房买卖合同不能继续履行的，对方当事人可以请求解除合同和赔偿损失。因不可归责于当事人双方的事由未能订立商品房担保贷款合同并导致商品房买卖合同不能继续履行的，当事人可以请求解除合同，出卖人应当将收受的购房款本金及其利息或者定金返还买受人。

**第二十条** 因商品房买卖合同被确认无效或者被撤销、解除，致使商品房担保贷款合同的目的无法实现，当事人请求解除商品房担保贷款合同的，应予支持。

**第二十一条** 以担保贷款为付款方式的商品房买卖合同的当事人一方请求确认商品房买卖合同无效或者撤销、解除合同的，如果担保权人作为有独立请求权第三人提出诉讼请求，应当与商品房担保贷款合同纠纷合并审理；未提出诉讼请求的，仅处理商品房买卖合同纠纷。担保权人就商品房担保贷款合同纠纷另行起诉的，可以与商品房买卖合同纠纷合并审理。

商品房买卖合同被确认无效或者被撤销、解除后，商品房担保贷款合同也被解除的，出卖人应当将收受的购房贷款和购房款的本金及利息分别返还担保权人和买受人。

**第二十二条** 买受人未按照商品房担保贷款合同的约定偿还贷款，亦未与担保权人办理不动产抵押登记手续，担保权人起诉买受人，请求处分商品房买卖合同项下买受人合同权利的，应当通知出卖人参加诉讼；担保权人同时起诉出卖人时，如果出卖人为商品房担保贷款合同提供保证的，应当列为共同被告。

**第二十三条** 买受人未按照商品房担保贷款合同的约定偿还贷款，但是已经取得不动产权属证书并与担保权人办理了不动产抵押登记手续，抵押权人请求买受人偿还贷款或者就抵押的房屋优先受偿的，不应当追加出卖人为当事人，但出卖人提供保证的除外。

**第二十四条** 本解释自 2003 年 6 月 1 日起施行。

《中华人民共和国城市房地产管理法》施行后订立的商品房买卖合同发生的纠纷案件，本解释公布施行后尚在一审、二审阶段的，适用本解释。

《中华人民共和国城市房地产管理法》施行后订立的商品房买卖合同发生的纠纷案件，在本解释公布施行前已经终审，当事人申请再审或者按照审判监督程序决定再审的，不适用本解释。

《中华人民共和国城市房地产管理法》施行前发生的商品房买卖行为，适用当时的法律、法规和《最高人民法院关于审理房地产管理法施行前房地产开发经营案件若干问题的解答》。

## 最高人民法院关于审理建设工程施工合同纠纷案件适用法律问题的解释（一）

· 2020 年 12 月 25 日最高人民法院审判委员会第 1825 次会议通过

· 2020 年 12 月 29 日最高人民法院公告公布

· 自 2021 年 1 月 1 日起施行

· 法释〔2020〕25 号

为正确审理建设工程施工合同纠纷案件，依法保护当事人合法权益，维护建筑市场秩序，促进建筑市场健康发展，根据《中华人民共和国民法典》《中华人民共和国建筑法》《中华人民共和国招标投标法》《中华人民共和国民事诉讼法》等相关法律规定，结合审判实践，制定本解释。

**第一条** 建设工程施工合同具有下列情形之一的，应当依据民法典第一百五十三条第一款的规定，认定无效：

（一）承包人未取得建筑业企业资质或者超越资质等级的；

（二）没有资质的实际施工人借用有资质的建筑施工企业名义的；

（三）建设工程必须进行招标而未招标或者中标无效的。

承包人因转包、违法分包建设工程与他人签订的建设工程施工合同，应当依据民法典第一百五十三条第一款及第七百九十一条第二款、第三款的规定，认定无效。

**第二条** 招标人和中标人另行签订的建设工程施工合同约定的工程

范围、建设工期、工程质量、工程价款等实质性内容，与中标合同不一致，一方当事人请求按照中标合同确定权利义务的，人民法院应予支持。

招标人和中标人在中标合同之外就明显高于市场价格购买承建房产、无偿建设住房配套设施、让利、向建设单位捐赠财物等另行签订合同，变相降低工程价款，一方当事人以该合同背离中标合同实质性内容为由请求确认无效的，人民法院应予支持。

**第三条** 当事人以发包人未取得建设工程规划许可证等规划审批手续为由，请求确认建设工程施工合同无效的，人民法院应予支持，但发包人在起诉前取得建设工程规划许可证等规划审批手续的除外。

发包人能够办理审批手续而未办理，并以未办理审批手续为由请求确认建设工程施工合同无效的，人民法院不予支持。

**第四条** 承包人超越资质等级许可的业务范围签订建设工程施工合同，在建设工程竣工前取得相应资质等级，当事人请求按照无效合同处理的，人民法院不予支持。

**第五条** 具有劳务作业法定资质的承包人与总承包人、分包人签订的劳务分包合同，当事人请求确认无效的，人民法院依法不予支持。

**第六条** 建设工程施工合同无效，一方当事人请求对方赔偿损失的，应当就对方过错、损失大小、过错与损失之间的因果关系承担举证责任。

损失大小无法确定，一方当事人请求参照合同约定的质量标准、建设工期、工程价款支付时间等内容确定损失大小的，人民法院可以结合双方过错程度、过错与损失之间的因果关系等因素作出裁判。

**第七条** 缺乏资质的单位或者个人借用有资质的建筑施工企业名义签订建设工程施工合同，发包人请求出借方与借用方对建设工程质量不合格等因出借资质造成的损失承担连带赔偿责任的，人民法院应予支持。

**第八条** 当事人对建设工程开工日期有争议的，人民法院应当分别按照以下情形予以认定：

（一）开工日期为发包人或者监理人发出的开工通知载明的开工日期；开工通知发出后，尚不具备开工条件的，以开工条件具备的时间为开工日期；因承包人原因导致开工时间推迟的，以开工通知载明的时间为开工日期。

（二）承包人经发包人同意已经实际进场施工的，以实际进场施工时间为开工日期。

（三）发包人或者监理人未发出开工通知，亦无相关证据证明实际开工日期的，应当综合考虑开工报告、合同、施工许可证、竣工验收报告或者竣工验收备案表等载明的时间，并结合是否具备开工条件的事实，认定开工日期。

**第九条** 当事人对建设工程实际竣工日期有争议的，人民法院应当分别按照以下情形予以认定：

（一）建设工程经竣工验收合格的，以竣工验收合格之日为竣工日期；

（二）承包人已经提交竣工验收报告，发包人拖延验收的，以承包人提交验收报告之日为竣工日期；

（三）建设工程未经竣工验收，发包人擅自使用的，以转移占有建设工程之日为竣工日期。

**第十条** 当事人约定顺延工期应当经发包人或者监理人签证等方式确认，承包人虽未取得工期顺延的确认，但能够证明在合同约定的期限内向发包人或者监理人申请过工期顺延且顺延事由符合合同约定，承包人以此为由主张工期顺延的，人民法院应予支持。

当事人约定承包人未在约定期限内提出工期顺延申请视为工期不顺延的，按照约定处理，但发包人在约定期限后同意工期顺延或者承包人提出合理抗辩的除外。

**第十一条** 建设工程竣工前，当事人对工程质量发生争议，工程质量经鉴定合格的，鉴定期间为顺延工期期间。

**第十二条** 因承包人的原因造成建设工程质量不符合约定，承包人拒绝修理、返工或者改建，发包人请求减少支付工程价款的，人民法院应予支持。

**第十三条** 发包人具有下列情形之一，造成建设工程质量缺陷，应当承担过错责任：

（一）提供的设计有缺陷；

（二）提供或者指定购买的建筑材料、建筑构配件、设备不符合强制性标准；

（三）直接指定分包人分包专业工程。

承包人有过错的，也应当承担相应的过错责任。

**第十四条** 建设工程未经竣工验收，发包人擅自使用后，又以使用部分质量不符合约定为由主张权利的，人民法院不予支持；但是承包人应当在建设工程的合理使用寿命内对地基基础工程和主体结构质量承担民事责任。

**第十五条** 因建设工程质量发生争议的，发包人可以以总承包人、分包人和实际施工人为共同被告提起诉讼。

**第十六条** 发包人在承包人提起的建设工程施工合同纠纷案件中，以建设工程质量不符合合同约定或者法律规定为由，就承包人支付违约金或者赔偿修理、返工、改建的合理费用等损失提出反诉的，人民法院可以合并审理。

**第十七条** 有下列情形之一，承包人请求发包人返还工程质量保证金的，人民法院应予支持：

（一）当事人约定的工程质量保证金返还期限届满；

（二）当事人未约定工程质量保证金返还期限的，自建设工程通过竣工验收之日起满二年；

（三）因发包人原因建设工程未按约定期限进行竣工验收的，自承包人提交工程竣工验收报告九十日后当事人约定的工程质量保证金返还期限届满；当事人未约定工程质量保证金返还期限的，自承包人提交工程竣工验收报告九十日后起满二年。

发包人返还工程质量保证金后，不影响承包人根据合同约定或者法律规定履行工程保修义务。

**第十八条** 因保修人未及时履行保修义务，导致建筑物毁损或者造成人身损害、财产损失的，保修人应当承担赔偿责任。

保修人与建筑物所有人或者发包人对建筑物毁损均有过错的，各自承担相应的责任。

**第十九条** 当事人对建设工程的计价标准或者计价方法有约定的，按照约定结算工程价款。

因设计变更导致建设工程的工程量或者质量标准发生变化，当事人对该部分工程价款不能协商一致的，可以参照签订建设工程施工合同时当地建设行政主管部门发布的计价方法或者计价标准结算工程价款。

建设工程施工合同有效，但建设工程经竣工验收不合格的，依照民法典第五百七十七条规定处理。

**第二十条** 当事人对工程量有争议的，按照施工过程中形成的签证等书面文件确认。承包人能够证明发包人同意其施工，但未能提供签证文件证明工程量发生的，可以按照当事人提供的其他证据确认实际发生的工程量。

**第二十一条** 当事人约定，发包人收到竣工结算文件后，在约定期限内不予答复，视为认可竣工结算文件的，按照约定处理。承包人请求按照竣工结算文件结算工程价款的，人民法院应予支持。

**第二十二条** 当事人签订的建设工程施工合同与招标文件、投标文件、中标通知书载明的工程范围、建设工期、工程质量、工程价款不一致，一方当事人请求将招标文件、投标文件、中标通知书作为结算工程价款的依据的，人民法院应予支持。

**第二十三条** 发包人将依法不属于必须招标的建设工程进行招标后，与承包人另行订立的建设工程施工合同背离中标合同的实质性内容，当事人请求以中标合同作为结算建设工程价款依据的，人民法院应予支持，但发包人与承包人因客观情况发生了在招标投标时难以预见的变化而另行订立建设工程施工合同的除外。

**第二十四条** 当事人就同一建设工程订立的数份建设工程施工合同均无效，但建设工程质量合格，一方当事人请求参照实际履行的合同关于工程价款的约定折价补偿承包人的，人民法院应予支持。

实际履行的合同难以确定，当事人请求参照最后签订的合同关于工程价款的约定折价补偿承包人的，人民法院应予支持。

**第二十五条** 当事人对垫资和垫资利息有约定，承包人请求按照约定返还垫资及其利息的，人民法院应予支持，但是约定的利息计算标准高于垫资时的同类贷款利率或者同期贷款市场报价利率的部分除外。

当事人对垫资没有约定的，按照工程欠款处理。

当事人对垫资利息没有约定，承包人请求支付利息的，人民法院不予支持。

**第二十六条** 当事人对欠付工程价款利息计付标准有约定的，按照约定处理。没有约定的，按照同期同类贷款利率或者同期贷款市场报价利率计息。

**第二十七条** 利息从应付工程价款之日开始计付。当事人对付款时间没有约定或者约定不明的，下列时间视为应付款时间：

（一）建设工程已实际交付的，为交付之日；

（二）建设工程没有交付的，为提交竣工结算文件之日；

（三）建设工程未交付，工程价款也未结算的，为当事人起诉之日。

**第二十八条** 当事人约定按照固定价结算工程价款，一方当事人请求对建设工程造价进行鉴定的，人民法院不予支持。

**第二十九条** 当事人在诉讼前已经对建设工程价款结算达成协议，诉讼中一方当事人申请对工程造价进行鉴定的，人民法院不予准许。

**第三十条** 当事人在诉讼前共同委托有关机构、人员对建设工程造价出具咨询意见，诉讼中一方当事人不认可该咨询意见申请鉴定的，人民法院应予准许，但双方当事人明确表示受该咨询意见约束的除外。

**第三十一条** 当事人对部分案件事实有争议的，仅对有争议的事实进行鉴定，但争议事实范围不能确定，或者双方当事人请求对全部事实鉴定的除外。

**第三十二条** 当事人对工程造价、质量、修复费用等专门性问题有争议，人民法院认为需要鉴定的，应当向负有举证责任的当事人释明。当事人经释明未申请鉴定，虽申请鉴定但未支付鉴定费用或者拒不提供相关材料的，应当承担举证不能的法律后果。

一审诉讼中负有举证责任的当事人未申请鉴定，虽申请鉴定但未支付鉴定费用或者拒不提供相关材料，二审诉讼中申请鉴定，人民法院认为确有必要的，应当依照民事诉讼法第一百七十条第一款第三项的规定处理。

**第三十三条** 人民法院准许当事人的鉴定申请后，应当根据当事人申请及查明案件事实的需要，确定委托鉴定的事项、范围、鉴定期限等，并组织当事人对争议的鉴定材料进行质证。

**第三十四条** 人民法院应当组织当事人对鉴定意见进行质证。鉴定人将当事人有争议且未经质证的材料作为鉴定依据的，人民法院应当组织当事人就该部分材料进行质证。经质证认为不能作为鉴定依据的，根据该材料作出的鉴定意见不得作为认定案件事实的依据。

**第三十五条** 与发包人订立建设工程施工合同的承包人，依据民法典第八百零七条的规定请求其承建工程的价款就工程折价或者拍卖的价款优先受偿的，人民法院应予支持。

**第三十六条** 承包人根据民法典第八百零七条规定享有的建设工程价款优先受偿权优于抵押权和其他债权。

**第三十七条** 装饰装修工程具备折价或者拍卖条件，装饰装修工程的承包人请求工程价款就该装饰装修工程折价或者拍卖的价款优先受偿的，人民法院应予支持。

**第三十八条** 建设工程质量合格，承包人请求其承建工程的价款就工程折价或者拍卖的价款优先受偿的，人民法院应予支持。

**第三十九条** 未竣工的建设工程质量合格，承包人请求其承建工程的价款就其承建工程部分折价或者拍卖的价款优先受偿的，人民法院应予支持。

**第四十条** 承包人建设工程价款优先受偿的范围依照国务院有关行政主管部门关于建设工程价款范围的规定确定。

承包人就逾期支付建设工程价款的利息、违约金、损害赔偿金等主张优先受偿的，人民法院不予支持。

**第四十一条** 承包人应当在合理期限内行使建设工程价款优先受偿权，但最长不得超过十八个月，自发包人应当给付建设工程价款之日起算。

**第四十二条** 发包人与承包人约定放弃或者限制建设工程价款优先受偿权，损害建筑工人利益，发包人根据该约定主张承包人不享有建设工程价款优先受偿权的，人民法院不予支持。

**第四十三条** 实际施工人以转包人、违法分包人为被告起诉的，人民法院应当依法受理。

实际施工人以发包人为被告主张权利的，人民法院应当追加转包人或者违法分包人为本案第三人，在查明发包人欠付转包人或者违法分包人建设工程价款的数额后，判决发包人在欠付建设工程价款范围内对实际施工人承担责任。

**第四十四条** 实际施工人依据民法典第五百三十五条规定，以转包人或者违法分包人怠于向发包人行使到期债权或者与该债权有关的从权利，影响其到期债权实现，提起代位权诉讼的，人民法院应予支持。

**第四十五条** 本解释自 2021 年 1 月 1 日起施行。

# 最高人民法院关于审理技术合同纠纷案件适用法律若干问题的解释

· 2004 年 11 月 30 日最高人民法院审判委员会第 1335 次会议通过
· 根据 2020 年 12 月 23 日最高人民法院审判委员会第 1823 次会议通过的《最高人民法院关于修改〈最高人民法院关于审理侵犯专利权纠纷案件应用法律若干问题的解释（二）〉等十八件知识产权类司法解释的决定》修正
· 2020 年 12 月 29 日最高人民法院公告公布
· 自 2021 年 1 月 1 日起施行
· 法释〔2020〕19 号

为了正确审理技术合同纠纷案件，根据《中华人民共和国民法典》《中华人民共和国专利法》和《中华人民共和国民事诉讼法》等法律的有关规定，结合审判实践，现就有关问题作出以下解释。

## 一、一般规定

**第一条** 技术成果，是指利用科学技术知识、信息和经验作出的涉及产品、工艺、材料及其改进等的技术方案，包括专利、专利申请、技术秘密、计算机软件、集成电路布图设计、植物新品种等。

技术秘密，是指不为公众所知悉、具有商业价值并经权利人采取相应保密措施的技术信息。

**第二条** 民法典第八百四十七条第二款所称“执行法人或者非法人组织的工作任务”，包括：

（一）履行法人或者非法人组织的岗位职责或者承担其交付的其他技术开发任务；

（二）离职后一年内继续从事与其原所在法人或者非法人组织的岗位职责或者交付的任务有关的技术开发工作，但法律、行政法规另有规定的除外。

法人或者非法人组织与其职工就职工在职期间或者离职以后所完成的技术成果的权益有约定的，人民法院应当依约定确认。

**第三条** 民法典第八百四十七条第二款所称"物质技术条件"，包括资金、设备、器材、原材料、未公开的技术信息和资料等。

**第四条** 民法典第八百四十七条第二款所称"主要是利用法人或者非法人组织的物质技术条件"，包括职工在技术成果的研究开发过程中，全部或者大部分利用了法人或者非法人组织的资金、设备、器材或者原材料等物质条件，并且这些物质条件对形成该技术成果具有实质性的影响；还包括该技术成果实质性内容是在法人或者非法人组织尚未公开的技术成果、阶段性技术成果基础上完成的情形。但下列情况除外：

（一）对利用法人或者非法人组织提供的物质技术条件，约定返还资金或者交纳使用费的；

（二）在技术成果完成后利用法人或者非法人组织的物质技术条件对技术方案进行验证、测试的。

**第五条** 个人完成的技术成果，属于执行原所在法人或者非法人组织的工作任务，又主要利用了现所在法人或者非法人组织的物质技术条件的，应当按照该自然人原所在和现所在法人或者非法人组织达成的协议确认权益。不能达成协议的，根据对完成该项技术成果的贡献大小由双方合理分享。

**第六条** 民法典第八百四十七条所称"职务技术成果的完成人"、第八百四十八条所称"完成技术成果的个人"，包括对技术成果单独或者共同作出创造性贡献的人，也即技术成果的发明人或者设计人。人民法院在对创造性贡献进行认定时，应当分解所涉及技术成果的实质性技术构成。提出实质性技术构成并由此实现技术方案的人，是作出创造性贡献的人。

提供资金、设备、材料、试验条件，进行组织管理，协助绘制图纸、整理资料、翻译文献等人员，不属于职务技术成果的完成人、完成技术成果的个人。

**第七条** 不具有民事主体资格的科研组织订立的技术合同，经法人或者非法人组织授权或者认可的，视为法人或者非法人组织订立的合同，由法人或者非法人组织承担责任；未经法人或者非法人组织授权或者认可的，由该科研组织成员共同承担责任，但法人或者非法人组织因该合同受益的，应当在其受益范围内承担相应责任。

前款所称不具有民事主体资格的科研组织，包括法人或者非法人组织设立的从事技术研究开发、转让等活动的课题组、工作室等。

**第八条** 生产产品或者提供服务依法须经有关部门审批或者取得行政许可，而未经审批或者许可的，不影响当事人订立的相关技术合同的效力。

当事人对办理前款所称审批或者许可的义务没有约定或者约定不明确的，人民法院应当判令由实施技术的一方负责办理，但法律、行政法规另有规定的除外。

**第九条** 当事人一方采取欺诈手段，就其现有技术成果作为研究开发标的与他人订立委托开发合同收取研究开发费用，或者就同一研究开发课题先后与两个或者两个以上的委托人分别订立委托开发合同重复收取研究开发费用，使对方在违背真实意思的情况下订立的合同，受损害方依照民法典第一百四十八条规定请求撤销合同的，人民法院应当予以支持。

**第十条** 下列情形，属于民法典第八百五十条所称的“非法垄断技术”：

（一）限制当事人一方在合同标的技术基础上进行新的研究开发或者限制其使用所改进的技术，或者双方交换改进技术的条件不对等，包括要求一方将其自行改进的技术无偿提供给对方、非互惠性转让给对方、无偿独占或者共享该改进技术的知识产权；

（二）限制当事人一方从其他来源获得与技术提供方类似技术或者与其竞争的技术；

（三）阻碍当事人一方根据市场需求，按照合理方式充分实施合同标的技术，包括明显不合理地限制技术接受方实施合同标的技术生产产品或者提供服务的数量、品种、价格、销售渠道和出口市场；

（四）要求技术接受方接受并非实施技术必不可少的附带条件，包括购买非必需的技术、原材料、产品、设备、服务以及接收非必需的人员等；

（五）不合理地限制技术接受方购买原材料、零部件、产品或者设备等的渠道或者来源；

（六）禁止技术接受方对合同标的技术知识产权的有效性提出异议或者对提出异议附加条件。

**第十一条** 技术合同无效或者被撤销后，技术开发合同研究开发人、技术转让合同让与人、技术许可合同许可人、技术咨询合同和技术服务合同的受托人已经履行或者部分履行了约定的义务，并且造成合同无效或者被撤销的过错在对方的，对其已履行部分应当收取的研究开发经费、技术使用费、提供咨询服务的报酬，人民法院可以认定为因对方原因导致合同无效或者被撤销给其造成的损失。

技术合同无效或者被撤销后，因履行合同所完成新的技术成果或者在他人技术成果基础上完成后续改进技术成果的权利归属和利益分享，当事人不能重新协议确定的，人民法院可以判决由完成技术成果的一方享有。

**第十二条** 根据民法典第八百五十条的规定，侵害他人技术秘密的技术合同被确认无效后，除法律、行政法规另有规定的以外，善意取得该技术秘密的一方当事人可以在其取得时的范围内继续使用该技术秘密，但应当向权利人支付合理的使用费并承担保密义务。

当事人双方恶意串通或者一方知道或者应当知道另一方侵权仍与其订立或者履行合同的，属于共同侵权，人民法院应当判令侵权人承担连带赔偿责任和保密义务，因此取得技术秘密的当事人不得继续使用该技术秘密。

**第十三条** 依照前条第一款规定可以继续使用技术秘密的人与权利人就使用费支付发生纠纷的，当事人任何一方都可以请求人民法院予以处理。继续使用技术秘密但又拒不支付使用费的，人民法院可以根据权利人的请求判令使用人停止使用。

人民法院在确定使用费时，可以根据权利人通常对外许可该技术秘密的使用费或者使用人取得该技术秘密所支付的使用费，并考虑该技术秘密的研究开发成本、成果转化和应用程度以及使用人的使用规模、经济效益等因素合理确定。

不论使用人是否继续使用技术秘密，人民法院均应当判令其向权利人支付已使用期间的使用费。使用人已向无效合同的让与人或者许可人支付的使用费应当由让与人或者许可人负责返还。

**第十四条** 对技术合同的价款、报酬和使用费，当事人没有约定或者约定不明确的，人民法院可以按照以下原则处理：

（一）对于技术开发合同和技术转让合同、技术许可合同，根据有关技术成果的研究开发成本、先进性、实施转化和应用的程度，当事人享有的权益和承担的责任，以及技术成果的经济效益等合理确定；

（二）对于技术咨询合同和技术服务合同，根据有关咨询服务工作的技术含量、质量和数量，以及已经产生和预期产生的经济效益等合理确定。

技术合同价款、报酬、使用费中包含非技术性款项的，应当分项计算。

**第十五条** 技术合同当事人一方迟延履行主要债务，经催告后在30日内仍未履行，另一方依据民法典第五百六十三条第一款第（三）项的规定主张解除合同的，人民法院应当予以支持。

当事人在催告通知中附有履行期限且该期限超过30日的，人民法院应当认定该履行期限为民法典第五百六十三条第一款第（三）项规定的合理期限。

**第十六条** 当事人以技术成果向企业出资但未明确约定权属，接受出资的企业主张该技术成果归其享有的，人民法院一般应当予以支持，但是该技术成果价值与该技术成果所占出资额比例明显不合理损害出资人利益的除外。

当事人对技术成果的权属约定有比例的，视为共同所有，其权利使用和利益分配，按共有技术成果的有关规定处理，但当事人另有约定的，从其约定。

当事人对技术成果的使用权约定有比例的，人民法院可以视为当事人对实施该项技术成果所获收益的分配比例，但当事人另有约定的，从其约定。

## 二、技术开发合同

**第十七条** 民法典第八百五十一条第一款所称“新技术、新产品、新工艺、新品种或者新材料及其系统”，包括当事人在订立技术合同时尚未掌握的产品、工艺、材料及其系统等技术方案，但对技术上没有创新的现有产品的改型、工艺变更、材料配方调整以及对技术成果的验证、测试和使用除外。

**第十八条** 民法典第八百五十一条第四款规定的“当事人之间就具有实用价值的科技成果实施转化订立的”技术转化合同，是指当事人之间就具有实用价值但尚未实现工业化应用的科技成果包括阶段性技术成果，以实现该科技成果工业化应用为目标，约定后续试验、开发和应用等内容的合同。

**第十九条** 民法典第八百五十五条所称“分工参与研究开发工作”，包括当事人按照约定的计划和分工，共同或者分别承担设计、工艺、试验、试制等工作。

技术开发合同当事人一方仅提供资金、设备、材料等物质条件或者承担辅助协作事项，另一方进行研究开发工作的，属于委托开发合同。

**第二十条** 民法典第八百六十一条所称“当事人均有使用和转让的权利”，包括当事人均有不经对方同意而自己使用或者以普通使用许可的方式许可他人使用技术秘密，并独占由此所获利益的权利。当事人一方将技术秘密成果的转让权让与他人，或者以独占或者排他使用许可的方式许可他人使用技术秘密，未经对方当事人同意或者追认的，应当认定该让与或者许可行为无效。

**第二十一条** 技术开发合同当事人依照民法典的规定或者约定自行实施专利或使用技术秘密，但因其不具备独立实施专利或者使用技术秘密的条件，以一个普通许可方式许可他人实施或者使用的，可以准许。

## 三、技术转让合同和技术许可合同

**第二十二条** 就尚待研究开发的技术成果或者不涉及专利、专利申请或者技术秘密的知识、技术、经验和信息所订立的合同，不属于民法典第八百六十二条规定的技术转让合同或者技术许可合同。

技术转让合同中关于让与人向受让人提供实施技术的专用设备、原材料或者提供有关的技术咨询、技术服务的约定，属于技术转让合同的组成部分。因此发生的纠纷，按照技术转让合同处理。

当事人以技术入股方式订立联营合同，但技术入股人不参与联营体的经营管理，并且以保底条款形式约定联营体或者联营对方支付其技术价款或者使用费的，视为技术转让合同或者技术许可合同。

**第二十三条** 专利申请权转让合同当事人以专利申请被驳回或者被视为撤回为由请求解除合同，该事实发生在依照专利法第十条第三款的规定办理专利申请权转让登记之前的，人民法院应当予以支持；发生在转让登记之后的，不予支持，但当事人另有约定的除外。

专利申请因专利申请权转让合同成立时即存在尚未公开的同样发明创造的在先专利申请被驳回，当事人依据民法典第五百六十三条第一款第（四）项的规定请求解除合同的，人民法院应当予以支持。

**第二十四条** 订立专利权转让合同或者专利申请权转让合同前，让与人自己已经实施发明创造，在合同生效后，受让人要求让与人停止实施的，人民法院应当予以支持，但当事人另有约定的除外。

让与人与受让人订立的专利权、专利申请权转让合同，不影响在合同成立前让与人与他人订立的相关专利实施许可合同或者技术秘密转让合同的效力。

**第二十五条** 专利实施许可包括以下方式：

（一）独占实施许可，是指许可人在约定许可实施专利的范围内，将该专利仅许可一个被许可人实施，许可人依约定不得实施该专利；

（二）排他实施许可，是指许可人在约定许可实施专利的范围内，将该专利仅许可一个被许可人实施，但许可人依约定可以自行实施该专利；

（三）普通实施许可，是指许可人在约定许可实施专利的范围内许可他人实施该专利，并且可以自行实施该专利。

当事人对专利实施许可方式没有约定或者约定不明确的，认定为普通实施许可。专利实施许可合同约定被许可人可以再许可他人实施专利的，认定该再许可为普通实施许可，但当事人另有约定的除外。

技术秘密的许可使用方式，参照本条第一、二款的规定确定。

**第二十六条** 专利实施许可合同许可人负有在合同有效期内维持专利权有效的义务，包括依法缴纳专利年费和积极应对他人提出宣告专利权无效的请求，但当事人另有约定的除外。

**第二十七条** 排他实施许可合同许可人不具备独立实施其专利的条件，以一个普通许可的方式许可他人实施专利的，人民法院可以认定为许可人自己实施专利，但当事人另有约定的除外。

**第二十八条** 民法典第八百六十四条所称“实施专利或者使用技术秘密的范围”，包括实施专利或者使用技术秘密的期限、地域、方式以及接触技术秘密的人员等。

当事人对实施专利或者使用技术秘密的期限没有约定或者约定不明确的，受让人、被许可人实施专利或者使用技术秘密不受期限限制。

**第二十九条** 当事人之间就申请专利的技术成果所订立的许可使用合同，专利申请公开以前，适用技术秘密许可合同的有关规定；发明专利申请公开以后、授权以前，参照适用专利实施许可合同的有关规定；授权以后，原合同即为专利实施许可合同，适用专利实施许可合同的有关规定。

人民法院不以当事人就已经申请专利但尚未授权的技术订立专利实施许可合同为由，认定合同无效。

## 四、技术咨询合同和技术服务合同

**第三十条** 民法典第八百七十八条第一款所称“特定技术项目”，包括有关科学技术与经济社会协调发展的软科学研究项目，促进科技进步和管理现代化、提高经济效益和社会效益等运用科学知识和技术手段进行调查、分析、论证、评价、预测的专业性技术项目。

**第三十一条** 当事人对技术咨询合同委托人提供的技术资料和数据或者受托人提出的咨询报告和意见未约定保密义务，当事人一方引用、发表或者向第三人提供的，不认定为违约行为，但侵害对方当事人对此享有的合法权益的，应当依法承担民事责任。

**第三十二条** 技术咨询合同受托人发现委托人提供的资料、数据等有明显错误或者缺陷，未在合理期限内通知委托人的，视为其对委托人提供的技术资料、数据等予以认可。委托人在接到受托人的补正通知后未在合理期限内答复并予补正的，发生的损失由委托人承担。

**第三十三条** 民法典第八百七十八条第二款所称“特定技术问题”，包括需要运用专业技术知识、经验和信息解决的有关改进产品结构、改良工艺流程、提高产品质量、降低产品成本、节约资源能耗、保护资源环境、实现安全操作、提高经济效益和社会效益等专业技术问题。

**第三十四条** 当事人一方以技术转让或者技术许可的名义提供已进入公有领域的技术，或者在技术转让合同、技术许可合同履行过程中合同标的技术进入公有领域，但是技术提供方进行技术指导、传授技术知识，为对方解决特定技术问题符合约定条件的，按照技术服务合同处理，约定的技术转让费、使用费可以视为提供技术服务的报酬和费用，但是法律、行政法规另有规定的除外。

依照前款规定，技术转让费或者使用费视为提供技术服务的报酬和费用明显不合理的，人民法院可以根据当事人的请求合理确定。

**第三十五条** 技术服务合同受托人发现委托人提供的资料、数据、样品、材料、场地等工作条件不符合约定，未在合理期限内通知委托人的，视为其对委托人提供的工作条件予以认可。委托人在接到受托人的补正通知后未在合理期限内答复并予补正的，发生的损失由委托人承担。

**第三十六条** 民法典第八百八十七条规定的“技术培训合同”，是指当事人一方委托另一方对指定的学员进行特定项目的专业技术训练和技术指导所订立的合同，不包括职业培训、文化学习和按照行业、法人或者非法人组织的计划进行的职工业余教育。

**第三十七条** 当事人对技术培训必需的场地、设施和试验条件等工作条件的提供和管理责任没有约定或者约定不明确的，由委托人负责提供和管理。

技术培训合同委托人派出的学员不符合约定条件，影响培训质量的，由委托人按照约定支付报酬。

受托人配备的教员不符合约定条件，影响培训质量，或者受托人未按照计划和项目进行培训，导致不能实现约定培训目标的，应当减收或者免收报酬。

受托人发现学员不符合约定条件或者委托人发现教员不符合约定条件，未在合理期限内通知对方，或者接到通知的一方未在合理期限内按约定改派的，应当由负有履行义务的当事人承担相应的民事责任。

**第三十八条** 民法典第八百八十七条规定的“技术中介合同”，是指当事人一方以知识、技术、经验和信息为另一方与第三人订立技术合同进行联系、介绍以及对履行合同提供专门服务所订立的合同。

**第三十九条** 中介人从事中介活动的费用，是指中介人在委托人和第三人订立技术合同前，进行联系、介绍活动所支出的通信、交通和必要的调查研究等费用。中介人的报酬，是指中介人为委托人与第三人订立技术合同以及对履行该合同提供服务应当得到的收益。

当事人对中介人从事中介活动的费用负担没有约定或者约定不明确的，由中介人承担。当事人约定该费用由委托人承担但未约定具体数额或者计算方法的，由委托人支付中介人从事中介活动支出的必要费用。

当事人对中介人的报酬数额没有约定或者约定不明确的，应当根据中介人所进行的劳务合理确定，并由委托人承担。仅在委托人与第三人订立的技术合同中约定中介条款，但未约定给付中介人报酬或者约定不明确的，应当支付的报酬由委托人和第三人平均承担。

**第四十条** 中介人未促成委托人与第三人之间的技术合同成立的，其要求支付报酬的请求，人民法院不予支持；其要求委托人支付其从事中介活动必要费用的请求，应当予以支持，但当事人另有约定的除外。

中介人隐瞒与订立技术合同有关的重要事实或者提供虚假情况，侵害委托人利益的，应当根据情况免收报酬并承担赔偿责任。

**第四十一条** 中介人对造成委托人与第三人之间的技术合同的无效或者被撤销没有过错，并且该技术合同的无效或者被撤销不影响有关中介条款或者技术中介合同继续有效，中介人要求按照约定或者本解释的有关规定给付从事中介活动的费用和报酬的，人民法院应当予以支持。

中介人收取从事中介活动的费用和报酬不应当被视为委托人与第三人之间的技术合同纠纷中一方当事人的损失。

## 五、与审理技术合同纠纷有关的程序问题

**第四十二条** 当事人将技术合同和其他合同内容或者将不同类型的技术合同内容订立在一个合同中的，应当根据当事人争议的权利义务内容，确定案件的性质和案由。

技术合同名称与约定的权利义务关系不一致的，应当按照约定的权

利义务内容，确定合同的类型和案由。

技术转让合同或者技术许可合同中约定让与人或者许可人负责包销或者回购受让人、被许可人实施合同标的技术制造的产品，仅因让与人或者许可人不履行或者不能全部履行包销或者回购义务引起纠纷，不涉及技术问题的，应当按照包销或者回购条款约定的权利义务内容确定案由。

**第四十三条** 技术合同纠纷案件一般由中级以上人民法院管辖。

各高级人民法院根据本辖区的实际情况并报经最高人民法院批准，可以指定若干基层人民法院管辖第一审技术合同纠纷案件。

其他司法解释对技术合同纠纷案件管辖另有规定的，从其规定。

合同中既有技术合同内容，又有其他合同内容，当事人就技术合同内容和其他合同内容均发生争议的，由具有技术合同纠纷案件管辖权的人民法院受理。

**第四十四条** 一方当事人以诉讼争议的技术合同侵害他人技术成果为由请求确认合同无效，或者人民法院在审理技术合同纠纷中发现可能存在该无效事由的，人民法院应当依法通知有关利害关系人，其可以作为有独立请求权的第三人参加诉讼或者依法向有管辖权的人民法院另行起诉。

利害关系人在接到通知后 15 日内不提起诉讼的，不影响人民法院对案件的审理。

**第四十五条** 第三人向受理技术合同纠纷案件的人民法院就合同标的技术提出权属或者侵权请求时，受诉人民法院对此也有管辖权的，可以将权属或者侵权纠纷与合同纠纷合并审理；受诉人民法院对此没有管辖权的，应当告知其向有管辖权的人民法院另行起诉或者将已经受理的权属或者侵权纠纷案件移送有管辖权的人民法院。权属或者侵权纠纷另案受理后，合同纠纷应当中止诉讼。

专利实施许可合同诉讼中，被许可人或者第三人向国家知识产权局请求宣告专利权无效的，人民法院可以不中止诉讼。在案件审理过程中专利权被宣告无效的，按照专利法第四十七条第二款和第三款的规定处理。

### 六、其　他

**第四十六条**　计算机软件开发等合同争议，著作权法以及其他法律、行政法规另有规定的，依照其规定；没有规定的，适用民法典第三编第一分编的规定，并可以参照民法典第三编第二分编第二十章和本解释的有关规定处理。

**第四十七条**　本解释自 2005 年 1 月 1 日起施行。

## 最高人民法院关于审理城镇房屋租赁合同纠纷案件具体应用法律若干问题的解释

· 2009 年 6 月 22 日最高人民法院审判委员会第 1469 次会议通过

· 根据 2020 年 12 月 23 日最高人民法院审判委员会第 1823 次会议通过的《最高人民法院关于修改〈最高人民法院关于在民事审判工作中适用《中华人民共和国工会法》若干问题的解释〉等二十七件民事类司法解释的决定》修正

· 2020 年 12 月 29 日最高人民法院公告公布

· 自 2021 年 1 月 1 日起施行

· 法释〔2020〕17 号

为正确审理城镇房屋租赁合同纠纷案件，依法保护当事人的合法权益，根据《中华人民共和国民法典》等法律规定，结合民事审判实践，制定本解释。

**第一条**　本解释所称城镇房屋，是指城市、镇规划区内的房屋。

乡、村庄规划区内的房屋租赁合同纠纷案件，可以参照本解释处理。但法律另有规定的，适用其规定。

当事人依照国家福利政策租赁公有住房、廉租住房、经济适用住房产生的纠纷案件，不适用本解释。

**第二条** 出租人就未取得建设工程规划许可证或者未按照建设工程规划许可证的规定建设的房屋，与承租人订立的租赁合同无效。但在一审法庭辩论终结前取得建设工程规划许可证或者经主管部门批准建设的，人民法院应当认定有效。

**第三条** 出租人就未经批准或者未按照批准内容建设的临时建筑，与承租人订立的租赁合同无效。但在一审法庭辩论终结前经主管部门批准建设的，人民法院应当认定有效。

租赁期限超过临时建筑的使用期限，超过部分无效。但在一审法庭辩论终结前经主管部门批准延长使用期限的，人民法院应当认定延长使用期限内的租赁期间有效。

**第四条** 房屋租赁合同无效，当事人请求参照合同约定的租金标准支付房屋占有使用费的，人民法院一般应予支持。

当事人请求赔偿因合同无效受到的损失，人民法院依照民法典第一百五十七条和本解释第七条、第十一条、第十二条的规定处理。

**第五条** 出租人就同一房屋订立数份租赁合同，在合同均有效的情况下，承租人均主张履行合同的，人民法院按照下列顺序确定履行合同的承租人：

（一）已经合法占有租赁房屋的；

（二）已经办理登记备案手续的；

（三）合同成立在先的。

不能取得租赁房屋的承租人请求解除合同、赔偿损失的，依照民法典的有关规定处理。

**第六条** 承租人擅自变动房屋建筑主体和承重结构或者扩建，在出租人要求的合理期限内仍不予恢复原状，出租人请求解除合同并要求赔偿损失的，人民法院依照民法典第七百一十一条的规定处理。

**第七条** 承租人经出租人同意装饰装修，租赁合同无效时，未形成附合的装饰装修物，出租人同意利用的，可折价归出租人所有；不同意利用的，可由承租人拆除。因拆除造成房屋毁损的，承租人应当恢复原状。

已形成附合的装饰装修物，出租人同意利用的，可折价归出租人所有；不同意利用的，由双方各自按照导致合同无效的过错分担现值损失。

**第八条** 承租人经出租人同意装饰装修，租赁期间届满或者合同解除时，除当事人另有约定外，未形成附合的装饰装修物，可由承租人拆除。因拆除造成房屋毁损的，承租人应当恢复原状。

**第九条** 承租人经出租人同意装饰装修，合同解除时，双方对已形成附合的装饰装修物的处理没有约定的，人民法院按照下列情形分别处理：

（一）因出租人违约导致合同解除，承租人请求出租人赔偿剩余租赁期内装饰装修残值损失的，应予支持；

（二）因承租人违约导致合同解除，承租人请求出租人赔偿剩余租赁期内装饰装修残值损失的，不予支持。但出租人同意利用的，应在利用价值范围内予以适当补偿；

（三）因双方违约导致合同解除，剩余租赁期内的装饰装修残值损失，由双方根据各自的过错承担相应的责任；

（四）因不可归责于双方的事由导致合同解除的，剩余租赁期内的装饰装修残值损失，由双方按照公平原则分担。法律另有规定的，适用其规定。

**第十条** 承租人经出租人同意装饰装修，租赁期间届满时，承租人请求出租人补偿附合装饰装修费用的，不予支持。但当事人另有约定的除外。

**第十一条** 承租人未经出租人同意装饰装修或者扩建发生的费用，由承租人负担。出租人请求承租人恢复原状或者赔偿损失的，人民法院应予支持。

**第十二条** 承租人经出租人同意扩建，但双方对扩建费用的处理没有约定的，人民法院按照下列情形分别处理：

（一）办理合法建设手续的，扩建造价费用由出租人负担；

（二）未办理合法建设手续的，扩建造价费用由双方按照过错分担。

**第十三条** 房屋租赁合同无效、履行期限届满或者解除，出租人请求负有腾房义务的次承租人支付逾期腾房占有使用费的，人民法院应予支持。

**第十四条** 租赁房屋在承租人按照租赁合同占有期限内发生所有权变动，承租人请求房屋受让人继续履行原租赁合同的，人民法院应予支持。但租赁房屋具有下列情形或者当事人另有约定的除外：

（一）房屋在出租前已设立抵押权，因抵押权人实现抵押权发生所有权变动的；

（二）房屋在出租前已被人民法院依法查封的。

**第十五条** 出租人与抵押权人协议折价、变卖租赁房屋偿还债务，应当在合理期限内通知承租人。承租人请求以同等条件优先购买房屋的，人民法院应予支持。

**第十六条** 本解释施行前已经终审，本解释施行后当事人申请再审或者按照审判监督程序决定再审的案件，不适用本解释。

## 最高人民法院关于审理融资租赁合同纠纷案件适用法律问题的解释

- 2013 年 11 月 25 日最高人民法院审判委员会第 1597 次会议通过
- 根据 2020 年 12 月 23 日最高人民法院审判委员会第 1823 次会议通过的《最高人民法院关于修改〈最高人民法院关于在民事审判工作中适用《中华人民共和国工会法》若干问题的解释〉等二十七件民事类司法解释的决定》修正
- 2020 年 12 月 29 日最高人民法院公告公布
- 自 2021 年 1 月 1 日起施行
- 法释〔2020〕17 号

为正确审理融资租赁合同纠纷案件，根据《中华人民共和国民法典》《中华人民共和国民事诉讼法》等法律的规定，结合审判实践，制定本解释。

## 一、融资租赁合同的认定

**第一条** 人民法院应当根据民法典第七百三十五条的规定，结合标的物的性质、价值、租金的构成以及当事人的合同权利和义务，对是否构成融资租赁法律关系作出认定。

对名为融资租赁合同，但实际不构成融资租赁法律关系的，人民法院应按照其实际构成的法律关系处理。

**第二条** 承租人将其自有物出卖给出租人，再通过融资租赁合同将租赁物从出租人处租回的，人民法院不应仅以承租人和出卖人系同一人为由认定不构成融资租赁法律关系。

## 二、合同的履行和租赁物的公示

**第三条** 承租人拒绝受领租赁物，未及时通知出租人，或者无正当理由拒绝受领租赁物，造成出租人损失，出租人向承租人主张损害赔偿的，人民法院应予支持。

**第四条** 出租人转让其在融资租赁合同项下的部分或者全部权利，受让方以此为由请求解除或者变更融资租赁合同的，人民法院不予支持。

## 三、合同的解除

**第五条** 有下列情形之一，出租人请求解除融资租赁合同的，人民法院应予支持：

（一）承租人未按照合同约定的期限和数额支付租金，符合合同约定的解除条件，经出租人催告后在合理期限内仍不支付的；

（二）合同对于欠付租金解除合同的情形没有明确约定，但承租人欠付租金达到两期以上，或者数额达到全部租金百分之十五以上，经出租人催告后在合理期限内仍不支付的；

（三）承租人违反合同约定，致使合同目的不能实现的其他情形。

**第六条** 因出租人的原因致使承租人无法占有、使用租赁物，承租人请求解除融资租赁合同的，人民法院应予支持。

**第七条** 当事人在一审诉讼中仅请求解除融资租赁合同，未对租赁物的归属及损失赔偿提出主张的，人民法院可以向当事人进行释明。

## 四、违约责任

**第八条** 租赁物不符合融资租赁合同的约定且出租人实施了下列行为之一，承租人依照民法典第七百四十四条、第七百四十七条的规定，要求出租人承担相应责任的，人民法院应予支持：

（一）出租人在承租人选择出卖人、租赁物时，对租赁物的选定起决定作用的；

（二）出租人干预或者要求承租人按照出租人意愿选择出卖人或者租赁物的；

（三）出租人擅自变更承租人已经选定的出卖人或者租赁物的。

承租人主张其系依赖出租人的技能确定租赁物或者出租人干预选择租赁物的，对上述事实承担举证责任。

**第九条** 承租人逾期履行支付租金义务或者迟延履行其他付款义务，出租人按照融资租赁合同的约定要求承租人支付逾期利息、相应违约金的，人民法院应予支持。

**第十条** 出租人既请求承租人支付合同约定的全部未付租金又请求解除融资租赁合同的，人民法院应告知其依照民法典第七百五十二条的规定作出选择。

出租人请求承租人支付合同约定的全部未付租金，人民法院判决后承租人未予履行，出租人再行起诉请求解除融资租赁合同、收回租赁物的，人民法院应予受理。

**第十一条** 出租人依照本解释第五条的规定请求解除融资租赁合

同，同时请求收回租赁物并赔偿损失的，人民法院应予支持。

前款规定的损失赔偿范围为承租人全部未付租金及其他费用与收回租赁物价值的差额。合同约定租赁期间届满后租赁物归出租人所有的，损失赔偿范围还应包括融资租赁合同到期后租赁物的残值。

**第十二条** 诉讼期间承租人与出租人对租赁物的价值有争议的，人民法院可以按照融资租赁合同的约定确定租赁物价值；融资租赁合同未约定或者约定不明的，可以参照融资租赁合同约定的租赁物折旧以及合同到期后租赁物的残值确定租赁物价值。

承租人或者出租人认为依前款确定的价值严重偏离租赁物实际价值的，可以请求人民法院委托有资质的机构评估或者拍卖确定。

## 五、其他规定

**第十三条** 出卖人与买受人因买卖合同发生纠纷，或者出租人与承租人因融资租赁合同发生纠纷，当事人仅对其中一个合同关系提起诉讼，人民法院经审查后认为另一合同关系的当事人与案件处理结果有法律上的利害关系的，可以通知其作为第三人参加诉讼。

承租人与租赁物的实际使用人不一致，融资租赁合同当事人未对租赁物的实际使用人提起诉讼，人民法院经审查后认为租赁物的实际使用人与案件处理结果有法律上的利害关系的，可以通知其作为第三人参加诉讼。

承租人基于买卖合同和融资租赁合同直接向出卖人主张受领租赁物、索赔等买卖合同权利的，人民法院应通知出租人作为第三人参加诉讼。

**第十四条** 当事人因融资租赁合同租金欠付争议向人民法院请求保护其权利的诉讼时效期间为三年，自租赁期限届满之日起计算。

**第十五条** 本解释自 2014 年 3 月 1 日起施行。《最高人民法院关于审理融资租赁合同纠纷案件若干问题的规定》（法发〔1996〕19 号）同时废止。

本解释施行后尚未终审的融资租赁合同纠纷案件，适用本解释；本解释施行前已经终审，当事人申请再审或者按照审判监督程序决定再审的，不适用本解释。

## 最高人民法院关于审理民间借贷案件适用法律若干问题的规定


- 2015 年 6 月 23 日最高人民法院审判委员会第 1655 次会议通过
- 根据 2020 年 8 月 18 日最高人民法院审判委员会第 1809 次会议通过的《最高人民法院关于修改〈关于审理民间借贷案件适用法律若干问题的规定〉的决定》第一次修正
- 根据 2020 年 12 月 23 日最高人民法院审判委员会第 1823 次会议通过的《最高人民法院关于修改〈最高人民法院关于在民事审判工作中适用《中华人民共和国工会法》若干问题的解释〉等二十七件民事类司法解释的决定》第二次修正
- 2020 年 12 月 29 日最高人民法院公告公布
- 自 2021 年 1 月 1 日起施行
- 法释〔2020〕17 号


为正确审理民间借贷纠纷案件，根据《中华人民共和国民法典》《中华人民共和国民事诉讼法》《中华人民共和国刑事诉讼法》等相关法律之规定，结合审判实践，制定本规定。

**第一条** 本规定所称的民间借贷，是指自然人、法人和非法人组织之间进行资金融通的行为。

经金融监管部门批准设立的从事贷款业务的金融机构及其分支机构，因发放贷款等相关金融业务引发的纠纷，不适用本规定。

**第二条** 出借人向人民法院提起民间借贷诉讼时，应当提供借据、收据、欠条等债权凭证以及其他能够证明借贷法律关系存在的证据。

当事人持有的借据、收据、欠条等债权凭证没有载明债权人，持有债权凭证的当事人提起民间借贷诉讼的，人民法院应予受理。被告对原告的债权人资格提出有事实依据的抗辩，人民法院经审查认为原告不具有债权人资格的，裁定驳回起诉。

**第三条** 借贷双方就合同履行地未约定或者约定不明确，事后未达成补充协议，按照合同相关条款或者交易习惯仍不能确定的，以接受货币一方所在地为合同履行地。

**第四条** 保证人为借款人提供连带责任保证，出借人仅起诉借款人的，人民法院可以不追加保证人为共同被告；出借人仅起诉保证人的，人民法院可以追加借款人为共同被告。

保证人为借款人提供一般保证，出借人仅起诉保证人的，人民法院应当追加借款人为共同被告；出借人仅起诉借款人的，人民法院可以不追加保证人为共同被告。

**第五条** 人民法院立案后，发现民间借贷行为本身涉嫌非法集资等犯罪的，应当裁定驳回起诉，并将涉嫌非法集资等犯罪的线索、材料移送公安或者检察机关。

公安或者检察机关不予立案，或者立案侦查后撤销案件，或者检察机关作出不起诉决定，或者经人民法院生效判决认定不构成非法集资等犯罪，当事人又以同一事实向人民法院提起诉讼的，人民法院应予受理。

**第六条** 人民法院立案后，发现与民间借贷纠纷案件虽有关联但不是同一事实的涉嫌非法集资等犯罪的线索、材料的，人民法院应当继续审理民间借贷纠纷案件，并将涉嫌非法集资等犯罪的线索、材料移送公安或者检察机关。

**第七条** 民间借贷纠纷的基本案件事实必须以刑事案件的审理结果为依据，而该刑事案件尚未审结的，人民法院应当裁定中止诉讼。

**第八条** 借款人涉嫌犯罪或者生效判决认定其有罪，出借人起诉请求担保人承担民事责任的，人民法院应予受理。

**第九条** 自然人之间的借款合同具有下列情形之一的，可以视为合同成立：

（一）以现金支付的，自借款人收到借款时；

（二）以银行转账、网上电子汇款等形式支付的，自资金到达借款人账户时；

（三）以票据交付的，自借款人依法取得票据权利时；

（四）出借人将特定资金账户支配权授权给借款人的，自借款人取得对该账户实际支配权时；

（五）出借人以与借款人约定的其他方式提供借款并实际履行完成时。

**第十条** 法人之间、非法人组织之间以及它们相互之间为生产、经营需要订立的民间借贷合同，除存在民法典第一百四十六条、第一百五十三条、第一百五十四条以及本规定第十三条规定的情形外，当事人主张民间借贷合同有效的，人民法院应予支持。

**第十一条** 法人或者非法人组织在本单位内部通过借款形式向职工筹集资金，用于本单位生产、经营，且不存在民法典第一百四十四条、第一百四十六条、第一百五十三条、第一百五十四条以及本规定第十三条规定的情形，当事人主张民间借贷合同有效的，人民法院应予支持。

**第十二条** 借款人或者出借人的借贷行为涉嫌犯罪，或者已经生效的裁判认定构成犯罪，当事人提起民事诉讼的，民间借贷合同并不当然无效。人民法院应当依据民法典第一百四十四条、第一百四十六条、第一百五十三条、第一百五十四条以及本规定第十三条之规定，认定民间借贷合同的效力。

担保人以借款人或者出借人的借贷行为涉嫌犯罪或者已经生效的裁判认定构成犯罪为由，主张不承担民事责任的，人民法院应当依据民间借贷合同与担保合同的效力、当事人的过错程度，依法确定担保人的民事责任。

**第十三条** 具有下列情形之一的，人民法院应当认定民间借贷合同无效：

（一）套取金融机构贷款转贷的；

（二）以向其他营利法人借贷、向本单位职工集资，或者以向公众非法吸收存款等方式取得的资金转贷的；

（三）未依法取得放贷资格的出借人，以营利为目的向社会不特定对象提供借款的；

（四）出借人事先知道或者应当知道借款人借款用于违法犯罪活动仍然提供借款的；

（五）违反法律、行政法规强制性规定的；

（六）违背公序良俗的。

**第十四条** 原告以借据、收据、欠条等债权凭证为依据提起民间借贷诉讼，被告依据基础法律关系提出抗辩或者反诉，并提供证据证明债权纠纷非民间借贷行为引起的，人民法院应当依据查明的案件事实，按照基础法律关系审理。

当事人通过调解、和解或者清算达成的债权债务协议，不适用前款规定。

**第十五条** 原告仅依据借据、收据、欠条等债权凭证提起民间借贷诉讼，被告抗辩已经偿还借款的，被告应当对其主张提供证据证明。被告提供相应证据证明其主张后，原告仍应就借贷关系的存续承担举证责任。

被告抗辩借贷行为尚未实际发生并能作出合理说明的，人民法院应当结合借贷金额、款项交付、当事人的经济能力、当地或者当事人之间的交易方式、交易习惯、当事人财产变动情况以及证人证言等事实和因素，综合判断查证借贷事实是否发生。

**第十六条** 原告仅依据金融机构的转账凭证提起民间借贷诉讼，被告抗辩转账系偿还双方之前借款或者其他债务的，被告应当对其主张提供证据证明。被告提供相应证据证明其主张后，原告仍应就借贷关系的成立承担举证责任。

**第十七条** 依据《最高人民法院关于适用〈中华人民共和国民事诉讼法〉的解释》第一百七十四条第二款之规定，负有举证责任的原告无正当理由拒不到庭，经审查现有证据无法确认借贷行为、借贷金额、支付方式等案件主要事实的，人民法院对原告主张的事实不予认定。

**第十八条** 人民法院审理民间借贷纠纷案件时发现有下列情形之一的，应当严格审查借贷发生的原因、时间、地点、款项来源、交付方式、款项流向以及借贷双方的关系、经济状况等事实，综合判断是否属于虚假民事诉讼：

（一）出借人明显不具备出借能力；

（二）出借人起诉所依据的事实和理由明显不符合常理；

（三）出借人不能提交债权凭证或者提交的债权凭证存在伪造的可能；

（四）当事人双方在一定期限内多次参加民间借贷诉讼；

（五）当事人无正当理由拒不到庭参加诉讼，委托代理人对借贷事实陈述不清或者陈述前后矛盾；

（六）当事人双方对借贷事实的发生没有任何争议或者诉辩明显不符合常理；

（七）借款人的配偶或者合伙人、案外人的其他债权人提出有事实依据的异议；

（八）当事人在其他纠纷中存在低价转让财产的情形；

（九）当事人不正当放弃权利；

（十）其他可能存在虚假民间借贷诉讼的情形。

**第十九条** 经查明属于虚假民间借贷诉讼，原告申请撤诉的，人民法院不予准许，并应当依据民事诉讼法第一百一十二条之规定，判决驳回其请求。

诉讼参与人或者其他人恶意制造、参与虚假诉讼，人民法院应当依据民事诉讼法第一百一十一条、第一百一十二条和第一百一十三条之规定，依法予以罚款、拘留；构成犯罪的，应当移送有管辖权的司法机关追究刑事责任。

单位恶意制造、参与虚假诉讼的，人民法院应当对该单位进行罚款，并可以对其主要负责人或者直接责任人员予以罚款、拘留；构成犯罪的，应当移送有管辖权的司法机关追究刑事责任。

**第二十条** 他人在借据、收据、欠条等债权凭证或者借款合同上签名或者盖章，但是未表明其保证人身份或者承担保证责任，或者通过其他事实不能推定其为保证人，出借人请求其承担保证责任的，人民法院不予支持。

**第二十一条** 借贷双方通过网络贷款平台形成借贷关系，网络贷款平台的提供者仅提供媒介服务，当事人请求其承担担保责任的，人民法院不予支持。

网络贷款平台的提供者通过网页、广告或者其他媒介明示或者有其他证据证明其为借贷提供担保，出借人请求网络贷款平台的提供者承担担保责任的，人民法院应予支持。

**第二十二条** 法人的法定代表人或者非法人组织的负责人以单位名义与出借人签订民间借贷合同，有证据证明所借款项系法定代表人或者负责人个人使用，出借人请求将法定代表人或者负责人列为共同被告或者第三人的，人民法院应予准许。

法人的法定代表人或者非法人组织的负责人以个人名义与出借人订立民间借贷合同，所借款项用于单位生产经营，出借人请求单位与个人共同承担责任的，人民法院应予支持。

**第二十三条** 当事人以订立买卖合同作为民间借贷合同的担保，借款到期后借款人不能还款，出借人请求履行买卖合同的，人民法院应当按照民间借贷法律关系审理。当事人根据法庭审理情况变更诉讼请求的，人民法院应当准许。

按照民间借贷法律关系审理作出的判决生效后，借款人不履行生效判决确定的金钱债务，出借人可以申请拍卖买卖合同标的物，以偿还债务。就拍卖所得的价款与应偿还借款本息之间的差额，借款人或者出借人有权主张返还或者补偿。

**第二十四条** 借贷双方没有约定利息，出借人主张支付利息的，人民法院不予支持。

自然人之间借贷对利息约定不明，出借人主张支付利息的，人民法院不予支持。除自然人之间借贷的外，借贷双方对借贷利息约定不明，出借人主张利息的，人民法院应当结合民间借贷合同的内容，并根据当地或者当事人的交易方式、交易习惯、市场报价利率等因素确定利息。

**第二十五条** 出借人请求借款人按照合同约定利率支付利息的，人民法院应予支持，但是双方约定的利率超过合同成立时一年期贷款市场报价利率四倍的除外。

前款所称“一年期贷款市场报价利率”，是指中国人民银行授权全国银行间同业拆借中心自 2019 年 8 月 20 日起每月发布的一年期贷款市场报价利率。

**第二十六条** 借据、收据、欠条等债权凭证载明的借款金额，一般认定为本金。预先在本金中扣除利息的，人民法院应当将实际出借的金额认定为本金。

**第二十七条** 借贷双方对前期借款本息结算后将利息计入后期借款本金并重新出具债权凭证，如果前期利率没有超过合同成立时一年期贷款市场报价利率四倍，重新出具的债权凭证载明的金额可认定为后期借款本金。超过部分的利息，不应认定为后期借款本金。

按前款计算，借款人在借款期间届满后应当支付的本息之和，超过以最初借款本金与以最初借款本金为基数、以合同成立时一年期贷款市场报价利率四倍计算的整个借款期间的利息之和的，人民法院不予支持。

**第二十八条** 借贷双方对逾期利率有约定的，从其约定，但是以不超过合同成立时一年期贷款市场报价利率四倍为限。

未约定逾期利率或者约定不明的，人民法院可以区分不同情况处理：

（一）既未约定借期内利率，也未约定逾期利率，出借人主张借款人自逾期还款之日起参照当时一年期贷款市场报价利率标准计算的利息承担逾期还款违约责任的，人民法院应予支持；

（二）约定了借期内利率但是未约定逾期利率，出借人主张借款人自逾期还款之日起按照借期内利率支付资金占用期间利息的，人民法院应予支持。

**第二十九条** 出借人与借款人既约定了逾期利率，又约定了违约金或者其他费用，出借人可以选择主张逾期利息、违约金或者其他费用，也可以一并主张，但是总计超过合同成立时一年期贷款市场报价利率四倍的部分，人民法院不予支持。

**第三十条** 借款人可以提前偿还借款，但是当事人另有约定的除外。

借款人提前偿还借款并主张按照实际借款期限计算利息的，人民法院应予支持。

**第三十一条** 本规定施行后，人民法院新受理的一审民间借贷纠纷案件，适用本规定。

2020 年 8 月 20 日之后新受理的一审民间借贷案件，借贷合同成立于 2020 年 8 月 20 日之前，当事人请求适用当时的司法解释计算自合同成立到 2020 年 8 月 19 日的利息部分的，人民法院应予支持；对于自 2020 年 8 月 20 日到借款返还之日的利息部分，适用起诉时本规定的利率保护标准计算。

本规定施行后，最高人民法院以前作出的相关司法解释与本规定不一致的，以本规定为准。

法律法规
新解读丛书

# 实用附录

民法典合同编
解读与应用

GF—2023—2610

# 医疗美容消费服务合同[①]

（示范文本）

国家市场监督管理总局 制定　二〇二三年二月

## 使用说明

一、本合同文本为示范文本，供营利性美容医疗机构与接受医疗美容服务的消费者签订服务合同使用，非营利性美容医疗机构可根据情况参照使用。提供生活美容服务不适用本合同文本。

二、双方当事人在签约之前应当仔细阅读本合同文本全部内容，结合具体情况确定具有选择性、补充性、填充性、修改性的内容，相应内容以手写项为优先，并承担合同订立、履行所产生的法律后果。

三、当事人可以对本合同文本条款内容进行修改、增补或删除，但不得不公平、不合理地排除或者限制消费者权利、减轻或者免除美容医疗机构责任、加重消费者责任等。

四、如消费者为无民事行为能力人或限制民事行为能力人，应当由监护人代为签约。

① 本合同来源于国家市场监督管理总局网站，最后访问日期：2023年12月6日。

五、名词解释

（一）医疗美容：运用手术、药物、医疗器械以及其他具有创伤性或者侵入性的医学技术方法对人的容貌和人体各部位形态进行的修复与再塑。

（二）美容医疗机构：具备《医疗机构执业许可证》，依据《医疗美容服务管理办法》等法律法规提供医疗美容服务的医疗机构。

六、依照《诊所备案管理暂行办法》等规定经过备案开展执业活动的医疗美容诊所使用本合同文本时，在相应合同条款中可以用诊所备案凭证代替《医疗机构执业许可证》。

## 特别提示

### 一、对消费者的提示

（一）医疗美容服务是一种医疗行为，具有较高的专业性、复杂性和一定的风险性，而对医疗美容效果的心理预期和对实际效果的评价往往带有一定的主观性。请消费者增强对医疗美容服务风险的了解和认知，形成对服务效果的合理期待，理性适度消费。

（二）消费者可以登录国家卫生健康委员会官网（http：//www. nhc. gov. cn）和国家药品监督管理局官网（https：//www. nmpa. gov. cn），对《医疗机构执业许可证》、医师执业资格证书、药品和医疗器械等信息进行核实，避免接受不具备相应资质或从业资格的机构和个人提供的医疗美容服务，或使用未经政府主管部门批准、注册或备案的药品和医疗器械。

（三）消费者可以向美容医疗机构索要服务项目所用肉毒毒素、玻尿酸、胶原蛋白及假体等填充材料及其他高净值药械产品的合格证、溯源码等资料。

（四）消费者应当注意留存接受服务前后的对比照片、费用支出凭据、签名文书等相关材料，避免在空白或有留白的文书中签名。

（五）建议消费者以实名接受医疗美容服务，否则在发生纠纷时将要承担相应的举证责任。

（六）消费者应当注意，一般情况下，对医疗美容服务的效果应当于恢复期结束后才能进行准确判断。

## 二、对美容医疗机构的提示

（一）美容医疗机构应当规范营销行为，如实介绍、宣传服务内容和效果，杜绝虚假宣传，不得违背社会良好风尚，不得制造“容貌焦虑”。

（二）美容医疗机构应当加大信息公开力度，主动公示机构资质和人员执业资格情况、使用药品和医疗器械信息、服务价格等内容，提升服务透明度。

（三）美容医疗机构应当规范价格行为，落实明码标价要求，不得在标价之外加价，不得收取任何未予标明的费用，不得违法实施价格欺诈行为。

（四）美容医疗机构应当根据自身条件和能力在卫生健康主管部门批准或备案的诊疗科目范围内开展医疗服务，不得擅自扩大诊疗范围。

（五）美容医疗机构应当教育、引导和督促从业人员严格遵守相关法律法规和诊疗规范要求，使用来源合法的药品和医疗器械，保障消费者人身安全。

（六）美容医疗机构应当建立健全服务前、服务中和服务后全过程风险告知和防范机制，积极稳妥化解医疗美容服务纠纷。

# 医疗美容消费服务合同

（示范文本）

甲方（消费者）：____________________

身份证件类型：__________ 证件号码：__________

联系电话：____________________

联系地址：____________________

甲方监护人（如需）：__________ 与甲方关系：__________

身份证件类型：__________证件号码：__________________

联系电话：______________________________________

联系地址：______________________________________

乙方（美容医疗机构）：____________________________

统一社会信用代码：______________________________

住所：__________________________________________

法定代表人（负责人）：____________________________

医疗机构执业许可证登记号：________________________

医疗机构执业许可证有效期至：_____年____月____日

联系人：__________联系电话：______________________

根据《中华人民共和国民法典》《中华人民共和国消费者权益保护法》《医疗机构管理条例》《医疗美容服务管理办法》等法律法规，甲乙双方遵循平等、自愿、公平和诚信原则，经协商一致，就医疗美容服务事宜签订本合同。

**第一条 服务项目及效果**

（一）服务项目：______________，共____个项目。服务项目的具体内容、主诊医师、所用药品和医疗器械等信息见附件《医疗美容服务项目单》。

（二）服务实施时间：______________________________。

（三）双方约定的服务效果：__________________________

**第二条 服务费用**

（一）服务费用总额：______________。费用明细见附件《医疗美容服务项目单》。

服务费用的其他约定：______________________________。

（二）除双方书面确认的费用外，乙方不再就本次服务收取其他费用。

服务过程中如临时增加费用，应当经甲方同意。但乙方在突发状况下为维护甲方生命健康重大权益、根据诊疗规范采取合理诊疗措施而发生的费用，甲方应当承担。

（三）付款方式：选择下列第____种支付方式。

1. 一次性付款：甲方应当于____向乙方一次性付清全部服务费用。

2. 分次付款：________________________________________。

3. 其他付款方式：____________________________________。

**第三条　单方解除权**

（一）鉴于医疗美容服务的创伤性、侵入性特征，且具有一定风险，本合同签订之日起____日内为冷静期。

（二）在冷静期内，甲方有权要求无责任解除合同，乙方应当自甲方提出解除合同之日起15日内退还已收取的全部费用。

（三）在冷静期内，甲方实际接受服务或者未提出解除合同的，视为放弃无责任解除权。

（四）甲方放弃冷静期内的无责任解除权后，在服务项目完成前仍有权随时要求解除合同，但应当按照如下方式处理退费事宜：

1. 对已接受服务的部分，甲方应当承担相应服务费用；

2. 对未接受服务的部分，乙方应当退还相应服务费用，但有权要求甲方承担因此受到的实际损失。

乙方应当自甲方提出解除合同之日起15日内按上述约定完成结算退费手续。

**第四条　甲方权利义务**

（一）甲方有权要求乙方出示《医疗机构执业许可证》、医师执业资格证书。

（二）甲方有权要求乙方如实告知医疗服务项目有关情况。

（三）甲方有权根据自身情况及乙方告知的内容，自主决定是否接受以及接受何种医疗美容项目。

（四）甲方应当按照乙方要求，如实告知乙方与服务项目有关的既往史、个人医疗美容史、身体状况等情况。

（五）甲方应当遵照医嘱配合完成服务项目。

（六）甲方有权要求查阅、复制病历资料。

（七）甲方应当按照约定向乙方及时足额支付服务费用。

（八）甲方应当依法理性维权，不得有干扰医疗秩序、妨碍医务人员工作生活、侵害医务人员合法权益等行为。

**第五条 乙方权利义务**

（一）乙方对甲方提出的不合理或者超出乙方服务能力的要求有权拒绝提供服务。

（二）乙方承诺自身及医师、护理人员具备开展约定服务项目所需资质许可、从业资格等条件。

（三）乙方在服务过程中应当严格遵守《医疗美容服务管理办法》等医疗卫生服务法律法规及相关诊疗规范的要求，确保所使用的药品和医疗器械已经政府主管部门批准、注册或备案。

（四）乙方应当实行主诊医师负责制，由主诊医师负责或在其指导下实施服务项目；未经甲方同意，不得调整主诊医师、诊疗方案，但紧急情况下为维护甲方重大生命健康权益的除外。

（五）乙方应当在实施服务前向甲方书面告知治疗的适应症、禁忌症、医疗风险、注意事项以及替代医疗方案等内容。

（六）乙方应当按规范填写并妥善保管病历资料，应甲方要求及时提供查阅、复制服务，不得篡改、伪造、隐匿、毁损病历资料。

（七）乙方应当根据诊疗规范为甲方提供诊疗后相关咨询和服务。

（八）乙方应当依法保障甲方的生命权、健康权、身体权、隐私权、名誉权、肖像权等权利，依法保护甲方个人信息。

**第六条 惩罚性赔偿责任**

乙方存在下列情形之一，欺诈甲方的，甲方有权按照《中华人民共和国消费者权益保护法》《中华人民共和国药品管理法》等法律法规要求乙方承担惩罚性赔偿责任：

1. 未取得《医疗机构执业许可证》的；

2. 主诊医师不具备执业医师资质的；

3. 使用的药品和医疗器械未经政府主管部门批准、注册或备案的；

4. 其他依法应当承担惩罚性赔偿责任的情形。

**第七条　违约责任**

（一）服务未达到双方约定效果的，乙方应当承担修复、重作、减少费用、赔偿损失等责任。

（二）甲方未履行如实告知、配合协助等义务导致的不利后果，由甲方自行承担，如给乙方造成损失的，应当承担赔偿责任。

（三）任何一方有其他违约行为的，应当承担继续履行、采取补救措施或者赔偿损失等责任；另一方应当采取适当措施防止损失的扩大。

（四）任何一方因不可抗力不能履行合同的，根据不可抗力的影响，部分或者全部免除责任，但法律另有规定的除外。

**第八条　争议解决方式**

（一）本合同项下发生的争议，双方应当协商解决或者向第三方调解机构申请调解解决。

（二）协商解决或调解解决不成的，双方选择下列第____种方式解决：

1. 诉讼方式：向____________人民法院提起诉讼。

2. 其他方式：________________________________________________。

**第九条　其他约定**

____________________________________________________________。

**第十条　生效方式及附件**

（一）本合同经双方签名或者盖章后生效。

（二）本合同一式____份，具有同等法律效力；其中甲方执____份，乙方执____份。

（三）本合同包含如下附件：

1.《医疗美容服务项目单》《诊疗方案》《知情同意书》《医疗美容服务项目变更单》（如有）以及其他双方确认的文书。

2. 服务项目进行过程中，双方签署或一方签署并经另一方认可的文件。

甲方（签名）：

甲方监护人（签名）：

签订日期：______年____月____日

乙方（盖章）：

乙方授权代表（签名）：

签订日期：______年____月____日

## 附件：医疗美容服务项目单

项目单编号：

<table>
<tr><td>项目编号</td><td>所属科别</td><td>项目名称</td><td>科目级别</td><td>单位</td><td>单价（元）</td><td>数量</td><td>项目收费总额（元）</td></tr>
<tr><td rowspan="5"></td><td></td><td></td><td></td><td></td><td></td><td></td><td></td></tr>
<tr><td colspan="3">医师姓名：______<br>医师国籍：______</td><td colspan="4">（项目所用肉毒毒素、玻尿酸、胶原蛋白及假体等填充材料及其他高净值药械产品信息）</td></tr>
<tr><td colspan="3">医师执业证号：______</td><td colspan="4">品牌及产品名称：______</td></tr>
<tr><td colspan="3">其他：______</td><td colspan="4">规格型号：______</td></tr>
<tr><td colspan="3"></td><td colspan="4">厂商名称：______</td></tr>
<tr><td>项目编号</td><td>所属科别</td><td>项目名称</td><td>科目级别</td><td>单位</td><td>单价（元）</td><td>数量</td><td>项目收费总额（元）</td></tr>
<tr><td rowspan="2"></td><td></td><td></td><td></td><td></td><td></td><td></td><td></td></tr>
<tr><td colspan="3">医师姓名：______<br>医师国籍：______<br>医师执业证号：______<br>其他：______</td><td colspan="4">（项目所用肉毒毒素、玻尿酸、胶原蛋白及假体等填充材料及其他高净值药械产品信息）<br>品牌及产品名称：______<br>规格型号：______<br>厂商名称：______</td></tr>
</table>

①所属科别：美容外科、美容皮肤科、美容中医科、美容牙科。

②科目级别：美容外科项目分为一级、二级、三级、四级诊疗项目；如该项目为美容皮肤科、美容中医科、美容牙科项目，请填“无”。

③项目超过两项时可另页附后。

甲方/消费者（签名）：

______年____月____日

乙方/美容医疗机构（签名或盖章）：

______年____月____日

## 附件：医疗美容服务项目变更单

变更单编号：

本次变更性质（可多选）：

□ 服务项目增加　　□ 服务项目减少　　□ 服务内容变更

变更情况说明：______________________________

__________。变更引起费用调整总计：□ 增加 □减少：________元。

**说明：**

①请在变更情况说明中写明本次变更（增加、减少或变更）的具体内容，未作说明的视为项目未变更。

②服务项目减少、服务内容变更的，请说明原服务项目名称；服务项目增加的，也可另行填写《医疗美容项目服务单》。

③除双方另有约定外，本变更单签署后应当即时支付增加的费用或者退还多收的费用。

甲方/消费者（签名）：

______年____月____日

乙方/美容医疗机构（签名或盖章）：

______年____月____日

合同编号：________

# 物业服务合同①

甲方（业主）：________________

乙方（物业服务人）：__________

## 说明

1. 本合同文本为示范文本，由××市住房和城乡建设委员会与××市市场监督管理局共同制定，供业主（含业主大会、业主委员会、物业管理委员会）与物业服务人签约时使用。

2. 本合同文本中所称物业服务，是指业主通过选聘物业服务人，由物业服务人按合同的约定，对物业管理区域内的房屋及其配套的设施设备和相关场地进行维修、养护、管理，维护环境卫生和相关秩序，并由业主支付费用的活动。

3. 本合同文本［　　］中选择内容、空格部位填写及其他需要删除或添加的内容，双方当事人应当协商确定。［　　］中选择内容，以划√方式选定；对于实际情况未发生或双方当事人不做约定的，应当在空格部位打×，以示删除。

4. 双方当事人签订本合同时应当认真核对合同内容，合同一经签署，对双方具有法律约束力。

① 本合同参见《北京市物业服务合同（示范文本）》（BF—2021—2713），载国家市场监督管理总局网站，最后访问日期：2023年12月6日。

# 物业服务合同

甲方（业主）：________________［业主］［业主大会］［业主委员会］［物业管理委员会］

负责人：________________

（此项由业主大会/业主委员会/物业管理委员会填写）

联系电话：________________

身份证号：________________

通讯地址：________________

邮政编码：________________

乙方（物业服务人）：________________［物业服务企业］［专业单位］［其他物业管理人］

（物业服务人是服务企业、专业单位请填1，其他物业管理人填2）

1. 统一社会信用代码：________________

法定代表人：__________联系电话：________________

委托代理人：__________联系电话：________________

通讯地址：________________

邮政编码：________________

2. 身份证号：________________

联系方式：________________

甲方以［公开招标方式］［邀请招标方式］［协议方式］选聘乙方提供物业服务，根据《中华人民共和国民法典》、《物业管理条例》及《××市物业管理条例》等有关法律、法规的规定，在自愿、平等、公平、诚实信用的基础上，订立本合同。

## 第一部分　物业项目基本情况

**第一条**　本物业项目（以下简称“本物业”）基本情况如下：

名称：［地名核准名称］［暂定名］＿＿＿＿＿＿＿＿。

类型：［普通住宅］［办公］［商业］［其他］＿＿＿＿＿＿。

坐落位置：＿＿＿市＿＿＿区＿＿＿＿路（街）＿＿＿＿＿＿＿＿。

规划建筑面积：＿＿＿＿＿平方米。

**第二条**　物业管理区域四至：

东至＿＿＿＿＿＿＿＿＿＿；

南至＿＿＿＿＿＿＿＿＿＿；

西至＿＿＿＿＿＿＿＿＿＿；

北至＿＿＿＿＿＿＿＿＿＿。

规划平面图和物业管理区域内的物业构成明细分别见附件一、二。

**第三条**　物业服务用房主要用于物业服务企业客服接待、项目档案资料保存、工具物料存放、人员值班备勤、业主大会及业主委员会办公用房等。

物业服务用房建筑面积为＿＿平方米，其中地上建筑面积为＿＿平方米，位于＿＿［号楼］［幢］［座］＿＿层＿＿单元＿＿号；地下建筑面积为＿＿平方米，位于＿＿［号楼］［幢］［座］＿＿层＿＿单元＿＿号；其中业主大会及业主委员会办公用房建筑面积为＿＿平方米，位于＿＿［号楼］［幢］［座］＿＿层＿＿单元＿＿号。

（注：物业服务用房为多处时，双方可自行增加以上内容）

## 第二部分　物业服务事项及期限

**第四条**　乙方指定物业服务项目负责人为：＿＿＿＿，联系电话：＿＿＿＿。乙方更换项目负责人的，应当于7日内在本物业管理区域内的显著位置公示。

**第五条**　乙方应当提供的物业服务包括以下内容：

1. 制订物业服务工作计划，根据法律、法规和本小区管理规约的授权制订物业服务的有关制度；并按照有关制度和计划组织实施；管理相关的工程图纸、档案与竣工验收资料等。

2. 负责本物业管理区域内物业共用部位的日常维修、养护和管理。物业共用部位明细见附件三。

3. 负责本物业管理区域内物业共用设施设备的日常维修养护、运行和管理。物业共用设施设备明细见附件四。

4. 负责共有绿地、景观的养护和管理。

5. 负责清洁卫生服务，包括本物业管理区域内物业共用部位、公共区域的清洁卫生和生活垃圾、建筑垃圾、大件垃圾的收集和管理等。

6. 负责协助维护公共秩序和协助做好安全防范工作。

7. 负责保管甲方移交的全部资料。负责按照《××市物业管理条例》的要求建立、保管相关档案和资料。

8. 配合物业管理区域内非业主共有公共服务设施的产权单位做好相关设施的供水、供电等工作，并与产权单位约定设施运行、维修养护、更新改造等责任和物业服务事项。

9. 其他服务事项：________________________________________

________________________________________________________。

**第六条** 物业服务期限为____年，自______年____月____日至______年____月____日。

## 第三部分 物业服务标准

**第七条** 乙方按以下第____种方式提供住宅的物业服务：

1. ××市现行住宅物业服务标准中的____级物业服务标准，详见附件五。

2. 选择××市现行住宅物业服务标准中不同等级的具体物业服务事项和标准，详见附件六。

甲、乙双方约定的××市现行住宅物业服务标准范围以外的具体服务事项和标准，详见附件六。

## 第四部分　物业服务费用

**第八条**　本物业区域物业服务收费为［包干制］［酬金制］方式。

**第九条**　包干制

1. 物业服务费用由甲方按其拥有物业的建筑面积交纳，具体标准如下：

［多层住宅］：__________元/平方米·月；

［高层住宅］：__________元/平方米·月；

［别墅］：__________元/平方米·月；

［办公楼］：__________元/平方米·月；

［商业物业］：__________元/平方米·月；

［会所］：__________元/平方米·月；

____物业：__________元/平方米·月。

2. 盈余或者亏损均由乙方享有或者承担；乙方不得以亏损为由要求增加费用、降低服务标准或减少服务内容。

3. 乙方应当按规定向甲方公布物业服务收支情况。

4. 甲方应当在合同生效后，按照［年］［季］交纳物业服务费，具体于__________前交纳。

**第十条**　酬金制

1. 物业服务费由甲方按其拥有物业的建筑面积预先交纳，具体标准如下：

［多层住宅］：__________元/平方米·月；

［高层住宅］：__________元/平方米·月；

［别墅］：__________元/平方米·月；

［办公楼］：__________元/平方米·月；

［商业物业］：__________元/平方米·月；

［会所］：__________元/平方米·月；

____物业：__________元/平方米·月。

2. 物业服务费为所交纳的甲方所有，其构成包括物业服务支出和物业服务企业的酬金。

物业服务支出包括以下部分：

（1）管理服务人员的工资、社会保险和按规定提取的福利费等。

（2）物业共用部位、共用设施设备的日常运行、维护费用。

（3）物业管理区域内清洁卫生费用。

（4）物业管理区域内绿化养护费用。

（5）物业管理区域内秩序维护费用。

（6）乙方办公费用。

（7）乙方企业固定资产折旧。

（8）物业共用部位、共用设施设备及公众责任保险费用。

（9）乙方履行本物业服务合同项下所有义务需要的其他费用：____________________________________________。

3. 乙方采取以下第____种方式提取酬金：

（1）［每季］［每半年］［每年］________，计________元的标准从预收的物业服务费中提取。

（2）［每季］［每半年］［每年］________，从预收的物业服务费中按____%的比例提取。

4. 物业服务支出应当全部用于本合同约定的支出，年度结算后结余部分，转入下一年度继续使用，年度结算后不足部分，由全体业主承担，另行交纳。

5. 乙方应当向甲方公布物业服务年度计划和支出年度预决算，并按［季］［半年］________向甲方公布物业服务费的使用情况。

6. 甲方应当在合同生效后，按照［年］［季］交纳物业服务费，具体于____________前交纳。

**第十一条**　乙方对甲方物业专有部分提供维修养护或其他服务的，应当与甲方另行签订服务协议，服务事项、标准及费用由双方在协议中约定。

**第十二条** 物业装饰装修前，甲方与乙方签订书面装饰装修服务协议，乙方应当告知甲方相关的禁止行为、注意事项、垃圾堆放和清运要求以及费用、施工时间等事项，并将装饰装修的时间、地点等情况在甲方所在楼内公示。除收取［装修管理费］________元、［装修保证金］________元、［装修垃圾清运费］________元、［　　］费用________元外，乙方不得另行收取其他任何费用。

甲方完成装修后，应当通知乙方进行装修检查。经检查装修活动未出现损坏、擅自拆改建筑物承重结构、主体结构，擅自拆改供水、排水、再生水等管线，侵占绿地、毁坏绿化植物和绿化设施，占用、堵塞、封闭消防通道、疏散通道等共用部位，或者损坏消防设施等共用设施设备等违法、违规情形的，乙方应当在检查合格后 7 日内将装修保证金全额无息退还。

**第十三条** 甲方委托乙方提供机动车停车服务的，甲乙双方另行签订停车管理委托协议进行约定，乙方应当与车位使用人签订书面的停车服务协议，明确双方在车位使用及停车服务等方面的权利义务。

停车服务费按________元/车位·月的标准收取。

**第十四条** 乙方接受供水、供电、供气、供热、通讯、有线电视等专业运营单位委托代收使用费用的，不得向甲方收取手续费等额外费用，不得限制或变相限制甲方购买或使用。

**第十五条** 在物业服务期间，甲方转让或出租其物业专有部分时，应当将本合同、本小区管理规约以及有关费用交纳情况等事项告知受让人或承租人，并自买卖合同或租赁合同签订之日起 15 日内，将买卖或出租情况告知乙方。甲方转让物业前，应当与乙方结清相关费用。

## 第五部分　权利与义务

**第十六条** 甲方的权利义务

1. 要求乙方按照本合同约定提供服务。

2. 监督乙方履行本合同，对乙方提供的物业服务有建议、督促的权利。

3. 审定乙方制定的物业服务方案，并监督实施。

4. 监督专项维修资金的使用。

5. 对物业共用部位、共用设施设备和相关场地使用，享有知情权、监督权和收益权。

6. 遵守本小区管理规约，业主大会议事规则。

7. 遵守物业管理区域内共用部位和共用设施设备的使用、公共秩序和环境卫生的维护等以及应对突发事件等方面的制度要求。

8. 按照国家和本市有关规定缴纳专项维修资金。

9. 应当配合乙方实施物业管理。

10. 应当根据本合同的约定按时足额交纳物业费。

11. 应当履行房屋安全使用责任。

12. 有关法律、法规和当事人约定的其他权利义务。

**第十七条** 乙方的权利义务

1. 根据国家和本市规定的标准、规范及本合同的约定提供物业服务，并收取物业费。

2. 及时向甲方告知安全、合理使用物业的注意事项。

3. 定期听取甲方的意见和建议，接受甲方监督，改进和完善服务。

4. 对违法建设、违规出租房屋、私拉电线、占用消防通道等行为进行劝阻、制止，劝阻、制止无效的，及时报告相关行政执法机关。

5. 发现有安全风险隐患的，及时设置警示标志，采取措施排除隐患或者向有关专业机构报告。

6. 妥善保管和正确使用本物业的档案资料，及时记载有关变更信息，不得泄露在物业服务活动中获取的甲方信息。

7. 对甲方和物业使用人违反本合同、本小区管理规约的行为进行劝阻、制止；并及时报告业主委员会或者物业管理委员会。

8. 履行生活垃圾分类管理责任人职责，指导、监督甲方进行生活垃圾分类。

9. 不得擅自占用本物业管理区域内的共用部位或擅自改变其使用用途。不得擅自将甲方所有的共用部分用于经营活动。不得擅自占用、挖掘本物业管理区域内的道路、场地，确需临时占用、挖掘本物业管理区域内道路、场地的，应当按规定办理相关手续，制定施工方案，开工前要在物业管理区域内公示，施工过程中尽可能减少对甲方的影响，并及时恢复原状。

10. 乙方实施锅炉、电梯、电气、制冷以及有限空间、高空等涉及人身安全的作业，应当具备相应资质或委托具备相应资质的单位实施，委托其他单位实施的，应当明确各自的安全管理责任。

11. 乙方可将本物业管理区域内的专项服务委托给专业性服务企业，但不得将全部物业服务一并或分解后分别委托给其他单位或个人。乙方应当将委托事项及受托企业的信息在物业管理区域内公示。乙方与受托企业签订的合同中约定的服务标准，不得低于本合同约定。乙方应当对受托企业的服务行为进行监督，并对受托企业的服务行为承担责任。

12. 乙方应当在物业管理区域内显著位置设置公示栏，按照相关法律、法规的规定，公示乙方的服务及收费标准、服务方式、联系方式以及物业管理区域内设备设施的维修保养、业主装修、车位租售、费用使用等相关情况。

13. 甲方在合理期限届满后拒不交纳物业费的，乙方可以对其依法提起诉讼或者申请仲裁；但乙方不得采取停止供电、供水、供热、供燃气等方式催交物业费。

14. 乙方应当采取必要的安全保障措施防止从建筑物中抛掷物品情形的发生；未采取必要的安全保障措施的，应当依法承担未履行安全保障义务的侵权责任。乙方在不侵犯他人隐私的情况下，可通过安装监控摄像头等方式就抛掷物品危害他人人身财产安全、破坏环境卫生等行为收集相应证据。乙方需妥善保管录音录像等证据，不得擅自毁损破坏，并且未经法定程序不得擅自向第三方公开。

15. 配合街道办事处、乡镇人民政府、行政执法机关和居民委员会、村民委员会做好物业管理相关工作。

16. 有关法律规定和当事人约定的其他权利义务。

## 第六部分　合同终止

**第十八条**　本合同期限届满前6个月，甲方应当与其他业主共同决定续聘或者另聘物业服务人，并将决定书面告知乙方。

**第十九条**　本合同期限届满前，甲方决定继续聘用乙方的，应当在本合同届满前重新签订物业服务合同。乙方不接受续聘的，应当在本合同届满前90日书面告知甲方。

**第二十条**　本合同期限届满、甲方与其他业主没有共同作出续聘或者另聘物业服务人决定，乙方继续按本合同约定提供物业服务的，本合同权利义务延续。在合同权利义务延续期间，任何一方提出终止合同的，应当提前60日书面告知对方。

**第二十一条**　乙方自收到甲方不再续约的通知之日起30日内履行下列交接义务，并在合同届满后退出物业管理区域：

1. 移交物业共用部分，包括共用设施设备、公共区域等。

2. 物业共用部分查验交接以及移交相关档案资料等，见附件七。

3. 甲乙双方结清预收、代收的相关费用，包括物业费的清算、对外签订的各种协议的执行等。

4. 移交物业服务用房、物业服务的相关资料。

在办理交接至撤出物业管理区域期间，乙方应当负责维持正常的物业管理秩序。

## 第七部分　违约责任

**第二十二条**　甲、乙双方对物业服务质量发生争议的，双方可共同委托专业评估机构就乙方的物业服务质量是否符合本合同约定的服务标准进行评估；乙方管理服务达不到本合同约定的服务内容和标准的，应当承担采取补救措施或赔偿损失等违约责任。

**第二十三条** 乙方违反本合同的约定，擅自提高物业服务费标准的，甲方就超额部分有权拒绝交纳，同时乙方应当按____的标准向甲方支付违约金。

乙方在服务期限内擅自撤出的，应当按照服务剩余期限物业服务总费用____的标准向甲方支付违约金；乙方在本合同终止后拒不撤出本物业区域的，应当按照延迟撤出期间物业服务总费用____的标准向甲方支付违约金。前述行为给甲方造成损失的，乙方应当承担相应的赔偿责任。

除不可预见的情况外，乙方擅自停水、停电的，甲方有权要求乙方限期解决，乙方应当承担相应的违约责任；给甲方造成损失的，乙方应当承担相应的赔偿责任。

**第二十四条** 除本合同约定及法律规定的合同应当终止的情形外，甲、乙双方均不得提前解除本合同，否则解约方应当承担相应的违约责任；给守约方造成损失的，解约方应当承担赔偿责任。

**第二十五条** 甲方违反本合同约定，未能按时足额交纳物业服务费，应当按____的标准向乙方支付违约金。

**第二十六条** 甲方违反本合同的约定，实施妨害物业服务行为的，应当承担恢复原状、停止侵害、排除妨碍等相应的民事责任。

**第二十七条** 因不可抗力致使合同部分或全部无法履行的，根据不可抗力的影响，部分或全部免除责任。

**第二十八条** 为维护公共利益，在不可预见情况下，如发生燃气泄露、漏电、火灾、暖气管或水管破裂、救助人命等突发事件或者依法配合公安机关工作等情形，乙方因采取紧急避险措施造成损失的，当事人应当按有关规定处理。

**第二十九条** 乙方有确切证据证明属于以下情况的，可不承担违约责任：

1. 由于甲方自身责任导致乙方的服务无法达到合同约定的。

2. 因维修养护本物业区域内的共用部位、共用设施设备需要且事先已告知甲方，暂时停水、停电、停止共用设施设备使用等造成损失的。

3. 非乙方责任出现供水、供电、供气、供热、通讯、有线电视及其他共用设施设备运行障碍造成损失的。

## 第八部分　争议解决

**第三十条**　合同履行过程中发生争议的，双方可以通过友好协商或者向物业所在地人民调解委员会申请调解的方式解决；不愿协商、调解或者协商、调解不成的，可以按照以下第____种方式解决：

1. 向____________人民法院提起诉讼。

2. 向____________仲裁委员会申请仲裁。

## 第九部分　附　　则

**第三十一条**　对本合同的任何修改、补充须经双方书面确认，与本合同具有同等的法律效力。修改、补充的内容不得违背本小区管理规约的内容。

**第三十二条**　本合同正本连同附件一式____份，甲方、乙方各执____份，具有同等法律效力。本合同签订或者变更之日起 15 日内，乙方应当将本合同报物业所在地街道办事处或乡镇人民政府、所在区住房城乡建设或房屋主管部门予以备案。

**第三十三条**　本合同经双方签字并盖章后生效。

**第三十四条**　其他约定：________________________________。

甲方：

授权代表：

签订日期：　　　年　　月　　日

乙方：

授权代表：

签订日期：　　　年　　月　　日

附件：

一、规划平面图

二、物业构成明细

三、物业共用部位明细

四、物业共用设施设备明细

五、物业服务标准

六、其他服务事项

七、移交资料清单

## 附件一：规划平面图

## 附件二：物业构成明细

| 类 型 | 幢 数 | 套（单元）数 | 建筑面积（平方米） |
|---|---|---|---|
| 高层住宅 | | | |
| 多层住宅 | | | |
| 别 墅 | | | |
| 商业用房 | | | |
| 工业用房 | | | |
| 办公楼 | | | |
| 自行车库 | | | |
| 机动车车库 | | | |
| 会 所 | | | |
| 学 校 | | | |
| 幼儿园 | | | |
| 文化活动场所 | | | |
| ______用房 | | | |

续表

| 类型 | 幢数 | 套（单元）数 | 建筑面积（平方米） |
|---|---|---|---|
| | | | |
| | | | |
| | | | |
| | | | |
| | | | |
| | | | |
| 合计 | | | |
| 备注 | | | |

**附件三：物业共用部位明细**

1. 房屋承重结构。
2. 房屋主体结构。
3. 公共门厅。
4. 公共走廊。
5. 公共楼梯间。
6. 内天井。
7. 户外墙面。
8. 屋面。
9. 传达室。
10. ______________________。

**附件四：物业共用设施设备明细**

1. 电梯：

垂直梯____部。

扶梯____部。

________________。

2. 绿化率：____%。

楼间、集中绿地________平方米。

砖石铺装________平方米。

________________。

3. 区域内市政：

市政供暖采暖及生活热水系统____________。

[道路] [楼间甬路] ____________平方米。

[室外上下水管道] ____________米。

[沟渠] ____________________。

[蓄水池] ______个。

[化粪池] ______个。

[污水井] ______个。

[雨水井] ______个。

变配电系统包括____________。

高压双路供电电源____________。

公共照明设施 [路灯] ______个；[草坪灯] ______个；[　　] ______个。

[物业区域的外围护拦及围墙] ____________。

[高压水泵] [高压水箱] ______个。

[污水泵] ______个。

[中水及设备系统] ____________。

[　　] ____________________。

4. 燃气调节站____________。

5. 消防设施包括____________。

6. 监控设施包括____________。

7. 避雷设施包括____________。

8. 空调设备：[中央空调系统] 使用范围____________。

9. 电视共用天线____________。

10. 电脑网络线____________。

11. 电讯电话____________。

12. 地下机动车库________平方米。

13. 地上机动车停车场________平方米。

14. 非机动车库________平方米。

15. 垃圾中转站______个。

16. 信报箱______个。

17. 共用设施设备用房________平方米。

18. 物业服务用房________平方米。

19. ____________________。

**附件五：物业服务标准**

**附件六：其他物业服务事项**

**附件七：移交资料清单**

合同编号：________

# 房屋租赁合同[①]

出租人：__________

承租人：__________

## 目录

说明

专业术语解释

第一章　合同当事人

第二章　房屋基本状况

第三章　房屋租赁期限、相关费用及交付

第四章　租赁双方权利义务、合同解除及违约责任

第五章　房屋租赁成交方式和合同网签备案

第六章　其他事项

## 说明

1. 各地可在有关法律法规、规定的范围内，结合实际情况调整合同相应内容。

2. 签订本合同前，出租人应当向承租人出示有关权属证书或证明文件。房屋属于共有的，应提供共有产权人同意出租的证明。

---

① 本合同参见《房屋租赁合同示范文本》（云南省住房和城乡建设厅、云南省市场监督管理局制定），收录时根据新法调整修改，载国家市场监督管理总局网站，最后访问日期：2023年12月6日。

3. 出租人应当就合同重大事项对承租人尽到提示义务。承租人应当审慎签订合同，在签订本合同前，要仔细阅读合同条款，特别是审阅其中具有选择性、补充性、修改性的内容，注意防范潜在的市场风险和交易风险。

4. 合同租赁期限不得超过20年，超过20年的，超过部分无效。

5. 本合同文本【】中选择内容、空格部位填写内容及其他需要删除或添加的内容，双方当事人应当协商确定。【】中选择内容，以划√方式选定；对于实际情况未发生或双方当事人不作约定时，应当在空格部位打×，以示删除。

6. 出租人与承租人可以针对本合同文本中没有约定或者约定不明确的内容，根据所出租房屋的具体情况在相关条款后的空白行中进行补充约定，也可以另行签订补充协议。

7. 双方当事人可以根据实际情况决定本合同原件的份数，并在签订合同时认真核对，以确保各份合同内容一致；在任何情况下，出租人和承租人都应当至少持有一份合同原件。

## 专业术语解释

1. 房屋租赁：是指房屋权利人作为出租人将房屋出租给承租人使用，由承租人向出租人支付租金的行为。

2. 法定代理人：是指依照法律规定直接取得代理权的人。

3. 套内建筑面积：成套房屋的套内建筑面积，由套内使用面积、套内墙体面积、套内阳台建筑面积三部分组成。

4. 房屋的建筑面积：是指房屋外墙（柱）勒脚以上各层的外围水平投影面积，包括阳台、挑廊、地下室、室外楼梯等，且具备有上盖，结构牢固，层高2.20M以上（含2.20M）的永久性建筑。

5. 不可抗力：是指不能预见、不能避免并不能克服的客观情况。

6. 承租人优先购买权：出租人出卖租赁房屋时，应当在出卖之前的合理期限内通知承租人，承租人享有以同等条件优先购买的权利；但是，房屋按份共有人行使优先购买权或者出租人将房屋出卖给近亲属的除外。

7. 合同网签备案：是指房屋租赁合同网上签约备案。

## 房屋租赁合同

双方当事人在自愿、平等、公平及诚实信用的基础上，根据《中华人民共和国民法典》《中华人民共和国城市房地产管理法》等法律、法规的规定，就出租人向承租人出租其房屋相关内容协商一致，签订本房屋租赁合同。

### 第一章　合同当事人

出租人：__________

【法定代表人】【负责人】：__________________________

【国籍】【户籍所在地】：____________________________

证件类型：【居民身份证】【护照】【统一社会信用代码】【__________】，号码：____________________________

通讯地址：______________________________________

联系电话：______________________________________

【法定代理人】【委托代理人】：________________________

【国籍】【户籍所在地】：____________________________

证件类型：【居民身份证】【护照】【统一社会信用代码】【__________】，号码：____________________________

通讯地址：______________________________________

联系电话：______________________________________

(若房屋存在共同所有人，需征得共同所有人同意。)

出租人为本合同第一条第（一）项下之房屋【所有权人】【合法委托代理人】【__________】。

承租人：________

【法定代表人】【负责人】：________

【国籍】【户籍所在地】：________

证件类型：【居民身份证】【护照】【统一社会信用代码】【________】，号码：________

通讯地址：________

联系电话：________

【法定代理人】【委托代理人】：________

【国籍】【户籍所在地】：________

证件类型：【居民身份证】【护照】【统一社会信用代码】【________】，号码：________

通讯地址：________

联系电话：________

（承租人为多人时，可相应增加）

## 第二章　房屋基本状况

**第一条　房屋基本状况**

（一）出租人所出租的房屋（以下简称该房屋）坐落于：________【区】【县】________（楼盘/小区地址）________（楼盘/小区名称）____【幢】【____】____单元____号（室）。该房屋所在建筑物的主体结构为________，建筑总层数为：____层，其中地上____层，地下____层。该房屋所在楼层为____层，建筑面积共________平方米，其中套内建筑面积________平方米，分摊共有建筑面积________平方米。

该房屋为【整套出租】【部分出租】，出租部位为________，出租面积为____平方米。

（二）该房屋【房屋所有权证号】【不动产权证书号】【______】为________；规划用途为【住宅】【办公】【商业】【______】；房屋【所有权人】【____】为________。该房屋【已】【未】设定抵押。

（三）该房屋户型：____室____厅____厨____卫____【____】；朝向为【东】【南】【西】【北】向（可多选）。

（四）该房屋装修情况：【毛坯】【简装】【精装】。

（五）该房屋电梯配置：【有】【无】。

（六）该房屋【有】【无】车库/车位配套，位于____________，【是】【否】与本条第（一）项下之房屋一并出租。

（七）该房屋建成年份：__________。

（八）其他______________________。

**第二条　租赁用途**

该房屋的租赁用途为【居住】【办公】【商业】【______】；如租赁用途为居住的，居住人数为：____人，最多不超过____人，不得在厨房、卫生间、阳台和地下储藏室居住。

## 第三章　房屋租赁期限、相关费用及交付

**第三条　租赁期限**

该房屋租赁期自______年____月____日至______年____月____日，共计____个月。

租赁期满，承租人如要求续租，应在租赁期满前【____】日向出租人提出书面或口头意向，经出租人同意后，重新签订租赁合同并办理租赁合同网签备案；如不续租，应在租赁期满前【____】日内通知出租人。租赁期满，出租人不再继续出租住房的，应当至少提前【____】日书面通知承租人；继续出租的，同等条件下原承租人享有优先承租权，原承租人存在重大违约行为的除外。

**第四条　租金**

该房屋租金人民币____元/（【月】【季】【半年】【年】【____】），租金总计：人民币____元（大写：_________元整），本合同第一条第（六）项下之车库/车位租金【是】【否】已包含其中。车位租金____

元/【月】【季】【半年】【年】【____】支付。租金支付日期为______。

未经双方当事人协商一致，出租人不得在租赁期限内提高租金。

双方当事人选择【现金】【银行汇款】【______】付款。出租人开户行或电子渠道名称：________，卡号/账号：________________。

合同提前解除的，出租人应在合同解除后____日内退还已收但尚未发生的租金。承租人应当在合同解除后____日内搬离。

**第五条　押金**

房屋租赁押金人民币______元（大写：__________元整），承租人应当于______年____月____日前通过【现金】【银行汇款】【______】向【出租人】【______】支付。出租人收取押金后，应向承租人开具收款凭证。押金除用于抵扣承租人应交而未交的租金、费用以及承租人应当承担的违约金、赔偿金外，剩余部分应在房屋交还之日起 3 个工作日内如数返还承租人。

**第六条　其他费用承担方式**

租赁期间__________由承租人承担；

租赁期间__________由出租人承担。

选项：(1) 水费 (2) 电费 (3) 燃气费 (4) 上网费 (5) 物业管理费 (6) 电视收视费 (7) 电话费 (8) 卫生费 (9)【______】(10)【______】(11)【______】(12)【______】

本合同中未列明的与房屋有关的其他费用均由出租人承担，如承租人垫付了应由出租人支付的费用，出租人应根据承租人出示的相关缴费凭据向承租人返还相应费用。

**第七条　房屋交付**

(一) 出租人应于______年____月____日前将房屋按约定条件交付承租人，同时双方当事人签订《房屋验收表》(见附件一)。

(二) 租赁期满或合同解除后，出租人有权收回房屋，承租人应当按照正常使用后的状态交还房屋及其附属物品、设施设备。双方当事人应当对房屋和附属物品、设施设备及水电气热等使用情况进行交验，承租人应当结清其应承担的费用，双方当事人应当在《房屋交还确认书》（见附件二）中签字或盖章。

## 第四章 租赁双方权利义务、合同解除及违约责任

### 第八条 租赁期内房屋使用及维护

（一）出租人应当确保出租房屋符合安全、防灾等工程建设强制性标准和要求，具备供水、供电等必要的生活条件，室内装修应当符合国家有关标准，不得危及承租人的人身健康；租赁期内，对非承租人原因导致的房屋及其附属物品、设施设备损坏的，出租人在接到承租人维修通知后____日内进行维修，确保房屋和室内设施安全，甲方未在约定时间内维修、更换的，乙方可代为维修、更换，费用由甲方承担；出租人不得采取暴力、威胁或者其他强制方式驱逐承租人，收回住房。

（二）承租人应当按照合同约定的租赁用途和使用要求合理使用房屋。未经出租人同意，不得擅自装修、改动房屋承重结构和拆改室内设施设备，不得损害公共利益和相邻关系人的合法权益。由于承租人使用不当造成房屋及其附属物品、设施设备损坏的，承租人应负责修复或予以经济赔偿。

（三）未经承租人同意，出租人不得擅自进入租赁住房。有正当理由、确有必要进入租赁住房的，出租人应当与承租人约定时间，承租人应予以配合。

### 第九条 转租

出租人【同意】【不同意】承租人转租房屋。

### 第十条 其他特殊情况

（一）租赁期内出租人转让房屋产权的，应当至少在转让前____天书面通知承租人且不得影响承租人正常使用该房屋。承租人应当在收到出租人书面通知后 15 日内明确回复在同等条件下是否行使优先购买权，逾期未回复视为放弃权利。承租人未行使优先购买权，不影响本合同的效力。

（二）租赁期内该房屋被征收或者＿＿＿＿＿＿的，双方当事人参照法律法规、政策另行约定。

**第十一条　合同解除**

（一）经双方当事人协商一致，可以解除本合同。

（二）因不可抗力致使合同无法继续履行的，应当通知对方当事人，本合同自通知到达对方当事人时解除。

（三）因一方当事人故意隐瞒与订立合同有关的重要事实或者提供虚假情况的，另一方当事人有权解除合同。

（四）出租人有下列情形之一的，承租人有权单方解除合同：

1. 迟延交付房屋达＿＿日的；

2. 出租房屋不符合安全、防灾等工程建设强制性标准的；

3. 不承担约定的维修义务，致使乙方无法正常使用房屋的；

4. 因出租人权属或债务纠纷严重影响承租人居住的；

5. 其他：＿＿＿＿＿＿＿＿＿＿＿＿。

（五）承租人有下列情形之一的，出租人有权单方解除本合同，收回房屋：

1. 不按照约定支付租金达＿＿日的；

2. 违反本合同约定，擅自将房屋转租或者出借给他人的；

3. 擅自改变房屋用途、结构或者实施其他违法建设行为的；

4. 利用租赁房屋从事违法犯罪活动的；

5. 实际居住人数多于本合同约定人数的；

6. 其他：＿＿＿＿＿＿＿＿＿＿＿＿。

（六）其他法定的合同解除情形。

**第十二条　违约责任**

（一）出租人有第十一条第（四）项约定情形的，应按年租金的＿＿%向承租人支付违约金，或者承租人要求出租人承担赔偿责任或减少租金。

承租人有第十一条第（五）项约定情形的，应按年租金的＿＿%向出租人支付违约金，或者出租人要求承租人将房屋恢复原状或赔偿相应损失。

（二）除本合同第十一条约定情形外，租赁期内出租人需提前收回房屋的，或承租人需提前退租的，应至少提前____日书面通知对方，按年租金的____%向对方支付违约金。出租人应退还承租人已交纳但尚未发生的租金及费用。

（三）租赁期限届满后____日，出租人未返还承租人押金的（除用于抵扣承租人应交而未交的租金、费用以及承租人应当承担的违约金、赔偿金外），或者承租人未交还房屋的，应按年租金的____%向对方支付违约金。

（四）其他：________________________。

## 第五章 房屋租赁成交方式和合同网签备案

**第十三条** 出租人与承租人通过以下第____种方式达成交易。

1. 双方当事人自行成交。

2. 双方当事人委托房地产经纪机构______________（机构名称）成交，统一社会信用代码：______________，经纪人证件类型及号码：______________，经纪服务合同编号：______________，经纪服务费用为________（币种）________元（大写______________元整）。

3. 通过政府房屋租赁服务监管平台成交。

**第十四条 合同网签备案**

（一）出租人和承租人就合同条款协商一致后，应当登录房屋所在地住房城乡建设（房地产）主管部门房屋网签备案系统办理房屋租赁合同网签备案，或到房屋所在地住房城乡建设（房地产）主管部门现场办理。住房租赁企业租赁住房或者房地产经纪机构促成住房租赁的，可由住房租赁机构办理或由房地产经纪机构代为办理房屋租赁合同网签备案。

（二）有关房屋租赁合同网签备案的其他约定如下：______________________________________________。

## 第六章　其他事项

**第十五条　送达**

双方当事人保证在本合同中记载的通讯地址、联系电话均真实有效。任何根据本合同发出的文件，均应当采用书面形式，以【邮政快递】【邮寄挂号信】【______】方式送达对方。任何一方变更通讯地址、联系电话的，应当自变更之日起____日内书面通知其他当事人。变更的一方未履行通知义务导致送达不能的，对方当事人按照约定的通讯地址进行送达的，视为有效送达。

**第十六条　争议解决方式**

本合同在履行过程中发生的争议，由双方当事人协商解决，也可通过消费者协会等相关机构调解；或按照下列第____种方式解决：

1. 依法向房屋所在地人民法院起诉。

2. 提交____________仲裁委员会仲裁。

**第十七条　补充协议**

对本合同中未约定或约定不明的内容，双方可根据具体情况签订书面补充协议（补充协议见附件三）。补充协议中含有不合理的减轻或免除本合同中约定应当由出租人承担的责任，或不合理的加重承租人责任、排除承租人主要权利内容的，仍以本合同为准。

**第十八条　其他约定**

变更合同条款、免责情形等其他合同内容，租赁双方约定为：____________________________。

**第十九条　合同生效**

本合同自双方签字或盖章之日起生效。本合同的解除应当采用书面形式。

本合同及附件共____页，一式____份，其中出租人____份，承租人____份，【______】____份，【______】____份。合同附件与本合同具有同等法律效力。

出租人（签字或盖章）：
【法定代表人】（签字或盖章）：
【委托代理人】（签字或盖章）：
【法定代理人】（签字或盖章）：
签订时间：______年____月____日

承租人（签字或盖章）：
【法定代表人】（签字或盖章）：
【委托代理人】（签字或盖章）：
签订时间：______年____月____日

## 附件一：房屋验收表

双方共同确认，本附件所约定的房屋附属设施、家用电器、家具、相关物品等在租期内随同房屋由出租人交付给承租人使用。

（一）生活费用：

1. 供水：水卡【有】【无】，截至______年____月____日，水表底数：__________。

2. 供电：电卡【有】【无】，截至______年____月____日，电表底数：__________。

3. 燃气：气卡【有】【无】，截至______年____月____日，气表底数：__________。

4. 物业服务费：截至______年____月____日，计费标准：__________。

5. 上网费：截至______年____月____日，计费标准：__________。

6. 收视费：截至______年____月____日，计费标准：__________。

7. 电话费：截至______年____月____日，计费标准：__________。

8. 垃圾清运费：截至______年____月____日，计费标准：______。

9. ____________________。

10. ____________________。

11. ____________________。

（二）门卡及钥匙等：

1.【小区】【单元门】门禁卡____张；

2. 房屋【防盗门】【入户门】钥匙____把；【_____】钥匙____把；

3. 其他：__________________。

（三）家具、电器、装修及其他设备设施状况及损赔：

| 名称 | 品牌 | 单位 | 数量 | 单价 | 损赔额 |
|---|---|---|---|---|---|
| | | | | | |
| | | | | | |
| | | | | | |
| | | | | | |
| | | | | | |
| | | | | | |
| | | | | | |
| | | | | | |
| | | | | | |
| | | | | | |
| | | | | | |
| | | | | | |
| | | | | | |
| | | | | | |

（四）其他__________________。

<table>
<tr><td rowspan="3">交房确认</td><td colspan="2">对上述情况，乙方经验收，认为符合房屋交验条件，并且双方已对水、电、燃气等费用结算完结，同意接收。</td></tr>
<tr><td colspan="2">交房日期：______年____月____日</td></tr>
<tr><td>出租人（甲方）签章：</td><td>承租人（乙方）签章：</td></tr>
<tr><td rowspan="3">退房确认</td><td colspan="2">甲乙双方已对房屋和附属物品、设备设施及水电使用等情况进行了验收，并办理了退房手续。有关费用的承担和房屋及其附属物品、设备设施的返还□无纠纷/□附以下说明：______________________________。</td></tr>
<tr><td colspan="2">退房日期：______年____月____日</td></tr>
<tr><td>出租人（甲方）签章：</td><td>承租人（乙方）签章：</td></tr>
</table>

## 附件二：房屋交还确认书

出租人和承租人已对房屋和附属设施、家用电器、家具、相关物品及其使用情况进行了验收，并办理了退房手续。对有关费用的承担和房屋及其附属设施设备、物品的返还，□无纠纷/□附以下说明：________________________________________。

## 附件三：补充协议及其他约定

# 重要法律术语速查表


| 法律术语 | 页码 |
| --- | --- |
| 保管合同 | 第 383 页 |
| 保理 | 第 325 页 |
| 不当得利 | 第 435 页 |
| 不可抗力 | 第 160 页 |
| 缔约过失责任 | 第 65 页 |
| 定金 | 第 204 页 |
| 多式联运合同 | 第 363 页 |
| 法定抵销 | 第 175 页 |
| 反担保 | 第 294 页 |
| 格式条款 | 第 53 页 |
| 合伙合同 | 第 422 页 |
| 合理期限 | 第 39 页 |
| 混同 | 第 177 页 |
| 技术培训合同 | 第 381 页 |
| 技术中介合同 | 第 382 页 |
| 买卖不破租赁 | 第 308 页 |
| 买卖合同 | 第 224 页 |
| 凭样品买卖合同 | 第 250 页 |
| 融资租赁合同 | 第 313 页 |
| 商品房买卖合同 | 第 226 页 |
| 违约金 | 第 196 页 |
| 违约责任 | 第 27 页 |

续表


| 法律术语 | 页码 |
| --- | --- |
| 委托合同 | 第 391 页 |
| 无权代理 | 第 72 页 |
| 无因管理 | 第 429 页 |
| 物业服务合同 | 第 397 页 |
| 悬赏广告 | 第 63 页 |
| 要约 | 第 29 页 |
| 一般保证 | 第 292 页 |
| 与有过错 | 第 223 页 |
| 预约合同 | 第 46 页 |
| 赠与合同 | 第 265 页 |
| 中介合同 | 第 415 页 |

图书在版编目（CIP）数据

民法典合同编解读与应用 / 舒丹编著. -- 北京 ：
中国法制出版社，2024. 8
（法律法规新解读丛书）
ISBN 978-7-5216-3354-2

Ⅰ. ①民… Ⅱ. ①舒… Ⅲ. ①合同法-法律解释-中
国 Ⅳ. ①D923. 65

中国国家版本馆 CIP 数据核字（2023）第 060015 号

责任编辑：潘环环　　　　封面设计：李　宁

**民法典合同编解读与应用**

MINFADIAN HETONGBIAN JIEDU YU YINGYONG

编著/舒丹
经销/新华书店
印刷/三河市国英印务有限公司
开本/880 毫米×1230 毫米　32 开　　　　印张/ 18　字数/ 448 千
版次/2024 年 8 月第 1 版　　　　2024 年 8 月第 1 次印刷

中国法制出版社出版
书号 ISBN 978-7-5216-3354-2　　　　定价：58. 00 元

北京市西城区西便门西里甲 16 号西便门办公区
邮政编码：100053　　　　传真：010-63141600
**网址：http：//www. zgfzs. com　　　　编辑部电话：010-63141813**
**市场营销部电话：010-63141612　　　　印务部电话：010-63141606**

（如有印装质量问题，请与本社印务部联系。）

【法融】数据库免费增值服务有效期截至本书出版之日起 2 年。